国家社科基金
后期资助项目

THE SUBJECT CONSCIOUSNESS OF
KNOWLEDGE PRODUCTION
A STUDY ON THE THEORETICAL CONSTRUCTION OF THE CHINESE PATH TO
MODERNIZATION FROM THE PERSPECTIVE OF CULTURAL PHILOSOPHY

知识生产的主体自觉
文化哲学视域下中国式现代化理论建构研究

王晓兵 著

上海社会科学院出版社
SHANGHAI ACADEMY OF SOCIAL SCIENCES PRESS

图书在版编目(CIP)数据

知识生产的主体自觉：文化哲学视域下中国式现代化理论建构研究 / 王晓兵著. -- 上海：上海社会科学院出版社，2025. -- ISBN 978-7-5520-4657-1

Ⅰ.G02

中国国家版本馆 CIP 数据核字第 20255L2S16 号

知识生产的主体自觉
——文化哲学视域下中国式现代化理论建构研究

著　　者：王晓兵
责任编辑：范冰玥
封面设计：裘幼华
出版发行：上海社会科学院出版社
　　　　　上海顺昌路 622 号　邮编 200025
　　　　　电话总机 021 - 63315947　销售热线 021 - 53063735
　　　　　https://cbs.sass.org.cn　E-mail：sassp@sassp.cn
排　　版：南京展望文化发展有限公司
印　　刷：上海龙腾印务有限公司
开　　本：710 毫米×1000 毫米　1/16
印　　张：17.75
字　　数：319 千
版　　次：2025 年 3 月第 1 版　2025 年 3 月第 1 次印刷

ISBN 978 - 7 - 5520 - 4657 - 1/G·1401　　　　　定价：88.00 元

版权所有　翻印必究

国家社科基金后期资助项目
出版说明

　　后期资助项目是国家社科基金设立的一类重要项目,旨在鼓励广大社科研究者潜心治学,支持基础研究多出优秀成果。它是经过严格评审,从接近完成的科研成果中遴选立项的。为扩大后期资助项目的影响,更好地推动学术发展,促进成果转化,全国哲学社会科学工作办公室按照"统一设计、统一标识、统一版式、形成系列"的总体要求,组织出版国家社科基金后期资助项目成果。

全国哲学社会科学工作办公室

目 录

导言　在理论与实践之间关系的基础上从事理论建构 …………… 1
　一、理论活动是实践活动自身区分的产物 ………………………… 1
　二、理论活动总是与特定的生存实践相勾连 ……………………… 3
　三、现代化理论蕴于社会-历史现实中 …………………………… 4
　四、近代国际关系结构衍化的基本线索 …………………………… 8
　五、先发国家的观念制造和知识生产对后发国家的范导行为 …… 15
　六、中国式现代化理论的构建 ……………………………………… 19
　七、中国式现代化理论构建与中国式现代化道路实践一体展开 … 19

第一章　理论建构的时代背景：变局时代的实质与内涵 ………… 22
　一、全球资本积累活动中的先发-后发结构 ……………………… 22
　二、对资本积累结构的理解与马克思主义理论的几次实质推进 … 48
　三、资本积累结构的变化及其对知识生产活动的基础性影响 …… 70

第二章　理论建构的文化结构：知识的生产方式与活动主体 …… 76
　一、知识生产方式："先发-后发"结构衍生的文化霸权结构 …… 78
　二、知识生产主体：学科分工的建制及其对评价权的垄断 ……… 109
　三、文化权力势差支配下的理论前提及其解缚 …………………… 128

第三章　理论建构的社会心理前提：理论活动中的非理性前提 ……… 131
　一、知识生产中后发国家发展经验的"质料化"危机 …………… 133
　二、"先发-后发"结构下知识生产中的情绪导向 ……………… 151
　三、"先发-后发"结构下知识生产中评价逻辑与行动逻辑分裂 …… 170

第四章　理论建构的后发属性：不同时期后发国家的现代化理论建构史梳理 …… 184

一、先发国家现代化理论对后发国家现代化理论建构的影响 …… 185

二、文化霸权理论背后以民族国家为单位的先发-后发结构 …… 201

三、后发国家现代化发展道路选择及其现代化理论建构 …… 215

第五章　理论建构的具体化原则与展开逻辑：唯物史观的具体化 …… 222

一、理论建构的起点：反思现实的理论化过程 …… 224

二、国家与世界的辩证统一：中国式现代化道路探索的世界历史意义 …… 230

三、宏观与微观的辩证统一：唯物史观具体化角度的中层研究 …… 244

第六章　结语："请循其本" …… 262

一、实践是人的存在方式 …… 262

二、认识世界是人的生存实践本性的内在环节，因而是必然的 …… 264

三、人的生存实践条件的变化，是认识变化的根源 …… 265

主要参考文献 …… 267

后　记 …… 276

导言　在理论与实践之间关系的基础上从事理论建构

一、理论活动是实践活动自身区分的产物

理论不是立在现实对面并映照现实的"现实之镜"。理论活动本身就是实践活动的一个部分，是现实的一个部分（因而理论面对现实，实际上是现实以理论为中介而面对自身）。理论活动身处实践活动之中，是实践活动自身区分的产物。自身区分具体表现为：理论活动是实践活动中对"我如此这般地行动着，这意味着什么"的反思，也即拟制一个旁观者的视角，将活动主体自身的生存实践，作为对象来加以观察、描述、理解、把握、调整、优化。从实践活动中区分而出的被称为理论活动的这一部分以及此种区分活动所担负的功能，是人区别于动物的本质的存在特性，是实践活动的基本结构。马克思对此进行了如下阐述：

> 动物和自己的生命活动是直接同一的。动物不把自己同自己的生命活动区分开来。它就是自己的生命活动。人则使自己的生命活动本身变成自己意志的和自己意识的对象。他具有有意识的生命活动。这不是人与之直接融为一体的那种规定性。有意识的生命活动把人同动物的生命活动直接区分开来。①

理论活动，正是人将自身的生命活动-实践活动变成"自己意志的和自己意识的对象"的那个自身区分的活动环节，或者说，理论活动在本质上就是人对自身生存实践活动的自我意识。

理论活动，作为人类对自身的生命活动-实践活动的自我意识，首先是将自身的生存实践活动作为对象，加以审视和反思。也就是说，理论活动的

---

① 《马克思恩格斯文集（第一卷）》，人民出版社，2009年，第162页。

出发点和作用逻辑是：拟制出一个观察者，形成一个观察者（仿佛跳出自身生活的旁观者视角）与观察对象（自己的生存实践与生存实践环境）的意识结构。这一结构，使得理论活动看上去像是可以"客观地"反映现实、描述现实的"现实之镜"。它所隐含的前提是：观察者的观察活动，处在观察对象之外，也就是我们在一些文献中看到的所谓"视觉中心主义"所隐含的原初基点和前提预设。本质来讲，正是人的实践活动，才能造就出一个包括施动方与受动方在内的主客二分式结构，对生存环境中的对象的规律的认识，以及利用所认识的规律对生存环境的合目的性的改造，总是以形成一个自身之外的对象为前提，对象意识与主体意识是在实践活动中同时产生的。因而，主客二分不是像一些人以为的那样是先于人而存在的纯粹客观性，而是人的实践活动所造成的活动状态。正是前述"视觉中心主义"的状态，让人在生存实践的活动中，会不自觉地将世界作为观察对象，并置于自身之外。因此，那种将主客二分视为"自然的"先于人而存在，并以此为前提去尝试弥合主客二分的理论倾向，是由人的实践本性所决定的。也因此，人在实践活动中，总是不自觉地将理论活动置于"现实之镜"的角色上，也总是不自觉地给理论活动赋予一个起着"客观中立地"描述现实的非历史性和永恒性的"本性"和功能。理论活动因而就以追求超越历史的永恒为真的东西为自身的使命。这是"视觉中心主义"在思想史上有如此巨大影响的根本原因。正是在这一缺乏对观察者自身所内蕴的历史性要素的自觉意识的前提下，在对主体的历史性属性的非反思且无自觉的状态下，在以追求永恒为真的东西为目的的理论活动方式中，不变不动的唯我论主体（它甚至常常表现为贴附于一系列实证研究，当一个人以经验作为理论的基础，经验本身的历史性，以及历史性的个体对经验之理解与把握的历史性，就因个体将经验视为"绝对客观的"出发点而被遮蔽起来），以理论前提的形态隐蔽地对理论活动发生着逻辑强制作用，直接规定理论活动的提问方式和解决问题的思路。

  视觉中心主义的出发点是从主客二分，从观察者与观察对象的二分出发来理解世界的，因而，观察者与观察对象的二分就成了"不证自明"或者"无须证明"的前提。这会引出一系列基于此前提的提问方式和问题构成：观察-认识活动是否能够切中外部实在；观察-认识活动如何证明自身所切中的外部实在与真实存在的外部实在是相符合的；如果外部世界在认识主体的意识之外，意识认识外在于自身的外部实在的过程是否能够实现。这就需要一个第三者来说明其认识活动的正确性-符合性，进而，第三者何以能够获得这一判定正确-符合与否的资格，在思想史上每个思想家所提出的第三者，都会在资格之合法性-合理性上受到其他思想家的挑战。正是在这个意义上,第三者的合法性问题,才成为一个持久的、悬而未决的,且众说纷纭的话题。人们只能诉诸信念、直观等逻辑理性之外的标准来断言第三者的评判资格的合法性。如果我们将观察活动本身的历史性(它是由观察者自身的历史性带入观察活动中的),重新置于观察-认识活动之中,就会看到:在被拟制出的观察者-观察对象这一结构中的观察者,不是外在于观察对象的旁观者,而正是在历史性-社会性的现实之中被拟制出来的,拟制的动力则是人的生存实践,人正是以生存实践的方式具体地"人生在世"着。这一拟制是在所难免的,其原因在于:这一拟制结构是人的生存活动的实践本性的必然环节。拟制是必然的,区别只在于我们是否对拟制观察者的拟制活动的过程与结构有所察觉。一旦没有对拟制过程中发生基始性作用的历史性-社会性现实有所察觉,观察者所施行的观察活动的历史性就无从谈起,理论活动及其成果的历史性,以及与特定历史-社会的现实牵连,就会被遗忘在理论视野之外。

正因为理论活动绝不外在于观察者的历史性的具体社会生活,观察-认识活动在本质上就不过是生活世界中的一部分,即与生活世界不可分割,与生活世界的其他部分相互勾连、彼此作用的一部分。理论活动,以观察者的身份进行观察-认识活动,这一观察者身份的拟制,必然是在特定历史条件下的生存实践活动中完成的。所以,即便理论活动自认或宣称自身的观察-认识活动是"旁观者"性质的,正在做着"价值无涉的观察"和"客观公正的评价",上述说辞,也不过是它对自身所施行的观察-认识活动,以及由此产生的一系列评价标准背后的生存实践基础的社会历史现实的遗忘或者隐藏。同时,这更是对自身包括理论活动在内的生存实践活动的特定的社会-历史条件的遮蔽。也因此,只有对理论活动本身作为实践活动的自身区分这一基本性质有清晰的前提自觉和内在作用结构方面的澄清,才能摆脱那种不考虑生存实践的历史-社会条件,就抽象地到处教条式地使用其理论观点的问题,才能摆脱那种将理论活动视为能够独立衍化的神话式的虚假叙事,从而让理论活动,真正深入具体的社会历史现实之中,发挥自身对实践活动的介入、优化和创新作用。

二、理论活动总是与特定的生存实践相勾连

理论活动作为实践活动的自身区分,仍是实践活动的一部分,正因如此,理论活动具有其所处的生存实践状态所具有的特定的历史性和时代性的特征。在这个意义上,理论活动总是表征其所处时代的时代精神,它是时代精神的精华,是在理论中被把握的时代精神。

不同历史时期,因其生存实践活动的具体社会-历史现实的不同,必然有不同形态的理论活动及理论成果。那种认为理论活动自外于历史性的生存实践,认为理论活动是依靠自身的逻辑衍化,通过"优化对某一根本问题的解答",以"后浪推前浪"的形式独立-独力衍化与发展的思想史叙事,只不过是叙事上的"神话"。这只是遗忘了理论自身所处的社会-历史现实后所生的幻觉。但必须马上指出的是:那种认为理论活动只是断裂式地反映了生存实践的变化,而无思想史自身的历史性关联的偶然的、断裂的变化的观点(以下称为"断裂说"),同样是没有看到作为生存实践活动自身区分的理论活动,作为对实践活动的"能动反映",共享着实践活动的连贯性。这种"断裂说"实际上是一种取消理论活动内在的参与并影响实践活动的相对独立的地位和不可替代的功能,只将理论活动作为"现实之镜"来看待,在隐蔽地将实践活动定义为断裂性的前提下,进而断言理论活动的断裂性,这不过是另一种无根据的成见。它在更深层上隐含着这样的前提:实践活动以及以实践活动的历史性发展为内容的人类历史是偶然性和断裂式的,而作为对这种断裂性的反映,理论活动也具有偶然性和断裂性。但这一诊断并未得到充分论证,也根本无法得到充分论证,这只是一个毫无根据的论断,以及从这一论断出发构造起来的、繁复的符号工艺品。在上述意义上,形式独立-独力衍化与发展论和理论附属"断裂说",都是对理论活动在人的生存实践活动之中的地位的错误认识。

理论活动,总是牵连与之相关的具体的生存实践活动内容,即特定的社会-历史现实。理论研究作为一种知识生产活动,它不但要与社会-历史现实发生关系,而且理论活动自身就是其所从出并仍旧置身于其中的社会-历史现实的一个部分。因此,只有在从事理论活动的过程中,对这一理论活动自身得以具体展开的现实前提(即理论活动展开时所处的具体社会-历史现实状况,以及对从该历史性-社会性实践活动中具体的理论活动如何在实践活动中完成自身区分过程的运行原理的廓清。)有明确的把握和清晰的阐发,才能对理论活动本身,也就是对特定历史时期的生存实践活动(包括作为其自身区分的理论活动),形成明确的主体自觉。

三、现代化理论蕴于社会-历史现实中

基于前述,对现代化的理解,即现代化理论,必定内蕴于现代化理论所处的特定的社会-历史现实(现代化实践)之中,而非抽象的、无语境的、单一化的教条,现代化只能是也只会是具体的现代化。

现代是与传统相对的概念,在与传统的对举与比较中获得对自身概念

内涵的澄清。梳理概念发展史可以看到，自从有了现代化这一概念表述，支撑现代化发生与发展的基底，主要是民族国家与资本这两者在历史性发展历程中不断变化着的互构结构。

现代化的发生和发展历程中，有一条显性的现代民族国家产生与发展的线索。但民族国家的产生与发展，不是均质化的。（虽然在某些理论叙事中它被视为是均质化的，在世界范围内先后形成了一系列贴附了不同属性的抽象均质的民族国家主体。）世界范围内的诸国，并不是按照某一个抽象的标准形态前后相继地产生，此种抽象观念不过是先发国家制作成"标准"，评价并范导后发国家选择道路和制定政策的观念性工具。从民族国家的产生与发展的角度看，在近代以来的世界现代化历程中，各个民族国家形成历程的不同，根源于现代化发展历程中先发国家与后发国家的发展方式的质性差异。

先发国家的现代化是无前摄的现代化，它有着自生性和内在性的特点。它是传统社会内在矛盾推动下的产物。比如，西欧早期商业化的发展方式的形成与衍化历程。与此不同，后发国家的现代化发展，则是从开端处就受到来自先发国家的结构性影响，这表现在：后发国家正是在先发国家"坚船利炮"的外部压迫下，在迫在眉睫的救亡图存和保国保种的现实压力下，才被迫从传统转入现代。从内生性的角度说，低生产效率的"超稳定结构"仍然是"超稳定的"，它不具备在自身内部从传统转入现代的条件，从这个意义上说，先发国家在知识生产中构造出的那个所谓后发国家缘何在有几百年的所谓"资本主义萌芽"的状况下仍然没有进入资本主义社会的"问题"，更多是先发国家将自身的现代化历程塑造成"标准"，并用之评价和范导后发国家发展道路选择的活动。对于后发国家来说，这个构造起来的问题，本质上就不仅是一个面向过去而去追问自己为什么会落后的"纯粹"的理论问题，它同时更是一个面向未来的道路选择问题（它是以面向过去的具体评价活动为内容所施行的对后发国家选择未来发展道路的范导行为）。而在现代化发展的起点处，若没有先发国家的外在威胁和强制，后发国家围绕农业生产的传统社会在其"超稳定结构"之下，很难如先发国家"自然地"进入现代社会。正是先发-后发的国家间关系中，农耕为主的自足的传统社会，很难在先发国家借助先发优势的武力入侵下存续，因而只能在外在压力下，在保国保种和救亡图存的迫切需求中，被迫从传统进入现代，并发展自身的现代化。对于先发国家来说，它对后发国家的武力入侵也不是诸如"海盗基因"的道德评价式说辞能够解释的，这实际上是先发国家为了缓解本国资本积累结构积蓄的矛盾的必然选择。但这也意味着先发国家必须将后发国家塑造成可以缓解和转嫁其本国以劳资对立为主体的社会矛盾的"适格"的资本积累供体。因而,先发国家只有也必须通过打破后发国家的传统社会生产模式的"超稳定结构",才能做到把后发国家拉入这个由先发国家主导的现代化过程之中。这在本质上并不是抽象的均质化的民族国家实体在不同国家前后相继地形成的过程,而是资本积累结构从一国国内,由于固有的基本矛盾的推动,通过资本积累结构越出一国范围并逐步向世界范围内蔓延,形成一个全球化的先发国家-后发国家的寄生性-剥削性的全球资本积累结构。[①] 这才是先发国家打破后发国家的"超稳定结构"的动机。

先发国家凭借自身的先发优势,将后发国家拉入现代化,其根本动因不是"传播文明""消除野蛮",而是维持并扩充先发国家的资本积累。对于先发国家来说,一旦其原有的持续且高效的资本积累,无法在先发国家国内完成,那么先发国家大多就会通过将后发国家拉入其资本积累结构来实现资本积累的扩充。比如,19世纪上半叶在西欧主要的先发国家内部频繁出现的愈演愈烈的劳资矛盾,此起彼伏且声势浩大的工人运动。这种先发国家内部不断积聚的劳资矛盾,是先发国家通过与仍处在传统生产形态的"超稳定结构"下的后发国家按照其所标榜的平等交往来进行贸易时,先发国家无法将后发国家作为其自身资本积累的新供体,因而,先发国家无法以平等的国际贸易的方式缓解本国日渐尖锐的劳资对立。进而,先发国家为了维持

---

① 需要在此处说明的一点是:本书并没有采用传统的文化哲学研究中较为通行的笼统地以"东方"和"西方"对举的方式构成的分析框架来展开分析。我们的用意在于:实际上在传统的文化哲学中所谓的"西方"的内部,仍然有一个先发-后发结构,而非"铁板一块",对其知识生产也应进行更细致的区分,东方-西方的结构不能把握这一结构,先发国家-后发国家全球资本积累结构则能够把握。具体来说,如果笼统地使用东方-西方的结构,那么资本积累结构从一国到世界,就只能是宏观地仿佛一次性完成了的状态,而资本积累结构从一国到地方性,从地方性到世界性的衍化细节就难以清晰地把握,同时笼统的西方诸民族国家的内在矛盾也无法获得清晰的富有结构的说明,对此我们会在后文中详细地展开。此处要给出的提示是:事实上在资本积累与资本增殖的推动下,当资本积累结构从一国越出,逐渐成为地区性的,进而成为世界性的全球资本积累结构的过程中,先发-后发结构是持续存在的。这一点在霍布斯鲍姆的"年代四部曲"的《资本的年代1848~1875》中,有着集中的体现,从1848年到1875年,欧洲大陆国家相较于岛国英国来说,也是一个先发-后发结构,马克思就曾经强调,发生在英国的矛盾(先发国家),会首先在欧洲大陆国家(后发国家)率先爆发,因为在全新的资本积累结构中,在这个已经开始地区性蔓延的资本积累结构中,处于后发位置的国家,是先发国家应对矛盾的"护城河",是先发国家以寄生和剥削方式提升自身资本积累效率的供体,因而必然是矛盾的集中爆发点。以先发-后发结构的动态衍化来重新审视霍布斯鲍姆宏大的"年代四部曲"叙事,就能够更为清晰地把握其背后的历史发展脉络。也只有在先发-后发结构中,我们才能理解传统文化哲学叙事中属于西方文化的欧美之间,以及欧洲内部的复杂关系。在这个意义上,我们尝试将文化哲学研究中的"东方-西方"结构,进一步细化为或者用更为根本的"先发-后发"结构逻辑来做深入全球资本积累结构衍化历程的分析。参见:〔英〕艾瑞克·霍布斯鲍姆:《资本的年代1848~1875》,张晓华等译,中信出版社,2017年。

和扩大其资本积累,资本积累结构越出本国就是必然会发生的事情。鸦片战争前英国在与清政府的贸易中并没有获利(资本积累意义上的获利),彼时尚处在传统社会"超稳定结构"中的中国,对英国的产品需求远远小于当时的西欧各国对中国产品的需求,如果持续以这种"平等贸易"的方式进行经济交往,英国在本国内完成的资本积累结构就无法越出本国,从而构造一个越出一国的新的资本积累结构,其国内的劳资对立问题就不会得到缓解,随着市场的扩大,生产压力会进一步加大劳资对立,进而国内资本积累结构就难以维持。因此,为了维持并扩充其资本积累结构下的收益,借助先发优势以军事胁迫、武力威胁的方式迫使后发国家成为其新的超出一国的资本积累结构的一部分,以此转嫁其本国的国内劳资对立,就是势所必然。用理论化的语言来表述,即这是由先发国家内在一般生产关系矛盾所决定的,无论这是以鸦片贸易的形式出现,还是以鸦片战争的形式出现。在本国完成资本积累的效率低于将产业转移到后发国家(通过产业转移来维持和扩大资本积累的量与效率的逻辑,当今资本的金融化与先发国家产业"空心化"仍处于这一逻辑的延长线上),那么资本逐利的本性就必然会造成愈来愈多的后发国家被卷入先发国家的资本积累游戏中。后发国家能够作为"适格"的资本积累结构中的主体,去"辅助"先发国家达到持续且高效的资本积累的目的,先发国家就需要在社会关系层面从传统社会转入现代社会,即现代化的过程,并以此来适应资本运行的规律。而后发国家传统社会"超稳定结构"的特性使得其并不会主动"拥抱"现代化,正是先发国家坚船利炮的军事压力下的救亡图存和保国保种的现实需求,造成了后发国家"超稳定结构"的坍塌。

> 不断扩大产品销路的需要,驱使资产阶级奔走于全球各地。它必须到处落户,到处开发,到处建立联系。
> 资产阶级,由于开拓了世界市场,使一切国家的生产和消费都成为世界性的了……古老的民族工业被消灭了,并且每天都还在被消灭。它们被新的工业排挤掉了,新的工业的建立已经成为一切文明民族的生命攸关的问题;这些工业所加工的,已经不是本地的原料,而是来自极其遥远的地区的原料;它们的产品不仅供本国消费,而且同时供世界各地消费……过去那种地方的和民族的自给自足和闭关自守状态,被各民族的各方面的互相往来和各方面的互相依赖所代替了。物质的生产是如此,精神的生产也是如此。①

---

① 《马克思恩格斯文集(第二卷)》,人民出版社,2009年,第35页。

马克思和恩格斯在《共产党宣言》中对资本积累进入世界阶段的逻辑所给出的说明,以及他们指出的在这个资本通过扩张来维持资本积累的过程中"精神的生产",已经与此前的精神生产有了根本转变的判断,这是唯物史观视域下文化哲学研究的基础和思维方式上的合理性的理论根据。

四、近代国际关系结构衍化的基本线索

资本与民族国家互构结构下的先发国家寻求更大规模、更高效率的资本积累,与后发国家寻求救亡图存与保国保种的自身存续与发展,构成了近代以来国际关系结构衍化的基本线索,这正是现代化理论建构所从出并活动于其中的社会-历史现实基础,这也正是"精神的生产"的文化场域所依凭和仰赖的一般社会基础[①]。

先发国家将后发国家拉入现代化,以实现先发国家自身持续且更高效的资本积累的目的,这一系列的操作得以实现的前提是:后发国家在生产方式和社会结构上已经初步完成从传统到现代的改造。这一改造的过程,在"精神的生产"这一文化层面上表现为:以在先发国家文化与后发国家文化之间构造一个先进-落后、文明-野蛮、现代-传统的文化权力势差,来范导后发国家去完成自身作为资本积累结构的"适格"的资本积累供体的目的。对先发国家来说,后发国家在社会文化层面从传统进入现代,可以减少后发

---

① 本书构造了一个分析国际关系的结构及国际关系衍化的先发国家-后发国家全球资本积累结构的概念,旨在以此将国家的主体性作为国际关系的内在要素,重新置于国际关系中思考。因而,在本书中花费如此巨大的篇幅构造并阐发先发国家-后发国家全球资本积累结构的概念,而不是采用沃勒斯坦的中心-边缘的国际关系结构定义,是因为沃勒斯坦的中心-边缘结构,在笔者看来并不能很好地从文化哲学到知识社会学的贯通这一维度,帮助我们分析中国式现代化理论构建这一课题。中心-边缘是空间性的说明,其中有关资本积累从北美向东亚的转移等一系列的论证,皆是空间性的,因而是国与国之间的相互外在性的中心-边缘结构,这在本质上仍然是抽象的、同一的民族国家主体之间的关系,不同之处只在于抽象的民族国家主体所贴附的属性,国际要素和国内社会结构这两个领域通过一系列共享的要素所发生的内在互动关系,无法给出系统说明,对此我们在第一章详述。而实际上,在后发国家的发展历程中,先发国家的影响,对后发国家来说是内在的、构成性的,后发国家就是在先发国家在资本积累驱动下构造起来的国际规则和国家行为中寻找自己的位置,谋求自身的发展,这是一个在先发国家-后发国家全球资本积累结构的构造、巩固中内在一体的发展过程,国际与国内两个领域的辩证统一,两者有差异地互构一体,无法在中心-边缘中体现出来。对于后发国家来说,其谋求自身发展的行为同时就是一个结构性的世界性的行为,总是存在对先发国家-后发国家全球资本积累结构的影响。在这个基础上,任何的理论建构都同样需要真实地描述国际关系的整体性,以及同时有着将空间性纳入时间性之中的先发国家-后发国家全球资本积累结构中来理解。这是本书所构造并采用的先发国家-后发国家全球资本积累结构与沃勒斯坦的中心-边缘国际关系结构的根本差异。

国家在其自身现代化过程中遭遇的来自其自身历史传统和社会文化层面的成为"适格"的资本积累供体的文化阻力,从而有利于先发国家借助后发国家实现其更高效率和更大规模的资本积累的目的。这在一定程度上能够解决先发国家遭遇的类似前文所述中国在自身传统社会的"超稳定结构"下对英国生产的产品需求低,进而使英国难以实现资本积累目的的问题。

从后发国家角度说,先发国家的外在压迫,让其相对自足的传统社会"超稳定结构"无法维持,在迫切的生存压力下选择发展现代化。这在文化上表现为在救亡图存和保国保种的社会心理的基础上,产生了对自身原有的基于传统社会的历史传统和社会文化的否弃的社会文化心理,这种社会文化心理具体表现为:视原有社会文化为野蛮、落后的文化形态,认为传统文化是造成其处在"积贫积弱""落后挨打"状况的文化根因。进而,在否弃原有文化的同时,直接接受先发国家给定的有关现代化的文化定义,这一否弃和接受的过程,表现为后发国家的知识分子群体情绪化而非反思地接受先发国家所构造的先进-落后、文明-野蛮、现代-传统这一文化权力势差,这在客观上造成了不少后发国家在现代化转型之初,发生了群体性的文化自戕现象。这种文化自戕的结构,又由于传统中国社会文化特有的,担负知识生产责任的知识人群体与文化场域中类似意见人士的群体的双重身份的高度重合状态,使得这一文化自戕现象在中国,不但作为社会文化现象出现,且成为一些知识人从事知识生产时的先在情绪定向和隐蔽的理论前提。例如,"我们必须承认我们自己百事不如人。不但物质机械上不如人,不但政治制度不如人,并且道德不如人,知识不如人,文学不如人,音乐不如人,艺术不如人,身体不如人。"[1]当文化场域中的自戕情绪成了观点制造的隐含前提,这种情绪就先在的隐蔽的逻辑强制地影响着理论研究(知识生产)活动。而理论本身,就容易沦为表面上是观点争论和理论研究,实则是情绪的发泄和撕裂。情绪的撕裂以隐含前提的方式影响了理论研究(知识生产)的定向,让通过理论研究探究自身的、完整的、具体的现实,成为不可能。知识

---

[1] 胡适:《胡适经典文存》,上海大学出版社,2004 年,第 295 页。需要提前说明的是,我们在此后会频繁引用包括胡适在内的文化名人在中国从传统转入现代的过程中关于文化自戕倾向的言论。之所以对个别材料反复引用,不是因为只有这几个材料,只要对彼时的文字材料做简要浏览,就会发现此类文字是一种文化现象。我们需要通过这几个材料说明当时的文化人士同时还有知识分子这一重身份,这使得迎合社会心理的"意见领袖"式的发言与严格的知识生产在同一个主体那里发生混同,而这种混同,其影响是全方位的,也正出于这个原因,我们在本书的不同位置对于胡适等人此时言论的引用,是为了以此为典型例证说明:同一个活动在不同的侧面,在知识生产的不同环节的影响方式和作用结构如何。

生产的场域,沦为根据先在情绪定向拣选"论据"以"证成"其观点,进而发泄情绪的情绪化观念活动。让通过理论研究形成共识、走向合作的理论研究介入实践的本真功能无从实现,进而沦为党同伐异、区分敌我的站队工具。而理论研究者,则沦为吸引大众和激发大众的群体情绪发泄的"意见领袖",而非合格的知识人-理论工作者。这一现象,在一段时间的文化-观念场域中表现为:在现代化之初,后发国家的文化群体居然为发动鸦片战争的英国寻找借口,诸如后发国家"没有现代海关系统""没有现代外交意识"等毫无逻辑的观点频出,这不过是在先在的文化自戕的情绪定向之下"捕获"观点-理由并以之为自戕情绪的情绪发泄口罢了。蔓延到知识群体,则表现为竟然将美英入侵伊拉克视为"先进"对"落后"的胜利,对美英联军的伤亡争先恐后地悼念,却对伊拉克平民的伤亡视而不见。(我还记得,伊拉克战争爆发,一些人开会时公然支持伊拉克战争,讨论前提是美国代表先进。当时除了我和钱理群,几乎所有人都表示支持,13年过去,英美如何策划这一入侵,真相已大白于天下。2016年7月6日,英国的《伊拉克战争调查报告》终于公布,事实证明,布莱尔是个撒下弥天大谎的人。这两天看电视转播:伊拉克人和英国人正在控诉英国,要求起诉布莱尔的战争罪行,布莱尔还在狡辩,说他并不后悔搞掉萨达姆,英国的将士不会白死;美国呢,居然说报告太长,读不完,还在那儿装傻。这场战争,英国总共死了179人;伊拉克人死了多少?几十万人呀,光是2016年7月3日的巴格达恐袭就死了292人。欧美遭恐袭,所有大国,悼念慰问,谴责声讨,谁都得赶快表态;其他地方遭恐袭,死就死了,无人过问,这就是我们的世界。①)

　　文化自戕情绪,一旦作为理论活动(知识生产)的隐含前提且未被察觉,理论活动就会沦为仅有理论研究(知识生产)的外观,内里实则是先在的情绪定向下的情绪化观念活动。文化自戕情绪是在先在的情绪定向的隐蔽逻辑强制下,通过在观念场域中捕获各种能够宣泄该自戕情绪的"论据",并用这个"论据"作为文化自戕情绪的发泄出口去说明自身文化甚至"国民性"的全面落后。在这一有着理论研究外观的活动中,自戕情绪先行存在,且支配着拣选"论据"而后完成情绪发泄的整个过程。这种观念活动方式,不会因为理论活动的特质所必须保有的对其所持"论据"的客观真实性或归因活动中逻辑融贯性的质疑而有所改变,即不会因为得出"我们处处不如人"的那个具体"论据"被否证,而改变"我们处处不如人"的先在的情绪,该情绪之所以滋生并存在,是因为它的社会结构基础在这一具体的观点"辩论"活

---

① 李零:《蟋蟀在堂》,生活·读书·新知三联书店,2023年,第65页。

动中并未被触及。因此,即便是通过基于理论活动特质的对话与澄清,它引致的结果只会是持有文化自戕情绪支配下的观点的主体,由于情绪发泄的管道受到来自"知识生产"要求的挑战所带来的阻抗,而产生逆反情绪,以及由这个逆反情绪引发的从"辩论"走向谩骂。这阻断了理论对话的可能,也就因此阻断了不同人群之间借助对话走向合作行动的可能。原有的文化自戕情绪,则完全可以通过再去捕获其他"论据",并以之为情绪发泄出口,完成其"我们处处不如人"的表述(发泄)。① 与文化自戕情绪同时存在的尚有文化保守情绪,文化自戕背后有着救亡图存的现实指向,通过文化的现代化求国家生存发展。文化保守背后同样有救亡图存的现实指向,通过阐发固有文化的合理性寻求固有文化生存的合理性。正因如此,回看近代以来的文化保守主义者,他们在观点上并不反对现代化,争论的观点在于是否要谋求固有文化的存续与发展。② 如前所述,因为先在情绪定向的隐蔽强制,两派的对话几无可能,只会在情绪对峙下从观点争论转为争吵甚至谩骂。

> 少年的朋友们,现在有一些妄人要煽动你们的夸大狂,天天要你们相信中国的旧文化比任何国高,中国的旧道德比任何国好。还有一些不曾出过门的愚人鼓起喉咙对你们喊,"往东走!往东走!西方的这一套把戏是行不通的了"。我要对你们说:不要上他们的当!③

这段话中的"妄人""愚人"和"不曾出过门的"这些表述方式中所含有的那种非论证式的情绪化的语词背后,其所构造起来的知识权力势差十分值得玩味,且这一玩味与反思对今天的理论研究仍有现实意义。

需要说明的是,作为隐蔽前提的情绪,是会随着社会关系的变化而变化的。而此社会关系的变化,其中一条重要线索就是随着后发国家的现代化发展,先发-后发的国家间因综合国力对比变化而产生的结构性变化。这表现为先发国家利用后发国家来维持资本积累,后发国家通过产业升级谋求进一步发展之间的矛盾。

后发国家在完成初步现代化后,要实现进一步发展,产业升级是重要手段,甚至是首要手段。先发国家百多年来借助先发-后发结构,通过产业转

---

① 我们在后面的分析中会借助民国时期的各类文献对情绪式观念活动的运行结构及其与真正的知识生产这一理论活动之间的区别给出细致的、结构性的说明,对其产生的原因给出基于唯物史观的具体阐发。
② 梁漱溟:《东西文化及其哲学》,上海人民出版社,2020年,第246页。
③ 胡适:《胡适经典文存》,上海大学出版社,2004年,第294~295页。

移或资本转移的方式,形成了先发国家-后发国家全球资本积累结构从以产业资本为主转变为以金融资本为主的新结构,其目的一以贯之:维持并优化其资本积累游戏运转的效率。后发国家在这一资本积累的游戏中,扮演着"世界工厂"的角色。先发国家在追求更高的资本积累效率的动力下,将包括从原材料的获取、产品的生产、产品的销售(包括其中一部分成品回流到先发国家国内市场)在内的整个实体生产环节,转移到后发国家。先发国家转而凭借金融资本、技术专利、"品牌价值"等"脱实向虚"的操作攫取绝大部分利润,形成更高效的资本积累结构下的食利活动。同时转嫁了先发国家国内的劳资对立,但这也意味着先发国家的国内社会结构在"脱实向虚",逐渐"空心化"。从这个角度上说,出现在先发国家观念场域中的那些所谓的"后工业时代""后现代文化"的观点,更多的是在把先发国家塑造成一个独立-独力发展到现下状况,从而遮蔽其发展历程中对后发国家的寄生性-剥削性利益获取这一重要事实的前提下的抽象叙事逻辑下的幻觉,它同时是对先发国家在既有的全球资本积累结构中的食利地位的遮蔽。此种观点背后更深层的前提预设是,将所有民族国家视为均在独立发展,并在独立发展基础上相互影响的状态。它是一种特定的国家观的产物。前文注释中对沃勒斯坦的中心-边缘理论的反思,以及我们提出先发国家-后发国家全球资本积累结构的理论目的,其中一个重要指向就是破除此种抽象国家观对国际、国内两个维度之间辩证统一的互构结构的遮蔽。

在这一资本积累游戏中,对后发国家而言,要进一步谋求国家发展和本国人民生活水平的提高,唯有产业升级一途。因为如果不推动产业升级,一直以"代工"角色参与全球贸易,则只是在生产规模上的扩大。这种以生产规模扩大而进行的转变(如果能被称为转变的话),一来有产能过剩的风险,且广义"代工"性质的生产,生产规模不但受限于市场需求,还受限于先发国家对其"代工"全球布局的变化。二来这种不改变利润分配比例,只靠增加产品量来提高收益的方式,仍是依靠劳动密集型的低端生产,与提升人民生活水平之间存在矛盾。且因利润分配比例仍在资本积累游戏中,后发国家的这种发展方式只能是保持,甚至与先发国家的差距越来越大。(比如,人口结构变化带来的劳动力成本升高等要素造成的生产成本升高。)同时,在先发国家发生内部矛盾时,首先会向后发国家转嫁矛盾,因而先发国家的危机叠加于后发国家,使得后发国家处于先发国家-后发国家全球资本积累结构下的内部矛盾中,如果没有进行产业升级,就无法保证其自身的生存与发展。因此,后发国家要谋求进一步发展,就需要通过产业升级改变利润获取的比例。

例如,近年来一些世界级运动品牌,将从购买原材料,到生产成品到销售等全部实体生产活动转移到后发国家进行,并保持高比例的利润分配额,以此实现高效的资本积累。而作为该品牌"代工商"的后发国家,虽然承担了全程实体生产,但只能从利润中分得极少的一份。对"代工商"来说,即便是想办法多"代工"一些产品,也不会改变其获取利润的结构(如前述,事实上制定生产量的权力并不在"代工商"手中),且一旦世界市场有所波动,这一资本积累结构下首先发生的就是"代工厂"的裁员,这是在既有资本积累结构下食利-寄生的一方对风险的转嫁。正因如此,唯有产业升级,并形成自主品牌,才会改变利润划分结构,从原有的"代工",变为完整的生产商。这一过程无疑会导致已经"空心化"了的"脱实向虚"的先发国家的食利性质的资本积累游戏无法继续。从这个意义上说,后发国家在谋求国家发展和人民生活水平提升的过程中,一旦超越"世界工厂"这一角色节点,先发国家以各种形式对该后发国家进行打压就是在所难免的事情。这是由先发国家在先发国家-后发国家全球资本积累结构中的食利和寄生性质所决定的:一是通过打压后发国家来维持既有的食利-剥削性的资本积累游戏,继续寄生下去;二是一旦无法彻底消除后发国家产业升级的可能,则在配合打压的基础上采取以供应链脱钩等方式将发展中的后发国家排除于世界市场,以此维持剩余部分的食利-剥削性的资本积累游戏,继续寄生下去。这一逻辑在观念领域,表现为先发国家会制造一系列观念产品为自己打压后发国家谋求公平和平等的生存与发展权利的行为提供文饰,以使该打压行为获得某种"正当性外观"。但这种观念层面的纹饰说辞,在生存实践的直接触感面前,是很难站住脚的。因而,先发国家就会通过各种压迫方式分化后发国家的国内社会结构,制造矛盾以便维持其原有的资本积累结构下的剥削地位。毛泽东对此这样说:

> 当着帝国主义向这种国家举行侵略战争的时候,这种国家的内部各阶级,除开一些叛国分子以外,能够暂时地团结起来举行民族战争去反对帝国主义……当着帝国主义不是用战争压迫而是用政治、经济、文化等比较温和的形式进行压迫的时候,半殖民地国家的统治阶级就会向帝国主义投降,二者结成同盟,共同压迫人民大众……帝国主义则往往采取间接的方式去援助半殖民地国家的反动派压迫人民,而不采取直接行动,显出了内部矛盾的特别尖锐性。[①]

[①] 《毛泽东选集(第一卷)》,人民出版社,1991年,第320~321页。

毛泽东在《矛盾论》中对后发国家的国内社会结构之中的国际关系要素的分析，是极为深刻的。其中突出强调了中国特色社会主义以人民为中心的发展理念的本质重要性：没有以人民为中心，国内社会结构中就难免出现通俗意义上的以先发国家代理人的角色攫取本国民众利益的买办者。《矛盾论》中强调的国内社会结构变化中的国际要素，在文化层面的表现是：以人为制造后发国家国内社会结构矛盾的手段，配合维持先发国家在全球资本积累结构中的剥削-寄生地位为目的。早年的先进-落后、文明-野蛮的文化势差下的"意见领袖"是如此，现今脱离具体问题的无限抽象和滑坡论证下，以少数群体为名撕裂社会共识的观念活动也是如此。这种现象虽然多数以对话和讨论为名，实则是以情绪发泄为内在的观念活动，表现为观点和立场极化的旁观式讨论，以及这种讨论所内蕴的情绪发泄，这只会带来群体之间的撕裂与合作行动的消失，不会存在综合现有条件下的合作行动以及对实践的优化。而对于后发国家来说，先发国家的先发优势只要存在，先发国家就具备对后发国家包括文化领域在内的诸多领域以先在情绪的方式施加的脱离现实条件考量的抽象观念活动，激发、撩拨社会心理，在此种先在情绪支配下破坏合作行动从而基于现实并在发展中破解问题的可能。

具体来说，后发国家产业升级对先发国家资本积累的影响从文化层面表现在：先发国家为维持其资本积累中的食利性-寄生性-剥削性利益，将已经在追求产业升级，因而对其没有资本积累"功能"的后发国家，剔除出全球供应链，以此打击谋求以产业升级的方式继续发展的后发国家，并使先发国家的食利性质的资本积累游戏在其他后发国家继续运行，维持其资本积累结构中的食利性-寄生性-剥削性的地位。对先发国家来说，产业升级中的后发国家所升级的产业，不仅无助于先发国家在既有资本积累结构中的食利性-寄生性-剥削性利益的获取，甚至是既有资本积累游戏的竞争者和其剥削-寄生模式的挑战者。从既有的全球资本积累结构视角来看，供应链脱钩，以及在各种国际贸易活动中排除谋求以产业升级继续发展的后发国家的行为，因为先发国家在持续多年的资本积累结构从产业资本向金融资本的转化过程中所形成的"脱实向虚"和"空心化"状态，这种对后发国家的打压，对先发国家自身来说也影响巨大，因而这必将是一个漫长的"缠斗"过程。从这个角度看，笔者认为壁垒森严的美苏式冷战，大概率不会再现。先发国家和后发国家的"缠斗"更有可能是彼此间深度嵌入的斗争与合作的混合状态。具体而言，对于先发国家，多年来追求更高效率的资本积累，产业转移、管理权与所有权的分离、产业资本向金融资本的转变等，使其内在的产业"空心化"和"脱实向虚"，这构成了先发国家国内新的社会结构形态。

当先发国家出现经济周期造成国内经济结构变化,对后发国家发动贸易战,不但影响全球经济,而且会反过来影响先发国家的本国经济,叠加国际关系中发生的一系列"黑天鹅"事件①,使得先发国家国内社会结构上的变化,从而导致先发国家国内社会的社会关系和交往模式上的变化,人们从习惯了的交往模式轨道上脱轨。当社会关系处于常轨时,人们可以依照习惯去生活,并不会对社会关系本身有什么感受,而一旦社会关系的某些环节因为整体变化出现脱轨,人们在此环节,就无法依照行为习惯而到达下一个环节。这种脱轨带来的秩序感的消失,会引发一系列的情绪。脱轨的社会关系环节越多,或者脱轨的环节对生活越关键,则这种秩序感消失所激发的情绪就会越多、越强烈。先发国家国内社会中这种由惯常交往模式的脱轨导致的社会群体情绪,一旦被先发国家政客和舆论机器向对后发国家的情绪化敌视所引导,构造一个惯常生活模式的脱轨的原因是后发国家的发展,在先发国家国内社会就会形成以反对后发国家为政治正确的社会心理。(也是在这个意义上,中心-边缘理论无法解释发生在"中心"国家国内社会的这种由后发国家发展所带来的国际关系变动的结构性影响。)这实际上是把后发国家的发展塑造为先发国家自身社会结构问题所引发的特定社会心理的情绪宣泄口。先发国家将所有情绪引至此处,也就同时将所有社会关系的脱轨问题,引向后发国家的发展。这一点在美国不同党派均将抑制中国发展作为其竞选和施政的口号,并以此来获取民众选票的现象中即可显见。而对于后发国家来说,在跨越"世界工厂"角色之前的时代,在参与全球贸易的过程中,在通过了解他国历史、法律和社会文化习惯来扩大国际合作规模的动机下,对他国文化的引进和学习中或多或少会在观念层面上附随产生"外国的月亮更圆"等类似情绪,这种情绪会随着产业升级过程中遭受的来自先发国家的打压,进一步转向独立自主,形成独立价值判断的社会群体情绪,这一点在包括互联网平台在内的各个文化活动领域中皆可显见。

五、先发国家的观念制造和知识生产对后发国家的范导行为

我们在厘清先发国家-后发国家全球资本积累结构下的先发国家的观念制造和知识生产对后发国家施加文化范导的基础上,进一步研究这种范导行为在知识生产和观念制造中如何发生作用,及其作用原理和逻辑结构时,一个最为核心的机制是:理论活动中(或者更为广义的言语活动中)内

---

① "黑天鹅"事件,指难以预测,但突然发生时会引起连锁反应,带来巨大负面影响的小概率事件。

蕴着评论者逻辑与行动者逻辑的对立统一关系,对这一辩证关系的理解与阐释是让理论活动对自身形成主体自觉意识的根基。

在传统社会中,理论活动是自然而然地嵌在实践活动之中的。黑格尔在《精神现象学》中对此有非常精到的描述:

> 古代的研究者通过对他的生活的每一细节都作详尽的考察,对呈现于其面前的一切事物都作哲学的思考,才给自己创造出了一种渗透于事物之中的普遍性。但现代人则不同,他能找到现成的抽象形式;他掌握和吸收这种形式,可以说只是不假中介地将内在的东西外化出来并隔离地将普遍的东西(共相)制造出来,而不是从具体事物中和现实存在的形形色色之中把内在和普遍的东西产生出来。①

黑格尔的描述是立基于精神现象在追寻自身根据的过程中,不断走向绝对精神的精神历程,这个过程似乎是精神自身的独立-独力衍化与发展。而实际情况则是,传统以自给自足的农耕社会为主的生活方式,总是与地方性的文化自足的文化形态相结合。而资本主义生产关系在追求资本增殖的目的下,不断地寻求开拓新市场,获取更廉价的原料及劳动力,等等,在文化层面上,必然指向一种抽象的普遍化的文化形态,以便以此抽象的普遍化来碾碎各种地方性文化形态,并以此为资本积累结构向更大的范围扩展,追求更高的资本增殖效率开辟道路。② 传统社会的理论活动是地方性的,它对于"我们如此这般地生活着这意味着什么"的评价标准同样来自这个"如此这般地生活着"的地方性社会-历史现实。在这个意义上,王阳明从"知行合一"到"致良知"的合理性在于:当一个人在某个具体的生存境遇下生活的时候,在面对某个具体场景的时候,他能够自然浮现出在这种生存状态下的具体事件面前的诸行为选择,以及这些选择的好坏、高低、优劣之别,即在这种生存境遇下的生存者,他可以从追寻内"心"的过程中直接生发"良知"。

---

① 黑格尔:《精神现象学》(上卷),贺麟、王玖兴译,商务印书馆,1979年,第24~25页。
② 详细分析可参见拙文《学科建制化的逻辑及其前提批判》,在文中笔者曾尝试以学科发展过程中的学科建制的固化以及这种固化在理论研究中表现出来的以既有的学科框架去消化、腐蚀社会现实自身的内在逻辑,使得现实被既有学科框架剪裁、切割、重构,学科以既有学科框架解释现象的活动,不但让理论失去创新能力,同时因为这种依靠先在公式(既有学科框架)去做习题的理论研究方式,遮蔽了对新事物的理解与把握,理论至此从实践活动中脱节,无法发挥自身的作用。这一学科的建制化过程,其内在的原因追本溯源,正在于后发国家现代化发展过程中的文化权力势差结构上。这是本书从拙文出发的进一步推进。参见:王晓兵:《学科建制化的逻辑及其前提批判》,《山东大学学报》(哲学社会科学版)2022年第5期。

换作今天,在现代人的生活方式的基础上又"风行"起来的王阳明的"知行合一"思想及其解读,如果没有前述对实践环境的"转译"工作,那就只会是徒有其表的误读。在现代生活方式中,良知本身的当下立现并直接发生作用的生存境遇已经产生了变化。在资本全球扩张带来"世界历史"的同时,人们用来衡量"我们如此这般地生活着这意味着什么"的标准,不再是从自身"如此这般地生活着"这一具体的实践场景中生长出来的,而是有着抽象的脱离了语境的"普适"的标准,它在剪裁、切割和评判着我们具体生活于其中的那个"如此这般地生活着"。从前是从具体生活之中生出评价,这时候洒扫应对皆是学习。如今则是用抽象的、先在的标准去审视、衡量、评判自身的具体生活以及从具体生活中产生的标准。从前那种在具体生活中探索的"度"和"中道",在当今社会,会因为缺少一个外在的、抽象的、到处都可以适用的标准,而被视为是"不具有理论价值"的"习惯"-"偏好"。从前的"知行合一"的"知"是确定的,在对"知"的追寻中能够形成共识,并以此带来合作行动的可能。一旦抽象普遍性取代了语境性的标准,世界就进入了一个"价值无政府主义"的状态。所谓的"知行合一"势必演化成为一个主体有了一个行动欲望之后,随意去拣选某个语境性的标准来作为合理化的说辞。这一转变,它在本质上是:行动逻辑之上附随或生成评价逻辑的传统社会,向着评价逻辑评判和范导行动逻辑的现代社会转变。

前述行动逻辑与评价逻辑的转变,带来的是理论活动发生作用在方式上的根本变化。这集中体现在对于话语权的争夺上。这在逻辑上很好理解,毕竟在传统社会评论逻辑贴附在行动逻辑上,行胜于言,"敏于行,讷于言"。评价逻辑只有内嵌于行动逻辑上,才会有评价合理性和话语力量。而现代社会则不同,当评价逻辑通过抽象的、先在的评价标准对具体的行动逻辑有了剪裁、切割和评判的话语权力后。行动逻辑就被置于评价逻辑的评判和范导之下,并由评价逻辑为其提供合理性说明。在现代社会的评价逻辑与行动逻辑的辩证关系中,评价逻辑所占据的文化权力制高点,让话语权的争夺处于越发重要的位置。

评论逻辑对行动逻辑的优势地位在学院式的理论研究中,作为隐蔽的前提,正在不断地影响着知识生产活动。同时,它在学院式的理论研究之外的文化生活中,则呈现出越发显著的特征。比如,近年来在西方社会出现的以"呼吁""敦促"环保(注意这两个词在行动上的含义,是以言语活动的方式指向他人的行动)为名去超市倒牛奶、泼油漆,把自己用胶水粘在加油站出口或者高速公路上,攀爬大桥牵引锁等吊诡的行为。这些行为最大的相同点在于,行为者都有专门的拍摄者或者自拍工具。这些类似于行为艺的行为本身,并不指向对生态环境的保护,而指向对环保话语权的获取。获取了环保话语权,也就同时获取了评价他人的行为是否环保的标准定义权。评价逻辑中的具体话语展开,其功能性不再指向与言说内容对应的行动逻辑(比如,对环保直接有所助益的行为),而指向以言说内容更有利于获得话语权的功能实现上(比如,可以博取更多关注度)。比如,"环保少女"通过"环保罢课"这样一个与环境保护无关的行动,获取评价"怎样才算是环保"的评价权力,以此来"敦促""呼吁"他人去从事环保行动,并评论他人的环保行动的优劣。环境保护、少数群体权益保护等议题中有着一系列迫在眉睫需要实际推动的工作,一旦这些议题沦为一些人用来获取评价权力的工具和噱头,这些议题就会循着评价活动的逻辑,无视行动逻辑必须具备的对行动得以实现的现实条件上的约束和限制,在博取关注度和评价权的目的引导下,形成日渐脱离现实远离行动的极端观点,在观点极端化的程度比拼中竞争评价权。而行动者,则由于行动必然要考虑现实状况的约束和客观条件的限制而无法极化(被有评论权的评价者视为"不纯粹"),因缺乏观点极端化所带来的关注度而无法赢得评价权,逐渐变成沉默的行动者,沦为持有评价权的评价者以极化观点批评的对象。且因为行动本身要面对的诸多客观的、外在的约束性条件的限制,从而相较评论者而言总是缺乏"纯粹"(实为极端),而对于评论者来说,他们是评论者,因而可以不考虑行动本身的外在约束,去追求极端化的"百分之百做到"的"纯粹"。这才是现如今观念极化的根本原因所在。如此反复,久而久之,行动的价值不断被评论消解,无论这种消解是以"做得不好"还是以"做得不够"体现出来,都是一群专事话语权力而无行动指向的极端者对具体行动者的行动意义的腐蚀。言说成为站着说话不腰疼的言说,行动成为"动辄得咎"、做多错多的行动。这种在晚近现代社会特有的行动逻辑与评价逻辑的对立乃至分裂,正是我们理论工作者要去通过自身的立基于实践的理论研究所要面对和破解的根源性对立与分裂。此种抽象的脱离行动逻辑的评价逻辑式的观念活动,之所以总是在先发国家首先出现,直接源于其通过产业转移的方式遮蔽和隐藏了对生产逻辑的真实体感,在总体的食利性所表现出的"社会较为发达"的基础上,人们的自我认定以高度偶然性的标签化方式进行(比如,某些少数群体的不断裂解),再经由先发的文化权力势差的优势地位,影响后发国家的观念生活。但后发国家的被寄生性-被剥削性的特点,决定了后发国家不可能失去对生产逻辑的体感,因而,当后发国家提升人民生活水平,谋求将发展的利益更多地惠及本国人民的行为时,生产水平的提升带来的生产逻辑的非直接可感性,就会使一些人受制于前述的标签化方式而完成自我认定。随着后发国家出现标签化行动方式的群体,他们与生产逻辑之间的关系,也在不断证明着标签化行动和自我理解方式背后的社会存在条件。这是中国式现代化理论要在文化领域消除的负面观念影响的重要内容。

六、中国式现代化理论的构建

中国式现代化理论的构建,其核心价值就在于摆脱先发国家依托其先发优势,在知识生产中占据评价标准的位置,评判进而范导后发国家对自身发展道路的选择,以此将后发国家永久地置于先发-后发这一资本积累结构中的被剥削地位。中国式现代化理论的构建,正是在摆脱前述被剥削地位的现代化实践活动中,说明后发国家追求自身发展的合理性,同时阐明在自身发展的历程中,为世界范围内的后发国家追求公平和平等的生存与发展机会的世界社会主义发展的意义。从而形成立基于现代化实践(具体的特殊性),有世界意义的中国式现代化理论。

中国式现代化理论,不同于先发国家所构造出来的脱离语境的四处套用的现代化理论,即不是构造出"另一个"现代化理论,与先发国家借助其维持自身资本积累结构中剥削地位的理论并列,而是构造出"另一种"现代化理论,即不是"零和博弈"式的剥削-被剥削结构,而是构建在人类命运共同体基础上的,各国追求公平和平等的生存与发展权利的现代化理论,以此实现对既有全球资本积累结构下剥削本质的破解,从而推动人类社会向前发展。

正因如此,中国式现代化理论的构建,不能仅有一个宏观原则。因为如果仅有一个宏观原则,就极有可能被现有学科建制的思想框架消解和腐蚀,变成没有新内容的新提法、新名词。中国式现代化的理论构建,也不能仅仅是一大堆琐碎的微观机制研究,因为缺乏宏观结构的微观机制,只会是在他者的理论前提的隐蔽逻辑强制下,只长知识、不长智慧的学院化符号工艺品。

唯有在微观机制研究中直接把握到的宏观结构,在有着宏观结构的原则约束下的微观机制研究,即微观机制与宏观研究的辩证统一下的理论形态,才是中国式现代化理论建构的目标。在具体的现代化实践(特殊性)之中直接把握其规律性(具体的普遍性),形成以特殊性与普遍性的辩证统一为理论特质的中国式现代化理论。这一中国式现代化理论的形成过程,同时正是唯物史观在知识生产活动中的具体化过程。不是直接将唯物史观应用到具体,也不是只有具体,而是在具体研究中彰显、表征出的唯物史观。

七、中国式现代化理论构建与中国式现代化道路实践一体展开

从对既有先发国家-后发国家全球资本积累结构的寄生性与剥削性的

反思出发,方能突破这一寄生性与剥削性结构。否则,在未对这一结构本身给出系统反思的前提下,理论只会是既有先发国家-后发国家全球资本积累结构中自身所处生态位的变动的谋求,所谓"另一个",而非"另一种"现代化理论(本书中对日本等的"另一个"现代化历程的分析,用意正在于对这一质性区分进行说明)。在既有的寄生性与剥削性的先发国家-后发国家全球资本积累结构下,"零和博弈"式的竞争思维,绝不是在观念层面上向其说明唯有合作才能共赢,就能够消除其在"零和博弈"思维的支配下采取的各种对抗、摩擦和霸凌行为。正是在这个意义上,中国式现代化的理论构建必然是与中国式现代化的道路实践一体展开的。

中国式现代化的理论构建正是立足于中国式现代化的道路实践对既有全球资本积累结构的寄生性与剥削性的突破之基础上的,即中国式现代化理论是突破以既有先发国家-后发国家全球资本积累结构为基础的有关现代化问题的知识生产及其产品的"另一种"现代化理论。突破,是两种现代化理论的质性差异与关联关系。即在道路实践层面,中国式现代化体现的是突破既有的先发国家-后发国家全球资本积累结构中对后发国家的寄生与剥削,谋求公平和平等的生存与发展权利的新式现代化。而中国式现代化理论构建中对突破的体现,具体表现为以批判既有的立基于寄生性与剥削性的全球资本积累结构上的知识生产("批判旧世界")。因而我们的理论建构绝不是另起炉灶,而是在批判既有的一系列有关现代化-现代性的理论中发现新理论、构建新理论。

当前文化哲学中对现代化理论的分析,其主流框架是"东方-西方"式的。这一框架以赋予地理概念以文化内涵的方式来对举,在既有的先发国家-后发国家全球资本积累结构发展到顶峰之前,即在既有的先发国家-后发国家全球资本积累结构仍然能够容含其运行强度的时候,是合适的。[①]但在大变局时代,其实质与内涵是列宁所描述的帝国主义已经完成对世界的瓜分,并且在"帝国主义论"中强调的"寄生性"与"剥削性"已经走到极端。后发国家长期处在先发国家的寄生与剥削状态下,先发国家的各种危机会首先转嫁到后发国家,在后发国家形成内部社会矛盾。反映在文化层

[①] 前辈学人们对文化哲学作为一种哲学范式的建构,积累了大量成果,我们在此基础上向前推进,既有文化哲学研究是构建基于中国社会-历史现实的中国式现代化理论的重要思想资源。如对文化的定义以及对文化哲学作为哲学研究范式的界定:"文化的基本功能是从深层次制约和支配个体行为和社会活动的内在的机理和文化图式","文化哲学不仅仅是一个新的哲学研究领域,更重要的是它代表了一种重要的哲学研究范式"。参见:衣俊卿:《文化哲学十五讲》,北京大学出版社,2015年,第33、40页。

面,则是先发国家以自身已经"解决了"(实际上是转嫁了)类似矛盾的"实际",勾连起某个之所以能够解决该矛盾的理论观点,构造一个从该理论观点到解决该矛盾的因果关系,从而以该理论观点进一步影响后发国家理解、解决自身内部矛盾的行为选择。从这一变局时代的实质出发,我们认为将"东方-西方"这一略显笼统的概念置于"先发-后发"这一结构框架下,来推动对中国式现代化理论构建的研究,不仅是合适的,而且是需要的。对沃勒斯坦的中心-边缘结构的分析,同样是为了展现国际关系与国内社会结构之间的有差异的辩证统一的互构结构和互动关系。

以上是本书思路展开的起点、展开逻辑、运思依据等方面的结构性说明。

此外,笔者为了在保证分析的集中和逻辑连贯性的基础上,尽可能地提示诸论证环节可能的进一步展开,在宋体的正文之外,笔者或给出补充说明,或提示进一步深入思考的可能路径,以及对文献原文的引证等,并将这些内容置于括号中。笔者尝试以此方式形成一个文本内部尚有其他拓展之可能性的复调结构,从而避免因语言只能是前后相继的线性展开而造成的将论述内容视为单一的、线性的因果叙事的误解,提示立基于文化哲学这一研究范式,对中国式现代化理论构建的思考,仍存在多面向和多维度的可能性。

第一章 理论建构的时代背景：
变局时代的实质与内涵

我们正身处百年未有之大变局的时代,这是我们从事理论研究的时代背景。如何理解百年未有之大变局,如何对变局时代的实质与内涵给出理论上的清晰把握和结构性理解,这是廓清中国式现代化理论构建工作的基本语境和核心工作的关键。

变局时代,"变"意味着：从状况A,变到状况B。对此,我们的分析具体从以下几个方面展开：第一,转变动力问题。既然是从状况A,转变为非A,那就涉及一个转变动力的问题：是什么造成了状况A无法再维持下去,并发生了转变？对动力问题的分析必然深入转变方向问题。第二,转变方向问题。变局时代的实质与内涵,既要包括对转变前的状况的理解,即描述状况A的内在结构及其运行原理,还要包括对转变后的状况的把握,即描述状况B的内在结构及其运行原理。如果认为目前仍处于不断的转变中,即认为状况B是一个过渡阶段,那么也需要说明认为状况B是过渡阶段的根据是什么。这一对变局时代的实质与内涵的分析的过程,其完整的形态表现为：从状况A中脱离,并到了无论是作为过渡阶段,还是作为另外一个新的稳定的状况B阶段,以及转变的内在动力和转变发生的逻辑过程的阶段,都在脱离。这是本章第一节要说明的问题。

同时,理论活动以何种方式来把握变局时代的"转变",这在马克思主义理论发展思想史上,总是与对马克思主义理论的实质推进相对应。中国式现代化理论的构建,要提供能够领航中国式现代化道路探索和实践创新的中国式现代化理论,对时代背景的把握,进而形成马克思主义理论时代化的新的飞跃,其理论前提在于对变局时代的实质与内涵的历史唯物主义视域下的把握,即理解理论建构与时代背景的内在统一。这是本章第二节要集中分析的问题。

一、全球资本积累活动中的先发-后发结构

对现代化的理论探讨极易走向两种极端,其一是走向抽象普遍化的极

端,概要来说,就是将现代化归结为作为"本质"的现代性的一系列外在表现。现代化理论,由此就沦为拿一个抽象的、"普遍"的本质作为何为现代化的评判标准,而后在理论活动中将各种具体的现代化现象作为"质料",形式化地套用该抽象标准,以此去评判各类具体现象的优劣、好坏、高低,以及是否"符合"先在的被制作出来的现代化"标准"。先发国家借助预先构造出的先进-落后、文明-野蛮的文化权力势差,依托此种评价活动实际达成了对后发国家的现代化发展道路探索中的具体实践活动的范导。具体说来,它的实质是用抽象"普遍性"的"形式",把各种具体现象作为"质料"来剪裁、切割和塑造。在理论表象上,它表现为:表面上呈现出来的围绕某一具体现象的理论表述和理论分析,实质上,却不过是在先在的"普遍""形式"的支配下,到经验材料中拣选符合先在的"形式"标准的材料,再拼接出符合自己先在标准的"对象",而后再在这个被自己构造出来的,符合先在"形式"的分析"标准"的"对象"上展开其"理论工作"。箭已经射出去了,所谓的"理论工作"只是在射出的箭的周围,再去画好靶子以便让已经射完的箭永远是在靶心的活计罢了。而那个具体的,有着自身内容逻辑的,应该作为对象被理论地把握到的社会-历史现实,①在此处,是被遮蔽和遗忘了的。

其二是走向特殊化的极端,概要来说,就是将自身的现代化进程归为绝对的特殊性,甚至通过证明"现代化"这一概念是一个理论上的"幻觉"的方式,来拒绝对归之于现代化的诸社会现象的一般性分析与论证。这种思维方式所造成的问题在于:它将自身的现代化理论(或者拒绝使用现代化这一概念,转而使用其他概念)描述和理解的社会现实视为绝对的特殊性的现象,即无普遍性的纯粹特殊性,并以此特殊性拒斥普遍性。这样的理论形态,当然有其形成的社会关系基础,就像抽象的普遍性本身也有其所赖以成立的社会基础,但以非此即彼的拒斥方式,虽然排除了抽象"普遍"标准对丰富的具体社会现实的剪裁和拼接,因而丧失对对象自身所内蕴的内涵逻辑的理解,但同时失去了通过对自身丰富的具体社会现实的内容逻辑的"普遍性"的探索与呈现,而参与世界性的现代化理论的对话与发展。"形而上学

---

① 此处我们强调的社会-历史现实,绝不是直接的经验材料的直接使用,现实在理论研究中总是意味着现实的理论化过程,以及作为理论对象的理论化了的现实。在这个意义上,如何"直面现实""深入现实""根据现实",这是依托中国式现代化道路探索,立足中国式现代化历史实践,以之构建中国式现代化理论的立脚点和理论基石。我们会在本书第五章详细展开论证。在此处论及如何把握现实,是要说明理论研究是身处历史性的现实之中的,以文化哲学为视域,在厘清理论与实践之间关系的基础上,对作为理论活动之核心的知识生产活动的系统思考,是构建中国式现代化理论的构建工作必须首先处理的前提性工作。

的反面,仍是形而上学"。两者处在同一个思维层次上。

　　从本质上看两者所持的思维方式存在不同:前者(抽象普遍化的极端)是抹去一切特殊性,后者(抽象特殊化的极端)则因其过于强调特殊性而无法在不同的现代化道路间形成理论对话。真正意义上的符合理论本性和实践要求的中国式现代化理论的建构,应是基于自身社会-历史现实的特殊的、特定的、具体的现代化道路探索,在其中建构,或者更准确地说,它应该呈现出,在具体社会-历史现实之中的,在一般原理上对该特殊化道路的选择给出其选择之必然性说明的现代化理论。具体到对作为后发国家现代化之一的中国式现代化理论,其理论本性上对特殊性与普遍性之辩证统一的需求,就表现为推动中国式现代化持续发展,说明中国式现代化道路选择的必然性,并向世界提供中国智慧的中国式现代化理论建构的基础与前提。而这一特殊性与普遍性的辩证统一,需要在现代化发展历程中先发国家与后发国家之间关系的动态结构衍化线索中才能得到清晰的把握。

(一)先发国家资本积累的需要与后发国家现代化

　　先发国家,即部分西欧国家在其资本主义的形成与发展历程中,是以"似自然"的形态发展自身,是完全内在于封建社会,从以农业为主要生产方式的封建社会,发展至以工业为主要生产方式的资本主义社会。随着新航路的开辟,毛纺织品的需求增加,使得耕种土地的收益少于蓄养牲畜(与工业生产牵连的)的收益,这是土地所有者将租种土地的农民驱离土地的动力,利用其在封建社会中的既有权势,通过对公共土地的占据,叠加蓄养牲畜较之耕种的更大的获利现实的驱动下进行的。这样的逐利行为,让本来贴附在土地上生存的农民沦为无产者。无产者们有人身自由但没有生活资料,因而只能通过出卖自己的劳动力的方式来养活自己和维持家庭生活。乡间地主因土地的使用方式从耕种转为蓄养牲畜,其所需劳动力数量减少,即便把地主个人生活享受对劳动力数量需求的增加都考虑在内,哪怕是追求奢侈的生活享受所需要的劳动力数量,也还是远远少于农业社会生产方式下所需的劳动力数量。因此,大量的无产者意义上的劳动力,被迫离开乡间到城市中谋求生计(也由于在城市中类似于乡间地主的"富人"在数量上比乡间的"富人"更多。服务城市富人,这是早期涌入城市的无产者的一种谋生的出路)。大量涌入城市的劳动力,为原有在贸易不断扩大过程中的作坊提供了较为充足的廉价劳动力。生产规模的扩大,让作坊主、工场主成为早期的新兴阶级。围绕政治等级结构形成的城市,其社会结构开始向围绕商品生产和商品交换所构成的结构的新城市形态转变。生产方式的变化带动着社会关系的变化,这使得城市运行所围绕的核心以及运行方式都发生了根本性转变,城市开始从政治等级逻辑转为商品生产与自由交换逻辑。原有的对各种生活用品的等级森严的规定,由于商品买卖的平等交换属性,原有围绕政治逻辑构造起来的社会等级对于消费品购买的限制被逐步消解,商品的需求也就因此迅速扩大(比如,原来可能只有由路易十四和他的贵族们才能享受到的消费,被越来越多有消费能力但在此前有"僭越"之嫌的人享有),工业生产中形成的资本积累模式的巨大力量开始凸显。这表现在多个方面,体现为社会的总体性变革:资本逻辑下的新阶级是封建社会中以人身等级制构造起来的旧社会结构的掘墓人。

随着资本逻辑向社会生活方方面面的渗透,资本主义生产方式逐渐占据了城市生活的核心位置,或者说资本主义生产方式成为城市社会的组织方式和运行逻辑,资本家与工人之间的劳资矛盾就此成为社会主要矛盾。从莫尔的《乌托邦》到欧文、傅立叶等人的空想社会主义,都是以理论的形态(考虑到其空想性,或者用"以观念的方式"更为合适些,但它们仍可被视为广义的理论形态的言说)表征着这一社会矛盾逐步成为主要矛盾,和日趋尖锐的社会-历史现实。为维持资本的持续积累和高效积累,同时为了解决日趋尖锐的国内劳资矛盾。先发国家将后发国家拉入其资本积累游戏之中就是势所必然。实际上在英国的工业生产早期,机器的出国是受到限制的。(这与今天的光刻机的限制,何其相似,它们都是资本积累逻辑的产物,只是多了个技术专利或所谓供应链安全的说辞。)但是扩大了并且仍然在扩大着的市场,与有限的国内生产能力之间的差距,这是无法通过单纯增加工人的劳动时间来弥补的(增加工人的劳动时间的做法几乎贯穿于早期资本主义生产方式提高资本增殖效率的全程,《乌托邦》和《太阳城》中对工人拥有较短的工作时长的向往,正是对彼时现实中不断增加的工作时长的情绪性的应激反应)。一旦如此,劳资矛盾的进一步尖锐化就不可避免,这也是这一阶段工人运动风起云涌的现实基础。要补齐产品需求与产能不足之间的差距,资本积累结构越出一国,形成地区性的进而形成全球性的资本积累结构就是逻辑的必然,也是历史的必然。

但此时在世界范围内绝大多数国家仍然以农业生产的传统社会为主。至多不过是在自身历史上的某阶段被认为出现了"资本主义萌芽",而这一"萌芽"还是以今人的眼光在历史中拣选比照出来的"形似"现象。先发国家要想改变后发国家原有的社会结构,将后发国家打造成为转嫁劳资矛盾和提升资本积累效率的"适格"的资本积累结构的新构成部分,将后发国家作为其原材料产出地、商品倾销地甚至商品生产地,作为其资本持续积累和高效积累的新供体,这就需要将后发国家拉入现代化之中。例如,对于传统农业社会来说，其对外贸易是偶然性的且通过贸易输入的额度并不大，农业社会的自足性质使得传统社会可以长期维持自身的稳定，而无须进行大规模的贸易来满足国内需求。相反，倒是可以通过小农经济的补充形态，比如，手工作坊等，根据他国的国内需求对外输出产品。这样一来，没有大规模的国内商品需求的贸易状况，没有巨量的商品流入需求的市场状况，后发国家就不可能主动进入地区性甚至全球性的资本积累结构中。即便是在个体身上也是如此，如果一个人以农民的身份生活，日出而作、日落而息，这相较于早期工业社会中无产者高强度和长时间的生产劳动，或许是更"理性"的选择。因而，先发国家如果想要以平等贸易的方式实现将后发国家拉入工业生产方式，进而作为其资本积累的供体，以实现追求资本的持续积累和高效积累的目的，就无从谈起。使后发国家进入现代化是先发国家在本国完成从传统到现代的转型后要做的工作。不管是用贸易的方式（成功使用这一方式的事例很少），还是鸦片贸易的方式（如中国）、直接殖民的方式（如印度），等等，均是围绕着能够提升资本积累效率和扩大资本积累规模的目的而具体进行选择的，这是以追求资本的持续积累和高效积累为导向而构造起来的，因而也唯有在这一目的下才能拨开先发国家对后发国家的不同的殖民统治所给出的文饰说辞迷雾，从而看到内在的真实逻辑。

从后发国家角度来看，传统社会形态下对先发国家并不存在产品依赖或资源依赖的问题，在马嘎尔尼与清政府的接触中这一点是极为明显的。（有人将彼时的乾隆对待外国使团的态度斥为"落后的"和"傲慢的"，这种价值判断不能说没有价值，但这并不是从理论研究的角度进行的判断。从理论研究的角度，我们应该分析对彼时的乾隆来说，从他以该态度对待外国使团的现实基础的分析出发，才能理解他在彼时以该种态度行动的原因。也唯有如此，才不会把理论研究停留在慨叹康熙自己有一定的学习数学的兴趣，而遗憾未将之扩大为全民族的文化趋向，局限于这种明显的以后人的视角将历史的发展着落到个体的"保守"与"开放"，"先进"与"落后"上面的唯心论。）后发国家并没有主动进入现代化的需求，这必然造成常规贸易、平等贸易无法实现先发国家增加资本积累和转嫁国内劳资对立矛盾的目的。清朝与英国早期的贸易状况，即是显例。鸦片贸易与此后的鸦片战争是在先发国家与后发国家之间建立强弱之势，并形成紧迫的国防压力下，后发国家在自身救亡图存和保国保种的现实需求下，才会试图改变自身的"积贫积弱"状况。在这个意义上，"师夷长技以制夷"的洋务运动是在追求器物上的现代化，它起自鸦片战争，应对的是坚船利炮。维新变法和立宪改革追求的是制度上的现代化，它起自甲午战争，对应的是明治维新。此后的新文化运动,对国民性的大讨论追求的则是文化上的现代化,它起自器物现代化与制度现代化的"不彻底性"和在现实推进中的一系列挫败。这一系列对现代化的追求,在观念表象上,表现为救亡图存,表现为对自身的落后(即农业社会及其文化形态)的切肤之痛;而作为对出路的寻找,则表现为为了寻求发展需要抛开落后的器物、制度和文化形态,学习"先进""文明"的"泰西"之法。其实际是国家在面对国际压力下被迫进入现代化的一系列行动。①

从先发国家的角度看,使后发国家从传统走向现代最有效的方式,是传统社会的"超稳定结构"在低生产效率下的稳定状态在外来压迫下无法自存。进而在救亡图存和保国保种的情绪下,后发国家从社会内部开始出现一波波的从器物到制度,从制度到文化的现代化需求。中西之争由此变为古今之争,进而在先发国家文化与后发国家文化之间构造起文明-野蛮、先进-落后、传统-现代的文化权力势差。先发国家借此文化权力势差,降低实现其资本积累结构的扩充活动的"交易成本",后发国家借此文化权力势差,在缺少理论论证的情况下,以情绪化的方式(这种情绪化也可以有理论的外观,两者的区分我们在后文详述)完成传统社会的现代化转型。作为这一过程的副产品,后发国家的文化群体,特别是文化精英,在一个特定的历史时期,广泛地出现文化自戕现象,其社会基础皆导源于此。

(二)先发国家资本积累游戏的顶点:作为世界工厂的后发国家

后发国家在先发国家的外在压力下,在救亡图存和保国保种的现实需求中,谋求自身的现代化。这一过程同时是先发国家资本积累从本国内越出,形成地区性的资本积累结构,进而形成世界范围内的全球资本积累结构的发展历程。商品流通、产业结构和资源配置开始逐步向后发国家转移。先发国家的"空心化"和"脱实向虚",正是在资本积累结构发展到世界阶段,资本积累对更高效率的追求下的必然结果。实体经济和工业产品生产向劳动力更便宜的后发国家转移。而对后发国家来说,为了实现自身的现代化,推动自身的发展,依靠劳动密集型产业完成本国的初步工业化,这几乎是后发国家的必经之路。在这个意义上,我们可以说,成为"世界工厂"的后发国家,是先发国家在世界范围内玩剥削性-寄生性的先发-后发资本积

---

① 当时的人们面对这一危局,在文化-社会心理层面是相当复杂的,从早期的立足自身,到此后转而否定自身的全面西向,背后是不断在变化的国际-国内形势,以及越来越迫切的救亡局面,早期的文化-社会心理,可参见夏燮的《中西纪事》以及梁治平在《礼教与法律》中追求"制度现代化"的阶段,中体西用以及法律移植等问题的争论。参见:夏燮:《中西纪事》,中华书局,2020年;梁治平:《礼教与法律:法律移植时代的文化冲突》,广西师范大学出版社,2015年。

累游戏的顶点。此时的先发国家国内呈现出"后工业时代""后工业文化"的状态，因为其社会所需要的实体生产的社会功能都转由后发国家以"世界工厂"的方式来承担。

先发国家这一对资本积累结构的优化过程，是以资本积累结构从产业资本模式向金融资本模式的转变来具体完成的，是通过实现从管理者向所有者的转变来具体实现的。简而言之，是向着能够更高效率和更大规模地实现先发国家在资本积累结构下，去获取食利性-寄生性-剥削性利益的目的的转变趋向。脱离实体产业，脱离经营管理结构，金融资本主义要维持其高资本积累状态就必然与帝国主义的民族国家形态相互融合，这正是列宁所指出的帝国主义的生存逻辑，这是资本积累与民族国家的形成与衍化的相互作用和互构结构的互动逻辑，这也是在资本积累逻辑下的先发国家与后发国家间剥削性的等级结构的构成基础和运行原理。"脱实向虚"的先发国家开始构造一系列的象征秩序和脱离生产的抽象话语权力，这是极端环保主义和各类少数群体通过与其诉求并无直接关联的行为，以博取关注度和流量的方式来争夺抽象的话语权力的根本原因。（这不是说少数群体所提出来的那个环保、少数群体权益等方面的具体诉求是毫无根据的，而是说其表达诉求和寻求解决诉求的方法，以及为何此类问题只在先发国家出现的原因，它们有着更深层的构成原因，且出于这个更深层的构成原因，前述的观念活动和表达诉求的方式承担的就不是给出行动对策的理论活动，它充其量不过是理论活动的研究对象，后文详述。）

对于后发国家来说，世界工厂的地位是无法持久的，一般来说，其顶点是先发国家的投资量较之先发国家从后发国家攫取的利益量的比例越来越小的时候：第一，世界工厂的订单量由先发国家决定，先发国家经济一旦波动，第一个遭殃的就是作为世界工厂的后发国家（经济波动、消费萎缩时，最先受到波及的总是代工厂，而非不事生产的先发国家的总部首先受到影响）。第二，世界工厂承担了从原材料的采购或生产，到产品的生产和组装，以及成品的运输和销售全部的实体生产与销售活动，但只能得到产品生产利润的极少部分。以某些运动品牌为例，先发国家可以通过"商标价值""品牌价值"等早期构建起来的由符号的高低优劣排列起来的身份高低优劣的象征秩序，从而拿走绝大部分利润。而后发国家承担了全部实体生产活动的部分，却仅是"代工"。在后发国家现代化初期，依靠劳动密集型的优势完成初步现代化之后，想要以此种"代工"逻辑获得的微薄利润是无法实现进一步发展的。持续地依靠劳动密集型产业做初级产品生产的工作，只能是在先发国家构造的先发-后发资本积累等级中做被拿走大部分利润的"代工"。持续被先发国家的资本积累剥削产品利润。正因如此,后发国家的改变只能以产业升级的方式进行,比如,摆脱"代工"的地位,形成自主的品牌;比如,不只是单纯地作为先发国家品牌的"代工"生产商,而是追求有自主产品品牌,有自主产品技术的产业升级。这样就可以破解因"代工"地位,而被完全不需要投入实体生产的先发国家,收割绝大部分利润,自身所承担的庞大的实体生产活动却无法更多地惠及本国人民的问题。(这一点即便是在如今的运动品牌之类的领域都是可以显见的。我们以运动品牌来举例,是因为它更为贴近生活,因而便于理解,事实上此种逻辑在对技术创新依赖越高的领域,就体现得越显著,如芯片。)但这种以产业升级的方式追求将更多的发展成果惠及本国人民的行为,同时意味着后发国家从作为先发国家资本积累的"世界工厂"的角色,转变为谋求公平和平等的生存与发展权利的贸易平等地位上的有自主发展意识和发展诉求的民族国家。当先发国家无法通过在后发国家的"代工"生产中获得巨额的食利性-寄生性-剥削性资本收益时,那么后发国家不仅不是其资本积累的条件和要素,反而成了先发国家的"竞争对手"。于是"零和博弈"式的极限打压以便让脱离"代工"角色而逐步有了自主产业的后发国家"回复"到原有的"代工"角色中,以及在打压的同时采取将发展自主产业的后发国家从全球供应链上"脱钩"的方式,寻找并"制造"替代的"代工"国家。这在国际关系中就表现为:当自由贸易式的国际关系有利于先发国家运行其寄生性-剥削性的先发国家-后发国家全球资本积累结构时,自由贸易就是其说辞。而一旦自由贸易是后发国家追求公平和平等的生存与发展权利的经济要求时,又以所谓的供应链安全等为说辞,反复破坏自由贸易精神的根本原因所在。(国家并不是个体,对国家的理解绝不能以个体人格化的逻辑进行,自由贸易时的说辞与"零和博弈"的说辞之间的巨大矛盾背后,不是一个精神分裂的人,而是一个国际关系结构中处在某个具体位置上的民族国家。)作为上述这一过程在文化领域的副产品,从先发国家角度看,自身的"空心化"以及经济周期等问题造成的国内经济不景气,会引发社会群体情绪的波动,先发国家在打压谋求自身发展的后发国家的行为所标榜的说辞,会被其国内社会群体情绪捕获,将问题归于后发国家的发展上,这种现象类似于精神分析中的"主能指",即通过将问题情绪化地归于某一要素的方式去遮蔽问题,而不是对问题产生的结构性原因给出说明。这是先发国家的某些政客能够在选举等各类政治活动中以对后发国家的敌意作为其干扰民意的根因。

  以产业升级的方式谋求将更多的发展成果惠及本国人民的活动,对于后发国家来说,其产业升级过程中将会面对双重压力:一方面是在产业升级的过程中要面对既有的先发国家的高端产业,依托其先发优势对后发国家产业升级所进行的打压,这种打压可以是在后发国家投入巨额研发资金的情况下的技术封锁,也可以是在后发国家投入巨额研发费用并研发成功形成技术突破后,在该产品上的低价倾销。另一方面是在后发国家谋求产业升级的过程中,还要面对本国此前生产结构中的低端产业的部分外流,这表现为先发国家通过将其他后发国家塑造为新的"代工厂"的方式形成的低端制造业的外流,也包括后发国家发展成果惠及本国民众,提升本国人民生活水平后,产生的劳动力成本提升。对后发国家来说,这在文化层面上的挑战表现为:一方面,先发国家在自身的"似自然性"的现代化过程中形成的一系列的现代化理论会以"普遍性"形态,借助先发优势形成的有着舆论优势的、抽象的、教条的所谓现代化的"标准",并以评价的方式范导后发国家对发展道路的选择和政策措施的制定。先发国家在一国资本积累结构向世界范围内的资本积累结构转变的过程中,在矛盾转嫁的过程中,所形成的一系列的理论观点,会形成一个似乎是此类知识生产所形成的观点,这种观点"促成了"先发国家在其现代化发展中独立-独力地缓解了本国内部的社会矛盾的幻象,这为先发国家构造的能够范导后发国家发展道路的选择的抽象的、先在的"标准"的评价地位的确立,提供了所谓的"论据"。仿佛先发国家在这一过程中形成的现代化理论总是以自身已经"理论地""解决了"其现代化发展历程中的某些矛盾而自命,先发国家的现代化理论以自己"解决过""相似"问题的姿态,范导着后发国家在面对表象上类似,在社会-历史现实的具体层面却截然不同的问题时对策和道路的选择。(这种截然不同表现在,起码先发国家在解决表象上相似的问题时并不存在另外的先发国家以资本积累结构的剥削性和寄生性逻辑而参与进来的干扰。)另一方面,后发国家在双重压力下的产业结构调整的阵痛,在社会关系层面会形成社会群体心理的波动,这种波动要么是将新的社会关系视为原有社会关系的脱轨,从而企图恢复原有状态,如谋求"低端制造业回流"等。要么是教条地将先发国家的产业升级路径作为自身产业升级路径的"标准",当前为学界所意识到的在现代化理论研究中的"外部反思"现象即是显例。先发国家在产业升级之路上,没有另外的先发国家持续地产生资本积累意义上的影响,而后发国家则不但是在产业升级中有着先发国家的影响,而且随着自身综合国力的变化,导致先发国家与后发国家关系的变化,这种影响也会随着动态的先发-后发关系变化而发生变化。一旦后发国家在对自身的现代化实践的理论研究中跟不上这种变化,看不到这种变化,没有理解和把握此种变化的内涵与实质,就会为先发-后发关系变化所引发的社会关系变化带来的社会群体心理变化所左右,成为情绪化的捕获观念的活动,而不是知识生产式的理论研究(后文详述)。

(三)先发-后发国际关系结构性地影响着国内社会治理

综合前两小节,不难看出,在先发-后发的国际关系结构下,对后发国家的国内问题研究,国际关系要素不是一个单纯的外部要素那么简单,国际关系要素作为结构性要素,在动态变化中直接影响着国家内部问题的结构形态和解决路径的选择。我们以典型的国内问题——基层治理作为实例,说明即便是在国内社会结构论域的基层治理议题的知识生产中,国际关系仍然是不可回避的结构性要素:

基层治理对任何一个国家的稳定与发展都具有根本性意义,现时代以民族国家为国际关系的基本计算单位,各国在贸易、能源、环保等全球议题下皆深度嵌入全球体系。经过几十年全球化的狂飙突进,一国企图自外于全球化体系已然不可能,所谓"逆"全球化,其本质仍是经由全球一体这一背景和基础来达致其"零和博弈"思维下的自利目的的手段和姿态而已。

有鉴于此,研究基层治理问题时,若只考虑本国内部条件,甚至会因缺乏对本国受国际环境影响的方式与结构的理解,连对本国社会结构完整和系统的理解都无法形成。因而现时代的基层治理研究,需同时考虑变动的国际环境经由与特定国内要素的相互作用所形成的动态结构,方能在此基础上获得对基层问题,包括关系结构和作用逻辑的系统理解和完整说明。在复杂多变的国际环境下动态地理解与把握基层治理结构,在准确并完整地把握基层治理运行逻辑的前提下,从事具体的基层治理实践。

为实现前述目标,在廓清国际-国内双重要素的作用逻辑和关系结构的基础上,在反思既有基层治理理论的前提下,解释符合当下基层治理规律的基层治理理论的理论前提和价值定向。形成有着宏观结构脉络的微观机制研究,为"百年未有之大变局"时代的具体社会研究提供一种宏观结构与微观机制辩证统一的唯物史观具体化意义上的思想操作示范,这是以基层治理为议题的知识生产的责任所在。

1. 宏观结构:全球视野是基层治理研究的结构性要素

基层治理的相关研究中,多数研究者都注意到了国际-国内的双重影响。但注意到这一点并不直接意味着对这一双重影响的内在结构和作用原理的清晰把握。在国际-国内双重影响这一笼统名目下,仍会出现对这一双重影响作为当前基层治理研究之完整语境的遮蔽。

（1）国际-国内双重要素结构是基层治理研究的完整语境。

随着近年国际局势日趋复杂，"黑天鹅"事件频发，在以民族国家为单位的国际关系研究中呈现出两种截然对立又相互依赖的研究思路：

一种研究思路是将国际关系中的国家理解为同质化的抽象实体。国家与国家的不同，在于该同质化的抽象实体上所贴附的属性的不同。国家间发生的事件，就被归因为不同国家的不同属性之间的相互作用。作为实体的国家仍被视为是同质化的。这实际上是个体逻辑的延伸，国家是个体自利逻辑的延伸，区别只在于性格不同的国家追求的自利内容有所差异。这种对国家概念的理解通常以第三国的旁观者视角，为从贴附在抽象国家主体上的属性关系到事件具体形态构造线性因果，并对此前描述的属性给出价值评价。卢森堡对总体资本主义给出分析时，强调资本主义国家在资本积累的驱动下，以各种方式将非资本主义拉入资本积累结构中，作为提升自身资本积累效率和扩大资本积累规模的供体，作为副产品，这一资本积累结构的全球化过程导致世界范围国家观的同质化。因为同质化（可量化比较）是商品流通进而资本增殖得以在世界范围内顺畅展开的基石（非资本主义国家的"超稳定结构"的坍塌是成为"适格"的资本积累供体的必要过程）。世界范围内的哲学社会科学领域的同质化倾向（抽象普遍性）的历史起落与资本寻求增殖的扩张节奏伴生，推动同质化（抽象普遍性）的文化主体的帝国主义性质正在于"制定"这一抽象普遍性的内容。

另一种研究思路是视各个国家为具有不可通约的特殊存在，即抽象的、特殊性的、异质性的民族国家（一些理论基于异质性甚至排斥将诸国家统摄于"民族国家"这一概念之下），这主要发生在作为"当事方"在国际关系中看待相对国家时，将对方视为一个有着不可通约的特殊性的国家，进而进入一事一议的分析框架内，这种国家观会因缺乏普遍性维度，让事件的讨论只能是经验式的和应激性的。对特殊性的需求是全球体系中作为资本持续积累的供体方的后发国家通过对特殊性的寻求和对地方性的强调，在资本冲击下保护本国政治、社会、文化等的相对独立性，不至沦为产品倾销市场和资本增殖循环中某一单一功能的担负者（这种单一功能的担负是十分危险的，因为社会需求是一个整体，而单一功能的实现意味着社会其他需求会因国际局势的变化而造成社会的剧烈动荡，俄乌危机带来的粮食价格起伏，对一些担负某项单一功能因而粮食主要依靠进口的国家造成了极大的经济波动）。

至此，我们可以清晰地看到两种思路截然相反却同时并存的研究思路，在抽象普遍性和抽象特殊性的两极背后，是全球格局下所处位置、角色不同的国家基于自身状况寻求稳定与发展的内在需求,其所持对待特定文化形态的态度,受到其在全球资本积累中所处的位置和所面临的问题的支配。正因如此,只有在清晰地把握特定国家自身在国际关系中,及在全球资本积累的结构中所处的位置,才能对花样繁多且不断更迭的观念场域中的诸理论有基本的理论自觉。真正立足自身状况,又能够开放吸收人类文明积淀,综合普遍性与特殊性,推动有着具体普遍性的个体性的文化发展道路和理论研究路径。

在这个意义上,基层治理研究及更深层次的国家治理研究必须包含国内-国际的双重结构这一完整语境,且这并非把国内社会结构与国际关系视为两个相互独立的系统的相互关系,而是要从国内特殊性的社会-历史现实出发,把握可对话-可理解的国家间的普遍性,形成对特殊性道路选择之内在普遍性的理解。如此方能拒斥经由符号叠床架屋造作的抽象普遍性"标准"的不加前提、外部反思式套用,以及在此基础上对特殊性现实的"质料式"剪裁。同时拒斥完全基于特殊性而遮蔽探索普遍性的道路,从而在无清晰对话基础的情况下做出"应激式的""习惯式的"反应。

(2)基层治理研究中的宏观叙事的界限。

在国际-国内双重结构下的基层治理,是以"做好自己的事情"应对复杂国际局势的重要工作。因其重要性,针对基层治理的各方面皆有相应的大量课题分析和提出对策式的研究成果,呈理论繁荣之势。研究课题之细致,研究方法之多元,可谓前所未有。但这并不意味着在深入具体细部研究后就可以忽视,甚至鄙视宏观研究。问题不在于是否需要宏观研究,而是如何避免大而无当的空论式的宏观研究。在这个意义上,国际-国内双重要素结构作为基层治理研究的宏观背景,如何内在地嵌入具体研究之中,就是必须廓清的课题。

宏观研究作为理论研究之背景与基本语境有其存在价值。缺少宏观背景支撑的研究,无论是田野实证的还是数据构造的都不会因不考虑宏观背景和基本语境,就能摆脱基于宏观的前提支配,而只会是对此前提的不自觉和无反思。对宏观叙事的清晰把握是形成有主体自觉的理论研究的阐释定向的前提性工作。需要警惕的是,"专门"的宏观研究本身极易成为另一个与其他微观研究并列的以宏观研究为对象的微观研究。鉴于此,宏观研究必须作为整体的结构性和基础性的原则而内蕴于微观研究之中,如此方能摆脱其"另一个"微观研究的弊端,如此方能作为微观研究的内在前提和阐释定向而存在;宏观研究还必须是过程性的,唯有如此方能松动具体实证描述可能发生的唯我论倾向和"解释"旨趣的理论活动方式。实证逻辑一旦缺乏整体性-历史性-过程性就会在如下环节中循环：

① 从实证中抽取对象中的要素以构造"事实"并形成理论。

② 从形成的理论出发,去解释和评价更多的事实,其活动效果呈现为：从实证中构造起来的理论,在进一步的实证中获得"验证"。

③ 在这样的理论活动形态中,理论间的差别只在抽取要素构成"事实",并"基于"该"事实"来形成理论的这一理论形成过程。其后的"验证"环节不过是理论通过添加各种具体条件"解释"更多现象的量上的增加。

在这个意义上,唯有对这一基于实证的理论构造过程作为理论活动-知识生产活动本身赖以成立的理论前提和界限有充分的理论自觉,方能在根本上自觉到自己所从事的理论活动意味着什么。而这需要在结构性和基础性的唯物史观支撑的理论视界之下方能完成。

上述语境层面的梳理只是原则性的说明,这不是具体研究的现成思想操作平台,也不是具体事件的活动空间形态,准确说来,是具体研究的前提要素。前提要素参与介入并影响着具体事件的发生形态、展开走向和客观效果,前提要素必须在具体研究中方能得到真实的把握和具体的呈现,因此,我们必须也只能在具体研究中阐明诸前提要素对具体事件发生作用的逻辑结构和作用原理。

2. 微观机制：基层治理活动的结构展开与机制转变

在厘清基层治理研究的宏观结构背景的基础上,我们尝试借助现象学社会学的思路,即人的交互行动所形成的社会实在的意义构成,①具体分析基层治理对自身活动之意义的构成方式这一微观机制,并以基层治理结构的历史性衍化,廓清基层治理的共时性结构(运行逻辑)和历时性衍化(转变动因)相统一的基本形态,以及在此基础上的意义构成方式。

(1) 从入户模式到接待模式的转变。

多年前的基层治理工作主要是入户模式。彼时,"下乡"是基层干部的主要工作形式,走村串户是政策贯彻工作落实的主要方式。近年来,这种情况发生了很大改变。绝大多数村有了村部,村部前的小广场是公共活动的主要场所,除精准扶贫等少数具体工作外,大量工作在乡镇的综合服务大厅集中办理。与此类似,城市中基层机关虽经济条件各异,但居委会接待居民办理各项事务的场所和为居民提供的活动场所均与村部前广场的功能相同,而社区综合服务大厅则城乡皆如此。基层治理从入户模式为主变为以

---

① 〔奥〕阿尔弗雷德·舒茨:《社会世界的意义构成》,游淙祺译,商务印书馆,2012年,第65~127页。

接待模式为主。

这一转变是双向的：居民将与基层治理相关的事项视为公共事务，并排斥因公共事务对作为私人空间的居住场所的进入。而对基层治理机构来说，无论从效率角度，还是从在更为公开透明的场所集中办理相关工作的角度，都更倾向于以接待模式完成基层治理的具体工作。需要说明的是：并非从入户模式转变为接待模式，入户式的工作方式就完全被取代了，我们强调的是主要工作模式的转变，并借此来探讨工作模式转变造成的人与人在具体的交往活动中相互关系的变化所引发的社会实在结构的变化，以及由此发生的对行动意义的构成-叙事方式的变化。事实上，时至今日，如精准扶贫、最低生活保障资格审核等相关工作仍需到居民或农户家中具体落实。

这种从入户模式到接待模式的转变背后呈现出公共-私人这一基本区分的细致化已深入基层，这一区分已经在规范人们的交往方式、行为模式，也改变着人们对具体的关系和行为的意义的理解和价值评价。此前的理论中，对这一转变的理解多集中在经济发展推动基层治理手段和能力的"现代化"。从条件角度来说这当然是正确的，但这也仅是笼统的正确。从作用原理上说，这一转变模式意味着贯彻落实政策措施的行为逻辑发生了巨大的转变，意味着担负着基层治理职能的基层工作人员与居民-农户之间的互动关系的根本变化，重塑着社会实在形态及其意义构成逻辑，由此也改变着基层治理活动各方的具体交往行为和相互关系的评价标准。

从居民-农户角度来说，从前的入户模式如今看来确有在私人空间开展公共活动的问题，但主动前往固定场所，向着不同程序职能的工作人员提交各种申请，逐一申说诉求的活动，需要的是诉求者对自身权利有基本认识，因此其风险在于：如果未能认识到自身权利，从而没有及时以诉求者的身份主张权利，导致个体权利实现的延迟或缺失，"不作为"的诉告便由此形成。但"不作为"造成权利实现延迟或缺失的责任，对已经根据内部程序高度分工的工作人员来说并非直接责任主体，居民-农户对于"不作为"而导致权利实现的延迟与缺失的愤怒，没有具体的情绪发泄指向，从而蔓延为对整个机构的情绪指向。要解决这一问题，接待模式需要一系列的宣传以普及权利意识的工作。对于宣传的叙事逻辑问题，我们会在本节后面的论证中详述。

从工作人员角度来说，入户模式是主动性的，而接待模式是被动性的。主动性活动在时长与效果等"工作量"上均可显见，而对被动型的接待模式而言，半小时处理完成或者两天处理完成分属其分工的程序，均可能视为在合理的办事时长区间内。治理目标以分工的方式分解到不同人员负责的不同环节上,每个环节的完成时长不确定,则达到基层治理目标的时长也因此不能确定,而一项被分解后的工作"应该"需要多长时间,其中主观因素甚多。一旦治理目标有时限要求,诸环节对自身重要性和工作量的申说就需要在对比其他环节中形成,正因如此,我们常看到的因事情多人手不够,分工强度不均等产生的抱怨,皆在于诸程序性环节本身的实在性(合理工作量的确定)和价值,在分解后对具体的"分工"内容的解释的主观性更强之故。

正因如此,与主动性的入户模式不同,被动性的接待模式,个体的工作效果与工作量的评价和认定方式都有根本性不同。简要说来,这一转变意味着评价和认定方式从项目主义到痕迹主义的转变。分工后的工作人员不是对完整的事件负责,而是对分工后的某个程序环节负责。

(2)从项目主义到痕迹主义的转变。

以主动性的入户模式来开展基层治理工作时,其工作模式主要是项目主义的,即每一次入户在工作目的和工作内容上是有明确而具体的指向的,是否完成了这一工作目的,是否落实了工作内容同样是直观的。这如同在完成某一个项目,这个项目有项目目标和内容,有具体地为这一目标和内容所实施的行动的时间、地点、具体人物等。差别只在该项目是否实现了其预期目的。

随着入户模式向被动性的接待模式转变,在新互动模式下,工作人员不再是直接围绕一个有着显性内容和目的的事件性工作,而是在内部人员工作分工进而担负不同工作程序与职责的状态中,作为完成事件的流水线上的一环而存在,并由此打破了原有的围绕事件形成的工作人员与居民-农户的交互行为。双方的交互行为在基层机构这一拟制实体的中介下方得实现:"工作人员-基层机构-居民或农户",工作人员与基层机构之间的互动关系是通过分工实现的,而基层机构与居民或农户的互动关系是通过事件实现的。这一互动关系的复杂性在于,基层机构与居民/农户之间的互动关系,是通过工作人员与居民或农户的直接互动完成的,但是这一直接互动的双方有着不同的活动逻辑。

整个互动过程可简述为:① 居民-农户,有一诉求;② 基层机构作为处理事件的流水线之整体将该事件拆分为环节 A、B、C;③ 环节 A、B、C 分别由工作人员甲、乙、丙负责。甲、乙、丙不与事件照面,他们的工作是程序性的,因而是痕迹主义的,其工作量不直接与事件的成败或处理事件的数量相关,而是与完成多少次程序动作的痕迹相关。对于诉求者来说,他们的诉求作为事件无法面对另外一个具体的人,而是面对一系列由具体的人构成的操作环节。

从居民/农户角度来说,其诉求作为整体被分割至不同工作人员处,工作人员对事件整体无直接工作意义上的责任(也许作为一个普通人,他会对这一事件有自己的理解),工作人员只是对与自己的工作分工有关的部分给出条件合格可办理或不符合条件或缺材料不能办理的反馈。交往模式由于直接照面的非人化,呈现文书化和程序化的特点。

从工作人员角度来说,其工作不与事件直接照面,因此其工作量不能通过解决一个具体事件(针对对方的某个诉求来说)这样的项目主义评价方式来衡量和评价。单项治理活动的分解和分工让工作量的评价标准从项目主义转为痕迹主义:既然事件作为整体是否办理完成,或该诉求者对事情整体的办理过程是否满意,均无法直接将责任落在某一分工环节上并给出具体体现。那么对工作人员来说,他的工作就是"计件"性质的,是运转着的巨大基层治理机器这一流水线上的一环。痕迹正是"计件"的标识。常见于网络上的在机构间流行的融媒体工作总结中,以及置于接待大厅中宣传板上的"计件"的"工作成绩"就是显例。

在这一新的相互关系构造起来的社会实在结构中,基层治理活动的效果和活动意义的构成方式均随之发生变化。简言之,意义的生成方式从原有的交往逻辑转变为展示逻辑。

(3) 从交往逻辑到展示逻辑的转变。

正是分工细化到单个治理活动内部之后,基层治理中的人际交往模式发生了根本性变化。对于居民-农户来说,他们的诉求作为事件整体要被分工切分为数个程序性环节。对于工作人员来说,他们的工作针对的不是直接与自己照面的具体的人和他的具体诉求,而是拆分后由自己负责审核把关的某个程序环节。在人与人直接照面和交往的表象之下,实际上双方却是以基层治理机构作为中介才完成这一照面的。诉求者面对的工作人员,是躲在机构面具之后的,他可以轻易地用"这是规定"逃逸出人与人直接照面时需要承担的道德负担。对此齐泽克用拉康的"烧着的孩子"的梦的解释做了入木三分的分析。[①] 机构在齐泽克的分析中成了程序中的个体逃避个人道德责任时所用的面具,这让个体能从身体性的体认到具体的人与人之间的照面和交往所可能引发的道德感中逃逸出来,心安理得。齐泽克的问

---

① 〔斯洛文尼亚〕齐泽克:《意识形态的崇高客体》,季光茂译,中央编译出版社,2017年,第49~52页。

题在于将这一结构视为不可打破的"永恒"形态。

当作为基层治理中具有挂靠意义的事件落在基层治理机构和居民/农户这一结构中,而非工作人员与居民/农户直接照面的时候,意义的构造逻辑就无法在人与人之间直接照面式的交往逻辑中构造起来了,而只能通过基层治理机构这一主体提供的展示逻辑来完成。海量的融媒体信息发布端承担了这一功能需求。

对于工作人员来说,基层治理机构为主体所面对的整体事件的办理效果和工作量,与工作人员分工后的"计件"的工作量之间,需要通过一个意义叙事方能勾连起来。因此,工作人员的工作积极性绝非"自明"的可通过对基层治理机构的整体叙事或个体的道德叙事就能够逻辑地达成的,它需要一个从程序性行为上达至基层治理机构整体叙事,以及从程序性行为下通个体道德叙事的有逻辑结构和富有解释力的连贯叙事逻辑。

对于居民-农户来说,那个直接照面的工作人员同时是基层治理机构的化身,这实际上是一个交往行动中内蕴两种缠绕交融的交往方式:一是与基层治理机构这一拟制主体的交往。二是与戴着齐泽克意义上的"面具"但毕竟仍然是真实个人的工作人员的交往。如果只是对此做心理学意义上的"课题分离"(分出哪些是拟制主体的责任,哪些是个体主体的责任)作为解决方式,在进行"分离"活动的过程,就表现为一个个体用拟制主体行逃逸之实的过程,这带来的是诉求作为事件,似乎落在了拟制主体之上,却又难以形成人与人之间的交往模式下的责任指向。毕竟在这一复杂结构中,拟制主体的影响是以具体个体的形式发生的。这需要一个能够对这一特殊的复杂交往方式的整体叙事,能够在拟制主体与个体主体构成的复杂社会功能身份与居民/农户间建立一种统一性而非"课题分离"式的叙事逻辑。这只有在人民性这一基础性的叙事定向上才能实现。

无疑,当基层治理活动的意义需要在基层治理机构的展示活动中实现时,问题就逻辑地推进到支配着展示活动的具体表现形式和价值倾向的叙事逻辑之上。如果对完成治理活动的意义构成的展示行为背后的叙事逻辑无反思和不自觉,那么隐含的且起着支配作用的叙事逻辑,就会以隐蔽前提的形式,逻辑地强制着整个展示活动,基层治理活动的意义的生成与意义的定向,则早在展示活动的前提处就已经被规定下来了。因此,如果没有对基层治理活动的意义构成的叙事逻辑的反思与自觉,那么无论展示活动中宣示的治理活动在量上如何惊人,都不过是在给非反思的某一叙事定向的量上的材料,除了巩固那个无反思不自觉的叙事逻辑,再无其他价值。在这个意义上,分析基层治理活动的意义构成的叙事逻辑,对有效的基层治理活动来说,是前提性的,也因此是根本性的。在这个意义上说,每一个具体社会现象的研究,都担负着,也呼唤着构建立足我们自身的社会理论。以此来推动中国式现代化进程中的自我理解,以及在自我理解基础上的自身发展。

3. 微观机制与宏观结构的内在统一:构建立足自身的社会理论

正是在基层治理活动这一通过展示活动来实现意义构造的特点上,对基层治理活动的微观研究触及了微观机制与前文所述的宏观结构之间的本质牵连。社会结构的复杂化和社会分工的细化,改变了社会交往模式,基层治理方式从入户变为接待,随机造成治理活动绩效衡量从项目主义变为痕迹主义,最终使得基层治理活动的意义构成逻辑从直接的交往逻辑变为中介式的展示逻辑。展示逻辑的意义构成之核心在于叙事,叙事逻辑的自主与自觉是基层治理活动能够立基于自身的社会-历史现实而推进的前提。叙事逻辑的无反思与不自觉地对他者理论的教条式应用的外部反思状态,与自列宁"帝国主义论"所指认并绵延至今的全球性先发-后发的剥削性-寄生性资本积累结构在文化领域形成的文化权力势差直接相关。百年未有之大变局,其内涵与实质在于在多种要素影响下,列宁在百年前描述的这一剥削性-寄生性的资本积累结构的衰败。在这个意义上作为后发国家和发展中国家的我国,基层治理活动以及对此活动的理解与研究,必须对内蕴于自身的展示式意义构成的叙事逻辑有清晰的理论自觉,这表现为宏观结构与微观机制在基层治理以及以此为对象的知识生产为内容的具体研究中体现出的辩证统一,同时是唯物史观在这一问题的具体化。

一旦微观机制研究与宏观结构研究无法形成内在的、辩证的统一,而是要么壁垒森严地搞"专门"研究,要么是在"专门"研究过程中"拣选"对方的某个理论并外在地贴合起来,立足于自身社会-历史现实之整体理解下,从事理论研究的目的就无法实现。但实践毕竟需要理论的智识支援,而无法深入自身社会-历史现实的理论,会造成实践对理论的需求表现为理论研究不断在两极摆荡。要么是作为对外在抽象标准之教条适用的逆反,沉入"具体"甚至细碎的实证研究,则因其唯我论经验式研究的特点而无法形成对实证活动自身的有效反思,又因为唯我论缺乏历史维度的特点而无法从理论内在逻辑中得出社会发展的动力机制和发展路径的分析,从而只能是理论自顾自地"繁荣",却对基层治理实践无所助益。要么是虚悬在"具体"之外,在大词来回来去的滑动和摆弄中拣选一些"符合"自己"观点"的"具体"研究作为例证,并贴附在业已形成的符号工艺品上作为"论据"。

（1）对文化霸权支配下的外部反思的拒斥。

理论上从西方马克思主义开始，历史上自第一次世界大战以来，在马克思主义发展历程中就存在一条民族国家形成和巩固的线索，各国的马克思主义理论开始走向多元，最明显的是理论的东西方分野。从列宁开始，东西方分野直接指向基于本国的国际关系状况和内在发展阶段，去推动国家的发展与革命的实践（如葛兰西有关文化领导权的思考），没有国际关系视域下的国家定位的国内分析，其弊端不仅是不完整，而且是必然导向的失真。卢森堡分析帝国主义时指出的资本主义世界（先发国家）为了实现资本积累对非资本主义世界（后发国家）的资本化过程①，同时是列宁在"帝国主义论"中揭示的先发国家将后发国家拉到资本积累结构中，作为自身资本积累的供体，而形成的剥削性的不平等结构，以及先发国家的"食利"特征。其文化表征如下：先发国家的叙事逻辑是"文明"代替"野蛮"的过程，而对于后发国家则是谋求独立与发展，并摆脱在先发-后发这一资本积累结构中的劣势地位。后发国家摆脱资本积累结构中的供体地位的活动与先发国家的资本积累目的之间的矛盾，是先发国家推行"逆"全球化的根因，即意图维持其在资本积累中的优势-寄生地位。当后发国家通过自身发展逐渐缩小与先发国家之间的地位势差，并追求公平与平等的生存与发展权利的时候，文化霸权就成为先发国家打压、阻滞后发国家发展的重要手段。凭借先发优势，借助发达的信息技术，以及长久以来的国际地位势差，先发国家构造了一系列文化霸权。这种霸权构造了关于"正当性"的解释权力、价值评价权力等在国际关系中有着重要作用的内容。叙利亚难民时期，先发国家有一整套的价值叙事，随着事情开始，其从"旁观者"变为"当事者"，这套叙事最终走向崩溃。环保叙事更是其多年来营造的重要叙事之一，但俄乌危机让他们从环保叙事的"旁观者"甚至"受益者"（意欲售卖碳排放权）变为"当事者"，环保叙事也走向崩溃。先发国家对日本排放核污水事件的表态，同样是这种叙事逻辑崩溃的显例。但这种一事一议的叙事崩溃，因其背后起着支撑作用的叙事权力-文化权力的存在，而并未从根本上消解其叙事逻辑。在新疆问题上，先发国家仍通过臆造来表演这种叙事。在文化霸权的局面下，后发国家唯一能够对抗这种叙事的做法就是推动国家实体的持续存在和不断发展，从而让事实的持存不断对抗先发国家臆造的叙事。否则，一旦国家失去实体性存在，掌握了话语权和叙事权的部分西方媒体就可以在无当事者申说事实的状况下持续"构造""事实"。例如，解体后的苏联在实体

---

① 〔德〕罗莎·卢森堡：《资本积累论》，董文琪译，商务印书馆，2021年，第446~466页。

消解因而无法发声反驳的状况下，逐渐沦为被舆论霸权随意装扮涂抹以行文化支配之实的抽象符号，殷鉴不远。

那么，是否妥协、屈从于这一文化权力结构，就可以避免摩擦和霸凌呢？马克思在《神圣家族》中对先发国家这种对抗-对立的行为有下列精彩分析：

> 有产阶级和无产阶级同样表现了人的自我异化。但是，有产阶级在这种自我异化中感到幸福，感到自己被确证，它认为异化是它自己的力量所在，并在异化中获得人的生存的外观。而无产阶级在异化中则感到自己是被消灭的，并在其中看到自己的无力和非人的生存现实……私有者是保守的一方，无产者是破坏的一方。从前者产生保持对立的行动，从后者则产生消灭对立的行动。①

正因如此，只要后发国家追求公平的生存和发展的权利，客观上摆脱先发国家借助既有剥削性的资本积累结构的压榨状态，就必然引来先发国家的"对立的行动"。也因此，以"迎合"甚至雌伏的方式换取消除"对立的行动"的想法，只是虚幻的一厢情愿。有学者将世界范围内后发国家的反抗视为"民粹主义抬头"的观点，这实是先发-后发剥削性资本积累结构下的文化霸权叙事逻辑的新产物而已。没有反抗，就没有发展权，就只能持续作为其资本积累的压榨对象，反抗不过是争取发展权利和平等贸易地位的必然选择。

因此，第一，要对文化霸权下的叙事逻辑的巨大影响有充分的理论自觉。叙事逻辑的样态直接范导着人们的行为选择。通过确定什么是好、什么是坏、什么是对、什么是错，在高低优劣的价值排序过程中，规范和引导着人们的行为选择。知识领域的大学排名如此，期刊排名亦如此，这并不是说完全找不到排名上的客观标准，而是当排名的指标的规定权掌握在谁手中，谁就有了范导和评价他者行为的权力。正因如此，一旦发表何种观点能够得到"国际认可"变成评价观点优劣的评价标准，"国际认可"就会成为一种知识权力，进而在"国际认可"这一标准的范导下，观点形成过程就会围绕能够获得"国际认可"议程下进行，受"国际认可"的"标准"的价值倾向和前提预设范导，追求形成"国际认可"的观念产品的目的。若这样的"国际认可"标准成为主流，至少较有"影响力"。在发展和形成知识生产的实体建制过程中，构造起一个常规研究范式和评判标准的理论"硬核"，在知识生产活动

---

① 《马克思恩格斯文集（第一卷）》，人民出版社，2009年，第261页。

中"质料式"地剪裁、评判和重构现实,从而失去理论介入、参与和范导实践的本真功能,沦为在常规常态的"解释"中强化其价值评判之合法性,以维持知识生产的实体建制及其运行。正因痛感于此,才有学者指出:

> 无论意识形态对本源客观经验之异化是多么得有利于那个特定时空条件下局部的政治需求,随之而来的必然是不同利益集团的政治性"搭便车"——借助已经异化的意识形态,对人们身处其中的当代社会发展困局作符合本集团利益的可以扭曲——既不受惩罚也不顾后果。①

在这个意义上说,对基层治理的分析,如果缺乏全球视野下地方性研究的前提及界限的理论反思,就会接着"主流"的范式去搞细碎的常规研究,或以单纯反对的形式与"主流"在同一思想平面上运思。

第二,知识生产-理论研究活动,只有对知识产品-理论成果的反思是不够的,还需将知识生产的主体纳入反思活动的结构之中。针对知识生产的实体建制对知识生产之产品的可能影响给出系统的反思,库恩论及范式革命时强调常规范式无法解释更多的现象之时,才会引发"范式"革命。且这种"范式"革命总是在解释"危机"已经无法在原有研究范式中获得解释时才会发生。② 库恩强调了科学研究中"范式"革命的艰难,但哲学社会科学领域的"范式"革命显然更为艰难,因为其以固有观念解释(缝合-消化)现象的空间较之自然科学研究更为便利。即便在疫情这一公共事件之下常规地、常态地做着狭窄中层研究的巨量理论只是自顾自地繁荣,却对现实毫无理论支援的情况下,这种"繁荣"依然自顾自地"独立"运转和巩固着。学者们批评理论以外部反思式抽象套用在现象上,而根本无法深入具体的社会-历史现实之中的现象屡屡重演。③ 因为除了范式本身,还有构成实体建制

---

① 温铁军:《八次危机》,东方出版社,2013年,序言第7页。(我们注意到,在一段时间里,温铁军的观点遭到了集中的批评。这些批评原只是学术观点层面的批评,后来竟蔓延出理论观点争论,变成了"观点站队",对温铁军所提出问题感兴趣的人基于自身的观点相互论战,进而谩骂,这提醒我们,在任何时候,理论研究的前提预设和价值倾向都必须给出系统的澄清,理论研究所处的文化结构中的文化权力势差与理论研究所处的社会心理,都会影响到理论活动的形态,我们将在第二章与第三章中详细展开,笔者认为,这是让我们摆脱观点站队,进而摆脱因观点之争,走向关系撕裂,甚至不顾事实地去站队观点的现象,从而对理论活动发挥自身本真的、介入、推动实践之调整与优化的功能。让理论在有充分的前提自觉的情况下进行。)
② 〔美〕托马斯·库恩:《科学革命的结构(第四版)》,金吾伦、胡新和译,北京大学出版社,2012年,第66~75页。
③ 吴晓明:《从社会现实的观点把握中国社会的性质与变迁》,《哲学研究》2017年第10期。

的共同体及其活动逻辑在发生作用。①

（2）对唯我论经验研究的反思。

作为对外部反思式的在文化权力势差中获得了"形式"和"标准"地位的教条，去对社会现实做"质料"式的剪裁的知识生产方式的逆反，在基层治理活动研究中格外强调"具体"以及由"具体"形成的"实事"。加之近年来因先发国家基于其意识形态而掀起的观念强制愈发频繁，作为社会心理上的反拨，更重视对自身现实的强调。近年来，一些严肃的学术著作在宣传中也要加上"深入实地""调研×天"这样的说辞。这种知识生产方式是对那种沉浸在用先在"形式"把现实视为"质料"去剪裁、切割的外部反思式研究的逆反，是对那种沉浸在繁复的符号工艺品制作，却对基层治理实践支援乏力，只剩理论活动自顾自"繁荣"的知识生产方式的逆反。

然而，实证研究绝不是亲身经历或者亲耳听说这么简单。一旦缺乏对从"现实的理论化"到形成"理论化的现实"这一"问题导向研究"中的"问题"构造过程的理论自觉，就必然导致不但未能形成超越学科壁垒的理论，反而退行到低于学科研究水平的常识层面的出现。这种情况下实证研究难免在"具体"中琐碎化，沉溺于求新、求奇、求怪的现象，在研究方法上则处在常规-常态研究的困境。正如渠敬东教授批评的那样：

> 我们的学术研究，特别是社会科学研究，都在一个常规的思路里，在一个既定的范式里，在一个狭小的中层研究里。一些无关痛痒的人与他的时代有着非常大的距离，在没有切身、切肤地体会这种情况下，做了大量的常规研究。因此，常规研究的方法、理论和基本模式也大行其道，所以我们今天可以看到，当我们突然面对一个极其危急的时刻，知识分子可以说除了像平常百姓那样，或者是像一些公共意见那样去面对，很难提出严肃的、深入的思考。……面对真正的突变和社会急剧变迁，我们必须要突破常态和正态思维，把那些常态思维设法排除掉的反常的、疾病的、变化的、风险的、预料不到的、潜在的所有人心和社会问题，都应该纳入到一个整体的思考范围里，只有这样，当危机来临的时刻，我们才会有丰富的、沉稳的、有效的反应，并将这些准备彼此连带，发挥出协同的成效。②

---

① 王晓兵：《学科建制化的逻辑及其前提批判》，《山东大学学报（哲学社会科学版）》2022年第5期。
② 渠敬东：《传染的社会与恐惧的人》，《清华社会科学》2020年第1期。

单纯的实证性,因为缺乏对实证活动本身的前提反思,难免沦为对真实的"具体"的偏离和遮蔽。实证研究长期停留在唯我论的经验主义状态,缺少来自作为结构性和基础性的唯物史观的支撑。这种以"唯我论"为基础的知识生产方式,在齐泽克的意识形态理论中体现得最为典型。齐泽克认为在意识形态进展到"自为意识形态"阶段后,人们即便认识到这种资本主义意识形态的虚构性质,也不会逃离或超越这一资本主义意识形态的支配,即便知道资本主义意识形态衍生出的某个观念是虚构的,也仍然会在社会交往中把这个观念当作真的去展开行动,进而他认为即便在理论上说明了资本主义意识形态的这种虚假性,资本主义生产关系也会一直存在,他以此得出资本主义永恒扩张这一断言。① 齐泽克的这一断言,根源于从唯我论式的不变不动的"我"出发的对社会现象的经验式分析所特有的现状"无法打破"的困局。因为,一旦从唯我论出发以经验逻辑形成对现象的描述,在不变不动因而丢掉了自身历史性的"我"的基础上,当"我"本身不再是感性实践活动的历史性产物,并失去了通过自身的感性实践活动历史性的生产有着新的主体结构之"我"的理论自觉,那么不动的"我"的经验结构也就无法给出内在逻辑基础上的"改变"路径,只能"解释"式地预估未来是资本主义的"永恒扩张"。想要改变就只能寄希望于偶然性的"事件"哲学了。② 概要说来,齐泽克的问题在于,他认为历史上的启蒙之所以成功,是因为人们从蒙昧中被某些理论启迪,而现在,人们并没有处于蒙昧中,人们自愿如此,因而无从破解,只能期待偶然性。但事实是,历史也并非在某一代人因受某个先知一般的理论家的观点的启迪后为之一变,社会也不是在忽然间就变了,而是在一般生产状况的变动下,代际中不断推进思想变化。齐泽克认为的当下的不变,是他作为一个经验主体,从其唯我论的经验出发,认为的不会变。但人群的观念代际变动与其背后起决定性作用的一般生产活动,是在齐泽克的运思逻辑之外的。

因此,所谓作为结构性和基础性的唯物史观的支撑,意在强调将包括经验主体即知识生产主体在内的整体,置于其所从出并身处于其中的历史绵延中并给出分析,从而在内容的逻辑上给出内在动力机制的说明和发展路径的澄清。当代激进左翼的思想对当代资本主义新变化的解读多在经验主义范式下进行,这绝非理论内在逻辑上的一句没有达到历史唯物主义高度

---

① 〔斯洛文尼亚〕斯拉沃热·齐泽克:《意识形态的崇高客体》,季广茂译,中央编译出版社,2017年,第38~39、60页。
② 唐正东:《当代资本主义新变化的批判性解读》,经济出版社,2016年,第186~173页。

就可能打发的。在其背后,有着西方激进左翼的知识生产主体-专家共同体的成员构成,及其知识生产的社会功能和社会期待等知识生产要素在发生着影响。先发国家通过产业转移同时完成劳资矛盾转嫁,并给自己构造了一个从独立-独力发展到"后工业时代"的幻觉,这甚至成为一些后发国家想象自身未来社会形态的"标准"。殊不知,先发国家的"后工业时代"正是以后发国家承担他们所谓的"后工业时代"的先发国家社会所需的生产活动为前提的。但这种独立-独力发展的叙事,提供了一个貌似在先发国家中通过某些文化理论就"自行"解决了其社会矛盾的幻觉,进而以此文化理论为标准答案评价后发国家的政策举措和发展路径。因而,对于后发国家来说,没有从自身发展的特殊性道路选择中内在地呈现其中的普遍必然性的历史唯物主义叙事逻辑,就会导致在缺乏前提反思和理论自觉的状况下的常规思路下的常态研究,圈出某一狭窄领域构造其以"专业""专门""特殊"为标榜的知识权力,从事狭窄的中层研究式的知识生产,对大变局时代无力也无意提供智识支援。一旦缺乏对叙事逻辑的前提自觉,那么理论研究及其衍生观念对社会现象的分析和评价就只会是将之视为"质料",即自身的非反思、无自觉的抽象"形式"的剪裁和套用,这不过是在反复做他者提供的习题,以及由他人判定分属高低、表现优劣的毫无文化自主性和创造性的传声筒和扩音器。

(3)具体的社会研究也是唯物史观的具体化。

上述基于不变不动的"我"的观察、体验借用、挪用、承用的理论所描出的现实问题,又要基于那个不变不动的"我"给出对策,只能期待跳出这一理论逻辑的偶然性。从唯我论出发的经验主义社会研究,看上去都是从实证得出的"事实"出发,它也完全可以贴附上"历史性"的标签,或者表现为对历史的"考察",但"我"这一前提因为作为经验的发起点和经验的归宿点的非历史性而不变不动,也无法变、无法动。实证研究本身是理论所必需的,但它同时必须在历史性这一基底上方能实现理论介入、参与和改造现实的目的。正如《德意志意识形态》所言:

> 我们开始要谈的前提不是任意提出的,不是教条,而是一些只有在臆想中才能撇开的现实前提。这是一些现实的个人,是他们的活动和他们的物质条件,包括他们已有的和由他们自己的活动创造出来的物质生活条件。因此,这些前提可以用纯粹经验的方法来确认。①

---

① 《马克思恩格斯文集(第一卷)》,人民出版社,2009年,第516~519页。

问题的关键在于：如何将实证研究置于唯物史观视域下，深入社会-历史现实之中，以清晰的前提自觉和界限意识在全球视野中做地方性的具体社会研究。①

在马克思关于理论旨趣上"解释世界"与"改变世界"的区分中，蕴含着唯物史观同以往哲学的根本差异。斯密以分工为基始点构造了他的整个政治经济学理论系统，诸现象均可通过分工这一基始点而逻辑地展开的理论系统给出解释。要改变对现象的解释，只能用另一种理论（如李嘉图）对斯密理论完成"超越"。李嘉图以其抽象的劳动价值论为基始点构造了他的理论系统，进而解释诸现象，再等待新理论的"超越"。这表现为，理论构造只会在以核心概念为基始点的概念系统中细化，而在其自身内部无法完成对于核心概念本身的超越，像倒立着的金字塔。它只能在"实证"研究中不断累积对更多现象的解释，因而是"解释"形态的理论。只能在库恩的"解释危机"来临时，通过"范式革命"被淘汰。而历史唯物主义的思考则建立在对诸观念活动及其活动主体这一总体的历史性思考的基础上。以工场手工业为基础，人的技能分工仍是重要的生产要素的时代内容，这正是斯密理论的历史性实践基础。而机械大工业对工人特殊技能的需求缩减，这也正是抽象的劳动价值的历史性实践基础，开动机器的人是男、是女，还是儿童，这一问题的答案不再重要。（这也是资本主义早期使用童工和女工的原因，较之成年男工用工成本更低且便于管理。）将以核心概念为基始点的理论系统之间的"超越"活动作为历史性的感性实践活动的一部分（理论活动同样是感性实践活动的一部分，而非实践活动之"镜"），梳理并阐发其"超越"史背后的社会发展线索，以及这一社会发展线索作用于这一"超越"活动的作用原理和结构。由此，将理论活动纳入结构性和基础性的唯物史观支撑的思想平台上，其作用方式即在于对理论在何种社会关系的基础上形成，及其发生过程、形成逻辑和相互作用的结构的澄清中，找到理论参与、范导实践活动的发力点，从而推动从重复型实践向改良型实践，甚至创新型实践的跃迁。这意味着要在清晰的前提自觉和界限意识之下，在基于中国又面向世界的双重条件约束下，拒斥外部反思深入社会-历史现实，又要在主体意识

---

① 对此我们将在本书第五章详细展开，笔者认为中国式现代化理论的建构，首先需要在理论上阐明什么是理论视野中的现实，如何深入中国自身的社会历史现实之中，如何从对现实的系统而完整的理论把握出发，构建并丰富中国式现代化理论体系，这是构建中国式现代化理论体系的前提性、基础性工作，即核心工作。本书以文化哲学为讨论视角，正是为了紧紧围绕何种原因导致了理论活动错失现实，我们要通过何种方式直面并深入自身发展现实，让理论活动真实地介入、推动中国现代化实践，充分发挥理论活动的本真功能等一系列问题展开讨论。

基础上开放借鉴已有理论成果。

想要实现前述目的,需要理论活动在双重线索下展开:

一是从实证研究出发深入"实事"得以成立的结构性和基础性的具体的历史性实践和实践性历史的视界。如恩格斯所言:

> 原则不是研究的出发点,而是它的最终结果;这些原则不是被应用于自然界和人类历史,而是从它们中抽象出来的;不是自然界和人类去适应原则,而是原则只有在符合自然界和历史的情况下才是正确的。这是对事物的唯一唯物主义的观点……①

这一从实证研究出发的线索应是"历史现象学"式的,它在原则上是从广义的历史唯物主义原则(形成于《德意志意识形态》),进展到以狭义历史唯物主义的观点,透视资本主义生产关系宰制下物与物关系之表象背后的人与人之间的关系(唯物史观具体化)。② 而在思想操作上则是直接在具体现象的分析中(微观机制研究)把握其内在的普遍性规律(宏观结构研究)。

二是从唯物史观这一视界或阐释定向出发,不断审视进行中的实证研究,通过对这一由实证研究、研究对象、研究方法等构成的研究活动整体所依凭的理论前提、价值倾向等的前提进行审视,以由理论(知识生产的产品)和专家共同体(知识生产的生产者)所构成的知识生产活动总体为完整的反思对象,并将其置于其所从出并身处于其中的社会生活中,廓清其与社会生活中其他感性实践活动之间的关系,在真实的社会-历史现实中,在有着具体内容和结构的主体自我意识下,构造、调试、校正作为理论活动的实证研究本身,同时在既有理论研究成果的基础上,推动具体社会研究向前发展。

4. 要有深入自身社会历史现实之中的理论研究

本节尝试以基层治理活动展示式的意义构成中的叙事逻辑为微观机制研究的切入点,尝试说明在百年未有之大变局的复杂国际局势中,深入地研究具体社会现象,必然会触及国际-国内双重要素结构作用下的宏观结构,在既有的剥削性的先发国家-后发国家这一全球资本积累结构下,后发国家追求公平与平等的生存与发展权利,以及先发国家为维持其在既有资本积累结构中的寄生性和剥削性地位采取的霸凌和摩擦性行为,这一有着具体结构的宏观背景在文化领域的影响,直接牵连着基层治理活动展示式意义

---

① 《马克思恩格斯文集(第九卷)》,人民出版社,2009年,第38页。
② 张一兵:《回到马克思》,江苏人民出版社,2020年,第609~610页。

构成的叙事逻辑。这不是相互外在的微观机制与宏观结构的"链接"(单独的微观机制研究与宏观结构研究之弊,与两者的外在"链接"已经有学者做过深入的批评①),而是在微观机制研究中对宏观结构的直接凸显,是唯物史观在具体化的社会研究中形成的微观机制研究与宏观结构研究的辩证统一。具体到本书的议题,则是在对基层治理活动的意义构成过程所体现出的叙事逻辑变化,以及对这一叙事逻辑变化过程的微观机制分析中,说明后发国家深入自身社会-历史现实展开理论研究,拒斥文化霸权下外部反思式的对自身发展道路探索的"质料式"剪裁,形成立基于自身发展,并实质地参与自身实践的社会理论研究。

二、对资本积累结构的理解与马克思主义理论的几次实质推进

资本积累结构从一国内部越出,形成地区性的资本积累结构进而构建起全球性的寄生性-剥削性的先发国家-后发国家全球资本积累结构,正因为这一资本积累结构的演进历程在人类社会现代化历程中具有基始性作用,所以马克思主义理论的每一次实质推进,都表现为对理论所处时代的国际关系、国族意识、国内社会结构和文化领域的观念-知识生产等一系列现象背后起到基始性作用的资本积累结构的具体形态和运行原理的把握,即马克思主义理论的每一次实质推进,都是以对所处时代的各种社会现象背后的资本积累结构的剖析作为重要切入点,实现马克思主义理论的时代化。

(一)结构上的不平等:《共产党宣言》揭示的资本积累结构

《共产党宣言》中对彼时资本主义的发展有这样的描述:

> 资产阶级使农村屈服于城市的统治。它创立了巨大的城市,使城市人口比农村人口大大增加起来,因而使很大一部分居民脱离了农村的蒙昧状态。正像它使农村从属于城市一样,它使未开化和半开化的国家从属于文明的国家,使农民的民族从属于资产阶级的民族,使东方从属于西方。②

《共产党宣言》中所讨论的东方与西方,并不是单指地理意义上东方与西方,而是全球资本积累结构形成过程中的先发国家(西方)与后发国家(东方)之间的相互作用关系。前引《共产党宣言》中的东西方互动关系的

---

① 赵鼎新:《论机制解释在社会学中的地位及其局限》,《社会学研究》2020年第2期。
② 《马克思恩格斯选集(第一卷)》,人民出版社,2012年,第405页。

描述实际上是以西方通过坚船利炮的方式将"农民的民族""未开化和半开化的国家""东方"(即仍然处在农业生产方式为主的传统社会)拉入西方(生产的一国状态与销售的世界状态的矛盾下劳资对立日渐尖锐的先发国家)的资本积累结构之中,作为维持和扩充其资本积累的"从属"和"供体"而存在。这一从属地位在文化层面(尤其是在观念-知识生产层面)的表征是"世界文学",《共产党宣言》对文化上的这种衍化逻辑也给出了说明,指出从资本积累结构衍化到地区性文化(该地区性观念-知识体系的崩解与重构)的作用原理是:

> 这些工业所加工的,已经不是本地的原料,而是来自极其遥远的地区的原料;它们的产品不仅供本国消费,而且同时供世界各地消费。……过去那种地方的和民族的自给自足和闭关自守状态,被各民族的各方面的互相往来和各方面的互相依赖所代替了。……各民族的精神产品成了公共的财产。民族的片面性和局限性日益成为不可能,于是由许多民族的和地方的文学形成了一种世界的文学。①

在这段话中马克思扼要地阐发了从物质生产,以及从一般生产关系出发,这种变化对整个社会结构的重塑,以及整个的社会关系结构和运行方式的变化对文化样态的变化起到的决定性影响。"世界文学"不是什么人的偶然推动,也不是文学自身独立-独力发展的发展,而是先发国家-后发国家全球资本积累结构的展开与巩固在文化层面上的必然体现。

对这一历史时期的资本积累结构以及在此基础上的国际关系、国族意识和地区性文化随之变化的原理,可概括为以下几点:

第一,传统农业社会(东方)因其"自给自足"的"超稳定结构",不会主动走向现代化(主动去打破自身的传统社会结构,并参与全球资本积累结构中),更不要说作为"从属"身份(实为先发国家维持和扩充其资本积累的"供体")主动加入先发国家构造的全球资本积累结构中。因此,无论是明中后期的所谓"萌芽",抑或更早的所谓宋代中期即进入"近世"的判断,均是不同的定义下衍生出来的观念消费品,那种所谓的"萌芽"与"近世"甚至是被滥用了的所谓"早期市民社会",都不足以使彼时的中国从传统进入现代,因而也只会是"萌芽"且长期"萌芽"着。前述的寻找"萌芽"和划分世代的观念活动,更多的是以先发国家从传统到现代的路径的观念叙事为"标

---

① 《马克思恩格斯选集(第一卷)》,人民出版社,2012年,第404页。

准",对后发国家社会生活中的细节作"质料式"的拣选、拼接和评价。与此类似,甚至后发国家从传统进入现代,也不是所谓自由贸易就能引发的,这一点在鸦片战争前英国与清政府以平等的"自由贸易"方式交往时产生的贸易逆差中就可显见。①而对于先发国家(彼时的英国)来说,如果彼时的清政府不是其资本积累"从属"和"供体",那么处在传统社会的"超稳定结构"下的清政府对其就是没有价值的,甚至因贸易逆差而成为负价值的(彼时的贸易逆差的价值与今日的贸易逆差的价值不可直接对等。就像彼时的重商主义也不是人们智力水平不够造成的对"贸易的理解的肤浅"的产物,而是有着更深的现实基础)。在这个意义上,此后的鸦片贸易、坚船利炮给仍处在传统社会结构下的中国营造出亡国灭种的压力,其目的都是要用"非常规"手段,迫使彼时处于后发地位的中国社会为救亡图存和保国保种而主动谋求变化,进而形成一个近似于"内生"的从传统社会进入现代社会的意欲。这意味着:后发国家进入现代社会不是"自由贸易"的"顺理成章"的产物,而是先发国家对更大规模和更高效率的资本积累以及转嫁本国包括劳资矛盾在内的诸多社会矛盾的需求的产物。因此,先发国家与后发国家,或者传统文化哲学研究中强调的西方与东方,在全球资本积累结构构建之初,地位就是不平等的。这也正是一段时间内文化哲学研究以东方-西方结构来做出界分的合理性之所在。但这种以空间性方位为结构的划分无法在结构上就表现出先发国家对后发国家现代化发展历程的结构性影响,无法进一步阐明不同国家在民族国家建构以及当下以民族国家为主体的国际关系中,国际与国内两者之间的辩证统一关系(如我们在上一节分析典型的国内论域下的基层治理问题所内含的国际关系的结构性影响时所分析的那样),因而无法进一步廓清以资本与民族国家的互构结构为基底的先发国家-后发国家全球资本积累结构的运行方式和衍化逻辑。这是我们以先发-后发结构进一步深入西方-东方结构推动文化哲学研究的理由之一。

第二,在先发国家压迫下,为救亡图存,后发国家(包括中国)只能主动寻求变革之策,以便破解传统生产方式落后的生产效率和组织结构所造成的被武力压迫和从政治到经济诸领域主权全面丧失的被动挨打局面。洋务运动追求器物现代化,清末立宪和变法修律追求制度现代化,新文化运动追求社会文化现代化等,这些现象背后一以贯之的动机皆在于救亡图存。而一步步从传统转入现代,也就一步步将自身塑造成适合先发国家构建起来的资本积累结构的"适格"的"从属"和"供体"。这一过程在客观上表现为:

---

① 参见陈慈玉:《生津解渴:中国茶叶的全球化》,商务印书馆,2017年,第39~48页。

先发国家以"非常规"手段,开启先发国家围绕资本积累的国家间的资本积累结构,后发国家围绕救亡图存从传统社会转入现代社会,在两者的双重作用下,形成在后发国家国内社会中以对现代化的追求为行动方式"嵌入"先发国家-后发国家全球资本积累结构,并作为先发国家的资本积累供体而存在的国际关系新地位。正因此,与其耗费心力去追问为什么资本主义在西欧以外的地区未能"自然"产生这样的伪问题。不如将精力放在当西欧首先发生资本主义革命后以何种方式将之蔓延全球这一真实问题上。所以,从观念-知识生产的角度说,后发国家并不存在一个考察本国资本主义"萌芽"由于什么条件未能推动本国从传统社会进入现代社会的议题,这类问题根本就是以对先发国家现代化发展道路的理论叙事为隐含标准对后发国家特定现实随意肢解为一系列可供其"标准"评价的要素,并对之进行外部评价所形成的虚假问题。因为这一问题隐含的前提是对"未能"要素的搜寻和指认,其结果有二:一是在前提处就决定了的文化自戕。二是先发国家依靠资本积累的物质条件构造起来的文化领域(尤其是观念-知识生产)的先进-落后、文明-野蛮的文化权力势差支配后发国家社会文化的观念场域中的观念制造。

第三,前述文化权力势差具体表现为,在诸观念-知识生产过程中以理论前提的方式,以隐蔽的逻辑强制的形态,具体体现出的围绕先发国家-后发国家构造起来的先进-落后、文明-野蛮的文化权力结构和观念构造基础。诚如《共产党宣言》所言:"未开化和半开化"的"农民的国家"确实在走向"世界文学",在文化领域的"互相往来和相互依赖"是以资本积累结构中优势一方(先发国家)对劣势一方(后发国家)构造文化权力势差,并通过这一势差直接参与并构造着后发国家对自身传统文化的自我理解、对自身生活方式的评价、对自身发展的设想等。要降低后发国家成为"供体"的"交易成本",在这一文化权力势差之下,后发国家在观念-知识生产中的文化自戕,无疑为促使其快速接受"从属"位置提供文化上的便利:

> 今后的中国人,应该把所有的中国旧书尽行搁起,凡道理,智识,文学,样样都该学外国人,才能生存于二十世纪,做一个文明人。(钱玄同《对于朱我农君两信的意见》)[1]

---

[1] 转引自程巍:《泰坦尼克号上的"中国佬"——种族主义想象力》,漓江出版社,2013年,第291页。

还有最为典型的,胡适的"处处不如人"的断言。① 以理论研究的标准来审视胡适的这种断言,它是全然情绪化的,在这一断言的背后,并没有严肃的理论归因工作。从什么样的论据中得出了"处处不如人"这一判断? 所谓的"处处不如人"具体指的是哪里"不如"? 这个所谓的"不如"的标准的合理性是什么? 这一系列问题在胡适的这一观点中都是付之阙如的。这表现为先有一个"处处不如人"的文化自戕情绪,而后再在这个先在的定向的情绪的支配下,去寻找或者更确切地说是拣选一系列能够发泄这一定向情绪的"论据",以此一系列的"论据"为情绪发泄口,以之发泄既有的因救亡图存和保国保种的现实压力而产生的作为社会心理的文化自戕情绪。正因为它是社会心理的一种状态,所以这一"处处不如人"的表达,总是会在后发国家的社会生活中撩拨、激发和扩充这种文化自戕情绪。这类观点当然能够在文化生活中博来眼球和关注度,但并非依凭着以理论的方式切中了所处时代的要害问题,或者以理论的方式把握了时代的脉动。只不过是因为这类观点能够激发、撩拨、放大彼时社会心理中的文化自戕情绪罢了。喊完了"处处不如人",博得了喝彩后,接下来呢? 全盘西化? 那么复杂的"西",要"化"哪一个? 如此等等,这不是知识生产应该有的工作方式,更不是一个知识人应该有的理论工作方式。此时的胡、钱等人在发表类似观点的时候,倒是有些类似于各个不同时期的广义的为某一类社会心理发出声音的"意见人士"的角色。(当然,"意见人士"是有其特定的社会功能的,但是这个社会功能绝非理论研究-知识生产的社会功能,因而,两者的混同是某种身份意识的混同所造成的社会功能的混同,进而造成理论活动的社会功能在貌似被担负起来的同时,被彻底地遗忘。) 此种文化自戕的现象在中国进入现代化之初,之所以产生了较之其他后发国家更大的影响,形成了更大的气候,产生了更为绵延深久的社会影响,其中一个重要的原因在于:在中国,以知识生产为目的,以理论研究为标准的知识人,与那些通过为某一群体社会心理代言的"意见人士"的身份,两者具有高度重叠状态。知识生产的活动与情绪式的观念表达,两者在文化生活中,在广义的观念场域中,是由主体身份高度重叠进而社会功能高度混同的同一批人承担着,因而难以界分。这使得在社会心理中弥散着文化自戕情绪的时代下,情绪式观念活动占据上风,挤占了知识生产意义上的理论活动的空间,理论活动应担负的社会功能是空场的。而情绪式的观念活动的核心并不是为了求真,因而"处处不如人"也不是严格意义上的理论-知识观点。颇为讽刺的是这种对"文明的"

---

① 胡适:《胡适经典文存》,上海大学出版社,2004 年,第 295 页。

"先进文化的"艳羡,是"先进文化"靠"非文明"的血腥的武力压迫和鸦片贸易取得的。

综上,先发国家在维持并扩大其资本积累规模的诉求的驱使下,以武力压迫、直接殖民或培植代理人等方式将后发国家从传统社会拉入现代社会,使其适应并承担作为先发国家资本积累的"适格"的"从属"和"供体"角色。这一资本积累结构变化的同时,也会造成先发国家自身变化:

> 资产阶级的这种发展的每一个阶段,都伴随着相应的政治上的进展。它在封建主统治下是被压迫的等级,在公社里是武装的和自治的团体,在一些地方组成独立的城市共和国……最后,从大工业和世界市场建立的时候起,它在现代的代议制国家中夺得了独占的政治统治。现代的国家政权不过是管理整个资产阶级的共同事务的委员会罢了。①

马克思与恩格斯的这一分析明确地提示我们,现代民族国家的形成与巩固的背后,隐含着先发国家之国家结构变化的内在逻辑:为适应维持和扩充全球资本积累而变化。(这提示我们,在国别史的研究中如果没有国际视野,没有对人类历史走向世界历史阶段的内在逻辑的梳理,就无法形成对该国有着完全理解的合理衍化逻辑的历史叙事。)

基于此,从今人的视角进行历史性的梳理时,在理解当前百年未有之大变局中的国际关系时,理解作为民族国家实体的先发国家的首要之处,就在于明确其在当下资本积累结构中的位置,以及中国作为后发国家与其在资本积累结构中的关系,这直接影响着我们是否能够真实地把握该国作为一个民族国家实体的行动逻辑。从观念生产角度说,那种以固定化、脸谱化、抽象化的理论构造起来的对民族国家作为抽象的均质的国家实体的理解,至多只能是一种理论想象。国家间关系,首先是国家间在资本积累结构中的相互关系,而不是单纯从那种在不同专家各自抽取一束该国经验事实构造起来的尚且不能统一甚至相对的所谓"文化性格"出发去理解他国政策。(拟人化地以所谓的"性格"或者"属性"一类标签去抽象地概括一个国家的性质,并从这一性质出发去理解一个国家的对外政策,这是非常值得商榷的一种观念活动方式。当然,其产生是有原因的,此种对国家的理解背后是有着自马基雅维利以来国家观的变化在其中发生作用的。)又或者标签化

---

① 《马克思恩格斯选集(第一卷)》,人民出版社,2012年,第402页。

地因该国曾经以某一"信念"和不变"信条"行事,就囿于该文化标签去分析该国的行动逻辑。(俄乌危机后对不论国籍不问性质的冻结、挪用,甚或占有他国国民在该国的财产的行为,未被其一贯标榜的"契约精神",我们能看到对一个国家按照其所标榜的某个"信条"去理解其国家行为,这仍是拟人化的国家观。)同时,从知识生产的角度说,绝不能在学科建制化背景下囿于某一学科狭窄的"专业视角",鲁莽地断言该国的行动逻辑,而是必须首先从容含并超越建制化了的"专业视角"的资本积累结构出发,①对国家间关系给出全面且基于历史现实的理解。

(二)后发国家持续发展的国家前提:"帝国主义论"揭示的资本积累逻辑

正是在特殊历史条件下,以全球资本积累结构的形态为线索来重新理解国际关系,廓清本国在这一国际关系中的具体地位的过程中,列宁实现了对马克思主义理论的实质性推进。列宁强调资本从先发国家持续且规模愈加扩大的输出是出于下列原因:

在落后国家里,利润通常都是很高的,因为那里资本少,地价比较贱,工资低,原料也便宜。其所以有输出资本的可能,是因为许多落后的国家已经卷入世界资本主义的流转……②

持续输出的目的是追求资本增殖的最大化,其前提是在前一历史阶段先发国家已经靠着武力压迫等方式将后发国家拉入资本积累结构中。对于资本来说,从地方性走向世界性是其资本逐利本性的必然结果。而在列宁所处时代,资本积累结构从马克思和恩格斯时代经过将近70年的运转后,在资本积累活动的内在矛盾的推动下已开始发生实质性变化,列宁正是在这一变化的基础上完成了他对马克思主义理论的时代化,即"帝国主义论"。以资本积累为线索,列宁对马克思主义理论的时代化可概括为以下几个方面:

第一,大国瓜分世界:

最新资本主义的基本特点是最大企业家的垄断同盟的统治。当这种垄断组织独自霸占了所有原料产地的时候,它们就巩固无比了。我

---

① 王晓兵:《学科建制化的逻辑及其前提批判》,《山东大学学报(哲学社会科学版)》2022年第5期。
② 《列宁选集(第二卷)》,人民出版社,2012年,第627页。

们已经看到,资本家国际同盟怎样拼命地致力于剥夺对方进行竞争的一切可能……①

因而对于先发国家来说,他们对世界的瓜分,正是其继续维持并扩大资本积累的必然选择。资本的逐利本性是资本主义生产方式越出本国,从地区性发展为世界性的全球资本积累结构的原因。而资本的逐利本性的产生,是由资本主义生产关系的内在矛盾决定的。早期英国禁止本国先进设备出国,但是先进设备不出国,原材料就需要从世界各地运到英国,再将英国制成品投向世界,市场扩大后的巨大的生产量需求必然引发英国国内更为尖锐的劳资矛盾:巨大的生产量意味着工人将遭受更大的剥削,在工人总量没有明显增多,工业技术没有显著提升劳动生产率的情况下,延长工人的劳动时间就成了最主要和最常用的手段,因而劳资矛盾的尖锐化是不可避免的。也正是在这个意义上,资本积累结构越出一国,就是必然的。同时,这并不意味着资本不再通过技术优势的存在来维持对后发国家的压制,垄断的出现(它可以为单个新技术提供更大的垄断意义上的技术群作为其技术保护的"护城河",单一技术的突破很难撼动这一垄断结构,而垄断结构则可以通过垄断优势"吃掉"单一技术的突破),能够构造起一个可以让机器出国,从而减轻国内劳资矛盾带来的社会压力,同时能够安全地保证自己的食利-寄生地位的资本积累结构,这是先发国家的许多国际活动的深层线索。大国瓜分世界,是逐利活动,也是为了巩固其长期获得资本积累利益的世界格局。

第二,对于后发国家来说,要发展自身,要实现国家的独立自主和本国人民生活水平的持续提升,就必须从单纯作为既有的寄生性-剥削性的先发国家-后发国家全球资本积累结构中的"从属"和"供体",因而绝大多数发展红利为先发国家所榨取的角色中走出来。列宁的"一国胜利论"正是这一目标的逻辑,也是历史的必然选择:先发国家为维持并提升其资本积累效率,即维持其"寄生性"地位。这必须迫使后发国家一直处在"从属"和"供体"地位。一旦后发国家谋求自身发展,尝试将更多发展红利惠及本国,就必然会出现先发国家资本积累量降低,寄生性-剥削性利益萎缩的情况。后发国家不断谋求国家主权的完整和经济领域的产业升级,不但有可能部分脱出"供体"角色,进而可能因自身发展而成为与先发国家相互竞争的经济体。正因如此,后发国家要谋求自身发展,且以惠及本国人民为目的而发展

---

① 《列宁选集(第二卷)》,人民出版社,2012年,第645页。

（区别于买办式国家的国内社会结构形态），这就要求其必须有一个强有力的国家主体作为经济发展后盾。在这个意义上，列宁对"自由贸易"神话的批判，对资本主义发展到帝国主义阶段的特征阐发，同时是对后发国家谋求自身发展的基于马克思主义理论基本精神并结合彼时世界局势，以及在当时世界局势下苏联所处资本积累结构下的国际关系位置的马克思主义理论的时代化理论成果。这也正是从"经济和政治发展的不平衡是资本主义的绝对规律"①（即资本积累结构中的"寄生"-"供体"的不平等结构）能够逻辑地得出"社会主义可能首先在少数甚至在单独一个资本主义国家内取得胜利"②的合理性所在。需要说明的是，有人认为列宁并没有一个在理论言说的意义上一以贯之的或者在理论叙述的完整性的意义上"一国胜利论"的理论，进而认为这一理论是在此后的包括斯大林等人在内的对列宁思想的阐发中"事后"构建起来的。笔者认为这种说法是相当成问题的：一是理论是不是非得有了这样一个叫作"一国胜利论"的名称之后，才能算是"完成了"这种理论构建？如果按照这个思路，董仲舒的思想是不是无法称为中国哲学？要知道，中世纪也没有自命是"黑暗的中世纪"。这是理论研究高度分工后的唯名论后遗症。二是列宁对于我们前述分析的意义上的"一国胜利论"，无论是在"帝国主义论"，还是在《国家与革命》，甚至各类具体政策的分析中都有体现。③ 用阿尔都塞的分类方式来说，马克思-列宁的理论是哲学实践，与有严格的叙事谱系的实践哲学不同。列宁首先是革命家，他以书写理论性著作的方式参与革命，以革命的立场从事理论研究，而不是为了专门用"专业的"名词术语构造起一个名叫"一国胜利论"的体系，这是值得注意的，值得我们每一位马克思主义理论工作者以此为基本的理论活动自觉和知识生产的主体自觉。那些把列宁哲学比附为"前康德"的机械唯物论的观点，不过是在学院化的排行榜上强制归类一个异质性的有一部分溢出学院化理论研究之外的哲学实践的无聊行为罢了。

列宁这一如何在全球资本积累结构下，在动态的国际关系中探索自身发展道路的思想，提示着我们：先发国家在维持和扩充其资本积累结构，追求最大化其资本增值效率的目的驱使下，会根据国际形势的状况，调整其将

---

① 《列宁选集（第二卷）》，人民出版社，2012年，第554页。
② 同上书，第554页。
③ 当然，这不意味着我们否认此后包括斯大林等人在内的对列宁思想的诠释的"剩余"的存在。对列宁思想的这种诠释，同样可以在先发国家-后发国家全球资本积累结构基础上做出分析。这种诠释与所处历史阶段苏联经济体量和经济结构变化所带来的国内社会结构和国际关系的变化相关。

之置于"从属"和"供体"地位的后发国家与其自身的国家间关系策略,这种具体策略会因为后发国家的社会发展,以及先发国家自身经济体量和经济结构的变化所造成的先发国家-后发国家全球资本积累结构的变化的具体情势,而呈现动态变化的复杂样态。但先发国家各种变化不定的针对先发国家与后发国家的国家间关系的具体行为的逻辑的核心,无疑是巩固先发国家在既有资本积累结构中的优势地位和"寄生"角色。而对后发国家来说,要实现自身作为现代民族国家的独立自主,并在独立自主的现代国家主体的政治支撑下实现国家富强和本国人民生活水平的持续提升,就必须首先清晰地把握该历史时期的全球资本积累结构及具体的运行原理,清醒认识到自身在这一结构中的位置,当自身经济体量和经济结构发生变化时,这一变化对先发国家-后发国家全球资本积累结构的影响,以及该影响引致的先发国家为维持其自身"寄生"利益和资本积累结构中的优势地位会采取的可能行动。列宁在特定历史时期对马克思主义理论的发展,提示我们,唯有在前述理论前提获得清晰的把握时,方能走出作为资本积累"供体"的半殖民地半封建社会状态,在综合自身既有条件之下实现自身的发展。

(三)国内与国际双重要素的互构:《矛盾论》揭示的资本积累关系

正是在前述有关国际关系的动态变化与国内社会结构的双向互构关系的意义上,毛泽东实质性地推动了马克思主义理论的中国化,实现了马克思主义理论在新历史时期的发展。毛泽东在《矛盾论》中指出,"半殖民地的国家如中国,其主要矛盾和非主要矛盾的关系呈现着复杂的情况"[1],一旦先发国家采取不同的方式对后发国家施加影响以维持其资本积累中的优势地位,后发国家从外部环境到内部社会结构就会因此发生变化,唯有把握这种变化,才能把握中国社会-历史现实的真实内涵及其动态发展。我们在导言中已经引证了毛泽东从《矛盾论》出发对帝国主义与半殖民地半封建中国国内社会结构之间关系的判断。当帝国主义在对半殖民地半封建国家采取直接的军事侵略的时候,国内各个阶层是能够团结一致来抵抗侵略的,此时的国内社会结构是能够形成一个一致对外的状态的,这是抗日民族统一战线形成的现实基础。[2] 此时的国际关系形态(外部)决定着国内社会主要矛盾的形态:以帝国主义同中华民族之间的矛盾为主要矛盾。而一旦帝国主义采取非军事的措施,采取其他诸如经济、政治、文化等方面非暴力的方式,以"间接的方式"来影响半殖民地半封建的中国时,国内社会结构就会因此

---

[1] 《毛泽东选集(第一卷)》,人民出版社,1991年,第320页。
[2] 同上书,第320~321页。

发生变化，就会出现反动派。① 反动派事实上就是一个大众观念意义上的买办阶层，即帝国主义在后发国家的代理人，他们作为代理人协助帝国主义在后发国家形成剥削性-寄生性的资本积累关系，在此过程中分取一部分剥削性-寄生性的收益，与帝国主义一起压榨本国人民。用毛泽东的话说："帝国主义则往往采取间接的方式去援助半殖民地国家的反动派压迫人民，而不采取直接行动，显出了内部矛盾的特别尖锐性"。② 从资本积累的角度看，毛泽东对马克思主义理论的实质推进表现在以下几个方面：

第一，在帝国主义对后发国家采取不同的压迫方式时，在后发国家内部表现为：不同的外部环境作为构成性要素，影响着国内社会主要矛盾的形态。一旦先发国家直接采取战争压迫的方式，后发国家内部阶层间的矛盾就成为次要矛盾，在帝国主义同中华民族这一主要矛盾下，国内能形成一定程度的团结。而一旦帝国主义以非直接战争方式影响后发国家，这种影响就会以在后发国家支持或者收买一个反动买办阶层的形式出现。需要立即说明的是：帝国主义为了维持和扩大其全球资本积累，这些不断以各种方式对后发国家施加影响的情况是一定会发生的。而具体以何种方式对后发国家施加影响，则仍需要在先发国家-后发国家全球资本积累结构上来找原因。比如，日本军国主义的形成，以及日本对外侵略的原因，在于日本作为一个相对后发的国家，在既有的全球资本积累结构的运行逻辑不变的前提下，要从一个后发国家成为一个有"供体"可以剥削和寄生他国的先发国家，完成"脱亚入欧"，就必然要面对已经"瓜分完毕"的世界。这必然是比全球资本积累结构形成阶段的"增量获取"更难的重新瓜分势力范围的"存量竞争"。两次世界大战中德国的一系列操作，也可在这一逻辑结构下获得说明。

第二，一旦先发国家对处在半殖民地半封建社会的后发国家采取直接战争压迫方式以外的其他方式，以维持后发国家作为其资本积累的"供体"，半殖民地半封建的后发国家的社会结构中就会自发形成或者由先发国家扶植起一个反动买办阶层（买办概念在大众观念中一直存在，但是在理论研究中尤其是近年来不太常用，这同样是一个知识生产现象，而我们在此之所以使用，是因为它实在是非常准确地概括了后发国家国内社会结构中会因受先发国家影响而可能形成的某种现象的行动逻辑），它以帝国主义代理人的角色压迫人民群众，其压迫方式是：协助帝国主义维持并扩大其在后发国家中的资本积累活动，以维持资本积累的方式持续剥削本国人民，作为帝国

---

① 《毛泽东选集（第一卷）》，人民出版社，1991年，第321页
② 同上书，第321页。

主义代理人分得少量资本积累收益。在这个意义上,在解放战争中的人心向背——人民群众对反动买办阶级的反对和对中国共产党的支持——就是必然。

第三,这一围绕资本积累形成的先发国家采取各种手段遏制后发国家发展的必然性,发生在后发国家的各个领域。在文化领域,特别是观念-知识生产方面,要发展,就必须正视此前在救亡图存目标下形成的先发国家-后发国家的文明-野蛮、先进落后的文化权力势差所带来的文化自戕状态,之所以是正视,是因为作为后发国家,先发国家仍然可以在既有资本积累结构的优势地位下巩固这一文化权力势差,表现为在理论研究中长期存在的"外部反思"现象。

> 所谓外部反思,从哲学上来说,就是一种"忽此忽彼活动着的推理能力",它从来不会驻足并深入于特定的实体性内容之中;但它知道一般原则,而且知道把一般原则运用到任何内容之上。外部反思并不是我们所不熟悉的罕见的东西,恰恰相反,它实在是我们生活在日常意识中——尤其是在知识界中——经常碰到的。简单说来,外部反思就是教条主义(或哲学上的形式主义),因为教条主义所知道的就是把一般原则抽象地运用到任何内容之上。例如在中国革命时期,"二十八个布尔什维克"就是外部反思的典型代表。他们马恩列的经典倒背如流,对俄国的经验也是崇拜到五体投地。他们由此主张中国革命的根本之举就是中心城市武装起义……在经历了诸多教训和探索之后,中国共产党人终于摆脱了外部反思的主观思想……根植于中国社会现实基础之中的革命路径不是中心城市武装起义,而是农村包围城市——只是从这里才开始形成所谓的中国问题和中国经验。①

要克服前述文化自戕现象,改变前述文化权力势差造成的理论研究的"外部反思"问题,笔者认为此类现象和问题能够得到克服的根据在于:当我们阐述在前文所处特殊年代所出现的文化自戕现象之历史和社会原因时,并不能因文化自戕这种社会心理的产生有其现实基础,就认为它是合理的,或者说它是无可克服的。(如今一些人建立在陈寅恪先生提出的"理解之同情"的基础上的仿佛对历史场景之中某个历史人物的行为给出了有因有果的"合理性"解释,这个历史人物的行为就变得"无可厚非"了的观念,

---

① 吴晓明:《论中国学术的自我主张》,复旦大学出版社,2016年,第147~148页。

是非常典型的历史虚无主义的表现。在彼时的历史场景下,该历史人物是不是只有这一种选择?该历史人物在当时的历史场景中的身份,是不是赋予了他一系列的使命、责任和伦理要求?当一个人说"处处不如人"的时候,他有没有能力深入现实之中去调查研究并说明自己关于"处处不如人"的论断?要知道这个时期深入实际进行调查研究的人,深入作为中国人民的绝大多数的农民中去的人,并不少。讲"国民性",就要说清楚国民是谁,怎么得出的这个"国民性",它如何是我们的国民的"国民性",而不是他国也存在的,这应该不是什么过分的要求,而是观点表达的内在于观点本身的要求。这甚至都不是理论活动的严格要求,而只是常识性要求。)笔者的目的是通过分析文化自戕现象产生的原因,指出文化自戕虽然并不以严格的理论方式给出系统的行动路径,但是可以以撩拨、激发、放大既有社会情绪的方式影响或挤压由严肃的理论研究给出的行动路径。文化自戕直接与我们在此强调的"外部反思"勾连,来影响严肃的理论研究。它以情绪化的非理性的方式直接断言他者的观点为"标准"。同时我们应该看到,此种文化自戕及其"外部反思"并不是无法克服的,它们只是全球资本积累结构下后发国家,在知识生产过程中必然会面对的一种情绪要素。

所谓情绪要素是指:在从传统到现代的剧烈社会关系变动过程中,在救亡图存和保国保种的现实压力下,后发国家社会生活中形成的一种通过激烈的文化自戕的社会心理,并以此非理性的情绪方式,迅速推动在观念上转为现代观念的过程。它情绪化地否定自身传统,将各种负面遭遇和负面情绪的原因情绪化地指向自身传统,因而并没有事实上、理论上、学理上、逻辑上的论证。它是在救亡图存的意识下,对造成"落后"与"危亡"困境原因的一种精神分析领域中的"主人能指"现象。这不是常说的"历史的局限",而是缺乏理论研究的主体自觉意识和基本的理论研究真诚的理论品格问题。文化自戕心理在文化生活中流行的同时,一些人借助文化自戕的社会心理,在知识生产领域制造可以撩拨和激发既存于社会心理中的救亡图存的群体焦虑的观念产品,这种以向社会提供可以发泄群体情绪的观念产品为目的的虚假知识生产,挤占了需要严格论证的真正的知识生产在文化生活中的位置。缺乏严格论证的情绪发泄,无法提供有效行动的路径,在不断被激发的文化自戕情绪和通过捕获某一观念产品,以之作为情绪发泄口发泄被激发起来的文化自戕情绪这样的文化氛围中,只会是在不断巩固那个先发国家在文化领域构造起来的先发国家-后发国家之间的先进-落后、文明-野蛮的文化权力结构,牢牢地把自己绑定在资本积累"从属"和"供体"角色上的同时,也有人深入中国社会之中,通过具体的调查研究和严肃的理论分析,给出对中国社会现状的判断。而不是情绪化地指认什么"处处不如人"。在观念领域,一旦失去对文化权力势差中文明-野蛮、先进-落后的理论警觉,从而在理论研究中以此文化权力势差为不自觉的前提,隐蔽的逻辑强制着所谓理论研究的"问题提出""问题分析"和"问题解决"。除了遮蔽了自身发展的特殊性,还遮蔽了隐藏在从传统向现代过渡背后的资本积累结构下自身的"从属"与"供体"地位。导致作为后发国家的观念-知识生产,长期受"外部反思"问题的困扰,屡批屡在,且难以根除。

在现实实践中,直接的解决之道在于"反对本本主义"、从实际出发、从实地调查研究出发、从中国自身的历史实践出发。这也是近年来强调"大兴调查研究"的根本原因所在。但要彻底清除这种由文化自戕和"外部反思"造成的观念-知识生产问题,需要在理论上正面并克服这种问题。这就需要我们实事求是地在中国自身的发展道路中廓清发展的逻辑,提炼发展的理论,说明发展的成果,而不是将中国的历史实践作为既有的先在理论("形式")的"质料",去剪切、拼接甚至重构成符合既有理论评价标准的"对象",此种研究从"问题的提出"到"问题的解决"都处在"外部反思"的状态之中。

毛泽东对马克思主义理论的实质推进提醒我们:作为后发国家的我们,要谋求国力的提升和人民生活水平的持续提高,就必须在理论研究领域克服理论上的外部反思的问题,深入中国自身社会-历史现实之中,把握中国自身发展的内在逻辑,唯有如此方能:① 厘清中国在先发国家业已构造并巩固的全球资本积累结构中的位置。这一位置的厘清包括:先发国家根据中国经济和社会发展引致的两国之间在资本积累结构变化下,为维持自身资本积累优势而采取的行动策略。以及更大范围内的先发国家在超越两国间的既有全球资本积累结构中的优势的维持,并在此基础上阐明我们发展自身的破局点。在推动公平和平等的国家间政治经济关系中构建人类命运共同体,以此超越既有资本积累结构支配中的"零和博弈"逻辑下的单边主义和霸凌行为,推动人类文明新形态的路径探索。② 揭示先发国家通过其资本积累优势构造的文化权力势差对后发国家施加文化影响,认清后发国家以"外部反思"方式剪裁、切割自身发展经验的观念-知识生产方式,实为巩固既有资本积累结构的效果。沦为在教条主义和本本主义范导下,遮蔽实质运行着的资本积累活动及其对后发国家的剥削,成为在文化上降低先发国家为维持和扩充其资本积累结构在后发国家攫取寄生性-剥削性利益的过程中所形成的"交易成本"的帮凶。

(四)习近平新时代中国特色社会主义思想的世界意义

正是在前述对先发国家-后发国家全球资本积累结构的内在构造和运

行原理及其对包括社会文化生活在内的国内社会结构整体的基始性影响的分析的意义上,立基于中国现代化实践所取得的巨大历史成就,说明中国特殊发展道路之中所蕴含的普遍必然性,是新时代中国特色社会主义理论体系对中国实践的理论性贡献,同时是中国式现代化理论为世界现代化理论贡献的中国智慧。在这个意义上,习近平新时代中国特色社会主义思想是在当今百年未有之大变局的时代,对马克思主义理论的实质推进,是马克思主义中国化时代化新的飞跃。当我们以先发国家-后发国家全球资本积累结构为线索,来理解这一对马克思主义理论的实质推进时,才能够贯穿诸如当今中国所处之大变局时代、中国自身发展的历史经验、在中国的发展历程中动态变化的国际关系、中国作为世界上最大的发展中国家对人类社会发展所肩负的责任和承担的历史使命等诸多方面,将这一对马克思主义理论的实质推进形成总体理解和全面把握。对此,我们可以从以下几个方面来具体展开:

第一,坚持以人民为中心的发展思想。

习近平总书记强调:

> 中国共产党执政的唯一选择就是为人民群众做好事,为人民群众幸福生活拼搏、奉献、服务……我们就是要不忘初心、牢记使命,一代接着一代干……中国、中华民族就会更加坚强昂扬地屹立于世界东方,就会为全人类作出更大的贡献。①

从前述资本积累结构的角度看,中国共产党带领中华民族从站起来、富起来到强起来的历史发展历程中,坚定地奉行人民至上。唯有"紧紧依靠人民""不断造福人民""深深扎根人民"的以人民为中心的发展思想,才能凝聚全民族的力量,取得如今令世界瞩目的成就。而半殖民地半封建时期的买办阶层伙同帝国主义剥削和压迫劳苦大众,在追求民族复兴和人民幸福的历史大势面前,其覆灭是必然的。(这种必然性我们在前文中有论述,表现在买办阶层为了自身利益而借助先发国家的力量压迫和榨取本国民众的利益,使得社会矛盾加剧,不同利益群体发生对立与撕裂,进而发展成为不同阶级之间的敌视,它必然会被以人民利益为自身利益的社会结构所替代。)同时,我们应该看到后发国家,由于追求民族复兴和人民幸福,就必然会脱出单纯作为帝国主义资本积累"附属"和"供体"的国际关系地位和国

---

① 《习近平谈治国理政》(第四卷),外文出版社,2022年,第67页。

际贸易地位。我们作为后发国家,对自身发展和本国人民生活水平提升的追求,受资本积累既得利益方的打压在所难免,对此必须有充分的准备。

第二,保有斗争精神。

> 唯有主动迎战,坚决斗争才有生路出路,才能赢得尊严、求得发展,逃避退缩、妥协退让只会招致失败和屈辱,只能是死路一条。①

从资本积累的逻辑看,单边主义、保护主义和霸凌行为并不是偶发事件,因而不会因为换一个总统就会有所改变。先发国家作为资本积累的既得利益方和食利者,大多会千方百计地阻滞后发国家在自身发展和以自身的发展惠及本国人民的过程中脱出资本积累的"从属"和"供体"角色,先发国家为了维持其在资本积累结构中的食利性的、寄生性的、剥削性的地位,会不断打压后发国家以便使得后发国家长期地作为"从属"和"供体"维持先发国家在既有资本积累结构中的食利和寄生生存。后发国家通过技术创新和产业升级更多地将发展成果惠及本国人民的行为,也使其脱出原有资本积累结构中被剥削的地位,在这个意义上,为追求公平和平等的生存与发展机会,斗争势所难免。因而,对于后发国家来说,那种因为先发国家借助其既有优势所施行的极限施压,在观念-知识生产领域出现的那种"情绪式"观念,无论它是要尝试让自己退回到作为先发国家资本积累的"供体"和"从属"的初级产品生产状态中去(逃避退缩),还是它要把自身萎缩成为经济体量较小的状态中去(妥协退让),毫无疑问都只会"招致失败和屈辱"。为人民谋求更高的生活品质和收入水平,本身就意味着要通过产业升级、经济结构优化等,摆脱那种从原材料到制成品的整个实体生产过程均在后发国家进行,而绝大多数利润却由先发国家攫取的"供体"地位。唯有如此,方能将生产所获利润更多惠及本国人民。但这意味着后发国家的发展阻碍了先发国家的"寄生性"和"食利性"利益的获取,这必然会招致既有的剥削性的寄生性的全球资本积累结构中既得利益的先发国家的极限施压,出现在各个领域的"卡脖子"现象和所谓的"实体清单"的目的皆在于此。而对于我们来说,如何保持高质量发展,在发展中进一步满足人民对美好生活的需求,才是理论工作者的历史使命和时代责任,而不是由于遭遇极限施压就通过制造情绪式观念去撩拨和激发某种非理性情绪,做资本积累既得利益者的帮衬。而且,谋求公平和平等的生存和发展的权利,这本就是对此前的先

---

① 《习近平谈治国理政》(第四卷),外文出版社,2022年,第83页。

发国家主导的先发国家-后发国家全球资本积累结构的"零和博弈"趋向和寄生性-剥削性本质的非正义性的反抗，是人类文明新形态的探索。这符合人类社会追求人之自由而全面发展的历史大势，是我们斗争精神的底气所在。

第三，发挥资本作为重要生产要素的积极作用。

> 资本是社会主义市场经济的重要生产要素，在社会主义市场经济条件下规范和引导资本发展，既是一个重大经济问题、也是一个重大政治问题，既是一个重大实践问题、也是一个重大理论问题，关系坚持社会主义基本经济制度，关系改革开放基本国策，关系高质量发展和共同富裕，关系国家安全和社会稳定。①

只有看到追求国家富强和人民幸福生活的目标，必然要应对既有先发国家-后发国家全球资本积累结构的改变，因而引来既得利益方的诸如贸易战、"实体清单"、"卡脖子"等单边主义和霸凌行为，才能深刻理解依法规范和引导我国资本健康发展的重大意义。只有通过对自身的高质量发展的追求，依法规范和引导中国资本的健康发展，才能在既有的历史局势中发展自身，才能以强有力的实践去彰显、推动多元文明格局，追求公平和平等的生存与发展权利，在"做好自己的事情"中行稳致远。以既有资本积累结构剥削后发国家公平和平等的生存与发展权利是没有前途的，也是不得人心的。

第四，构建人类命运共同体。

要着力破解现有资本积累结构中的不平等性、食利性和寄生性，推动人类社会向着公平和平等地追求生存和发展的方向迈进，以此为目标，出发点和落脚点都是构建人类命运共同体。

一方面，这需要"在人类共同发展宏大格局中推动自身发展"，即推动构建人类命运共同体的主体仍是现行国际关系中的基本单位：民族国家。没有强有力且负责任的民族国家的推动，只会是既得利益的"寄生性""食利性"先发国家，通过各种形式借助其多年间在物质、技术和文化权力势差等方面的（尤其是舆论操控上）剥削积累，维护其在既有资本积累结构中的优势地位，持续地寄生在全球生产中并食利。一旦如此，世界范围内就缺少有力的行动主体来推动实现公平和平等地追求自身生存和发展的目标。

人类只有一个地球，人类也只有一个共同的未来，无论是应对眼下

---

① 《习近平谈治国理政》（第四卷），外文出版社，2022年，第217页。

的危机,还是共创美好的未来,人类都需要同舟共济、团结合作。实践一再证明,任何以邻为壑的做法,任何单打独斗的思路,任何孤芳自赏的傲慢,最终都必然归于失败……①

另一方面,人类社会对公平和平等的生存与发展的追求是大势所趋、人心所向,站在历史大势一边,站在民心一边,是破解当前既有资本积累结构下的剥削、压迫和不平等局面的正确选择。从全球资本积累的发展衍化逻辑视角看新时代中国特色社会主义的理论与实践,我们能够更为全面,也更为清晰地理解其科学性和真理性。

在今天,无节制的量化宽松不就是在用"以邻为壑"的方式转嫁自身危机吗?这一转嫁不会因为对同为命运共同体的他国的责任和义务而停止,只会在危及先发国家在既有资本积累结构中的优势地位进而影响其寄生性的既得利益时才会有所收敛。这是因为,既有先发国家-后发国家全球资本积累结构正是先发国家使用"以邻为壑"的手段不断转嫁自身危机的必要条件。在这个意义上,要推动人类命运共同体的实现,寄希望于既有先发国家-后发国家全球资本积累结构中的既得利益方,为实现全人类有公平和平等的生存和发展机会的目的而放弃既有资本积累结构的寄生性和剥削性,只能是幻想。后发国家唯有通过自身的发展来突破现有资本积累结构中存在的"寄生性-供体性"的不平等的零和博弈结构,方能实质性地推进人类社会的发展和进步。这也正是习近平新时代中国特色社会主义思想作为马克思主义中国化时代化新的飞跃的世界性和人类性的价值所在。

(五)哲学社会科学体系构建中的马克思主义理论领航

首先,对于当代的马克思主义理论工作者来说,在前述马克思主义理论发展历程的几个重要节点上,明确马克思主义理论在几次重要理论推进中理论发展的实质所在,方能基于当今的时代背景,深入中国自身的社会-历史现实之中,也唯有如此方能阐明中国发展道路的理论内涵,说明在中国发展所处之特殊的国际环境和特殊的国内形势中所行之特殊发展道路中,与其中内蕴的普遍必然性的一般规律的辩证统一,如此,才能将中国式现代化理论的理论内涵和实践意蕴完整地阐发出来,形成能够与诸现代化理论对话,且有着中国实践这一强大证明的中国式现代化理论,以此为世界贡献中国智慧。

进一步说,从构建符合自身发展的哲学社会科学体系角度看中国式现

---

① 《习近平谈治国理政》(第四卷),外文出版社,2022年,第466页。

代化的理论建构：一国的文化，其哲学社会科学体系构建是基础性的和前提性的。它是一国自我理解的基础，直接影响着一国对自身发展道路的确信，对自身生活方式的确信，等等。要构建符合自身发展的哲学社会科学体系，前述以对全球资本积累结构的形成过程与衍化逻辑的分析作为切入视角，摆脱既有先发国家-后发国家全球资本积累结构及其多年巩固起来的文化权力势差所造成的影响，从自身的发展阶段和自身所处的国际与国内形势出发，通过自身发展推动人类社会发展，在人类社会发展的宏大格局中实现自身发展，这正是以马克思主义理论领航哲学社会科学体系构建工作的题中应有之义。具体来说，这需要我们把握在理论发展历程中对马克思主义理论有着实质推进的思想成果的内涵与实质所在，把握其在应对特定历史条件下（因而是特殊的）的社会现实时，如何创造性地发挥马克思主义理论的领航作用，真实而准确地把握时代发展的脉搏，进而引领时代的发展，推动社会的进步。对于理论工作者来说，阐发国际关系的动态变化、国族意识的构建与消解、国内社会结构的变化、地方性文化中观念-知识生产方式等动态变化背后的资本积累结构衍化，为哲学社会科学体系的诸学科建设提供理论的前提自觉，方为马克思主义理论领航的实质。笔者认为，在前提维度，这必然包含以下两个方面：

第一，后发国家自身发展同时是对公平和平等生存发展权利的追求。后发国家为求得自身的生存和发展，需要通过产业升级和技术创新等方式推动本国经济结构的优化，这意味着部分脱离以初级产品生产占有少量利润而绝大部分利润被先发国家攫取的资本积累结构，这一方面让发展的成果更多惠及本国人民，但另一方面必然造成先发国家借助既有资本积累结构获得寄生性收益的减少。资本积累结构所得寄生性收益的减少，必然造成先发国家国内社会结构的变化，这种变化表现为：① 基于原有寄生条件维持的以抽象价值观念划分群体的社会结构不再"理所当然"。其国内矛盾滋生的群体情绪需要释放，先发国家会将原有寄生态的生活方式的消失归因于后发国家的发展，从而制造对立情绪。② 对立情绪的制造，使得先发国家对后发国家的抑制与打压在其国内有了非理性的情绪基础。这一自加速的结构，会使得其抑制和打压行为不但是维持资本积累结构的行为，也是其施政者的"政治正确"，以之撩拨国内情绪获得支持。但其以往生活方式的寄生性已经凸显。这种将国内矛盾以情绪式观念活动方式转嫁的行为无疑是饮鸩止渴。

当从后发国家角度来看：① 如果维持作为"供体"的现状，以此避免先发国家的打压，那么国内社会结构中的劳资对立及其衍生的矛盾，就会因持续的初级生产和大量资本积累收益外流,而愈发尖锐。要维持自身的生存,唯有通过产业升级和技术创新优化经济结构,从而有更多资本收益用在国内,实现改善社会结构。② 或者如毛泽东判断的那样,在国内形成一个反动买办阶层,在不从先发国家处拿回部分利润的前提下,通过少数买办占用利润的方式,持续原有寄生-供体结构。但这势必造成国内的反动买办阶层与受剥削大众之间的矛盾。因而劳资对立并非获得解决,而只是在不断地压制中进一步积聚,直至爆发。正是在这个意义上,对于后发国家来说,以人民为中心的发展,是历史大势,是历史的必然,也是逻辑的必然。这是社会主义必然取代资本主义的根本原因。

后发国家在被拉入先发国家构造的资本积累结构中,是以受先发国家剥削生产利益为前提,在作为供体存在的条件下,完成的初步现代化。但后发国家不是先发国家"理所当然"的奴隶,后发国家人民也有公平和平等地追求生存与发展的权利。在这个意义上,经济结构的优化就是后发国家全民的诉求。它虽然必然要面对作为寄生者的先发国家借助多年资本积累下的先发优势所实施的打压,但这一打压是不正义的,是剥削性质的,相反,后发国家谋求公平和平等生存与发展权利的努力,是正义的。这一点会在后发国家谋求发展的努力下,在寄生-供体结构不断遭遇挑战下,让世界人民看清资本积累的寄生-供体性质,找到追求公平和平等的生存与发展权利过程中真正的阻滞力量是谁,真正的推动力量所在,从而形成人类文明新形态的可能路径上的共识。

第二,后发国家的发展理论中必然包含的实践本性。先发国家凭借其在全球资本积累结构中的优势,构造起有利于维持自身资本积累的文化权力优势。先发国家以构造先进-落后、文明-野蛮的文化权力不平等地位的方式,构造起先发国家知识-观念生产上的优势地位,并将之作为行为评价标准进而范导后发国家的行为。实际上本书所使用的先发-后发这一概念结构,它本身就内在地包含着这样的评价标准。共时性存在,且面临不同具体处境的两个国家,被放置在历时性结构上考察。一个先发展,另一个只是亦步亦趋地随之发展,这就已经包含了先发国家的"标准"地位和评价权力。需要立即说明的是,我们在此并不是说后发国家可以以自身特殊性为说辞,排斥先发国家的发展经验。而是说先发国家的发展经验绝不是判断后发国家发展是否正确、是否合理的不证自明的"标准",这一被不加反思地当作普遍标准使用的"标准",只是文化权力势差下拒绝反思和缺乏前提自觉的产物。后发国家的发展,与先发国家最本质的差别就在于:先发国家在发展之初,不受另外的先发国家的直接影响,而后发国家在现代化一开始,就要面对在先发国家构造起来的全球资本积累结构中,在军事压迫、经济控制和文化殖民的作用下处于供体地位的客观条件。

后发国家要谋求自身发展,摆脱现有资本积累结构下的"供体"地位,就同时要超越既有资本积累结构构造起的知识-观念生产方式。本章第一节以及后文关于从葛兰西到拉克劳的文化领导权的衍化逻辑的分析,都说明了观念活动背后不断变化的实践前提,说明了对域外理论的吸收与借鉴的主体自觉的重要性,这些都在提示着我们,先发国家正是将通过脱离语境的抽象普遍性作为其知识-观念生产的核心方式。通过脱离语境,知识-观念可以随意从其产地应用到其他地方,而无须接受理论前提的反思和使用界限的澄清。后发国家如果也以抽象普遍性的方式来"争夺话语权",在资本积累结构及其文化势差下,就是没有机会的,同时这也不符合后发国家追求公平和平等的生存与发展权利,推动人类社会发展的目标。后发国家在先发国家的文化霸权下,只能通过自身的发展实践不断地证明自身所建构起来的现代化理论的正当性,在自身构建起来的现代化理论的指导下优化和创新实践路径,进一步推动实践发展,在理论与实践的这一良性互动和正向反馈中摆脱脱离语境的抽象理论的干扰,构建起特殊性与普遍性辩证统一的中国式现代化理论,以此推动世界社会主义的发展。

前述两个前提为我们指明了新时代从事哲学社会科学理论研究的基本原则:

第一,要对资本积累结构的历史衍化及其当代形态给出清晰的理论把握和结构性说明,立足我们自身的发展状况,廓清全球资本积累结构下中国所处的国际关系位置。唯有如此,才能正面回击那种在将先发国家挑起的贸易摩擦、霸凌行径视为偶然性要素,进而抱有不切实际的幻想中,反而将自身发展结构的特殊性视为"不符合标准",进而在先发国家在维持其资本积累的目的下所施行的评价逻辑的范导下,以妥协退让的方式继续做资本积累结构中的"供体"的错误观念。真正在理论上推动人们认清现实、丢掉幻想,冷静应对资本积累结构中的既得利益者为维持其寄生性地位所采取的单边主义、保护主义和霸凌行为。以斗争的精神姿态,在理论上阐明后发国家在谋求自身公平和平等的生存与发展权利的正义性与进步性。

第二,要对既有资本积累结构在理论领域构造的市场万能论、唯市场逻辑论的理论神话,及其作为观念-知识生产在维护资本积累结构中的作用给出清晰的揭示。说明市场逻辑总是与民族国家逻辑相互缠绕且相互影响的现实状况。在马克思、恩格斯所处时代,在当时资本积累结构下,市场逻辑与民族国家间关系得出了共产主义不会在一国实现的判断;①在列宁所处时代,要实现自身发展,对后发国家来说,市场逻辑下的经济发展必须在强有力的民族国家的政治支撑与保护下,才有可能应对来自先发国家为维持其既有资本积累优势推行的经济封锁和军事压迫,才能保住自身发展的成果,惠及本国民众;在当今全球资本积累结构影响的国际局势下,民族国家逻辑与市场逻辑之间的关系更为复杂:俄乌危机和中东紧张局势等带来的地缘格局变化,以及在冲突发生后各先发国家(尤其是一些北约国家)采取行动的逻辑都远非其营造的市场万能神话的逻辑。我们看到,在其说明自身采取的一系列行为的合理性时,其所采用的说辞,以及说辞所依托的舆论体系在构造其行为的合理性过程,都只能从既有资本积累既得利益方维护既有资本积累结构和自身的寄生性食利地位中方能澄清。

第三,在文化领域,尤其是作为文化核心的哲学社会科学领域所存在的"外部反思"现象,亟须以深入中国自身的社会-历史现实的唯物史观具体化来克服。这一具体化过程并不容易,但十分重要,它是让中国的历史实践经验摆脱"质料式"的被外在理论"形式"化地剪裁、切割、拼接甚至重构命运的唯一方法,是前述大兴调查研究、深入基层调查研究等工作成果能够有效发挥作用的前提。在黑格尔哲学中,外部反思被视为一种知性反思,即一种有限反思,黑格尔通过揭示看似相互外在的知性概念之间的相互依赖和相互转化,说明有限的知性反思(外部反思)背后以超越性的思辨理性作为其合理性基础。他以此扬弃知性思维的外在性,进入思辨思维的概念整体。②这提示我们,对于理论研究中存在的"外部反思"的现象,绝不应单纯地拒斥了之,单纯的拒斥不是对有限的超越,而不过是另外一种有限。真正克服外部反思,必然要从对外部反思现象何以产生,外部反思这一知识生产方式得以形成的生产条件和社会关系结构是什么,以及从该生产条件和社会关系结构如何构造起该外部反思之具体形态等问题入手,方能将之作为观念-知识生产的一种现象或环节而扬弃,如此方能在不忘本来中吸收外来。也唯有在对诸如理论的外部反思和情绪式观念活动等文化现象从生产条件和社会关系结构到知识生产活动的运行结构和作用原理的阐发中,方能真正进入我们自身社会-历史现实的内在运动中。也正是在这个意义上,中国式现代化理论的建构,绝不是拒斥外来理论成果的自我特殊化,而是基于自身的

---

① 马克思、恩格斯:《共产党宣言》,人民出版社,2018年,第87~88页。
② 〔德〕黑格尔:《精神现象学》(上卷),贺麟、王玖兴译,商务印书馆,1979年,第99~101页。

发展，在批判地澄清外来理论成果的适用界限和有效性前提的过程中，在说明自身道路形态的特殊性之中所内含的普遍必然性中，在现代化理论研究中，为世界提供中国智慧，做出中国贡献。

三、资本积累结构的变化及其对知识生产活动的基础性影响

通过本章前两节的分析，我们对当今时代文化（特别是作为其核心的哲学社会科学理论活动）的演化的一般生产关系基础，以及从该一般生产关系基础到具体的社会文化现象之间的影响逻辑给出了结构性的说明。同时，对马克思主义理论发展史，我们理解与把握历次对马克思主义理论有实质推进的思想，在把握了这一从一般生产关系到具体的社会结构之间的作用关系的基础上，所形成的围绕本国具体社会发展状况，以及这一状况下，在国际关系中，处于既有的先发国家-后发国家全球资本积累结构中的何种角色，应以何种方式来推动本国的现代化发展的内容中所具体实现的对马克思主义理论的实质推进。基于此，中国式现代化的理论构建，其内涵必然包含着以马克思主义理论为指导，其实质是马克思主义理论在我们所处这个时代的时代化的新的飞跃。其表现形式是，深入中国现代化发展的探索历程，立基于中国现代化历史实践之上，构建起来的中国式现代化理论。在对理论建构的时代背景给出基本澄清之后，笔者在此对以文化哲学为研究范式的中国式现代化理论构建研究的诸环节，概要说明如下：

第一，围绕全球资本积累结构所形成的先发国家-后发国家的国际关系形态是动态的。比如，在现代化早期，日本和沙俄都曾经是后发国家。这意味着我们要讨论的先发国家-后发国家全球资本积累结构并不是一个抽象的、四处套用的东西，或者某个国家就是可以抽象地被置于先发或者后发位置上的一个刻舟求剑式的指认。这一分析结构是蕴含在特殊情况之中的普遍性，是基于特殊性之中的内容的逻辑，因而是普遍性与特殊性的辩证统一下的内容的逻辑，它必须也只能在历史视野中展开。但以一言贯之，显然是无法完全概括其内涵的，笔者在下文中将进一步澄清并系统地阐释其内涵。以此具体说明这一普遍性与特殊性的辩证统一内容的逻辑，它到底意味着什么，或者说它到底是以何种方式内蕴于具体的国际关系中，并以何种方式渗透入具体的社会生活之中的。出于本书论题结构完整性和论述聚焦等方面的考虑，笔者将着重关注先发国家-后发国家全球资本积累结构在现代化理论的形成，即在知识生产这一领域上的逻辑结构和作用原理。

第二，我们尝试以先发国家-后发国家全球资本积累结构的形成过程与衍化逻辑（资本积累结构的核心部分，即资本与民族国家的动态互构结构的

分析)为线索,来梳理在知识生产领域的知识生产方式、知识权力建构、理论前提自觉的形成等诸多内容。即在微观领域来分析先发国家-后发国家全球资本积累结构的运行逻辑及内容的逻辑。知识生产,从来都不是一个自外于实践活动的独立领域,它必然受到历史性的实践活动的形态的基始性影响。问题的复杂性在于,知识生产活动也同样是历史性的。进一步说,知识生产活动绝不是简单的独立-独力的,甚至是超脱于诸多利害关系之外,去观照、查看和评价社会关系的"跳出三界外、不在五行中"的僧侣主义的旁观者。知识生产领域的微观权力,同样无处不在。这不是强调一个人要有诚信,强调要对求真品质有所持守等就能够避免的,因为它根植于历史性的生存实践本身,并受制于具体的生存实践展开所处的一定的社会生产关系基础。

但必须马上强调一点,这并不是说我们在知识生产中完全是提线木偶一样的存在,我们仍然可以,也应该担负起通过对知识生产活动其本身"意味着什么"有所察觉并有所反思,即将知识生产活动作为我们的"意识的"和"意志的"对象,敞露其运行的前提。让理论活动从解释世界形态的理论建构转而为改变世界形态的理论建构。举例来说,曾有一段时间,尤其是在社会学领域,流行写作极厚的理论著作。无论是知识社会学,还是结构功能主义的一些社会学家的著作,是否有必要以如此冗长的言说构造起一个理论框架,这是一个非常值得思考的问题。除去少数著作确实关涉庞大的研究领域和众多的研究对象,因而需要复杂而环环相扣的海量言说方能获得澄清之外,有些"砖头"著作完全可以压缩到一个相对适合阅读的篇幅长度。砖头一样厚的著作,其厚度和字数为其构建知识权力提供了某种来自当时的理论研究"潮流"的指标。写得这么厚,就显得它更"学术",像"经典"。形式大于内容,或者说形式单独促成了某种知识权力的形成,类比一下的话,韩愈等人倡导古文运动之前,那华丽的骈文,正是以对形式的追求来区隔并构造起一个微观的文化权力。这当然有其形成的历史背景,但也绝非在当时对知识生产主体来说是无法超越的。这不是当时的人因为"历史的局限"无法看到。正相反,当时的人就能够选择以怎样的方式来从事知识生产,到底是要通过参与或者配合某种知识生产形式去获取文化权力,在知识生产领域中爬到某个位置?还是要做出一个决断,坚持理论要经严格论证,必须保有对理论活动过程中的理论前提和价值倾向的自觉意识等知识生产的基本要求,以符合理论本质的方式来恰当地构建理论的具体结构呢?如果选了后者,那么这不仅是对理论形式脱离理论内容,并反过来制约理论内容的反省,更是要对自身是否对知识生产中的微观权力构造有所自觉,并进而尝试给出有着清晰的理论前提自觉的知识产品,以之介入、调试、改造、优化、创新生存实践。

正是在这个意义上,我们并不排斥任何知识生产活动,也绝不会无反思地接受任何知识生产活动的知识产品,而是在深入对具体的知识生产活动的分析中,廓清知识生产活动背后的知识权力结构,进一步敞露知识权力结构构造背后的一般社会关系基础。进而将该一般社会关系基础的运行逻辑加以阐发,并在前述工作基础上形成一个以知识生产为内容的,历史唯物主义视域下的,理论构建的前提梳理,从而形成中国式现代化理论建构的前提自觉。正是以此为写作目标,我们在导言中强调理论构建中的历史性实践底色:理论建构工作,首先需从理论与实践之间的关系出发,在主体自觉和前提自觉基础上从事理论建构。理论不是实践之外映照实践的镜子,理论是实践活动的自身区分,是人在实践中将自身实践构造为自己"意识的"和"意志的"对象,以此调整、改造和优化自身的生存实践。因而,理论必然会随着生存实践环境的变化而变化。实践的历史性决定了理论的历史性。中国式现代化理论的建构和发展必然要在中国式现代化道路探索中进行。我们又在本章前两节内容中强调,理论构建的语境是处在变局之中的时代:当今世界处于百年未有之大变局,其内涵与实质是列宁帝国主义论中指出的先发国家通过对后发国家的寄生与剥削而构造的全球资本积累结构,它正在趋向瓦解(这无疑将是一个漫长的过程,但趋势已然显现)。后发国家追求公平和平等的生存和发展权利,将自身发展红利更多惠及本国人民的行为,同时是摆脱先发国家寄生-剥削的过程。先发国家从产业资本全球资本积累结构转为金融资本全球资本积累结构,虽提升了资本积累效率,但也造成其国内"脱实向虚"。先发国家的寄生性和剥削性决定了它们不会容许后发国家以平等主体身份追求自我发展。这正是当今这个大变局时代,先发国家凭借先发优势霸凌后发国家,以技术封锁、制造地区紧张局势等行为抑制后发国家发展,维持先发国家食利的既有寄生-剥削为本质的全球资本积累结构的底层逻辑所在。

在前述分析的基础上,将目标聚焦在知识生产背后的微观权力构造过程,以及微观权力结构的运行逻辑,在廓清这一构造过程与运行逻辑的基础上,探索作为其基础的一般社会关系及其成因(先发国家-后发国家全球资本积累结构的形成、巩固与衍化),并在此基础上为中国式现代化理论的构建,提供系统的理论活动之理论前提与理论活动之活动主体的唯物史观视域下的理论自觉。因此,前述分析在于廓清前提与提供明晰的理论出发点,以便深入知识生产背后的权力结构构成与运行及其基础-动力的具体分析中。

在充分论证理论是实践活动的自身区分这一理论与实践之间关系下,

通过对当今世界的底层逻辑的形成历史及其当代形态的廓清,揭示在全球资本积累结构中存在一个先发国家与后发国家为角色定位的国际关系形态,这一国际关系形态影响着世界范围内的知识生产活动,构造着基于先发国家-后发国家结构的文化权力势差,服务于先发国家-后发国家全球资本积累结构中资本的持续与高效积累。以此为理论立脚点,在接下来的章节,我们将从以下几个环节逐步推进,以之呈现知识生产背后的权力结构构成与运行及其基础-动力来源,明确构建中国式现代化理论所要面对的百年未有之大变局在理论领域的运行原理与作用结构。

先发国家为维持和扩大资本积累规模和资本积累效率,在广义文化领域中构造起来了一个以之范导后发国家现代化道路选择的文化权力势差。围绕先发-后发的国际关系结构组织和运行的全球资本积累结构,它在文化层面表现为,先发国家在现代化过程中形成并巩固对后发国家的文化权力势差。先发国家的资本主义发展是无前摄的,它从地区性发展为全球性,内在动力有二:一是更高效率更大规模的资本积累,二是通过产品倾销、产业转移等方式转嫁国内矛盾。先发国家主导的资本积累全球化,实则是以军事、经济、政治等多重手段迫使后发国家为救亡图存必然从"超稳定结构"的传统社会转型为现代社会,以便作为先发国家的寄生供体,维持其资本积累的目的。后发国家落后挨打的现实状况,使得经济上的先发-后发结构在文化权力上衍生出文明-野蛮、先进-落后的文化权力势差,在此基础上才能理解后发现代化国家诸多的文化自戕现象。

文化权力势差的存在,使得后发国家在理论建构即完成自我理解的过程中,受到来自先发国家-后发国家全球资本积累结构基础上的文化权力势差造成的非理性的先在情绪定向前提的逻辑强制:文化权力势差的形成与巩固,使得救亡图存的社会心理以文化自戕的形式表现出来。一旦文化群体与知识生产主体重合(传统中国正是如此),后发国家围绕知识生产展开的理论活动,那些经由文化权力势差以非理性情绪方式裹挟而来的抽象"标准"就以知识生产的隐蔽理论前提的方式,逻辑地强制着理论建构的观点形成和思想定向。对此的分析绝不能仅仅是宏观上的原则性讨论,宏观的原则性要素,唯有在具体事例的分析中才能获得其具体的普遍性,例如,我们需要深入具体社会现象之中才能形成对文化自戕这一现象的具体普遍性意义上的把握,即在20世纪初期的文化界,在没有确认事实真伪,也不考虑从该论据能否逻辑地推导出自己所持文化自戕观点的情况下,就径直使用彼时排华情绪严重的美国报纸上关于"泰坦尼克号上的中国佬"的不实报道,得出所谓"又一个国耻"这种用来发泄文化自戕的观念产品。这表面上是观念的因果构造的过程中存在逻辑缺环,实则是既有文化自戕情绪的逻辑强制。再如,在先有"处处不如人"结论后,去拣选"论据"的过程。这种情绪式知识生产,完全偏离了理论研究介入、参与实践活动的功能,沦为激发和放大先发-后发结构及其文化权力势差造成的社会情绪。又因其凭借对情绪的激发与放大成为后发国家内部知识权力的实际掌握者,进而占据着理论研究的空间,遮蔽或排除以把握中国社会现实为前提的理论活动的发展空间。

在全球资本积累结构中的位置会随着本国的发展而发生变动,不同的国家因发展状况和所处发展环境的不同,会形成不同的现代化理论:先发-后发这一全球资本积累结构绝非静态的、固化的分析结构,而是一种动态结构。世界格局中有一系列在不改变剥削性和寄生性的资本积累结构的游戏规则的基础上,谋求从后发地位向先发地位过渡的现代化形态,比如,日本和沙俄。相较于西欧和美国,日本和沙俄在其现代化之初,处在先发-后发结构中的后发地位。分析在当时国际局势下(世界还未达到列宁所言之帝国主义已将世界瓜分完毕的状态)日本和沙俄的现代化道路选择,及两国在国际国内共同影响下的历史发展,能让我们摆脱先发国家凭文化权力势差构造的抽象"标准"对日本和沙俄的现代化的抽象叙事,真正从两国发展内在逻辑把握两国现代化道路及其现代化理论建构。与之不同,拉美地区则是非原住民现代化,其约束条件主要不来自历史文化约束,如何从"中心-边缘"结构、"中等收入陷阱"等抽象叙事"标准"中走出,真实把握拉美现代化历程及此一历程中拉美人对自身现代化的理解,再一次敲露先发国家"标准"叙事下的拉美现代化理论,是我们建构中国式现代化理论时"吸收外来"工作的必要前提。

只有在前述分析的基础上,才能够形成对中国式现代化理论建构的根本原则的全面和系统的理解:从前述分析,我们可以逻辑地得出,中国在不同发展阶段和发展体量,会由于在全球资本积累结构中所处位置的不同而面对不同的国际关系环境。且这种国际关系环境中的经济形态绝非单一,而是包含政治、经济、社会、文化诸领域的变化。对此的说明是中国式现代化道路探索面对的复杂外部环境的内在规律性的阐明。中国式现代化承担着打破寄生-剥削本质的既有全球资本积累结构,谋求世界各国公平平等的生存与发展机会的世界意义。这需要积累历史性的发展至今的知识成果,并在有着充分理论自觉的基础上,将之充分吸收。在廓清宏观结构的前提下,深入诸学科具体研究之中,以唯物史观在理论活动中的具体化为路径。在内蕴宏观原则的理论活动中完成深入微观的理论推进。因而,中国式现代化理论建构,将会是在前述理论前提的澄清基础上的庞大的系统工程。

理论是必不可少的,正确的符合理论本性的理论活动是人类的实践活动得到调整、优化和创新的根本保障。同时,理论必然是具体的,是在自身所从出并身处的具体实践活动之中。因而将理论活动置于历史唯物主义视域中,就是将理论作为历史性的实践活动的自身区分,重新置于有着历史性理解的社会现实之中,唯有如此方能发挥理论的本真功能:前述分析为构建特殊性与普遍性辩证统一的中国式现代化理论,提供了理论活动的主体自觉和理论前提自觉,同时说明了中国式现代化理论建构是中国式现代化道路探索的内在组成和重要保障。理论活动应植根于生存实践之中,共享生存实践的历史性,担负起理论活动的本真功能,即在不脱离实践,并保有理论活动实为实践活动的自身区分这一主体自觉和理论前提自觉的基础上,对自身生存实践加以对象化,以便形成理论视野内的可调试、优化和创新的,作为"意识的"和"意志的"对象的历史性生存实践。至此,我们构成完整的围绕建构中国式现代化理论展开的,以知识生产活动为内容的理论反思结构。

第二章　理论建构的文化结构：知识的生产方式与活动主体

通过上一章对中国式现代化理论建构的时代背景的梳理与分析，我们从宏观结构上廓清了中国式现代化理论建构所处的变局时代的实质与内涵。从文化哲学的视角来看，前述工作还仅仅是对中国式现代化理论建构工作的工作语境廓清。此外，在第一章中，我们用以廓清中国式现代化理论建构工作的工作语境的思想工具，正是我们在对马克思主义理论发展历程中每一次实质的理论推进所内蕴的，对彼时时代内涵与实质的把握的方法论的解读之基础上完成的。它具体表现为每个时代以唯物史观为基本视域，对彼时资本积累结构的形态和发展趋势的分析，以及在此基础上，在革命实践中（阿尔都塞认为"哲学实践"是马克思-列宁哲学与作为学科门类的实践哲学之间的质性差异）以马克思主义理论为指导，立基于本国在彼时所处之全球资本积累结构中的位置与其承担的角色，以及自身发展在资本积累结构中带来的该位置与角色的变化，由此变化引起的本国的国际关系的变化，进而分析这种国际关系变化及其本身的资本积累结构变化引致的先发国家对待后发国家的不同策略，由不同策略造成的对后发国家国内社会结构的重要影响等一系列相互牵连、彼此影响的结构下，如何实际地、具体地推动本国发展。由此阐明中国式现代化理论建构工作中的马克思主义理论领航的科学性与合理性。同时，也为中国式现代化理论在中国式现代化实践中所扮演的角色和承担的职能，给出了原则上的说明。

理论建构工作必须在对自身的知识生产活动与其所从出并仍旧置身于其中的历史性的实践环境之间的关系有充分的自觉，只有这样，理论建构工作才会在能够发挥其参与实践、推动实践的调适、优化和创新这一本真功能的状态下工作。但理论活动并非自然而然便会形成这一活动自觉，相反，理论活动中教条化的"外部反思"和追求无历史的永恒性的理论断言的倾向从未中断过，在理论活动对自身所处的具体的理论与实践之间关系没有活动自觉的情况下，理论将如何遮蔽、错失、遗忘对于自身所处的社会-历史现实的把握,第一章仅在宏观上揭示了这一问题的逻辑,理论活动建立在对自身活动与其所身处的历史性实践环境之间的关系保有充分理论自觉的基础上,这一要求对理论活动能否承担特定的社会功能而言是前提性和基础性的。但仅在原则上揭示出这一点,还远远不够。一种理论如果仅在宏观上给出大而化之的原则说明,那么它就不是一个完整的理论,或者我们应该说,如果这种原则说明不是在具体的微观机制分析中得以凸显,那么它就仍然是一个抽象的形式,随时准备着在各种现象上套用,并在套用中对微观机制研究形成一个宏观指导-微观验证的知识权力势差,这在今天的知识生产中是尤其值得我们警惕的。我们在本章要做的是以文化哲学的研究范式深入后发国家的文化领域,具体地分析先发国家-后发国家全球资本积累结构在形成与衍化的过程中,如何影响后发国家的社会文化生活。说明那种以抽象标准为"形式",随意地对后发国家的一系列的感性实践活动做"质料式"的切割、剪裁、评判的"外部反思"活动是如何形成的,并且何以屡屡遭受批评却一直存在。在具体的文化现象中内在地把握先发国家-后发国家全球资本积累结构运行的内涵逻辑(区别于形式的、抽象的、外在的、可套用的逻辑)。[1]

简要来说,前述缺乏理论活动的前提自觉和活动自觉的外部反思式知识生产方式,之所以屡屡被批评却仍旧长期存在,相关知识生产者在外部反思式研究过程中甚至滋生了某种知识权力上的优越感,原因在于外部反思式研究中用来把现实看作"质料"来切割、剪裁、评判的"形式"标准,总是直接教条化地挪用自先发国家的知识产品,因此,直接与先发国家在先发国家-后发国家全球资本积累结构在形成和衍化中过程中,借助先发优势在文化领域构造起来的先进-落后、文明-野蛮、现代-传统等文化权力势差关联在一起。当这一文化权力势差,以理论的不自觉的前提预设和隐蔽的价值倾向的形态,逻辑地强制着具体理论研究的阐释定向和观点生成时,后发国家中的各种社会现实,作为感性实践活动,其自身所具有的作用结构与运行原理,就以待评价、待剪裁、待切割的"质料"的形式被遮蔽甚至遗忘。哪怕口口声声说现实,哪怕所做的研究是"实证的",甚至那"实证的""研究"对

---

[1] 这里涉及"外部反思"式理论活动产生原因的宏观的原则上的说明,从本章到第五章,本书会从多个角度反复谈论"外部反思"式理论活动在后发国家的理论活动中屡屡遭受批评却持续存在的深层原因,说明从一般生产关系的具体展开层面,到社会文化的构造方式,内在规律等层面之间的具体作用关系。这也是我们在本书的各个章节反复引证吴晓明教授关于"外部反思"式理论活动的分析的原因。我们尝试在吴晓明教授对"外部反思"式理论活动的思想史溯因的基础上,跃出理论"独立-独力"衍化的叙事逻辑,在涵括思想史溯因在内的更为宏大的文化哲学视野中说明"外部反思"式观念活动的成因,及其在理论活动中发生作用的运行原理和作用结构。

象是只在本国才有的现象,同样会因为隐蔽的前提的强制,社会-历史现实自身的内容的逻辑,感性实践的特殊性之中所内蕴的具体的普遍性,被遗忘于理论视野之外。本章就以这一遗忘过程的发生基础、内在逻辑结构和作用原理为分析重点,从分析具体文化现象入手,揭露从微观机制的分析之中可直接把握到的宏观原则,同时在具体的社会现实(特殊性)之中,内在地凸显出社会现实自身蕴含的作用结构和运行原理(具体的普遍性),并在知识生产活动中对这一具体普遍性的内容给出系统的阐发。这是在本书第一章对体系构建的原则性说明的基础上,中国式现代化在理论建构工作中实现进一步展开与完善的根本路径,这一过程同时就是唯物史观在中国式现代化理论建构议题中的具体化过程。

一、知识生产方式:"先发-后发"结构衍生的文化霸权结构

(一)构造从科学精神到现代科学技术的因果关系

1. "李约瑟之谜"背后归因活动的构建与自我巩固

李约瑟曾经提出一个至今影响中国学界的所谓"李约瑟之谜"。这一所谓的"谜",本质上是在问这样一个问题:古代中国在科学技术长期领先于世界的情况下,[①]为什么没有率先从传统社会自然发展为现代社会,或者说近代科学技术革命为什么没有首先在中国这个此前对人类科技领域有着巨大贡献的国家发生。科学技术在人类社会由传统走向现代的转变历程中具有不可替代的重要性和标识性,对"李约瑟之谜"的讨论,就总是若隐若现地附着一层中国何以未能率先从传统社会进入现代社会的思考。在近代以来受列强压迫,亟须救亡图存和保国保种的良方的国人,把目光指向了"德先生"与"赛先生"。没有生长出"赛先生"或者说"赛先生"不发达,常常被视为中国积贫积弱和落后挨打的原因,在这一归因的基础上,救亡图存和保国保种就必然指向找到一系列的方法去培养和发展"赛先生"。在寻找有效培养"赛先生"的方法时,必然会指向到底是西欧社会的何种要素造就其率先产生了科技革命。找到这一要素,并在这一要素上用力,就成了救亡图存和保国保种行动的关键之处。

[①] 对此,有人认为古代中国长期领先于世界的不是科学而是技术,即将科学和技术做了更为细致的界分,并以此来说明中国领先的是技术,而非科学,并在此基础上说明中国之所以在由传统向现代转型过程中落后,是因为科学"一如既往"不发达。我们在后续的内容中会系统地展开这一因果指认的隐含前提。如果一个观念是以单纯定义的方式就被在诸观念之间界定清楚了,那么这一观念在诸观念之中的相互界定,就总是有一定的随意性,一旦通过诸观念的相互界定来界定某一个观念,"标准"的定义权就成了理论活动的核心,而定义权的背后总是隐含着某一先在的价值倾向。

对此,一个常见的或者可以说是主流的因果叙事是:西欧在近代率先发展起来科学技术,是因为西欧"继承"了从古希腊时期就有的对自然奥秘的求索精神,即"为了学术而学术"的对自然世界的"好奇"和"惊异"。作为对比,这种叙事还解释了为何科技革命没有在中国率先发生,认为与古希腊的"为了学术而学术"的以"惊异"和"好奇"为动力的求索精神相反,中国传统社会中的文化"基因",是"实用主义"的,也由于"太过实用"而缺乏"科学精神"。这一对中国传统文化的指认长期被作为传统社会的标签,甚至于重视实用也成了一种"原罪"。(这一点为此后在具体的知识生产活动中对自身活动的合理性说明上,以标榜其研究就是"为了学术而学术",就是"兴趣使然",就是"无实用"性的,这类吊诡现象的发生,提供了知识权力结构上的基础,同时反过来巩固了此种知识权力结构。需要说明的是,笔者并不认为不存在纯粹的或者说以知识生产自身为目的的"为了学术而学术"的理论活动,相反,一旦这种"去实用化"的倾向蔓延开来,诸多理论活动在未对自身的合理性形成功能自觉、活动自觉和主体自觉的情况下,那么在对这一标准的越界使用中,就会产生大量脱离实践环境的知识生产及其衍生出的观念垃圾,不再以理论活动与自身所从出并仍旧置身于其中的实践环境之间的关系的说明,来作为其知识生产自身之合理性-合法性的说明,知识生产的随意性和大量的僧侣化的、经院化的符号工艺品的产生也就在所难免了。)

许多前苏格拉底时期的古希腊哲学家的思想都集中在考虑世界的本原问题,比如,泰勒斯认为世界的本原是水,阿那克西美尼认为世界的本原是气,这被认为是古希腊的"自然哲学"。再加上毕达哥拉斯学派对数的高度重视,认为变动不居的现象世界的规律背后是数的关系,进而到亚里士多德这位古希腊思想的集大成者,对形式逻辑的凸显和对各门在后来作为独立的自然科学学科出现的经验知识的整理。(对古希腊科学精神的具体内涵的描述,也主要是体现在亚里士多德这里。)这桩桩件件似乎都在证明着整个现代自然科学在西方文化发端时的古希腊这个"原生家庭"处就种下了种子。且因为继承了古希腊这个"原生家庭"的这种脱离了具体的变动不居的现象而深入内在去寻找规律-本质的"基因",终于在近现代促成了领先于世界其他地区的科技革命和工业革命的发生。

对于这一从古希腊科学精神到现代科技革命和工业革命这一因果关系的归因合理性,并非没有人质疑和挑战。(需要说明的是笔者并不认为这些质疑与挑战是足够强有力的,或者说其他的归因结论就足够作为对现代科技革命和工业革命在西欧率先产生之原因的另一个线性因果,这些归因就真的是足够能独立说明其归因的合理性的。笔者认为,更为重要的不是这些质疑和挑战是否有足够的合理性能够支撑起对科技革命和工业革命率先在西欧产生的新的归因叙事,而是前述从古希腊科学精神到现代科技革命和工业革命率先在西欧发生这一归因叙事在遭到质疑和挑战的时候,那种以非理论对话的方式,那种通过直接给那些以理论的方式对其归因活动进行质疑和挑战的观点,去贴标签和扣帽子的回应方式,那种拒绝回应自身作为一种归因叙事活动的合理性追问的观念姿态,它何以形成,又为什么可以如此"正当"。)从古希腊科学精神(因)与科技革命和工业革命率先在西欧发生(果)这一因果结构,在对质疑和挑战的一系列回应方式中有着各不相同的策略。一种方式是指向从科学精神到现代科技革命和工业革命的归因叙事内部,以将因果关系中的诸要素,做出更为细致的界分为手段。比如,通过定义古希腊科学精神与世界上其他国家和地区的某些"疑似"科学精神的精神之间在性质上存在差异的方式,来说明唯有古希腊科学精神,才是那个造就了科技革命与工业革命在西欧率先发展的科学精神的"萌芽"。比如,从粗疏的因果关系结构上看,如何将古埃及发达的几何技术作为科学精神的可能性排除在外?这就是一个需要通过对何为"科学精神"给出进一步的界分细化的问题。(这一点,以西欧确实率先出现了科技革命和工业革命这一事实为"论据"和背书,很少有人去思考此种划分本身的合理性。我们在此可以做进一步的讨论,这一"论据"和这一归因活动的结论之间的关系是否逻辑融贯,论据的现实性是否意味着所持论点的合理性和正确性,这绝非不证自明或无须证明。用一个极端的例子来说,在足球比赛里,球员每次左脚先进入球场,其踢球的状态都特别好,但是不是状态特别好的事实就能够证明左脚先进入球场这个原因的正确性呢?)

总之,这种对问题的回应方式,是通过重新界定原有因果叙事中的概念的办法,来给原有的较为宏观的归因结论"打补丁":指出古埃及的几何技术是实用性的,是为了测量土地而发展起来的,因而没有古希腊科学精神那种"为了学术而学术"的纯粹。这一点也常常被拿来解构"李约瑟之谜":古代中国处于世界领先地位的并不是科学,而是技术,是实用层面的技术,因而仍然是"狭隘的"实用性技术,而非"为了学术而学术"的起源于"惊异"和"好奇"的科学精神"萌芽"。这种界定活动并不只是理论上的争论,而是直接影响着人们的实践生活。至今,也仍有人认为中国要发展科学技术,就要摆脱"过于偏向实用性"的实用主义"文化"的束缚,要培养"为了学术而学术"的科学精神去从事科学研究。既然科学精神是科学技术发展的根因,那么通过培养科学精神就"理所当然"能够推动科学技术发展。至此问题就也进入了如何培养科学精神这一问题层面,培养科学精神就作为一个重要的理论活动焦点而存在。

还有另外一种对从古希腊科学精神到科技革命和工业革命率先在西欧发生的归因叙事的质疑和挑战的回应方式,即在观念领域中常见的非对话的"贴标签""扣帽子"的方式。我们先简要地举例说明对此归因叙事的其中一种质疑和挑战的观点:它仍然是基于对上述因果关系的构造过程中的细节的质疑。比如,包含有古希腊科学精神的哲学思想,经过亚历山大对亚非地区的征服,传播到了阿拉伯世界,并在阿拉伯世界得到了长期保存。而在希腊本土,从亚历山大帝国分裂,到包括被罗马征服后的一段时间在内的广义的希腊化时期,以及罗马从承认基督教的合法性到以基督教为国教之后,古希腊时期的思想在西欧几近绝迹的局面下,近代的西欧到底是从哪里"继承"下来了这种科学精神的呢?如果我们认为一种精神的"继承"也需要有实体形态的、外显建制的绵延,那么这种对古希腊科学精神的"继承"显然是站不住脚的。如果说这种"继承"不是实体形态的、外显建制意义上的绵延,而是一种在精神上的沟通,那么就需要解释另外一个问题,即到底是什么样的现实原因让近代以来的西欧社会重新去尝试理解和"继承"古希腊科学精神?这就意味着除了科学精神本身的特质,还有一个对这一特质感兴趣并将之"继承"下来的原因与动机问题。如果没有这个说明,就无法解释,为何中断了近千年之久的古希腊科学精神被西欧"继承"下来,并借此率先发展出现代科学技术,而保存了古希腊文本的阿拉伯世界却没有"继承"。现实却是当人们提到这个"继承"的时候,似乎直接在宏观上因仿佛地理上的接近就直接视之为"不证自明"的了。

这种宏观的、大而化之的归因,遗漏了一系列需要进一步说明和论证的细节。而此种未澄清细节的宏观说明,绝不是无关痛痒的"闲谈"言语活动,它有着直接的现实后果,把亟待达成的结果归因到哪里,哪里就是人财物力汇聚和大量投入的地方。(比如,经院哲学对亚里士多德思想的利用勉强可算是内在地包含了古希腊的"科学精神"的某些要素,那么此前的基督教的"教父时代"呢?这可能要不断地通过改变"科学精神"的内涵,方能在一系列的模糊史料中挑选出足够多的要素来论证这个"科学精神"的传承脉络,因此仍然有一系列需要进一步说明和论证的环节,这里依然会涉及一个我们随后要反复强调的问题:那么多的精神特质,为何继承了作为"科学精神"萌芽的这一部分,及其选择机制是什么?)这意味着在科学精神的历史绵延意义上的传承中,有一些需要给出更为有力的论证和更为细节的说明的地方。

如果不去追究这个重新学习古希腊思想(包括古希腊科学精神)的选择机制到底是什么,又何以形成,那么对于古希腊思想和科学精神的继承,就无论如何都不像是从原因(科学精神)到结果(现代科学技术)、从过去到未来的历史性理论溯源,而更像是从今天自己固有的特点出发,强行拣选出一个古代的要素,并以此要素来标识自身的当下是其来有自的。先找个名人认其为先祖,再构造历史叙事(这有点类似于"发达了"的人,在修家谱的时候总要遥遥"认领"历史上的某个名人作为先祖,再编制一个从该名人到"发达了"的自己之间的传承谱系。这种从当下向过去的追溯方式,必然涉及一个拣选哪位名人作为先祖的标准问题,因此,这个有关拣选标准的问题,才是更应该被关注的关键所在。)近年来人们开始重新看待中世纪,认为所谓的"黑暗的中世纪"更多的是启蒙思想为了标榜自身的合法性而刻意夸张、塑造出来的,起码在中世纪近一千年中的后五百年里,文艺复兴和启蒙时期的绝大多数成就都已经在酝酿。但即便把一千年缩短为五百年,或者再缩短一些,甚至直接限定为"黑暗"时期,古希腊文献虽有少量保存的证据,但仍不足以直接得出现代西欧社会经由中世纪的少量遗存从古希腊那里继承了科学精神,并在此科学精神的推动下率先发展了现代科学技术。需要马上给出说明的是,我们并非要挑战这一从科学精神到科学技术革命的归因叙事,从最一般的维度看,在古希腊和现代西方思想之间,是具有某种亲缘关系的,但是具体到从古希腊的科学精神到现代科学技术率先在西欧出现,这是个仍然需要进一步论证的归因活动,起码需要系统澄清我们在前文中强调的"选择机制"。我们在此要着重分析和要特别指出的是前述归因活动的叙事表述,它绝非不证自明或无须证明的,而是仍然需要对自身的因果建构给出说明。因为这种因果建构有着超出理论争论的现实影响,比如,"为了学术而学术"的理由所附带着的知识权力,其滥用造成的知识生产中脱离实践环境仅在自身内部构造活动之意义与价值的恶劣叙事方式。

值得玩味的是,"义和团"在此作为一个蔑称出现,指代一种狭隘的反理性的情绪。而一旦被人指斥为"学术义和团",似乎这里根本不存在一个需要进一步澄清的理论上的归因活动的环节。值得玩味的地方在于:其一,为什么通过给那个对自身归因活动的逻辑缺环提出挑战的人扣一顶"学术义和团"的帽子,就能够摆脱回应挑战的理论责任?其二,为什么"义和团"会被认为是反理性的,是狭隘的代名词呢?我们看到在那些流行文化中塑造起来的"义和团"形象中,有所谓"神功护体,刀枪不入"的"愚昧"。但前仆后继向着侵略者冲去的具体的人,他们即便再"愚昧",也能看到身边的人没有"神功护体"也不能"刀枪不入",他们一个接一个地倒下了。应当看到,作为落后国家的人民,他们得以有尊严地面对他者的方式并不多,他们战胜自己对死亡的恐惧并去获得尊严的选择少之又少,套用一句电影台词:"如果你的文明是叫我们卑躬屈膝,那我就带你们看见野蛮的骄傲。"这种抗争被认为是野蛮、愚昧与落后,被置于文化权力势差的最低端,反而雌伏和驯服却被认为是"拥抱了"文明,且这种去拥抱了这个"文明"的那些人,居然产生了某种优越感,而鄙视那种不甘雌伏和驯服的"野蛮",这一文明与野蛮、先进与落后的评价体系本身的构造过程,很值得我们深思。特别是作为那些"野蛮""落后"的人的后人,这种对祖先的"野蛮""落后"的指认,更是一个非常需要认真对待和细致分析的文化现象,这也正是我写作本书的原因之一。[①] 要强调的是我们并不是在"站队"抽象的野蛮,而是要到具体的语境中去理解何以一些行为被视作"文明",另一些被指认为"野蛮",这种指认活动的隐含根据及其现实影响何在。

回到这一类的质疑和挑战上,如果从古希腊科学精神到现代科学技术在西欧率先产生这一归因叙事,有一种可能性是从现在向过去的回溯,那么是什么促使西欧的人率先向过去回溯?也就是前文一再强调的"选择机制"是如何形成的?是什么促使西欧的人在回溯的过程中在古希腊众多的思想中选择了如今这些要素来作为"先祖"?

2."选择机制"环节的凸显:对主流归因的挑战与质疑

我们先简要梳理这一质疑和挑战的逻辑:古希腊对自然奥秘的求索精神以及"为了学术而学术"的理论素养,到底是怎么一代代地流传下来并最终促使现代欧洲人形成科学精神的呢?如果是经由文献传播,那么阿拉伯世界保存了古希腊的文献,何以未能形成科学精神并率先发展出现代科学技术呢?如果不单单是文献的影响,还有社会环境的影响,那么从古希腊时代,经由中世纪神学时代,到现代社会,这种社会环境又是如何使科学精神得以保持并一直存在的呢?如果不是直接延续,而是启蒙思想越过中世纪直接上接古希腊思想,隔代直接继承了那种存在于古希腊思想中的科学精神,那么这一因果关系是否就应该被认为是:启蒙运动以来,存在于西方社会形态中的某种特质,造成西方社会意欲且最终继承并发扬了古希腊时期的科学精神。到底是古希腊的思想影响了现代化初期的西欧人,还是现代化初期的西欧人,有着某种"精神气质",形成了某种科学精神,并且以古早

---

① 相关史料可参见金冲及:《二十世纪中国史纲(第一卷)》,生活·读书·新知三联书店,2021年,第25~40页。

的古希腊科学精神为源头呢？这绝不能用一句"西方人的求真的精神气质"这种人性（人种）特殊论，就能搪塞过去。如果是社会环境特殊论，那么是社会环境为"因"，还是求真精神为"因"呢？我们之所以说这是一种"贴标签"的活动，是因为前述的这种有关精神-技术因果关联的归因活动的合理性的挑战，早已脱出了理论争论的范围，在广义的观念场域中，成为"贴标签"活动。

当这种行为越出理论争论的范围，成为广义的观念场域的一种观念现象，此时它就应该是一个待分析的现象，而不是理论活动的智识资源。在这个意义上，笔者认为理论研究者对于观念场域中出现的"疑古"（不管是疑中国的古，还是疑西方的古）的观念现象表现出的极端不屑，或直接反复嘲讽的做法，都是不妥当的。我们在这里不是想说不能嘲讽此类观念现象，只是要强调对于一个理论研究者来说，如果对方的"疑古"是以严肃的理论对话方式进行的，那么就应该以严肃的理论对话方式来回应。如果对方完全脱出了严肃理论对话范畴，进行的是一种反理性的观念活动，那么作为一个理论工作者，应对这种反理性的完全脱出严肃理论对话范畴的观念现象产生的原因、背后的形成机理与衍化逻辑，给出理论上的说明和结构上的澄清，这才应该是理论工作者应有的工作方式。对缺乏理论论证的观点进行嘲讽，不是知识生产的工作，或许，这更像是一个对相关领域有一定了解的人，对没有对这一领域有深入了解的人所表达的某种观念的基于知识权力意义上的某种莫名其妙的优越感。

我们试着去分析作为反理性观念活动的这种观念现象，那些缘起于一些人用"疑古"的方式来质疑古希腊史的真实性，视其为"伪史"。这从观念的情绪维度上，颇有些逼肖西学东渐早期对中国古代史（特别是上古史）的"疑古"活动。其逻辑是这样的：既然都是"疑古"，那似乎也应该是"疑古"面前"史史平等"才对。就像当初对中国上古史的"疑古"逐渐从史学研究中脱出，成为一种文化自戕的时兴风潮，对他者的"疑古"也脱出了学术研究，走向了另一个极端。"疑古"至今仍然作为"信古"的另一端在史学研究中有其地位，"疑古"脱出史学研究的作为时兴观点的部分早已退潮。对他者的"疑古"按此理，实难进入理论讨论的范围内。即便进入理论讨论的范围，也应是以理论的方式将之作为一种待分析的文化现象，去研究它脱出理论研究的范围，泛化为时兴风潮的原理及其对大众造成的影响。而为了消除这种影响，对其理论进行辨正时，才会进入理论讨论视野。（事实上这种严肃的理论讨论无论是在疑古中国上古史时，还是在疑古希腊史时，都有出现。）争论脱出理论讨论范围的地方，在于将对从科学精神到现代科学技术率先在西欧发展的归因活动的质疑和挑战,进行"标签式"的回应:直接给出一个诸如"学术义和团"之类的蔑称,再用"不值一驳"的姿态,直接回避前述质疑与挑战。这种"标签化"回应方式,在针对我国上古史研究的疑古理论所提出的疑问与挑战给出回应时,隐含贬义的"标签化"回应则少得多,这种差异背后,同样有着来自先发国家-后发国家全球资本积累结构构造起来的文化权力结构对知识生产活动所隐含的价值倾向的影响。

本书不想去争论两者的是非对错,更无意介入这种纷争。这种脱出理论讨论范围的争辩,本质上不过是单纯的价值观点的对立,双方的辩论也并不是为了说服对方,也没有说服对方的可能性,因为一方可以否决另一方的一系列的"论据",但只要价值倾向和情绪定向还在,那么新的"论据"就可以持续地被"捕获"而来。双方貌似在对话和讨论,实则是在搞价值对立和情绪对立,这种所谓的"对话"或者"讨论",不会形成合作行动的观念共识,只会是价值撕裂基础上的人与人之间关系的撕裂。

在这里,我想说明的是,在理论层面上的挑战和质疑的存在,是需要精神-技术这一因果构造给出自身作为归因活动之合理性的论证的。仍然要强调,这不仅是一个单纯的理论问题,而且是直接影响着现实活动的方向。对于"贴标签"的行为,笔者并不想去评价这个"标签"贴得是否合适,而是想要强调应该作为分析的核心要点在于:在观念活动中使用"贴标签"的方式,就能够替代严肃理论对话或者将之作为观念现象的理论分析,巩固既有归因叙事的合理性吗?如果该观点"不值一驳",那么不驳就是了,为什么还要构造出这样一个评价上的价值势差来完成所谓"不值一驳"的评论姿态呢?这里涉及在现代化的进程中先发国家与后发国家之间的关系问题,以及在这一关系结构中的文化权力势差和知识生产逻辑。

在鸦片战争列强以坚船利炮打开中国国门之后,落后挨打因而要救亡图存就成为一代又一代国人背负的责任。起初是洋务运动的"师夷长技以制夷""中体西用",传统文化和传统社会结构尚且保持。甲午战争的惨败,让国人将目光转向制度,明确现代化之变,不在器物,而在制度。清末立宪失败,辛亥革命起,到北洋执政,又是一变。制度毕竟是人的制度,制度是人的组合,因而要现代化,就要变文化为现代化,进而新文化运动兴起。"打倒孔家店"就是要在毁弃传统的文化包袱中迅速走现代化的路。这一时期主张西化的人自然要否定传统,但那些被贴上"保守"标签的人,也并不都主张复古,比如,认为东西方文化有根本差异的梁漱溟就主张仍然要先全盘西化,而后才能发展到中国文化的时代。又或者认为西方文化中的精华,在中国固有文化中也有,比如,研究墨子或是名家时总是强调中国文化中有着西方文化中也有的科学或者逻辑的元素。这些人对传统文化的分析仍然指向通过发掘传统文化中固有的要素来推动改革,进而救亡图存。双方对待传统文化的态度上的差异,不是目的性的,而是工具性的,即传统文化与救亡图存之间的关系到底是阻碍,还是助益。

一旦经过前述衍化,将"李约瑟之谜"的解答归之于文化,那么中国近代以来的落后,就会一并归于自身的传统文化,从"打倒孔家店"到"国民性问题"也就顺理成章了。这使得中西之争转而变成古今之争,这也是落后与先进之争,是"改造野蛮"并"走向文明"的过程。如今看来极端吊诡的一些归因叙事就变得不那么难于分析了:火烧圆明园的原因归到清王朝没有遵照"国际惯例";鸦片战争的原因归到清王朝没有现代化的关税体制;而义和团运动则被看作野蛮的、落后的、愚昧的一方,对文明的、先进的一方的粗暴反抗。但问题在于,作为落后一方,作为后发国家,它的国民是不是连反抗的权利都失去了呢?是否只有服从跪倒并被驯服被奴役之后,安于自身作为产品倾向市场和原材料供应地,在被寄生和被剥削的状态中去求得先发国家将自身"接纳"到"文明社会"进而完成现代化呢?是不是只有跪下来服从于这种压迫,才算是"理性"和"现代""文明"的?如果"理性""现代""文明"是这个意思,那可真是让人大开眼界了。(如果"理性""现代""文明"变成了约束和规训人们放弃对平等的人格尊严的争取,"理性的计算"变成了犬儒主义对仨瓜俩枣的得失的纠结。失了"先立其大"的格局气象,对社会文化和时代精神来说,绝不是什么好事,不值得一些人在那里为有了这种"理性""现代""文明"而自鸣得意、沾沾自喜。"理性""现代""文明"不应是这样的,起码在理论研究-知识生产领域,不能是这样的。)当然,对这个观念现象,我们要做的是以严肃的理论分析的方式去思考,而不是"贴标签"。卢森堡的"资本积累论"能够为我们分析这一现象提供很多启发。这一问题也绝非单纯的历史问题,它直接关系到我们如何理解当今世界。是不是按照西方的"普世"价值和规则行事(他们的"普世"一直在随着其国家利益而变动,尤其是近些年来),他们就不会搞贸易摩擦和技术封锁呢?

我们在此要强调的是:科技革命和工业革命从西欧发端,这是人所共知的事实,问题在于应将这一事实产生的原因归于何处。这一归因活动并非只是追本溯源寻求其"从何而来"这样一个简单的理论上的"惊异"和"好奇"。对于从何而来的解说,直接影响着正在以此归因活动寻求发展的后发国家,如何推动自身的现代化进程的行动导向。当人们将现代科学在西欧率先发展归因于西欧特有的源自古希腊时期的科学精神的时候,后发国家要发展自己的现代科学技术,就要培养科学精神。从洋务运动"中体西用"到新文化运动对"赛先生"的表彰,走的正是一条从引进科学技术成果到培养科学精神的路。这背后就有着从科学精神之中生长出现代科学技术的因果信念。而这个科学精神的内容是什么,却是人言人殊的。如何发展现代科学技术的问题,至此就推进到了如何培养科学精神的问题。

将如何培养科学精神作为直接要面对的问题,就又需要寻找一系列的归因叙事,比如,有人认为汉语表意更佳,但表达抽象的科学原理有劣势,于是有人主张改造或废除汉语。又比如,有人认为中国人重视实用,而不重视或者根本没有养成作为科学精神核心的"为了学术而学术"的"惊异"和"好奇"的科学研究精神,于是主张改造国民性。(需要立即说明的是,我们并不在一般意义上否定"为了学术而学术"的价值,"为了学术而学术"的知识生产方式,甚至是人的生活中不可或缺的重要思想维度,这方面可参考孙利天教授的《纯粹理论生活的理想》一文。缺少超越性维度的知识生产很可能沉陷于黑格尔意义上的有限性思维-知性思维之中,无法形成对人之为人、世界之为整体等根本性问题的无限性思维-辩证思维的思考。限于有效性思维之中滋生的"自反性",这是现代性的一大弊病,在这个意义上"为了学术而学术"的思想自由是克服这一弊病的有效路径。但这并不意味着所有的知识生产都能以此作为自己脱离有限的经验研究,在"为了学术而学术"的名义之下"摆弄"学院化的僧侣主义的符号工艺品的理由。无限性不在有限性之外,在有限性之外的无限,不过是另外一种有限罢了。无限只能在有限之中,超越性总是从待超越之中方能完成。①) 由于痛感国民性的"趋于实用"的弊病,从知识群体蔓延到社会心理层面的文化自戕现象在某个历史时期广泛存在,这在世界文明史上都是罕见的,这一思潮至今犹在。比如,认为中国的现代科学发展实是吃到了西方科技发展的红利,尚无自身核心科技成果的出现,并在这一描述的基础上指出教育的问题、国民性的问题,等等。(我们对这种观点可以问这样一个问题:为什么是我们吃到了科技发展的红利,而不是其他国家和地区,是他们不愿意吃这个红利吗?我们通过自身的调试吃到了这个红利,为什么反而好像是做错了事一样被批评呢?而且,所谓的他者发展我们吃红利,我们没有原创,这个界定本身就是含糊的。我们是不是可以说现代足球是在高俅蹴鞠思路的延长线上而不是创新呢?我们并不是一般性地反对这个观点,而是要提示出某些观点背后所隐含的情绪性的价值倾向和理论前提预设。)其背后隐含的线索如下:一是从

---

① 孙利天:《纯粹理论生活的理想》,《吉林大学社会科学学报》2000年第6期。

科学精神到现代科学技术发展这一基本因果叙事;二是先发国家的发展叙事是以先发国家为主导在构建先发国家-后发国家全球资本积累结构的过程中完成的,后发国家是这一发展叙事中被拉入全球资本积累结构中的被动一方。同时,在先发国家已经完成其发展叙事且该叙事占据舆论主导地位的情况下,后发国家的发展又被先发国家发展叙事提供的"标准路径"所评价。先发国家之所以是先发,是因为它主动发展且没有更先发的国家对其施加影响,而后发国家之所以是后发,不仅是因为其受先发国家的先发经验的"标准路径"的评判和范导,还因为拿着"标准路径"评判后发国家的先发国家,仍然与后发国家在当下的资本积累结构之中同时并存且相互影响,先发国家仍在借助这个全球资本积累结构在后发国家获取寄生性-剥削性利益。这意味着先发国家有关现代化发展的"标准路径",绝不是一个"客观中立"的或者"单纯历史性的"评价标准,而是包含着先发国家以"标准"来范导后发国家的道路选择和政策制定的目的,并以此来维持先发国家在后发国家的寄生性-剥削性利益。

(二) 尝试补足"选择机制"这一逻辑缺环

在作为主流宰制推动现代科学发展多年后,尤其是近年来,有了对这一作为观念(以及由这类观念所宰制的具体策略)隐含前提的从科学精神到现代科学技术发展的单线因果的系统性理论质疑。比较典型的解释框架是战争与现代科学技术发展在西欧率先发展这一新因果关系。[1] 笔者更愿意认为这是一个选择机制的说明,它不是对从古希腊科学精神到现代科学技术在西欧率先发展起来的归因叙事的否定,而是对这一归因叙事中存在的前述一系列待证明问题的一个补充。这一观点认为,西欧历史上频繁发生的战争使得近代以来的西欧在各种历史思想中选择了古希腊思想,选择机制是围绕战争进行的。(笔者并不认为将原有的单一因果叙事中的"因",换成另外一个单一因果叙事的"因",就能够解释"李约瑟之谜",这并不是本书讨论的核心议题,既有的归因叙事如何应对新的归因叙事的质疑和挑战,如现代科学技术率先在西欧发展是因为继承了古希腊的科学精神这一归因叙事,如何回应现代科学技术率先在西欧发展是因为欧洲各国之间频繁的战争这一新的归因叙事的挑战,是将其视为对既有归因叙事的否定,还是将其视为对既有归因叙事的补足?)

实际上,围绕战争来构造社会发展的逻辑,并不是从最近才开始的,我们不仅可以在黑格尔的历史哲学和法哲学中找到战争对世界发展的影响的

---

[1] 文一:《科学革命的密码:枪炮、战争与西方崛起之谜》,东方出版中心,2021年。

影子,还能看到查尔斯·蒂利认为战争是国家的形成与演化背后的推动要素。① 因此,将战争要素与现代科学在西欧率先发展勾连起来形成因果,并不是一两个人的突发奇想,而是其来有自。也因此,绝不是贴"标签",就可以搪塞这一归因活动带来的思想挑战。

从科学精神到现代科学技术在西欧率先获得发展,我们在前文中说明了这一归因叙事之中包含的追溯和拣选意义上的主观性。这种主观性类似于时下新闻报道中某些企业的恶习:新来的员工常在迎新活动中被灌酒,于是人们指斥其为恶劣酒文化造成的恶果。再问何为恶劣的酒文化,答曰新来的员工总是在迎新活动中被灌酒。具体行为是酒文化这一说法的指称对象,而酒文化又不过是一系列具体行为的新命名符号,给一系列具体行为指认一个命名符号,这根本就不是一个解释活动,只不过是将一个现象装入一个符号胶囊的单纯言语活动而已。为什么率先出现现代科技?因为继承了古希腊科学精神。怎么证明继承了古希腊科学精神?因为率先出现现代科技。当然,这种言语活动居然呈现出一副"解释"的外观,因而仿佛承担了解释的功能,其背后的运行原理我们在本书后续章节中会做进一步分析,此处我们集中探讨精神-技术这一因果关系。回到古希腊科学精神促使现代科学技术率先在西欧发展这一归因叙事上来。到底是古希腊精神气质中的哪些要素体现了科学精神?这些要素所体现的科学精神又怎样促使现代科学技术率先在西欧发展?要回答这些疑问,就只能从已经作为既成事实的现代科学技术之中剥离出某些在古希腊精神气质中同样存在的要素,以此说明这一存于现代科学技术之中的要素是从古希腊的精神气质之中继承而来的。能够这样做的前提是已经有了一个关于现代科学技术的清晰理解,才能指认并剥离出现代科学技术之中所包含的各种要素,并把它命名为"科学精神"。这种择取的合理性,择取要素如何建构这一"固有""科学精神"的结构和形态的方法是否正当,都不是不证自明或无须证明的。在这个意义上,对科学精神之为科学精神本身的反思,就已经是一个待分析的课题。不是直接接受古希腊有一种确定无疑的"科学精神"这一事实,而后忙不迭地再去接受他者提供的关于该精神如何产生的叙事,再"反思"我们与之相异之处在哪里及是什么,从而将关注焦点直接放在:如何把这个我们与"先进"之间的相异之处削平,以便改为"符合"其"科学精神"标准的文化样态和生活模式,进而推动现代科学技术的发展。

---

① 〔美〕查尔斯·蒂利:《强制、资本和欧洲国家(公元990—1992年)》,魏洪钟译,上海人民出版社,2021年。

观念活动中的古希腊思想离我们太过遥远，那么作为古希腊传人的当代西方的"科学精神"是什么，该精神是哪些要素产生的，我们与这些要素的相异之处是什么，怎样做能够把我们的相异之处改为与他者相同，就成了我们追求对科学精神的培养的路径选择的"根据"，从而就回到了我们在前文中提到的从科学精神到科学发展这一基本因果叙事的第二重影响上来。先发国家的先行发展不仅是国力上的先发，而且这种先发在文化生活包括作为文化生活核心的知识生产的领域，将自己塑造成为"标准路径"，进而"合法-合理"地以评价的方式范导后发国家的具体行动。后发国家与先发国家不同，先发国家的发展是先行探索式的，而后发国家的探索则是要在先发国家已经发展的状况下发展。先发国家对后发国家的"影响的焦虑"就是后发国家与先发国家发展的根本不同，这还未论及先发国家对于后发国家的抑制和打压。后发国家的发展绝非先发国家的发展叙事的重演，但这种先发国家的发展叙事的以"标准"的形态对后发国家的发展施加影响的情况，却是极为常见的。教条式地应用其发展路径，几乎是每一个现代化道路选择的环节上总要面对的一个"选项"。

在此时，真正基于后发国家特定条件在借鉴先发国家发展经验的基础上富有主体性地自觉地走出一条自己的发展道路，在发展过程中的任何一个环节都会遭遇来自"标准"的冲击。后发国家基于自身状况的发展模式的合法性，只能来自一次次具体的发展成就，方能对抗先发"标准"一次次的冲击。但那个先发国家构造起来的先在的可套用的"标准"本身的评价权力一直存在，后发国家的发展即便不断地以自身的客观成就昭示自身道路的合理性，也只不过是作为先发"标准"的特例而存在，甚至被先发"标准"通过对其基于自身发展的过程中"符合"先发"标准"逻辑的要素的择取、重述而完成"符合"其"标准"的解释，即后发国家之所以通过基于自身特点的发展中取得了成就，也不是因为其发展基于自身特点，而是某些行动"暗合"了先发"标准"而已。如此一来，后发国家的发展就总是处在被先发"标准"确认为合理或指斥为不合理，因而在发展的每一个行动中都需要反复申说自身之"合理性"的悬空状态。这种评价"标准"的"主权丧失"的影响之大我们在此后章节中会进一步展开论述。在此，通过上述分析，笔者想要说明的是，对从科学精神到现代科学发展这一基本叙事线索的重新审视，并不仅是一种理论内部的争论或商榷，而是对"标准"发展模式具体地施行着"标准"权力的合法性-合理性的反思与批判。在这个意义上，我们再来看待新出现的因果构造——从战争到现代科学技术在西方率先产生——的理论命运就能够跳出将理论视为单纯的观念之争，而将其作为现实的感性活动的一部分并将其重新放回到社会生活中来看待。战争要素的引入,不仅将现代科技在西欧率先发生的复杂化凸显出来,而且为我们将知识生产同其所处的社会存在之变动间的关系敞露出来。

"国之大事,在祀与戎",看历史,无论是东方还是西方,战争在其中都占有举足轻重的位置。正因如此,才有学者认为西方社会之所以进入现代社会,率先发展出现代科学技术,主要在于频繁的战争。比如,伽利略用铁球做实验与弹道计算和武器精准度的需求,以及武器射程对火药爆炸强度的需求与现代化学化工。如果说现代科学技术与战争之间的原初因果仍是可以讨论的,那么战争对科学技术的推动在现代科学技术的发展过程中的作用则是无可置疑的。包括"二战"后军工技术的民用直接引发民用科学技术的革命,以此参与并推动了社会经济的迅速发展。

除此之外,更为重要的应该是战争通过改变社会结构的方式,作为重要的介入要素推动着社会从传统转入现代。在拿破仑时期的欧洲,民族国家的观念还不是彼时西欧国家关系中理解国家这个主体性质的唯一标准。各国的国王、领主与其所属土地之间的关系还不是此后民族国家时期那种一对一的绑定,这一点在邦国林立的德意志地区最为明显。一块领土可以通过婚姻、继承等多种方式易主,并没有民族国家兴起之后的这种主权概念,人民对国家的理解与认同也与此后的民族国家样态不同。同时,在国家之上尚有帝国一说,这一点在罗马帝国体现得最明显。从成为帝国,到分裂,再到仅剩下个名头,罗马帝国从"第一罗马",又到"第二罗马",在君士坦丁堡被攻陷后,忙不迭地就有国家领受"第三罗马"的正统名号。在这个历史时期,西欧的所谓国家有更多的文化意味,这与如今的民族国家不同。

变化从法国对抗哈布斯堡家族开始,从法国出现以"国家利益"作为自身对抗他国行为的合理性根据,再到发生革命后的法国通过开放选举权形成普选权的方式,让平民参与国家事务,国家的性质就在悄然发生着变化。拿破仑有军事天才不假,但他并非仅依靠自己的军事天才就能够席卷整个欧洲。国内政治结构的变化带来的平民参战,让他在与欧洲其他"王国"对抗时有着更强的战争动员能力和更低的征兵成本等因素,都起到了重要作用。而在国际竞争中,为了赢得国与国的竞争,改变国内的政治结构形成更具动员能力的民族国家结构,就成为西欧各国在军事实力竞争的推动下的必然选择。这样的竞争活动,到"一战"时,民族国家这一国家形态开始成为国际关系中的基本计算单位的国家观念形态,就不会因为普鲁士、俄国与英国的统治者之间的亲戚关系而发生改变,"国家利益"直接绑定在了民族国家上,而"国家利益"的核算方式就是自利式的个体逻辑的直接延伸,而不是前马基雅维利时期的仍需追求至善的作为手段的国家观念。(比如,柏拉图的《理想国》)先发国家形成并巩固自身的民族国家形态,是在战争的催动之下逐步完成的。这一民族国家的形成过程,"国家利益"的利益核算方式内蕴的个体逻辑,直接影响到先发国家在与后发国家之间的资本积累关系上,对于先发国家来说,基于其"国家利益",后发国家被置于资本积累的供体角色上,因而先发国家通过对外殖民和产品倾销的方式发展经济、实现财富的积累,都是个体逻辑的,且这种个体逻辑是恩格斯在《国民经济学批判大纲》中强调的以私有制为基础的绝对竞争,因而它是"零和博弈"式的,它必然是缺乏国际关系维度上的道德约束的霍布斯丛林式的国际关系。(这才是人类命运共同体概念中内蕴的人类文明新形态要去破解相关问题的中国贡献和中国智慧。)

上述情况被当时的学者所关注:卢森堡在其总体性的资本主义观念之下阐发的资本积累论为我们提供的视角极具启发意义。率先发展的资本主义国家,为了实现持续的资本积累,就必然要把非资本主义国家作为商品倾销市场和原材料的供应地,资本持续积累的需求要求后发国家从地方性的文化状态中进入能够"适应"资本主义经济发展的社会模式中来,所谓是否有现代的关税系统,是否符合外交规范,都是将后发国家中的地方性和特殊性抹平,从而适应先发国家资本积累活动的具体手段,这也是后发国家以此方式进入全球化的现代化进程在文化领域的体现。在这个意义上,无论后发国家的理论研究者是否意识到这一接入资本积累的过程对先发国家意味着什么,也都会在客观上以对现代化的追求为目标,用改造自身文化的方式从文化上实现适应现代化转型的目的。事实上在20世纪八九十年代国内出现一批以西方文化为标准贬抑传统文化之"地方性""落后性"的潮流,梳理彼时的国际关系结构可发现,其背景正是彼时的中国开始从逐步参与全面介入全球化,以国际贸易发展自身的深度介入"国际循环"。在融入全球化的过程中,对已有的全球化规则的制定者(西方国家)的文化、制度等方面的学习研究甚至钦羡,是通过追溯新文化运动前后的文化自戕式观点的方式表现出来的,这一点只要梳理该历史时期的文本对前一时期的观点引证,或者观察这一时期对哪些历史人物的研究更"热门",即可显见。虽然这种观念现象有其产生的原因,但这并不意味着这一"普遍-特殊"或者"现代-传统"因而"先进-落后""文明-野蛮"的价值评判的权力结构就是不需证明的。更不意味着其有产生的原因,就是"合理的"。即便在同一个历史时期内,也仍然可以通过对自身社会-历史现实的把握来形成对自身发展的合理理解。严格来说,正是后者在真实地推动着实践的发展,前者则更多是特定时代社会心理的观念性表征。

青年马克思与恩格斯在看到资本主义生产关系在资本主义国家有着重重矛盾时,预测其会在短期内走向崩溃,而崩溃并未如预测般发生的原因之一正是资本积累的整个过程从一国走向世界,也就是卢森堡所说的总体性的资本主义,即为了能够顺利地实现对非资本主义国家的利用,就必须让非资本主义国家"资本主义化"。唯有如此,才能在原材料获取和商品倾销中实现资本积累,但"资本主义化"过程势必有其尽头,即当世界范围内的可供先发国家持续其资本积累活动的后发国家逐渐赶上先发国家,进而威胁先发国家资本积累活动的持续进行时,马克思和恩格斯当年所看到的先发国家在国内发生的矛盾和危机就会重演。在这一点上,列宁的思想无疑是极富洞见的,他批评那种所谓的先发展资本主义,在生产力达到一定程度之后再发展社会主义的观点,更批评那种通过本国的经济发展支持在发达资本主义国家搞革命的方式。后发国家发展经济,在独立自主的情况下为国民提供更好的生活,这一活动本身在先发国家那里就是矛盾性的存在:一方面,先发国家需要后发国家"资本主义化",因为只有这样才能实现其资本积累的目的;另一方面,先发国家又不希望后发国家成为"资本主义化"了的另一个自己,因为这意味着先发国家无法通过自身的"先发"优势持续从后发国家那里实现资本积累。先发对后发的抑制,是由资本主义生产关系的本性决定的。对此,后发国家不该也不必抱有某种道德层面的期望,那只能是幻想,但幻想的代价是真实的、血淋淋的剥削和压迫。正是看到了这一点,列宁提出了"一国胜利论",强化布尔什维克党的作用。这是后发国家顶住先发国家压力实现国家独立和经济发展,进而为本国人民提供更好的生活条件的必然要求。

在先发国家推动全球化以持续其资本积累的过程中,之所以能够让马克思和恩格斯预言的危机并未在短期内出现,正是因为后发国家将各种引发矛盾的社会关系的生产关系基础转移到了后发国家。其中最显著的、最核心的当属劳资关系。在这个意义上来重新看待西方国家的制造业空心化就能有新的认识。同时,其在转移生产关系从而一并转移由生产关系引发的社会矛盾、环境和能源问题等问题的时候,其本国的社会矛盾、环境和能源等问题就由于产业转移而得到了一定程度的缓解,这种缓解在理论上构造了一个在先发国家某些理论的"影响"之下获得"治理"的"经验"和"实践"的"成果"的归因叙事。这就以追认的方式巩固了那些理论的话语权,但遮蔽了其转移矛盾的事实。当经济在全球范围内发展时,当后发国家开始独立发展，追求本国人民的生活质量提升时，为了持续的资本积累，先发国家通过对后发国家进行贸易摩擦、技术封锁等方式来打压后发国家，维持其资本积累所需要的经济结构中的地位势差，就不可避免。而前述话语权就以各种归因叙事的方式，一方面为先发国家的打压行为做合理化的文饰，另一方面通过评价后发国家发展是否"符合"其先在"标准"的方式，范导后发国家的观念生活走向，进而影响后发国家立基于自身社会-历史现实的实践方式。

（三）资本逻辑与绝对竞争：精神-技术归因背后思维方式的隐蔽前提

先发国家在先发国家-后发国家全球资本积累结构下的此种"零和博弈"思想，是否会在其内部主动发生改变呢？或者说如果是单纯呼吁，从而指望先发国家看到合则两利和多边主义对人类文明的重要性呢？这非常困难。唯有清晰地理解这种"零和博弈"的"绝对竞争"观念形态的现实基础，我们才有可能找到对治之策，才有可能以中国式现代化理论建构的方式廓清人类文明新形态的实现路径。资本主义生产关系的这种"绝对竞争"本性，恩格斯在其《国民经济学批判大纲》中就已经给出分析。在这篇对马克思产生过重大影响的文章中，恩格斯通过批判马尔萨斯人口论，对"绝对竞争"的根源进行了精彩的分析。这一具体例证，能够为我们理解先发国家如何构造其理论优势并形成舆论强势地位提供具体说明。也正是在这个意义上，以现代性为核心线索的分析，其现代性前提何在，是需要我们给予前提审视的。这并不是说我们要拒斥他者的理论研究成果，只要是人类的智慧成果，我们都应该借鉴，但是借鉴得以可能的前提在于，有对我们自身处境的理解和对要借鉴的理论的前提和价值倾向的理论自觉。

马尔萨斯的"人口论"一经提出就引起了巨大的争议，但马尔萨斯的理论从经验表象上看似乎又总是在被某些经验现象验证，这使得这一理论历经多年的时间考验，仍然在以某种理论的隐含前提的方式，逻辑地强制着人们对于增长问题和发展问题的思考。我们仍然可以在今天的诸多理论中看到马尔萨斯在《人口原理》中所提出的"公理"仍被视为"既定的事实"式的前提，并从马尔萨斯提供的"事实"出发，去思考诸多"过剩"和"匮乏"困境的破解之策。

马尔萨斯的人口理论一经提出就引发了巨大的争议，这是因为马尔萨斯的理论第一次抛开了道德层面的考量，在这一点上他与政治哲学领域的马基雅维利异曲同工，这必然会招致诸多非难。事实上这种公然抛开道德层面的考量的分析方式，对支撑早期现代社会及其自由主义意识形态的市场道德主义，是巨大的打击。自苏格兰启蒙开始的政治经济学中的市场道德主义,为个体的自利行为提供了道德背书,这种道德背书的逻辑简单来说是:由于社会的分工,每个人的自利行为的实现,是以能够满足他者的需求为前提的,从而在"看不见的手"的调节下,自利行为达到了一个推动社会整体向好的结果。斯密的逻辑是:个体需要通过满足他者的需求才能实现自我利益的最大化,所以个体的自利行为在客观上是对社会总体的贡献。又由于个体自利行为对社会有贡献,所以个体追求自我利益最大化的行为被斯密认为是有道德上的合理性的。黑格尔从市民社会本身的非伦理性来说明市场道德主义从个体自利到社会整体向好的这一叙事的虚假性。张双利教授通过对市民社会概念的分析对此有精彩的梳理。① 马尔萨斯是从另外的角度揭示出市场道德主义给出的个体自利行为与社会整体向好之间的归因活动的荒谬性的。也正是因为这一点,马尔萨斯的理论才会引发诸多争议,其从根基处挑战了市场道德主义及在此基础上建立的自由主义意识形态。但马尔萨斯的人口理论又是经久不衰且影响深远的,其原因在于,它切中了市场道德主义最根基处的矛盾,即来源于资本主义生产方式层面的本质矛盾。

马尔萨斯理论的去道德化论述,揭示了市场道德主义的内在困境,并将之暴露于理论论域之中,这一点恩格斯看得十分清楚:"在新经济学家的虚伪的人道背后隐藏着旧经济学家闻所未闻的野蛮",②随着知识生产,在大量的符号工艺品被不断制造出来之后,再经过越是远离感性现实就越是"本质"的形式-质料二分的逻辑前提的隐蔽塑造下,"虚伪的人道"以"本质"的形式,似乎解决了从前发展历程中以及在此历程中的诸理论所表现出来的"野蛮",而实则是以更为隐蔽而精细的方式,发展并扩充了这一"野蛮"。这正是那一历史时期随着社会生产的变化而变化的知识生产活动在知识权力构造方面的表征,也正是经由这一系列的知识权力构造,配合着资本主义生产关系的发展,巩固着同时遮蔽着资本主义私有制基础上的残酷剥削。因而,我们可以这样说,虽然马尔萨斯的人口理论中有着对市场道德主义的根本挑战,但是其内核仍然是立基于资本主义生产方式之上的,即基于该生产方式去构造问题并给出问题解决策略。正是在这个意义上,我们在尝试吸收马尔萨斯的人口理论中的合理成分,获得对我们自身的思想启发的过程中,一个前提性的工作是要将马尔萨斯的人口理论中那些马尔萨斯认为是不证自明或者无须证明的前提(是一个完成了的"问

---

① 张双利:《重思马克思的市民社会理论》,《学术月刊》2020年第5期。
② 《马克思恩格斯选集(第一卷)》,人民出版社,2012年,第20页。

题构成"),其形成过程、合理性的界限、适用范围等进行清晰的界定,唯有如此,才能摆脱以资本主义永恒存在(以及诸多变了形的"历史终结论")为不自觉前提的理论活动。换句话说,我们必须在对马尔萨斯的人口理论得以形成并在其中起到支撑性作用的理论前提进行批判性的考察,方能在理论的批判性对话中实现真正的"吸收外来",而非受其宰制,成为一个以为自己在从事知识生产的知识消费者。以马尔萨斯的思维方式为"形式",以貌似面对现实,实则把现实作为"质料",被"形式"切割、剪裁。不过是以马尔萨斯的思维方式为公式,把现实简化为一系列可以用此公式解答的应用题罢了。

系统地展开以理论前提批判为内容的理论对话,是这样的困境唯一的解决之道。这一解决之道,笔者将其命名为"三结合"。实际上就是对唯物史观具体化的工作路径的一个较为通俗的说法。"三结合"实际上是三个方面两两捉对构成的系统。第一,对于一个理论的理解,必须重新回到该理论所处的时代中去,比如,我们要理解马尔萨斯的人口理论,就必须明晰马尔萨斯理论形成的时代,即理论与其所处时代的理论-现实的结合。第二,理论的产生总是有着某种思想史上的要素借鉴,同时有着思想史上的影响延伸,也就是将理论置于思想史发展的脉络当中,即理论与思想史的结合。第三,思想史绝不是独立衍化的历史,那种认为思想史是内在逻辑的必然发展过程的叙事,是将理论自外于实践活动的理论活动,这一问题我们在本书的导言部分已经做了详细的说明。三者的两两结合之后仍然有着进一步的结合,举例来说,理论-现实的结合中包含着这样一个复杂局面,我们要研究的理论甲在针对具体某一现实的时候给出的分析,要面对的还有同时并存的其他理论乙、丙、丁等针对同样一个具体的现实时给出的不同分析。也就是说理论产生基于某一特定历史现实这个唯物史观的内容,绝非单线地由于某一现实,必然产生某类理论,这样肤浅的一一对应关系。[①] 而是更为复杂地在同一现实基础上有着诸多不同的理论,这意味着在理论与现实之间关系上要把握的不是从某个现实生成了某个理论这样的叙事,而是在诸理论

[①] 遗憾的是,一部分人对于唯物史观的理解,仍然局限于构建某个历史现实决定并形成了某一理论。这不但无法应对诸如那么多针对同一个事实尚有其他诸多理论的存在这一事实,还增加了自身构成理论时的随意性,怎么看都像是先有了一个判断,然后再把某一理论与某一现实结合起来,构成一个因果关系,然后以之为"论据"证实自己的判断。因此,要完整而深入地理解马克思与恩格斯创立的唯物史观,绝非几个简单的存在与意识,某现实决定某理论这样简单,而是需要一个把握住时代精神,或者用一位学者的书名表述,即我们需要"思入时代深入",方能构建起对唯物史观的全面理解。"理解马克思并不容易",在这个意义上,笔者认为"三结合"是个可以接受的入手方式。

与同一现实之间背后的时代精神的把握。这必然会引出思想史,而问题的复杂性正在于此。

基于前述梳理,我们重新回到马尔萨斯的人口理论上来,并尝试通过"三结合"的方法来形成与马尔萨斯的人口理论的对话:

(1)我们从马尔萨斯人口理论的核心关键词:"匮乏"入手。马尔萨斯《人口原理》的论证逻辑的展开,立足于他在著作一开始就提出的"两条公理":一是"食物为人类生存所必需",二是"两性间的情欲是必然的,且几乎会保持现状"。① 这是马尔萨斯整本书的真正地基,是论证得以展开的前提预设。梳理马尔萨斯在书中的论证过程,其逻辑大致可以归纳为:每个人对食物的需求量大体上是确定的,这是一个客观的事实。另一个客观的事实是,人口的增长速度呈几何比率,这是以人的繁殖方式和人口增长的经验现象为佐证的。但同时人的食物生产呈代数比率,这一点以粮食产量的变化趋势这一经验现象为佐证。既然前述的内容都有来自经验的佐证,那么就可以被视为"公理"。更进一步,由这两条"公理"推导出来的结论,就是无可辩驳的:由于人口增长与食物增长的比率和速度之间存在巨大差异,因而食物的匮乏就是必然的。用马尔萨斯的话说:"人类的增殖力无限大于土地为人类生产生活资料的能力……人口若不受到抑制,便会以几何比率增加,而生活资料却仅仅以算术比率增加……同后者相比,前者的力量有多么巨大。"②

"匮乏"是基于食物或者广义的生活资料来说的,与之相对的则是与马尔萨斯的名字更为紧密的关键词:人口"过剩"。如果按照马尔萨斯的"两条公理"直接推导,那么无论是生活资料角度的"匮乏",还是人口角度的"过剩",都成了必然。如果要避免这两种结果的出现,或者延缓这两种结果出现的速度,给出的对策就都是应激性的,或者说是刺激-反应式的。比如,要面对"匮乏",无外乎开源、节流两个途径,开源就是提高生活资料生产的效率,提升生活资料的利用效率,等等,而节流则是对既有的生活资料存量的保护性使用,比如,《增长的极限》③一书所采用的思维方式,无外乎对马尔萨斯"匮乏"预言的刺激的一种应激-反应式的对策。

我们再从"过剩"的角度看,既然是过剩,那么解决之道也无非两种,一是减少新生的人口数量,二是增加现有人口的消耗,这两点在马尔萨斯的人

---

① 〔英〕马尔萨斯:《人口原理》,朱泱等译,商务印书馆,1992年,第6页。
② 同上书,第7页。
③ 〔美〕德内拉·梅多斯等:《增长的极限》,李涛、王智勇译,机械工业出版社,2024年,第16~47页。

口原理中以"积极的消除"和"消极的消除"进行了讨论。有些技术性的"消除"讨论的"去道德化"的倾向,并不能让人觉得所谓的"客观",而在其他人身上看到的残酷与冷漠,让人不寒而栗。这里面是没有真正意义上的平等的他者的,只有把自己拟制成神,而后用神的目光,"天地不仁"之下,将人们视为"刍狗"的思维方式。要形成平等的他者,是一个十分艰难的过程,这不但需要社会生产方面的进展,而且需要来自理论的推动。但没有一个理论是可以用扣一顶反人性-道德帽子的方式就直接否弃的。在与马尔萨斯同时期的学者中,许多人都以扣反人性-道德帽子的方式攻击马尔萨斯,但这并没有影响到马尔萨斯的人口理论的影响力。当然,众所周知,马尔萨斯的《人口原理》先后出版过多个版本,马尔萨斯一直在完善他的论证,但推动这些完善的动机,显然不是单纯地应对被扣上了反人性-道德帽子的那些挑战,而是应对来自学理上和逻辑上的挑战。之所以说是完善,是因为即便有多个版本的《人口原理》,该书的基本理论内核也并没有发生改变,只是根据批评意见做出了少量的调整,让论证更加明确而系统。比如,葛德文用无政府主义的改良思路,应对"匮乏"问题;孔多塞提出的绝对"匮乏"和绝对"过剩"只会在很远的未来才会到来,因而可以在不断的发展历程中解决资源"匮乏"与人口"过剩"的问题。这些理论可以说是第一批接受了马尔萨斯关于会形成"匮乏"与"过剩"局面的预言,作为自己理论构建的"客观事实"的前提的理论。因而,不但马尔萨斯的"两条公理"对于其他讨论增长与发展问题的理论是"客观规律",而且一同被接受下来的还有从这个"客观规律"引起的"必然的客观结果"。这种来自理论前提的"逻辑地强制"的结果就是,人们同马尔萨斯面对着同一个理论化描述出的事实("问题构成"),不同之处只不过是各自提出的解决方法而已。对马尔萨斯的反对,由此只不过是对马尔萨斯提出的解决方案的反对,这实际上又重新回到了道德评判的维度上。马尔萨斯提出了所谓两种类型下的三种方式的抑制策略。两种类型一种是积极型的抑制,主要是对过剩人口的抑制,即所谓"主动的抑制";另一种是预防型的抑制,就是通过诸如不婚、不生育的方式来抑制人口过剩。[1] 在谈到抑制的时候,马尔萨斯的一个说法,敞露了其"两条公理"中的理论前提:"所谓积极的抑制,是指已经开始增长的人口所受的限制,主要是(尽管也许不完全是)最下层社会所受的限制"[2]。这也是恩格斯将马尔萨斯的理论视为"迄今存在过的体系中最粗陋最野蛮的体系,是一种彻底否

---

[1] 〔英〕马尔萨斯:《人口原理》,朱泱等译,商务印书馆,1992年,第26~27页。
[2] 同上书,第29页。

定关于仁爱和世界公民的一切美好言辞的绝望体系"①的原因所在。

我们看到,表面上抽象地均布在整个人类社会中的"匮乏",在现实中并不是绝对意义上的"匮乏",而是一部分人相对的"匮乏"。实际上是资本主义私有制之下的,一部分人缺乏生活资料的"匮乏",是资本主义私有制之下的分配制度造成的"匮乏",是特定阶级的"匮乏"。我们可以从结构和生成两个角度来看,从结构角度看,这一"匮乏"的形成是如恩格斯所述的资本主义私有制基础上的分配制度造成的"匮乏",从生成的角度看,资本主义私有制是一部分人占有生产资料,另一部分人除了自己的劳动力可以作为商品出卖,一无所有,在这一前提下,一部分人通过对生产资料的私人占有,就可以剥削另一部分人的劳动产品的过程。而在这一生成过程中,出卖劳动的工人,只能获得基本的保证生存和保证"再生产"出下一代工人的生活资料,工人必须处于相对"匮乏"的状态,才会被迫以出卖劳动力的方式参与资本主义生产方式的运行过程中,并推动这一过程的循环。用恩格斯的话说就是:"劳动得到的仅仅是最必须的东西,仅仅是一点点生活资料,而大部分产品则为资本和土地占有。"②马尔萨斯所说的"匮乏",绝不是什么自然规律式的"公理",其表现形式实质上是相对的匮乏,而非绝对的匮乏。这种匮乏的现实状态,绝不是普遍意义上的均布于人类社会整体的绝对匮乏,而是基于资本主义私有制以及在此基础上的资本主义生产关系下的相对匮乏。也正是在这个意义上,对"匮乏"的重新理解,是将含混的"人类学"式的问题,深入社会学层面的整个围绕一般生产关系组织起来的社会结构,以及社会结构中不同阶级之间关系的系统理解。在这个意义上方能跳出原有的笼统的开源节流的路数,进入社会结构内部去寻找分析"匮乏"之成因,并给出"匮乏"的解决之道的理论工作。一旦不去深入细节地分析在"匮乏"概念背后的资本主义私有制以及在此基础上的资本主义生产关系,我们就无法围绕"匮乏"这一概念,形成有效的知识生产,而只能是在刺激-反应的活动中,在别人提供的议题和思维方式支配下以剪裁、切割、构造"研究对象"并形成"问题构成"的过程中,在知识生产的表象之下,行知识消费之实,在"面对具体现实"的知识生产姿势背后,用他者提供的理论公式,"质料化"地剪裁、切割、分析、评价社会现实。

(2) 从针对"匮乏"现象的解决之道,引出造成"匮乏"的根本原因:人口"过剩",这是马尔萨斯从"问题的提出"深入"问题的分析",以及伴随着

---

① 《马克思恩格斯选集(第一卷)》,人民出版社,2012年,第19页。
② 同上书,第44页。

给出的"问题的解决"的核心部分。将"匮乏"与"过剩"这对概念置于具体语境中分析其相互关系可知，所谓资源的"匮乏"正是源于人口的"过剩"。那么从资源的"匮乏"的绝对匮乏与相对匮乏的区分中，我们同样可以直接引出人口"过剩"的绝对过剩与相对过剩的区分。既然资源是相对"匮乏"，而非均布于人类社会的绝对"匮乏"。同样地，人口"过剩"也并不是均布于人类社会的绝对"过剩"，而仅仅是相对"过剩"，不是在抽象数量上的绝对"过剩"。即便到了今天，世界人口增长到马尔萨斯时代的人们难以想象的数量之时，全球的粮食生产仍然能够养活全球人口，但吊诡的是，也仍然有相当数量的人口处在温饱线以下，饱受饥饿与贫困的折磨。我们需要在此分析的首要问题是，马尔萨斯所言的"过剩"，如果并不是一个什么自然规律的话，那么，他所说的"过剩"，其真实含义（不是马尔萨斯的含义，而是马尔萨斯所指称的"过剩"状态的真实含义）到底是什么？什么东西在"过剩"着？如果不能清晰地对"什么东西在'过剩'着"这个问题进行解答，那么"过剩"这个概念就会被含混地随意滥用，从而失去理论价值。这就好像如果不对亚当·斯密的"国民财富"的概念进行清晰的界定，那么个体的自利行为就会经由"看不见的手"最终导致"国民财富"的增加，这个市场道德主义的经典因果就是不清晰的，其不清晰不是没有后果的，它以含混的方式为个体自利行为背书，即便遭遇了黑格尔和马尔萨斯不同方向的挑战，其含混性都仍然发挥着构造知识权力的作用，我们甚至可以说这是一种"精致"含混。要破解这一含混性遮蔽之下运行着的知识权力结构，只有通过对诸概念的内在结构及其理论前提给以批判性的澄清，才有希望走出这一知识权力的支配。以"国民财富"为例，它说的是"国家财富"吗？是在一段时间以来常被人提到的国内生产总值（GDP）吗？如果是，那么就可以叫作国家财富，进一步追问，国家财富的增益是否能够勾连作为自由主义理论根基的市场道德主义呢？显然不能，因为国家与国民并不是完全一致的。特别是在资本主义生产关系缺乏公有制基底的状况下，更是有着质性差异的。如果国民财富的增加与一部分人（工人）的日益"匮乏"同时存在，那么市场道德主义是否还有存在的合理性呢？恩格斯正是通过这样一系列的追问才在《国民经济学批判大纲》中批判马尔萨斯理论，以及其背后的资本主义私有制和在此基础上的资本主义生产关系的非道德性。这在理论上提示我们：

> 国民财富这个用语是由于自由主义经济学家努力进行概括才产生的。只要私有制存在一天，这个用语便没有任何意义。英国人的"国民

财富"很多,他们却是世界上最穷的民族。人们要么完全抛弃这个用语,要么采用一些使它具有意义的前提。①

知识生产中的概念梳理与语词分析需要被纳入唯物史观的视野之中。

在恩格斯所处时代,传统的政治经济学对收入方式的划分如马克思在《1844年经济学哲学手稿》中所做的分类那样:土地所有者以地租为收入来源,资本家以利润为收入来源,而工人则以工资作为收入来源。在这一由土地所有者、资本家与工人构成的生产结构中,私有制及其自利特性,意味着同类人之间的竞争,这种竞争进一步波及其他两类人,形成了在私有制基础上的彻底的、绝对的竞争局面。"竞争就使资本与资本、劳动与劳动、土地占有与土地占有之间对立起来,同样又使这些要素中的每一个要素与其他两个要素对立起来",②而在这一竞争过程中,工人作为劳动力的出卖者,作为除了劳动力这一特殊商品可以出卖以换取生存资料,一无长物的无产阶级,是竞争中最悲惨的群体,也因此是所谓的"过剩"的直接分析对象,这就回到了我们在此前引述马尔萨斯在《人口原理》中所说的,积极的抑制主要是针对"最下层社会"的观点。当马尔萨斯在篇幅不大的书稿中不惜笔墨地谈论济贫院的时候,"过剩"着的是什么?这个问题的答案,就已经呼之欲出了:"人口过剩或劳动力过剩是始终与财富过剩、资本过剩和地产过剩联系着的。"③经济危机之时,与一桶桶地倾倒牛奶的事件发生的同时,还有大量的工人在忍饥挨饿。首先,他们的饥饿、贫困来自相对的"匮乏",因为这个"匮乏"的同时,还有他们亟须用来对抗饥饿与贫困的生活资料的"产品过剩"。而他们作为人口的过剩,也不是因为自身作为绝对的人口数量意义上的绝对过剩,只不过是"只有能够为自己取得的东西提供等价物的人,才是现实的需求者,现实的消费者"。④ 所谓的"过剩",在现实的社会关系中,真实存在的是失去了消费能力的"最下层社会"人口的"过剩"。而只要资本主义私有制及在此基础上的资本主义生产关系存在着,这种"过剩"就一定会存在于"最下层社会",因为同类的竞争蔓延到其他类之上,在弥散于社会生活中形成一种绝对竞争意识的时候,被淘汰者同时就是"过剩"者。所以恩格斯说:"卷入竞争斗争的人,如果不全力以赴,不放弃一切真正人的目

---

① 《马克思恩格斯选集(第一卷)》,人民出版社,2012年,第21页。
② 同上书,第44页。
③ 同上书,第41页。
④ 同上书,第42页。

的,就经不住这种斗争"。①

(3)对理论构造起来的"客观对象"的构造过程的反思,是与既有理论形成批判性对话,进而构建自身理论的基础性和前提性工作。这一点在马尔萨斯的理论那里是对经验现象的客观"公理"性的成见的反驳,那个所谓的经验现象,必然是理论化的经验现象,是在经过理论的要素拣选、结构描述和逻辑梳理构造起来的理论化了的"理论对象"。在这个意义上我们可以说,在构成"理论对象"的过程中,实际上就已经蕴含着一系列的理论前提预设,就像在马尔萨斯的"公理"那里尚不明确的"匮乏"与"过剩"概念,在此后的论证中走向相对匮乏与相对过剩,指向对济贫院和"最下层社会"去寻找"抑制"方法的根本原因所在。因而,一种理论在说明自身的合理性的时候,强调自身建基于经验考察,这并非绝对稳妥的理论基点,因为其中尚未展开对自身用以拣选、组织、构造理论化了的"对象"过程中所遵循的选择、所隐含的价值倾向等前提批判,以批判哲学的视野来看,尚未对自身理论所依凭的自明性前提加以拷问。在对自身理论化的构成"对象"或者构造"问题"的过程,没有给出自明性拷问(前提批判)的情况下,所谓"面对现实""基于现实"就只会是以某个先在的理论前提或价值倾向,非反思和无自觉地剪裁、切割、拼接、构造一个先在理论"预定"了的"对象",从而也就同时"预定"了分析框架和解决对策的貌似知识生产,实则知识消费的活动。这不仅不会带来对具体的现实状态之发生和发展的把握,甚至会以解释的方式遮蔽对新事物的理解。

但这样的说明,显然是不够的。因为人们就是生活在经验之流中的,这意味着人们只能在经验之流中去反思自身的经验,而反思同时是经验之流中的一部分。这正是问题的复杂性所在,也正是因为这一点,那些所谓的在某地实地调研几百天,连续奔走于多少个地方的"行走式的研究",才会被作为噱头,用来说明某个理论研究成果的"客观性"。笔者之所以说只有前述说明是不够的,是因为这样的前提批判工作,这样的对自明性的拷问的工作,绝不是一劳永逸的,或者在某个理论的构建工作的起点处做一做就可以的。事实上,如果我们去梳理现有的诸理论研究,就会发现,大量的关于自明性的拷问都集中在诸理论的起点处,我们很少看到深入某一具体理论的前提处并与之展开批判式的对话,这本是个更为紧迫的有关知识生产的问题。表面上,它表现为宏观研究与微观研究的脱节,微观研究只考虑具体现象,而把自己的宏观背景和理论前提遮掩起来,在看似直接"面对现实"的经

---

① 《马克思恩格斯选集(第一卷)》,人民出版社,2012年,第38页。

验研究中,针对"客观的"事件展开研究,因而失去了对自身所依凭的理论前提的反思与自觉。而宏观研究就仅仅是宏观研究,它虽然也会提一些具体的"现实",但不过是宏观研究逻辑的"话佐料",以及表达自己并没有脱离现实的一个装饰品而已。一言以蔽之,宏观研究成了以宏观原则为对象的微观研究,两者完全脱节。

在这里要说明的是,只要是在从事理论工作,那么对理论活动过程中所依凭的理论前提的澄清,对该前提以何种方式逻辑地强制着整个理论活动的走向,就要有持续的、不间断的自明性拷问。绝不能仅通过"亲身经历""几百天的调研"去获得对"客观"的独家代理式的知识权利。回到恩格斯对马尔萨斯的人口理论的批判上来,恩格斯强调:

> 有必要使私有制的理论抛弃纯粹经验主义的、仅仅是客观主义的研究方法,并使它具有一种也对结果负责的更为科学的性质,从而使问题涉及全人类的范围;有必要通过对旧经济学中包含的不道德加以否定的尝试……[1]

恩格斯在此强调的是,对于一种理论,它绝没有经验主义标榜的所谓纯粹客观,其中不但包含诸多理论前提预设,还隐含着一定的价值倾向。这是我们保证理论自身真正立基于我们自身的实践活动之中,立基于我们自身的感性实践经验的内容的逻辑把握之上的重要方式。

以此方法为前提,再去看观念场域中的诸理论时,就会有基于前提审视的全新视角,比如,从这一前提批判的视角看亨廷顿的"文明冲突论",我们就能看到更深层次的东西:为什么在同样存在着冲突和合作的国际关系中,亨廷顿看到的是绝对的不可化解的文明冲突,这实际上正是资本主义生产关系的"绝对竞争"这一隐含前提所支配下的必然结论。这提醒我们,在看到一个既定的问题描述所提供的问题构成时,不应该忙不迭地就去为这个问题构成寻找答案,而是应该首先审视这一问题在提出的过程中,其所赖以成立的前提,以及在此前提下把问题构造成如此这般形态的运行原理是什么。不然,就只是在答别人提供的问卷,且还要受别人的"标准"答案的审查,理论研究至此也就彻底失去了它面向实践的维度,而易使相关研究者整日焦虑于自身为何迟迟得不到国际学界的认可,并以获得国际学界的认可为评判其理论研究高低优劣的重要标准。需要再次说明的是,这不是拒绝

---

[1] 《马克思恩格斯选集(第一卷)》,人民出版社,2012年,第19页。

对他者理论的借鉴,而是强调对他者理论的借鉴必须以理论的主体自觉和前提反思意识为基础,否则就算引进再多"前沿"著作,也不过是培养出一群基于这些"前沿"理论将现实生活作为"质料"加以剪裁、重塑的教条式外部反思的中国代言人。

做出上述分析并不意味着我们就此能够超越其"绝对竞争"逻辑。在国际关系中,当对方仍然持这种逻辑来推行国际贸易或国际合作项目时,单方面的"超越"只能被持"绝对竞争"逻辑的一方作为资本积累的手段所打压。这意味着要超越"绝对竞争"走向人类命运共同体式的国际关系绝非易事,这绝不是单纯地倡导就能够实现的。这需要的是在不断的对话和切实的国际关系合作中发展起能够超越这种"绝对竞争"逻辑的人类命运共同体基础上的普遍合作关系。所谓"王道"思路,意在于此。

本节我们以现代科学技术率先在西欧发展的原因作为反思对象,说明知识生产活动与其所处的特定社会现实之间的关系。在说明知识生产与社会现实之间的相互作用关系后,我们以知识生产中存在的"绝对竞争"的思维方式为例,说明知识生产活动中特定的思维方式总是以特定的生产关系作为基础。我们尝试通过反思知识生产活动中对现代科学技术现代化的常见说法,在具体议题中阐明社会存在与社会意识之间的辩证关系这一马克思主义理论经典议题。知识生产处在特定的社会现实之中,并以知识生产特有的活动方式担负着特定的社会功能,对社会现实产生着特定影响。与之相对应,知识生产的生产者不仅从事知识生产活动,他首先还是身处在社会现实之中的人,社会现实中的各种要素经由知识生产者,影响着知识生产活动及其产品。正如那句名言所说:"战争是政治的延续",纵观中外历史,我们能够找到发生理由很奇葩的战争,却找不到没有理由而发生的战争,战争的目的总是在战争之外。从马尔萨斯的人口原理到亨廷顿的文明冲突论都不是没有理论前提的,唯有从先发国家-后发国家全球资本积累结构出发,才能对其知识生产的前提与合理限度有清晰的理解与把握。

(四)方法论启示:寻找"问题感"是深入现实的前提

通过以上分析,我们可以较为清晰地把握到,何为现代化,何为现实,以及作为现代化、现代性、现实的诸多现象之间的因果关系或相关关系等,其背后都有着一种在特定思维方式下构造为理论视野中的对象的过程。在这个意义上,直接接过别人提出的问题,或者未加前提反思拣选几个既有概念描述某个问题,都有被某些隐蔽的前提逻辑地强制,进而无法深入现实中的风险。我们在本节尝试为理论建构的前提性工作做出示范:如何深入现实,并尝试对这一工作环节给出方法论上的说明。

现代化直接与现代科学技术的发展相关,因此,对现代性-现代化问题的讨论,总是首先从现代科学技术的产生开始。我们在此不对上文归因活动中出现的从科学精神到现代科学技术和从战争到现代科学技术这类具体争论给出孰是孰非的判断,而尝试在理论分析对象的意义上阐明内蕴于具体现象之中的思想操作方式,这也是本书阐发的中国式现代化理论建构过程中形成内在于中国式现代化道路实践并立基于中国自身发展的社会-历史现实的理论的前提自觉得以形成的思维方式的重要环节。

1. 一阶归因

从西欧率先出现了现代科学技术出发,追溯到古希腊的科学精神,我们暂时将这一归因活动命名为"一阶归因"。现代科学技术是外显的、客观的,而科学精神则是主观的、意识性的,甚至是一个内涵相对模糊的概念。但这个归因活动因为现代科学技术的外显性和客观性而对主观的意识化的作为原因的科学精神造成了一定的约束。这就像是一件杀人案,甲杀了乙,甲使用什么样的凶器在什么样的环境下杀了乙,甲和乙之间是什么样的关系等,都是外显的、客观的能够为我们所共认的内容。而甲杀了乙的动机则是一个主观的、意识性的内容,需要我们基于外显的、客观的、公认的事实内容去追认或构造。在这个意义上,什么是科学精神,哪些能够被认为是科学精神,就有赖于现代科学技术的外显的和客观的事实来构造。

2. 二阶归因

当一阶归因活动构造起从科学精神到现代科学技术的这一因果关联后,接下来的问题就是如何通过培养科学精神的方式来推动现代科学技术的发展。因此,这实际上是将一阶归因中的因作为二阶归因中的果,再次展开归因活动。当科学精神作为二阶归因中的结果时,为了达成培养科学精神这一结果,就需要寻找能够实现培养科学精神的有效行动的路径,也即二阶归因中的因,在这个因上用力,去实现培养科学精神的目的,进而返回一阶归因中,科学精神培养起来后(一阶归因的因),促使现代科学技术的发展(一阶归因的果)。它在实际状况中呈现给我们的是把这种归因活动指向了所谓的"国民性"中的过于重视实用的特点,或者是汉字的表意属性,等等。二阶归因与一阶归因的性质有根本差别,这一点我们还是用一阶归因中所列举的杀人案来类比,从甲杀了乙的诸多外显的表象中找到了或者构造了某个具体动机,比如,情杀、仇杀、因琐事一时激情杀人,等等。二阶归因就相当于要对这个具体动机产生的原因进行追溯,从追溯到的原因那里入手解决这个原因,从而消灭某个动机,进而预防某些暴力犯罪的发生。在法律实务工作中,在这样对动机的归因活动过程中,我们能看到如将动机归到原生家庭、归到学生时代遭受过霸凌,又或者归到某人身体结构上具有某些特点造成其吃甜的食物之后会过度亢奋,因此他在吃了甜甜圈之后实施了暴力犯罪(这是发生在美国的一个著名案例,上述归因正是律师为被告做无罪辩护的理由),又或者归到个体曾经受到过某种心灵创伤,在遇到类似刺激的时候容易"上头",并实施了暴力犯罪(比如,法国有一个著名案例,某人杀害了一名女性,律师在其辩护中提到被告之所以有这样的动机,是因为他曾因听到女性的惨叫产生了某种心灵创伤,律师以此为辩护理由并借助精神分析专家提供的分析材料,让被告逃过了死刑),等等。二阶归因实际上是给在一阶归因中找到的那个主观意识性质的动机再次寻找原因。在类比中不难看出,二阶归因中,"果"具有主观性和意识性的特点,造成了归因活动的任意性,即在没有外显的或客观的约束的情况下(即使存在这样的约束,也不过是经过一阶归因转手过来的微弱的约束,这还不包括对于动机作为原因的归因过程中的解释活动的任意性),归因活动只需要在解释活动中有形式上的逻辑一贯性就可以获得某种具有合理性的存在身份。但这种任意性并非绝对的随机性,而是会由于其任意性,导致归因活动与解释主体的价值倾向和先在情绪的强相关。

3. 何为"问题感"

在前文的具体分析中我们看到,一阶归因遭遇了来自战争到现代科学技术这条线索上的挑战。一阶归因在遇到这个挑战的时候将其指认为"学术义和团"或者斥之为"不值一驳"。而基于二阶归因的一系列的旨在通过培养科学精神来推动现代科学技术的发展的活动持续多年,并在人力、财力、物力方面进行了实际性投入。也就是说对于一阶归因和二阶归因活动中构造起来的这一看上去不证自明或者无须证明的因果关联,即便是在遇到挑战的情况下,也没有影响到人们对于二阶归因的原因端点处在人力、财力、物力等方面的实际性投入。这意味着在我们以上述模拟出来的这个接近于社会学意义上的"常人"的认知逻辑去做出分析时,有一部分是"溢出"了我们的认知逻辑-认知框架的"荒谬性"或者不可理解性:就是那个即便遭遇了因果质疑,或者说从"常人"视角就能够发现这一因果链条上存在着需要加以说明或者提供论证的逻辑缺环的情况下,在实践活动中人们仍然在有挑战和质疑的情况下还在这一因果叙事的原因上进行着投入。

面对这种来自我们自身原有的认知逻辑发现的"理论上的"或"逻辑上的"待说明或待论证的缺环状态与实践活动中对这种待证明或待论证状态的无视状态的断裂-"荒谬"状态,现代人的解决方式可以大致分为两种:第一种是"缝合",这里借用-挪用精神分析中的这一术语,是因为它能够在一定程度上类比或描述这样一种处理"荒谬"的活动过程。比如,当我们遇到了溢出于我们的认知逻辑-认知系统之外的现象,并产生前述断裂-荒谬感时,一旦我们将其指认为"有阴谋",或者就只有我们自己是聪明的,我看到了这个断裂,而其他人根本就没有看到这个断裂。这实际上是通过将"荒谬"归结为阴谋论或者指认他人没有看到这一"荒谬",而将此归结于人群的愚蠢(当我们将对《乌合之众》的阅读和引证作为一个社会学意义上的现象来看待时,这里提到的"缝合"活动的样态就很容易理解了,《乌合之众》这本书或许是某个专业的"研究",但是对它的引用,特别是广义的大众观念生活中的引用,却极少是理论式的)。通过把这些断裂-"荒谬"放在一个符号胶囊的方式,将其"缝合"回惯常的生活轨道上来,其中并没有认知活动进行,而只是把现象装入了一个符号胶囊,但是这样的"缝合"活动可以产生一个貌似在认知的外观。比如,前文所举事例中,当看到新闻上报道一个互联网大厂老员工对新入职的员工进行灌酒时,指认这一现象为"恶劣的酒文化",这个指认行为并没有解释现象的成因或者其仍然存在于现代企业中的逻辑,只是指认并将这个现象装在叫作"恶劣的酒文化"的符号胶囊中,用"缝合"的方式安顿对一个现象的看法,从而恢复对生活的秩序感。与此同时原有的认知逻辑-认知系统并不因此而改变。世界还是原来的样子,世界也不过就是多一些或者少一些材料被那个固有的认知逻辑-认知系统理解下来,或者被某个符号胶囊"缝合"的现象集合而已。这样的"认知方式"有没有可能带来认识逻辑-认识体系的变化呢?笔者认为这是有可能的,人们所谓的随着经历的事情多了会变得"成熟"就是这样一种状况,只不过人们对于自己"成熟"了以后和"不成熟"之前的认知活动的理解是断裂式的或者说是非此即彼式的,而非成长式的,甚至,人们会认为自己的认知活动的变化是"自然而然的",因而是不自觉的。如果此种方式渗透入理论研究之中,理论对实践的作用也就无从谈起了。

另外一种对待"荒谬"的方式则是探索式的,要摆脱"缝合"的认知活动方式,首先需要的是将他人视为与自己同样的"常人",如果自己基于一个从"常人"视角就能够看到断裂或者"荒谬",那么在他人那里,这一断裂-"荒谬"也同样是存在的。如果它被认出来了,但同时是存在的,那么在这个断裂处,就一定存在着某个在自己现有的认知逻辑-认知系统之内无法理解的规律性,对于这种基于自己现有的认知逻辑-认知系统来说是"荒谬"的现象,其背后的规律性的探索,就是一个学习的过程。也只有从这里开始,学习才是真正基于自身现有的认知逻辑-认知系统所发现的"问题",以及在这一"问题"处生发出来的扩充认知逻辑-认知系统的契机。这种基于自身特定的认知逻辑-认知系统去发现问题-"荒谬",并尝试为这一溢出自身认知逻辑-认知系统的"荒谬"寻找规律性的活动,是真正的社会科学领域的"学习"方法。

当找到"问题感"之后,我们首先要面对的问题就是,如何去寻找这种"规律性"。如果这一"问题感"是溢出原有的认知逻辑-认知系统的,它在原有认知活动中呈现出断裂-"荒谬",那么对它的存在方式的规律性寻求就不能是闭门造车的,一旦那样,就只会停留在"问题感"处,或者从"问题感"指向某个展开探索的幻象,实则落入一种"缝合"之中。也就是说,对从"问题感"出发的探索活动的推进,需要一系列外力。所谓外力,是指在观念场域之中已经存在的,他者对该问题的内在规律所做的分析,以及由此分析得出的关于该问题的内在规律给出描述的观念产品,这些观念产品是对"问题感"所触及的问题的现成描述,即"问题构成"。但社会科学的学习方法绝不可能是记住花样众多的"问题构成",用现成的一系列"问题构成"来解释各种"问题感"。如果是这样,那么我们也不过就是弄来了一些貌似更精致的符号工艺品装起诸现象罢了。我们如何在"问题感"与"问题构成"两者之间实现对自身认知逻辑-认知系统的丰富和扩充?我们在本章所做的初步探索是,当我们以自身的认知逻辑-认知系统为基础一步步地分析最后得出了一个断裂-"荒谬",并且在观念场域中发现了相似议题下的"问题构成",如卢森堡的《资本积累论》和列宁的"一国胜利论"等对这一问题的分析。但正如我们所指出的那样,这些思想如果仅仅起到对"荒谬"的指认和"解释"性的"缝合"作用,那么它就完全没有实现认知逻辑-认知系统的扩充与丰富这样一个学习的目的。在探索中遇到的问题构成与原有认知逻辑-认知系统所找到的"问题感"之间的不断往复和思想捶打,使得新的问题的思想探索成为原有认知逻辑-认知系统得以丰富与扩充,甚或整体升级的路径。当然,这需要一系列的细节工作。要完成这一工作,当务之急就是如何在"问题感"与"问题构成"之间不断往复并通过思想的捶打,形成新的认知体系。

需要额外说明的是,在前述意义上的学习活动,首先,要有对自己的诚实,即思想上的诚实,不取巧地一步步地从自己既有的认知逻辑-认知系统出发,以此在分析在某一现象中发现的"荒谬性",并非现象自身的"荒谬性",而是抵达了自身既有的认知逻辑-认知系统的边界,知道了一个目前的自己所不知道的东西,知道了某个不知道,这便是学习的展开。其次,要视他者为平等主体,只有将他者视为与自己相同的常人,一个理性存在者,才不会将"荒谬性"随便打发给阴谋论或者对他人的智力进行贬损。他人的行为一定有一个我尚未理解但是能够理解的"人同此心,心同此理"的缘由。同时,当我们寻找观念场域中业已存在的分析类似问题的观念产品时,不是将其直接拿来视为教条遵守,也不是将其贬损为智力不如自己的妄言,而是将其视为另外一个探索同样问题的人的理性思考的产物,平视该观念产品,以此为自己在思考该问题时提供思想上的启发。这意味着学习,绝不仅仅是一种智力上的活动,而同时是一种道德形态的活动。没有对自己的内在的诚实和对他者的关系上的平等意识,学习活动是难以展开的。最后,学习活动总是从自己既有的认知逻辑-认知系统出发对现象的分析,这意味着,真正的学习,总是立足于从自己的认知活动和实践活动中遭遇到的"问题感",而不是"于无疑处生疑",唯有如此,我们才能真正拴住思想的缰绳,让它远离观念的叠床架屋,远离僧侣化的符号工艺品,真正在自己的生存实践活动之中从事理论研究和知识生产。

二、知识生产主体:学科分工的建制及其对评价权的垄断

在上一节中,我们提到在"疑古"问题上出现的不同观点,由于疑不同的"古"而获得的不同的知识权力位置,以及"疑古"溢出理论研究领域成为观念场域中的一种时兴说法的现象。我们强调在其中处在理论研究界限内的部分是我们需要以严肃的理论对话的方式予以回应的。而那些溢出了理论研究界限的,直接将之指斥为"学术义和团",按照理论研究的工作方式,也许将之作为一种观念现象加以分析,是一种更为合适的对待方式。

在被指斥为"学术义和团"并加以鄙弃的观念现象中,还有另外一个"标签":"民哲"。"民哲"大致可被看作对那些没有接受过学院化的专业训练而在哲学社会科学研究领域发表看法的人的蔑称。这里的"民哲"是广义的范围,它的结构是专业内-专业外,而不是域内-域外。在域外某人质疑中国长城的建筑史的讨论中,一些在网络上比较活跃的史学研究者也称此人的"疑古"行为是典型的"民哲"行为。与"民哲"类似的说法,还有"民科"。它在字面意思上是指民间科学家或者民间科学研究者,同样是一个蔑称。"民科"大量盛行,大概可以追溯到一篇叫《哥德巴赫猜想》[①]的报告文学。一个不善于社交的数学天才的文学形象,成了彼时许多人的理想和榜样,科学研究被文学化地想象成了一个不善言辞和不善社交的人多年如一日地闭门钻研某个众人尚未解开的"科学难题"。"民科"的活动方式主要是以宣

---

① 参见徐迟:《哥德巴赫猜想》,人民文学出版社,2005年,第37~63页。

称自己通过这个文学形象所展现的研究方式"破解了"某某"科学难题"。自此之后,一大批说明自己证明了某某猜想、发现了某某定律的来信,在各大科研机构堆积。"民科"之名渐起。"民哲"的情况与之相类,但又是有所不同。我们在"民哲"和"民科"这两个词之间的联系与区分中来看学科分工发展到了今天这一步,作为学科研究的实体结构的学科建制,它的作用原理何在。以此为中国式现代化的理论建构廓清知识生产主体从事知识生产活动的具体社会关系结构及其运行状况。

(一) 分工的作用及对这种作用的言说

学科及其建制实体有如今这般精细的分工,是现代化的产物。人们很早就注意到了分工对生产效率的提升作用。亚当·斯密更是以分工作为核心概念说明精细分工对效率的提升作用,以及分工在"看不见的手"这一社会调节方式中的核心地位。斯密的思路是这样的:甲、乙、丙、丁、戊在社会整体中分别承担了 A、B、C、D、E 五种职能,其中甲承担 A 职能,甲为了争取自己的利益的最大化,就要考虑这个 A 职能在 A、B、C、D、E 分工中所处的位置,这同时意味着 A 职能能否为乙、丙、丁、戊带来需求上的满足。即甲为了实现自己的自利目的,就需要通过满足乙、丙、丁、戊等人的需求方能达成。在斯密的模式中,自利行为由于只能通过利他来满足,从而带来促进社会整体向好的结果而有了合理性-合法性地位。斯密的原话是:

> 在这场合,像在其他许多场合一样,他受着一只看不见的手的指导,去尽力达到一个并非他本意想要达到的目的。也并不因为事非出于本意,就对社会有害。他追求自己的利益,往往使他能比在真正出于本意的情况下更有效地促进社会的利益。①

黑格尔在哲学层面对这一点给出了说明:

> 在市民社会中,每个人都以自身为目的,其他一切在他看来都是虚无。但是,如果他不同别人发生关系,他就不能达到他的全部目的,因此,其他人便成为特殊的人达到目的的手段。但特殊目的通过他人的关系就取得了普遍性的形式,并且在满足他人福利的同时,满足自己。②

---

① 〔英〕亚当·斯密:《国民财富的性质和原因的研究(下卷)》,郭大力、王亚南译,商务印书馆,1974 年,第 30 页。
② 〔德〕黑格尔:《法哲学原理》,范扬、张企泰译,商务印书馆,1961 年,第 197 页。

这样的说法给分工和自利构造起了合理性-合法性的说明,对此我们在上一章讨论马尔萨斯时有提及,它是市场道德主义的底层逻辑。事实上直到今天,功能主义仍认为不同的分工是为了各种社会功能的高效率实现,而分工中出现的收入高低悬殊的情况则被归因到各项具体分工扮演着重要性各不相同的社会功能,其重要性不同,从而导致了收入上的不同。

这一对分工的分析显然是存在问题的,恩格斯在《国民经济学批判大纲》中正是从指出这一分析框架的根本缺陷入手的。如果自利在分工所构造起的"看不见的手"的结构中,实现了国民财富的增加,那么自利的合法性应该来自"国民财富"的增加。如果我们进一步问:"国民财富"是指什么?它是不是意味着社会成员整体上的生活条件向好?这正是恩格斯提出的问题。只要稍微深入当时的现实之中,就能够轻易地看到所谓的"国民财富"的增加,只不过是个抽象的说辞,与"国民财富"的增加同时存在的是工人境况的日趋凄惨。"国民财富这个用语是由于自由主义经济学家努力进行概括才产生的,只要私有制存在一天,这个用语便没有任何意义。"[1]沿着恩格斯的分析我们可以得到两条深入的线索:

第一,如果"国民财富"的增加不过是一部分人(资本家)的财富的增加和另外一部分人(工人)的生活愈加凄惨,那么这种"国民财富"的增加,作为自利行为的合理性-合法性的道德根据是否还站得住脚呢?同时,这个笼统地、抽象地说"国民财富"增加因此自利行为具有合理性,或者压根就丢掉"国民财富"的增加这个自利行为之合理性-合法性的道德根据,直接认下来自利行为的合理性-合法性的状况,其背后的根据与逻辑何在?毕竟,时至今日,自利行为仍然以个体主义思维方式的核心观念方式,不断地合理化着一系列行为。那么,自利行为自身是否有其适用边界呢?(这一提问方式的方法论内涵,可参看上一节最后一小节的方法论说明。)

第二,如果分工并不单单是根据理论上的某个社会功能通过分工的方式得到更高效率的实现而产生的,那么还有哪些要素在左右着分工的产生和当前社会分工的具体形态呢?比如,在关于分工的合理性的说明的理论中,在要创造某个新的细分的学科建制实体时,总是会反复出现这个新分工对实现社会功能的更高效率的重大意义。我们如何来界定这个重大意义的合理性,以及何为重大意义的定义权?我们再说斯密的分工理论和此后功利主义认为的那种分工带来的社会结构中人与人之间的不同。分工带来了不同,那么这个分工的合理性何在,由什么来保证这个合理性断言,合理性

---

[1] 《马克思恩格斯文集(第一卷)》,人民出版社,2009年,第60页。

标准其本身的合理性呢？或者说,这些被分到不同的分工位置上的人,他们被分配到具体从事何种分工领域,这个分配标准何在？如果是要人们自由选择分工角色,自由选择前的可供人们完成自由选择的条件又如何构建起来？如果"市场"就能够完成这种调配,可市场只是交换领域存有自由,生产领域或者说选择的初始条件处的差异仍然存在,那么我们不能说资本主义社会初期的无产者是自由的,只因为他们有选择出卖劳动力和饿死的自由,这一系列问题都需要给出进一步的说明,而不是如一些理论所认为的那样是不证自明的。分工会是一个在社会化生产日渐复杂的状况下,我们必须进行更为精细的思考的领域,学科的分工也不能例外。顺着本书的论证线索,我们要问：学科的分工是不是意味着一些人因为其"专业"性,就能够垄断对于一些问题的看法？这当然是一个需要进一步细化的问题,它涉及自然科学与人文社会学科之间的质性差异,以及对这一质性差异的遮蔽和遗忘所造成的在观念场域中的混乱。

（二）分工的标准设定：分工之社会功能的说明

不同的学科有各自的知识类别,广义地说,知识就是人在认识世界、他人或自身时所形成的一系列成果,这些成果指导因而规范着人们的行为方式。古代社会早期,人也一样需要认识世界、他人和自身,也因此存在广义的知识。不管是古希腊自然哲学那种追索世界的本源式的认识世界的知识,还是古埃及神话世界的轮回式的对世界的理解,又或者古代中国"天视自我民视,天听自我民听"的天命的民本理解。在广义上说都是其所在时代的知识。

最早的决定性分工,是因男性与女性在体能和生育中的不同角色而进行的分工。早期社会的组织形式也直接与此相关。母系氏族、父系氏族、婚姻制度等本质上都有着源于性别的分工与合作方式的影响。这是人类社会自身得以持存的基础。由于生产规模和生产能力上的限制,基于男女有别的早期分工是人类早期社会组织形式的基本线索。分工意味着需要群体协作,且集体活动能够达成提高工作效率的目的就需要在一定的组织和协调中方能实现。分工是对分工成员具体工作的分配和不同成员之间的组织协调,因此在分工的过程中必然会产生新的权力结构。这种由于分工的群体组织本性而生成的权力真正开始成为一种社会权力,是在物质劳动与精神劳动这一分工过程中实现的。马克思和恩格斯在《德意志意识形态》中说：

> 分工只是从物质劳动和精神劳动分离的时候起才真正成为分工。从这时候起意识才能现实地想象：它是和现存实践的意识不同的某种东

西;它不用想象某种现实的东西就能现实地想象某种东西。从这时候起,意识才能摆脱世界而构造"纯粹的"理论、神学、哲学、道德等等。①

这里所说的精神劳动与物质劳动之间的区分,类似于"劳心者"与"劳力者"的区分。因而,有关"劳心者""治于人"而劳力者"受制于人"的结构,它被构造起来并运行下去的合理性说明,也即其所表现出来的某种社会功能的实现,就直接决定着此种精神劳动与物质劳动的分工在某一具体细节上的具体分工的合理性。通俗些说,一种分工,它最初的合理性说明,是指向它对所在群体的功用的,这种"指向"是通过分工是否带来了群体生存境遇的改善来表现的。(即便是巫师,也同样是在祭祀或者占卜中,通过对群体的凝聚来维持群体的稳定性,这同样是一种功能。)但是,自精神劳动和物质劳动的分工展开之后,这一合理性的说明工作,一直是由精神劳动这一分工领域承担着的。随着社会生活的分工方式越发复杂化,当分工在精神劳动内部不断地细化之后,当包括物质劳动在内的所有的分工领域,由于过度地细化,已经无法真实地感受到所谓的"社会功能"的优化时,分工的合理性就无法在某个具体分工环节的成员那里,被个体直接身体化地感知到他所处的分工环节对生存境遇的改善。某个精细分工细部的存在的合理性,由此就从直接身体化的感知到该分工细部的实际社会功能,转为在叙事活动中说明从该精细分工的出现对群体生存境遇的改善之间的作用关系。从直接体感来确定某一分工的存在合理性,到通过论证来确定某一分工的存在合理性,在分工越是精细的社会中,越是可以依靠意义叙事的方式来实现。精神劳动分工就此开始滋生出一种脱离社会功能本身,而以对社会功能的建构来说明自身的存在的"重大意义"。在精神劳动的分工中,就很有可能出现"不用想象某种现实的东西就能现实地想象某种东西"的状态。它表现为,以自身为"形式"而以感性实践为"质料",去剪裁、切割和评判感性现实,并且构造起来自身的意义。如果没有对某一理论研究回溯到精神劳动和物质劳动这一根本分工界面上,做出自身之为知识生产活动的合理性说明,那么此种知识生产活动及其产品,就有脱离人的具体生存实践的风险,通过将知识生产活动的意义在自身的知识生产叙事中构造起来的方式而存在,同时此种存在还会以知识权力的形式,以脱离具体的生存实践状况的状态,范导生存实践的"外部反思"活动,引发脱离实践所造成的诸多恶果。在这个意义上,分工并不必然是"合理的",每一种新的分工的出现,都需要通

---

① 《马克思恩格斯文集(第一卷)》,人民出版社,2009年,第534页。

过某种方式(无论是直接身体化的,还是叙事式的)说明该分工对人的生存实践活动整体的意义,以此说明该分工的合理性-合法性。

从科学技术与社会的关系角度说,科学技术的发展与分工之间的关系,一方面与个体掌握或者擅长的手艺相关、个体通过自己掌握的特殊的手艺(某种特长)而占据某一分工细节上的比较优势,从而以承担该分工的方式参与整个的社会生产活动中,这是封建社会中后期的行会组织和师徒传授制度得以形成的基础之一。再比如在如今的专业细分下,个体所学的专业技术与其所能够获得的工作机会之间是强相关的。可以预见,随着人工智能和机器人的发展,学习可被机器替代的专业技术的人与其在社会上的工作机会的强相关会迅速减弱,依托人的具身特殊性的工作机会将成为新的强相关,分工对具身的依赖会重新回到社会关系结构之中。

另一方面则与整个社会对该分工经过组织后形成的成品所承担的社会总体功能相关。比如我们在前一章提到战争与现代科学技术发展的因果关系时未加展开的,化学化工从广义的物理学中脱离,并不能简单地归结于"研究的不断深入",其背后还有化学产品的需求量的激增,促使化学工业承担了更重要的社会功能,由此刺激化学工业和工艺的发展。其中有着自然科学的分工逻辑与人文社会科学的分工逻辑的根本差异。我们看到,通常情况下,技术进步总是向前的,它的改变几乎是不可逆的,人们进入新的技术阶段后,就不会再回到从前的技术阶段,在适应了新的交通和通信方式之后,人们再怀念"从前慢……只够爱一个人",也只不过是一句感叹,社会生活和社会关系形态都不会再回到前一个技术阶段的状态了。而人文社会科学的研究则有所不同,我们仍然在不断地回溯轴心时代的先贤那里汲取营养,我们很难说现代人对生命、道德、伦理的理解比照古人有所进益。由于现代科学技术的这一发展特点,科学技术在总体上不是回溯性的(哲学社会科学研究领域中的某些分支,如技术史研究或者科学史研究等承担起了这种回溯工作),它总是在现有基础上向前,而现有基础事实上正是历史性地发展至今的整个自然科学大厦。在这个意义上,每个从事自然科学的研究者,大多数时候都只是就着既有的大厦结构中的某一块砖石做进一步细节上的研究。而此时所强调的研究推进,大多数时候也表现为某种对在大厦结构中的某个砖石的细节上的推进。在自然科学发展到如今这样一个庞大的规模后,对这一大厦上的任何一个细节的研究,都足以耗费一个天才一生的时光。如此前的那种革命性的、颠覆性的成果,越到后来就越难出现,这与科学自身发展的逻辑有关。但这又绝不仅仅是一个单纯的科学理论"内在逻辑"的衍化问题。托马斯·库恩在《科学革命的结构》一书中分析科学革命得以发生的条件时,使用了一个在此后产生广泛影响的术语:"范式"。库恩将科学发展史分成两种不同的交替出现的历史时段:一种是发生科学革命的时期,另一种是常规科学时期。两者的不同在于,发生科学革命的时期,科学研究的"范式"发生了转变,而在常规科学时期,则在一个固定"范式"的支配下展开这一范式不断细化的工作。检视科学发展史,常规科学的时段无疑是比例更高的。库恩在分析"常规科学的本质"时有这样一个提问:"一个团体接受了一个单一的范式以后,这种范式所容许的更专业、更深奥地研究其本质是什么呢?"库恩认为,一个新的"范式"在最初提出时是不完备的(他以亚里士多德、托勒密、拉瓦锡、麦克斯韦等人的研究为例进行论述),此后接受了这一范式的团体则是通过基于该范式的研究来扩充这一范式的适用范围,增加范式得到引证的事实,从而让该范式有更加清晰的边界,以及在不断扩充的过程中,在解释诸事实时通过给范式的解释框架打补丁和添加辅助内容的方式,解释更多事实,丰富范式的内容。① 范式的丰富让这一理论形态作为常规科学知识能够承担起解释诸多现象的功能,同时以该知识形态来影响技术的发展。用库恩自己的话说:"常规科学即是解谜",即在固定的范式下做习题,而所给出的答案是不是正确的,其衡量标准来自由先在的范式构造起来的知识框架。② 做习题式的研究的实质,无疑就是对范式的巩固。库恩认为发生范式革命是因为在解谜活动中出现了危机,有大量的谜团无法通过现有范式以常规科学的研究方式解决。当然,库恩在书中也提到了范式背后的科学家共同体。事实上库恩的研究就是在对科学家共同体的科研活动的观察和分析中达成的。但即便如此,库恩也可能低估了科学家共同体与范式之间的勾连。因为科学家不止要在一定的范式下从事科学研究,同时以从事科学研究的方式,生活在社会之中。科学家作为一个职业群体,自然有其准入门槛和职业壁垒。

在巨大的科学知识大厦面前,一个人声称自己灵光一闪,已经解决了众多科学家倾尽一生的努力都未曾破解的谜团,说这是毫无可能的,也许有些绝对,但其可能性肯定是极低的。一来,某一科学问题能够成为科学家共同体关注并倾尽心力去研究的问题,本身就一定有这个问题提出的背景,以及这一问题与科学知识大厦中其他知识和问题之间的相互关系,作为该问题获得清晰界定的基础。也就是说,它本身就是这一科学知识大厦之中的问

---

① 〔美〕托马斯·库恩:《科学革命的结构》,金吾伦、胡新和译,北京大学出版社,2012年,第19~20页。
② 同上书,第29页。

题。一个人,以脱离科学知识体系的方式,"另辟蹊径"去"破解"一个由于科学知识的不断发展而在科学知识体系之中衍生出的"难题",这种观念活动的合理性是存疑的。二来,如果按照从事这种观念活动的人的说辞,脱离科学知识体系"另辟蹊径",实际上是回到了科学知识体系刚刚奠基的源头处去寻求对"难题"的"破解",宣称该发生于科学知识发展历程中的"难题"是在科学知识大厦奠基处就已经埋下了伏笔,这种说辞会立即产生新的问题:在科学知识大厦奠基时,是否还有其他知识生产的可能性是能够担负起如今由科学知识的知识生产活动所担负的社会功能?这种可能性是否当时的人们都没有想到,还是说那根本就是一种在源头处就被废弃了的虚假的可能性呢?

回到前文我们的主干分析线索上,科学技术的发展在总体上是一直向前的,它实际上已经作为人们生活的一部分固定在常识之中了。正如陈亚军教授所论证的那样:"我们只有一个常识的世界",[①]哲学和科学都是通过对常识的批判和反思来推动常识的发展。并不存在脱离了常识另外起头的所谓"创新","创新"只能是也只会是在对现有知识的反思和批判中才形成的。由此我们也就梳理清楚了在"民科"这个称谓中所包含的对非专业人士从事自然科学研究这类有着强学科壁垒和高准入门槛的领域的那种态度,它作为一种情绪产生的社会关系层面的基础。科学技术具有的巨大的改造现实的能力,让支撑它的科学知识大厦拥有巨大的知识权力。这同时意味着革命性的"范式"变革不会频繁地出现,即便是极为罕见的"范式"变革的发生,大概率也会如同此前的几次革命性进展一样,需要从科学知识大厦内部来实现。这不是说外部的对科学的反思和批判是没有价值的,但这种外部的对科学的反思和批判显然不是以解决科学知识大厦中尚存的某个谜题的方式来完成的。(而"民科"又总是以宣称解决基于科学知识大厦所提出的某一难题来说明自己的价值。)此种在科学知识生产外部的对科学知识生产的反思与批判,是将科学技术作为社会生活的重要要素,将科学知识生产作为处在社会生活之中担负着特定社会功能的活动,去反思科学技术要素对社会生活的具体影响,科学知识生产在特定社会生活之中担负的具体社会功能,是将具体的科学研究活动作为社会活动的一部分,将科学研究工作者作为特定地位-角色的社会成员,将自然科学研究工作置于社会整体之中加以思考的方式来具体实现的。这实际上是目前哲学(尤其是科学哲学)和社会学(尤其是科学知识社会学)的研究内容。也就是说,此种对自然科

---

① 陈亚军:《站在常识的大地上——哲学与常识关系刍议》,《哲学分析》2020年第3期。

学研究活动的反思多数情况下是在研究活动之外的,是人文社会学科的工作,在理想状况下,它们是人文社会学科与自然科学研究的断裂状态的弥合,这也是此类工作的理论任务之一。而一旦缺失了对人文社会学科与自然科学研究之间的有差异的统一的辩证思考,两者之间就会产生"同为"研究活动的诸多混同。比如,在学科分工基础上的学科划分与基于学科划分形成的学科壁垒问题上,与"民科"这样的称谓对应的,便是所谓的"民哲"。

(三)社会功能的塑造与自我宣称

科学知识大厦中的"专业人员"对"民科"的态度背后所持的知识权力优势,是以现代自然科学发展对现实生活的巨大影响力作为支撑的。自然科学研究对现实生活的影响,是直接通过物质生产和生活被人们感受到的。人文社会学科对社会生活的影响方式与之有所不同。在这种不同的影响方式下,有关"民科"这一称谓的合理性基础,在"民哲"这里是不是同样适用呢? 这个问题很难直接给出非此即彼的清晰答案,问题显然没那么简单。我们分析的目的也不是要给"民科"或者"民哲"去做什么"正名"的活计,我们是要通过在专业-非专业的结构下,对这两个名称之所以会产生,这两个名称背后所包含的知识权力的情绪化体现,以及此种知识权力得以产生的原因给出分析。

1. 人文社会学科的"拟科学化"倾向

哲学像科学一样,同样需要"站在常识的大地上",因为它并没有可供自己单独研究和存续的另外一个世界。前文我们提到,对科学发展史的追溯并不是由科学家共同体推进的,而是人文社会学科领域的"科学哲学""科学知识社会学"的相关研究者在具体从事此类研究。科学技术越是进步,人们的生活越是为科学技术所支配,科学的社会权力也就越大。近代科学的进步,让诸如哲学家、社会学家等人文社会学科的研究者将自己的研究名之为"科学",只是这一"科学"概念,总是需要自己对其再重新作一番定义,以便占据类似科学甚至超越自然科学的位置,从而凸显自身研究的根本性和基础性。但无论如何定义,怎样表达,都仍然要使用"科学"这一概念来命名自己的研究,这本身就在一定程度上说明了问题。从早年间追求数学化的哲学思潮,追求绝对经验化和实证化的社会研究,再到近年来追求物理学化的、生命科学化的、神经科学化的哲学思潮的再度兴起,还有大数据分析式的社会研究,等等,都一再地提示着我们,人文社会学科在追求"科学化"的道路上已经走出去了多远。这并不是说人文社会学科不能借助于现代自然科学领域或数学领域的研究方式和最新的研究成果,事实上这种借鉴、借助和借用在某些时候甚至是极有启发性的,但是如果手段本身成为一种理论观点与其他理论观点在竞争时获取和持有某种知识权力优势的手段,那么这种借用来的手段就异化为观点竞争的手段,而非面向事实本身的手段。借用迈克尔·佩雷曼对经济学的评论来说明这种"手段的异化"现象:

> 他们通过发展更加老练的讲故事技巧,如新的数学定理或新奇的统计方法等来赢得他们职业上的声望,而故事的真实与否对它们来说则是次要的事。①

当人文社会学科借助"科学方法"以拟"科学化"的方式构造"专业-非专业"的知识权力势差时,作为手段或者主要是为了丰富研究视角和探索新的研究范式的方法,就有了超出理论之外的博取知识权力的隐蔽目的。这绝不是局限在是不是真诚地相信科学,又或者是不是有意构造这样的权力势差的所谓对研究者的"诛心之论",而是在知识社会学的视域中,或者在更广泛的社会哲学的视域中,对人文社会学科的这一知识生产活动及其对社会关系结构的影响给出的客观分析。正因如此,我们的研究必须是建立在对社会现象的描述基础上的分析,在描述社会现象的活动中凸显其内在的社会关系结构,而不是去讨论单个的某个人,或者某个群体是不是相信科学,是不是在构造知识权力。而是聚焦于总体性的不以个体意志为转移的客观现实上。事实上,上述分析早已在当今的知识生产中有明显的体现:在今天的人文社会学科领域,一本质量还过得去的人文社会学科的期刊,若是没有一个"人工智能"或是"元宇宙"一类的专栏(当然,等到这部书稿出版的时候,时兴的技术现象早已不是"元宇宙",但追求时髦的知识生产方式,目前还看不到改变的苗头),或者集中讨论此类问题的专刊,简直就等同于落伍。若是没有关注"脑科学""数字技术",儿童或动物的"心灵"问题,就似乎已成脱离了时代的"老古董",要被扔进历史的垃圾堆。人文社会学科的拟"自然科学"化可以说是从自然科学研究迅猛发展的几百年来一直存有且愈发强烈的一种隐秘的渴望,构建起如同自然科学大厦一样的壁垒森严的学科分工以及围绕有着高专业门槛的专家共同体形成的学科建制实体。

但这种渴望并非人文社会学科从最初即存有。人文社会学科的极端细

---

① 转引自唐正东:《从斯密到马克思:经济哲学方法的历史性诠释》,江苏人民出版社,2009年,第9页。

碎的分工的出现,并不比自然科学诸专业更早,事实上正是在自然科学诸专业从笼统的理论研究中分离出去之后,才开始有与之对应的相对独立出来的人文社会学科的分工。而人文社会学科之所以看上去更为古远,有相互关联的两方面原因:一方面是因为人文社会学科继承了学科未分化时的理论研究整体,并且时至今日仍以之为自身学科建设的思想源头。这与人文社会学科的特点有关,现代科学技术发展的影响力直接发生在物质生产生活中,它在很大程度上是当下性的。例如,当我们使用触屏手机的各项功能时,不需要了解早期按键手机或者更早的传呼机一类通信设备的演变史。而对于人文社会学科来说,今人对于生命和生活的理解,较之古人,或许还会因为"五色""五音"造成的"目盲""耳聋"而遮蔽了自己对生命的理解。另一方面,人文社会学科领域的思想在古今之分中并不存在现代自然科学对仍在广义的理论母胎中的科学萌芽所具有的那种绝对优势地位。(这是人文社会学科不断回溯到轴心时代寻找精神滋养的合理性之所在,也同时是那种所谓"过时论"和"前沿论"之中所隐含的科学主义支配下的人文社会研究的弊病之所在。)

从更为根本的角度上说,现代科学技术通过对物质生产生活的巨大改变带来了社会关系的剧烈变化,但人对自身生命和生活的反省是一个贯穿整个变化历程的课题。现代科学技术改变着人与世界的关系,影响着人对世界以及通过与世界的关系而实现的对自身的整个生命活动的理解,但就像汤一介先生所言:科学可以解释生死,但解决不了人们的生死观问题。也就是说,人对生命的理解总是溢出于现代科学技术以及作为其基础的科学知识系统的。在这个对人的生命活动的省察的领域中,我们目前看到的研究趋势大体上可以分成两个方向:两种研究趋势的差异主要体现在对现代科学技术截然相反的两种态度上,正的方面就如我们此前文中论述的那种"拟科学化"的思维方式,它是目前风头正劲的"显学"。不管是具体人文社会学科研究方法层面的量化研究和大数据应用,还是作为人文社会学科源头"正统继承人"的哲学中科学哲学-技术哲学的发展,均是这种"显学"的体现。虽风头正劲,但也有其问题,在具体人文社会学科的研究方法上,量化研究中诸量化要素的选取和对诸量化要素之间因果或者相关关系的构造,大数据在数据收集中的前提性指向等都必然是落在技术路径之外的。而科学哲学或技术哲学,如何摆脱现有的作为时新科学技术成果形成后忙不迭地在自留地中"应用"的跟班角色,以及随之而来的以之拟制一种"科学化"外观的研究状况,走出一条能够对科学研究活动有前提性和原则性的思考,对具体科研活动作为感性实践活动在社会整体中展开的过程中意味着什么这类根本性问题，从目前看，这仍然是除少数学者外乏人问津的领域。多数研究都还沉浸在"互联网+"火起来后，就以"互联网+视域下的……""基于互联网+……"的时兴技术与既有学科之间的奇怪嫁接。简单地检索一下人文社会学科的论文，"元宇宙""当红"的时候，就出现了与当红的元宇宙相匹配的论文相当"繁荣"的发表情况，"元宇宙视域下的……""基于元宇宙的……"可谓热闹非凡。随着 ChatGPT 的火热，大量论文又开始一窝蜂地讨论 ChatGPT。需要说明的是，笔者并不是要反对对前沿科技成果的分析，而是要讨论人文社会学科在分析前沿科技成果时应该有的理论态度是什么。"元宇宙"热潮一过，再去检索人文社会学科对"元宇宙"的分析，同样是热潮退去，与一窝蜂地参与讨论"元宇宙"相比，人文社会学科似乎更应该分析，这样一波又一波的一窝蜂式的"研究"现象意味着什么？严重些说，这种研究都不过是把科学技术成果作为一个新的、既成的（或者未来既成）事实，在科学技术人士给出科普描述后，以自己的学科既有框架为"形式"对该科学技术成果所代表的事实做"质料"式的评论而已。这几乎就是附属于自然科学研究的"啦啦队式"的理论研究。与这样不尽如人意的人文社会学科研究范式同时存在的，还有不那么"显学"的对"拟科学化"研究范式的逆反，它以艺术哲学为基点，专事研究溢出科学技术的那一部分，所借助的思想资源则是传统理论中的"非理性"思想。这一思路以反向的方式与现代科学技术相关。目前这一思路聚焦于探讨科学技术的发展导致我们这个时代的人类正在发生着世代的更替，有人认为人类正在从自然人发展为技术人，也有人强调人类正在从碳基生物转为硅基生物，他们在这一"演化"判断的基础上对现代艺术活动给出了"专业"的解释。

　　回到我们的分析主干上来，从事科学知识生产的共同体，凭借庞大的科学知识体系及现代科学技术的巨大现实影响力，所形成的对"民科"的"专业优势"，并不能直接照搬到人文社会学科的知识生产领域，不能直接成为从事人文社会学科知识生产的共同体，对"民哲"的"专业优势"，因为人文社会学科中如自然科学大厦那般依托巨大的现实影响所构建起来的专业壁垒并不多见。强行构造起来的专业壁垒也总是自然科学学科建制实体的仿品。自然科学大厦的整体性、单向性和一定程度上的齐一性，是观点众说纷纭、结论莫衷一是、古今杂糅的人文社会学科所没有的。这意味着"民哲"这一称谓背后的知识权力结构在很多时候是虚悬的。甚至人为地构造这种知识权力结构，构造一个看似高端的学科壁垒，会让需要置身于并从出于人的历史性的生存实践环境的人文社会学科，失去把握时代精神的脉动，呈现时代精神的精华的功能，沦为僧侣主义的符号工艺品，和脱离社会生活的自娱自乐。我们不想对这种现象做过多的价值上的判断(虽然我们每个人都不可避免地有自己的价值判断),而是要问这种现象得以产生的原因,以及这种现象得以存续的基础是什么?

2."共同文本"

关于人文社会学科研究的社会功能,我们想要通过"共同文本"这个概念来对此做一具体说明:

通过视频平台看电视剧、电影或者短视频已经成了现代青年文化生活的重要组成部分。其中一个非常有趣的现象是在人们主要的文化娱乐信息来源仍是电视机的时代制作出来的那些电视剧重新火爆,比如,早年制作的《红楼梦》《三国演义》,也包括一些已经沉寂了一段时间的曾经的热播剧,比如《重案六组》系列、《神探狄仁杰》系列,等等。但这些电视剧再度热门起来的方式不同于当年。如今,观众借助视频平台的弹幕功能,通过评论剧情、提示剧情中某些不易察觉的人物关系或剧情细节,又或者评论剧情中的道具(如分析《红楼梦》剧中菜品、点心一类的小道具的由来),获得参与感,发现同好,这是这类热播剧再次成为热门的重要原因。每一部电视剧对于网络上人们来说都可构成一个"共同文本",有同好的人以此为暗号进行交流。以《神探狄仁杰》系列的前三部剧为例。《神探狄仁杰》系列的第二部中有一个角色叫"张环",饰演"张环"的这名演员在从第一部到第三部的剧中,多次以"龙套"方式、多个身份出现过,所以"寻找张环"就成了围绕该剧聚集起来的人们发弹幕交流,并以此方式在看剧的过程中获得快乐的一个重要话题。与此类似,在该系列剧的第三部中饰演"何竟"一角的演员,也在从第一部到第三部中以多个角色频繁出现,"寻找何竟"就是另一个项目,又因为何竟与张环两个演员的长相有几分相似,加之两人古装形象模糊度高,于是又衍生出辨认以及判断是否认错了何竟与张环的项目。在这个新的观剧状态中,电视剧本身当然还是处于核心位置,但观众已经不再是从前的在电视机前追着剧情或紧张或激动的纯粹被动的信息接收者,而是像相声捧哏一样,参与电视剧的点评,每一条弹幕都有可能因为其评论的精彩而把逗哏的包袱"翻"得恰到好处,从而让观众会心一笑,并热衷于反复观看并尝试参与捧哏活动。① 在这个描述的基础上再进一步:人们实际上是在文化生活中基于类似于我们去看《神探狄仁杰》时的情况,通过彼此间熟悉的一个

---

① 这种把看视频、发弹幕的活动描述成相声中的逗哏、捧哏的说法出自作家贾行家的一档音频栏目《文化参考》,笔者认为这个描述极为形象地概括了看剧时发弹幕这个行为的结构和运行原理。

共同文本,形成一个个小的文化生活圈。(要在第一部里面去找在第二部才出现的角色张环的扮演者在第一部中"跑"过的无名"龙套"角色,必然要在看过第二部之后,才能做到。更不要说在第一部里面区分第二部才出现的角色张环的扮演者和第三部才出现的角色何竟的扮演者在长相上的差别。这些活动都需要对共同文本足够熟悉才能够完成,人们也要通过对共同文本的熟悉而建立起以弹幕为中介的联系,事实上这种联系不光体现在弹幕上,在一些网络平台上还有专门的"剧粉"群来供观众相互交流),而那些第一次看这部剧的人也许还无法理解有些弹幕,也就是俗称的没有发现其中埋的"梗",这种发表第一次观看时的体会的弹幕,会以"新来的"角色,以弹幕的形式参与以特定共同文本的"二次创作",并融入围绕该共同文本的群体文化生活中。人们通过参与创作"共同文本"来辨识同异,并完成某种意义上的交流。但同时,那些只简单看一遍就走了的人,没有发现那些埋在弹幕里的"梗",因而就被排除在以这一共同文本为基础的娱乐活动之外。

　　用上面这个例子是想要说明学科壁垒在自然科学研究与人文社会学科中的差异。对于自然科学的某些具体学科来说,它拥有自己的一整套的概念系统,有自己的研究对象和研究方法,等等,但这些都仅仅是表象上的独特性,人文社会学科的诸分支学科也同样可以构造概念系统,细分研究对象,阐释自身的研究方法。就学科自身的外在形象来说,自然科学的细分学科与人文社会学科中的学科分支之间几无差别(当然,不能排除某些人刻意去营造某种似自然科学的学科建制实体)。如果单从这个角度看,那么"民科"与"民哲"的称谓也就大同小异了。实际情况也确实是对两者的态度在朝着大同小异的方向发展,正是"民科"的出现,让"民哲"作为对应物逐渐出现在了人文社会学科竖起的学科壁垒处。如果我们单纯从这些表象上看,那么任何一个学科都可以通过构造这样的一系列概念系统、研究对象、研究方法,甚至仅仅从三者选其一就能够构造自身的学科壁垒。这样的学科壁垒与我们在上文中提到的围绕《神探狄仁杰》展开的基于"共同文本"的捧哏活动的小圈子之间的差别又在哪里呢?这一差别在表象上实在难以区分,甚至在构造活动的逻辑上都只是在概念系统的复杂程度上的差别。但是人文社会学科的研究,毕竟不是看剧。人文社会学科即便要以构造共同文本的方式为社会文化生活提供基础,那它也需要一个巨大的共同文本的体量,以便能够容纳更多人在其中安身立命、怡然自得,才算是完成了自己的社会文化功能。一旦人文社会学科的知识生产活动,用制造特殊符号、占据特定文本、划定专属研究对象的方式构造起一个专属于该学科分工的知识生产群体的"共同文本",不同学科分支的知识生产群体,就会各自形成一个又一个壁垒森严的小圈子,以自说自话和自娱自乐的方式围绕其"共同文本"从事知识生产,甚至达到同一个一级学科下的不同二级学科之间都难以对话的程度。同时,围绕"共同文本"形成的学科壁垒,在学科分工与大众之间,构造起"专业"-"非专业"的知识权力势差,将"非专业"者对人文社会学科研究对象的社会生活的看法,斥为"民哲"。一旦这些"共同文本"成了理解社会生活和评判社会生活的教条,社会生活自身的运行规律和历史性发展就只会成为被这些教条形式"规范"和"评价"的"质料"。这种"形式"对"质料"的优势地位,使得特定分工下的知识生产群体沉溺于对"共同文本"这一"形式"来源的反复"挖掘"和"诠释"活动中,从而卸掉需要承担的社会文化功能。这会让它在用繁复的观念术语表达日常识见的同时,为了凸显对现实的作用,只能"啦啦队"化地追着一个又一个热点去"研究"。这对人文社会学科的研究来说,无异于慢性自杀。在这一慢性自杀的过程中,你会看到,一个又一个的细小的学科分支,一方面营造着专属自己的"共同文本",另一方面又通过阐述自己对所属的上一级学科的理论"价值",完成该学科分支的存在合理性的叙事。仿佛通过与上一级学科之间的意义叙事,该学科分支的存在对人的生存实践活动的价值就同时得到了说明,甚至仿佛只要对上一级学科的建构是有价值的,那么其对人的生存实践活动的价值就不证自明或无须证明了一样。

在现代自然科学领域,这种形成新学科并构建学科壁垒的活动以巨大的科学知识大厦为基础,以现代自然科学成果的显性现实影响为背书。所以我们能看到"攻克"各种猜想的"民科",却极少见到以突破某项技术困难,推进技术进步的"民科"。与自然科学不同,人文社会学科领域在知识体系的基础层面,并没有一个完整齐一的知识体系,也不存在一个不断增长细化的科学家共同体,毋宁说,人文社会学科是直接以社会现象-社会关系为研究对象的。而研究者作为个体就具体地生活在社会之中,除了在文本中皓首穷经,还要拖着自己的肉体在社会中生活。社会生活-社会关系的变化,会带来人文社会学科的变化。高度专门化的法律职业群体的形成,会计职业群体的形成,都直接与现代社会从传统社会转型后的社会功能的分工需求直接相关。也就是说学科壁垒的形成与其承担的社会功能随着社会发展在社会生活中所占据的分工-生态位的变化直接相关。因此,所谓的学科根据其内在逻辑独力发展出某一细分领域,就是一个十分可疑的说辞。我们这样说并不是要否认学科分工在人文社会学科领域的合理性,而是说,任何一个新的学科分支或者细分领域的产生都需要为自身在社会生活中存在的合理性提供证明。这不同于一小撮人以某一部比较喜欢的电视剧作为"共同文本",在以弹幕评论的方式参与创作的过程中形成一系列"黑话",这一小撮人也可能会因为自己"懂得""黑话"背后的包袱而扬扬得意并鄙视那些看不懂却又在看的"圈外人",但"圈外人"并不会因此就自卑或自我怀疑。

与一部电视剧在社会生活中的位置不同,人文社会学科在社会生活中占据着知识生产的合理性-合法性位置,同时因其合理性-合法性而拥有"专业"-"不专业"这对知识生产中的位置势差以及由此持有的评价权力-文化权力。在一些状况下,此时将学科壁垒之外的理论指认为"民哲"的行为,实质上造就了一种基于壁垒所形成的知识权力势差的评价活动,通过这样的活动来巩固和强化其知识权力。给一个现象贴上某个标签将一个现象装在某个观念的符号胶囊中,作为一种研究方式,想要形成知识增量,就必须有一个先在的学科框架,使得贴标签的行为构成一个以此标签为中介的,来自该学科系统的对这一现象的理解。问题由此就来到了这一学科视角下对该现象的理解,其社会功能是什么,或者有无社会功能的问题。要知道,用一系列的观念胶囊临时搭建起一个有着学科框架外观的符号系统,并非难事。[①] 市面上的心灵鸡汤"大师"、灵修"大师"或养生"大师",几乎每一个都能在短时间内编造出一个由一大堆观念胶囊做成的神秘兮兮的"知识框架",但这并不意味着他就可以"合乎逻辑地"以"专业"姿态去斥他者为"不专业"。学科构建的合理性-合法性,特别是人文社会学科中的细分领域或分支学科,都需要也应该给自身的学科化-建制化存在以合理性-合法性的自证。这也同样是对人文社会学科能够以真正产出知识增量的知识生产形态存在于社会生活之中,并因应社会生活的发展而发展变化的解释。因此,作为理论工作者,当我们想要指斥某人为"民哲"时,应对自己在这一评价活动中所处的位置和所依凭的知识权力有相应的理论自觉。

这种随时通过一组观念胶囊构造起一个知识生产子系统的外观的现象并非知识领域的专利,甚至可以说它在知识领域的表现因人文社会学科的批判本性而有所收敛。这种通过一组观念胶囊构造一个类似于学科框架系统的外观的活动,在消费领域中更为常见,影响也更明显。比如,为某些商品构造一个象征秩序系统,诱使人们为了获得该象征秩序上的更高排位而购买该商品,因而前述分析绝不是仅对知识生产有价值,也指向了更普遍的

[①] 对此,拙文《问题导向式研究中的唯物史观具体化——以低欲望社会与倦怠社会观念群的反思为例》有详细的梳理与论证,此处不再赘述。

消费社会本身。

（四）方法论启示：摆荡在问题感与问题构成之间的是问题分析的场域

本节的论述是对上一节的方法论启示内容的进一步展开，上一节围绕知识生产的方式展开，本节则是基于知识生产的活动主体与知识产品之间的关系展开。在上一节的方法论启示中，我们分析了"寻找问题感"作为起点对理论深入现实之中的重要性，阐述了笔者所理解的学习活动的本质，以及学习活动的结构。它是从"问题感"出发，在原有认知逻辑-认知体系遭遇到的或者识别出的断裂-"荒谬"的地方，探索其中所内蕴的而既有认知逻辑-认知系统又无法达及的规律性。此时，我们面对的是这样一个场景：当我们展开探索时，所置身的场景状况是充满了现成观念（问题构成）的场域，我们不可能在一个完全观念真空的场景中展开思考，且在完全观念真空的场景下，我们要扩充原有的认知逻辑-认知系统也将会无所依傍并无处用力因而不可能完成。其中存在着一种在知与不知之间的过渡状态：我通过自身原有的认知逻辑-认知系统触碰到了对某一观念现象的理解的边界，产生了某个断裂-"荒谬"感，即我知道了某个我的现有知识体系所"不知道"的东西，事实上这是一种在知与不知之间的"粘连"状态。张祥龙教授在描述孔子"入太庙，每事问"时这样形容在知与不知之间的这种"粘连"状态：

> 学你知道的东西不可能，因为那东西你已经知道，所以你根本就不用学；而学你不知道的东西也不可能，因为你连你要学什么都不知道，那你根本不能学。所以学习是不可能的。这样看来，在能够学里面一定有某种超出了我们平常的或二元化的思维方式的东西，如果只有"知"与"不知"，或者认为"知"与"不知"可以从逻辑上分开，那么学习就是不可能的。一定有某种粘连着"知"与"不知"的中间状态、发声状态使得学习可能，而"问"恰恰表现出了这个中间状态……孔子通过"叩其两端"[1]而让发问变成了问发，也就是说，是通过问让你的知识发生出来，打开原来的壁障……让问题本身、意识本身、发问本身构成他的当场本身的知，让它吐露出本身隐藏着的东西，这就叫"竭焉"。[2]

---

[1] 此处张祥龙援引孔子在《论语》中有关"学"的话："吾有知乎哉？无知也。有鄙夫问于我，空空如也，我叩其两端而竭焉。"（《论语·子罕》）
[2] 张祥龙：《儒家哲学史讲演录（第一卷）：孔子的现象学阐释九讲》，商务印书馆，2019年，第34~35页。

张祥龙教授同时引证了威廉·詹姆士《宗教经验种种》中在今天的学科分工意义上偏于神秘体验的描述。正如张先生在文中对"闻《韶》,三月不知肉味"之中的"好学至极处"所下的断言:"这种经验,不少人终生没有;很少人虽然有,但不能让它具有思想的含义。"①张祥龙教授在著作中常常提及这种神秘体验,但他并不将之视为"非理性"的体验。事实上在这种对理性与非理性的划分方式之中,包含着一个相当根本性的直觉与逻辑是否统一又如何统一的问题。张祥龙教授的思路显然更偏于直觉一边,这自然和他的海德格尔研究背景有关。思想的对象化主要体现在逻辑中,而对象化就同时意味着与原本的、体验着的、流动着的思想活动本身发生分离,执逻辑这一端,就会出现对象化带来的观念化和板结化的弊端。那种存在着的活泼的思想活动和生命领会就成了外在于人的抽象概念。而思想的活动本身主要体现为直觉,我们以自身意识的形式非对象性地把握自身在思想着这件事情,不需要再拟制出一个旁观的"我",才能形成认识(自我认识),而是直觉到自身的活动状态。直觉与逻辑的断裂是传统西方哲学"理性"与"非理性"二分的重要原因。这里的"非理性"与其说是反对"理性",不如说是反对以逻辑为主要思维方式的那种"逻辑理性"。② 自尼采以降,被视为"非理性"哲学的思想所反对的主要是对象化-观念化因而板结不动的以逻辑为主要内容的"理性"思维方式。

在上述思想背景下,当我们从既有的认知逻辑-认知系统出发,触碰到自身认知框架无法容涵并加以把握的断裂-"荒谬"之处时,我们尝试探索这一断裂-"荒谬"之处的规律所在,是"学习"活动的本真状态。在借助或遭遇已有观念场域中的诸现成的"问题构成"(即对象化了的问题的结构性描述)时,就需要在非对象性与对象性之间、在直觉与逻辑之间、在自身意识和自我认识之间寻求某种平衡而非偏于一端。没有作为活生生的思想活动的直觉,逻辑就会成为外在的板结起来的死观念;而没有作为对象化的可理解的能够看到思维运行过程的逻辑作为中介,直觉就会走向神秘体验式的呓语。由此,我们不能仅仅从"理性"逻辑的维度去看前述学科壁垒与知识权力的活动关系,而必须把那些曾被视为"非理性"的社会要素重新纳入其中,从知识社会学(包括科学知识社会学)的角度审视整个知识生产活动。在问题感(直觉地意识到问题的存在)与问题构成(借助观念场域中的诸观念对

---

① 张祥龙:《儒家哲学史讲演录(第一卷):孔子的现象学阐释九讲》,商务印书馆,2019 年,第 53 页。
② 王天成:《直觉与逻辑》,长春出版社,2000 年,第 2~4 页。

该问题做对象化的描述)之间的摆荡中,探索在社会生活之中,作为感性实践活动一部分的知识生产活动。也就是说,社会生活不是影响学术研究之客观性的"非理性"要素,而是学术研究活动不可或缺的甚至基础性的、根本性的组成部分。

至此,我们可以得出这样一个暂时的结论:理论研究-知识生产活动本身绝不是一个单纯的智力活动,它还是一个有着道德属性的行为,在这个意义上,笔者认为在知识论领域中德性知识论的回归和不断深入(虽然在德性知识论中认识与价值之间的关系与我们此处的理解并不相同,但对于认识与价值之间关系的重视是一致的),是理论研究-知识生产活动的自身属性的必然要求。它表现在相互支撑、彼此缠绕着的对人与对己两个方面:

第一说对己的诚,在理论研究中唯有从自身的认知框架-认识逻辑出发,不跳跃、不敷衍、一步步地描述和分析基于"问题感"而关注到的现象,并且诚实地面对基于当前知识积累形成的认知逻辑-认知系统所无法解释的环节,也就是描述清楚那个"荒谬感"的存在,所谓"荒谬感",实则是既有知识积累所不知道的点,是对一个特定东西的不知道,这是我们以逻辑的方式描述的张祥龙教授用神秘体验的方式所描述的那个知-不知的"粘连"状态。这一对自己的"诚"不仅是诚实地面对自身的认知局限,同时是穷尽了自己的既有认知,从而触及既有认知的边界,唯有如此,在认识活动中的个体的丰富才会成为可能。"毋自欺也"之意也在于此。从对"荒谬感"的追寻和触及知-不知的状态,不仅需要对己的诚,还需要平等地看待他者。

第二说对他者的平视,唯有将他者视为与自己一样的理性存在者,才会尝试寻找那个"荒谬感"背后可以为理性所描述的原因。如果没有将他者视为与我们平等的同类,因而是可理解的理性存在者,那么他者的行为就会变成一个不可理解的黑箱,要么将他者的行为指向某种臆测的阴谋论,要么将他者的行为视为由某种智力或道德的缺陷导致的"不可理喻"的行为。阴谋论或将他者行为视为智力或道德缺陷,都不是对他者行为的解释,而只是用一个故事或者一个断言把他者的行为已经发生甚至仍然在发生的事实搪塞过去,自己则按照原有的生活习惯继续生活。需要说明的是,我们在这里并不是在一般意义上否定阴谋,或者智力不够和境界不够的状况的存在,而是要强调,即便是以上几种状况,那也一定是另外一个与我相同的理性存在者在其具体的生存境遇中做出的"理性的"因而是可理解的(可理解不等于正确,即便是在他所处的那个场景中也不一定就是正确),唯有将他者视为与自己平等的,因而是可理解的理性存在者,"荒谬感"才会带来形成新知并丰富自己的可能性。否则,就只会是一个"贴标签"的指认或"阴谋论"的胡思乱想。

在将"问题感"描述为某个可理解的"问题构成"的过程中,会不可避免地遭遇在理论场域中业已存在的其他研究者对相关问题的分析。此时,将他者的理论视为另一个理性存在者对相关问题的思考,因而对该理性存在者的思考的借鉴就必然是以对该理性存在者在他所处的那个历史性生存境遇之中如何形成这个具体的理论观点,我的历史性生存语境与之有何不同,我以立基于我们的历史性生存语境之上的理论研究-知识生产活动可以怎样展开等思考而具体展开的。如果没有将他者视为同自己一样的平等的理性存在者,理论研究在这里就会遭遇要么因为自卑而将他者的理论视为金科玉律,走向教条主义,要么因为傲慢而将他者的理论视为"局限",摆出一副"众人皆醉我独醒"的嘴脸。这都不是才华带来的傲慢或者道德意义上的谦卑,而都是研究者在知识德性上的缺陷,这会直接影响到一个人以知识生产-理论研究的方式,在参与世界的过程中自我实现。这一认识与价值之间关系的思考,有待进一步展开。

三、文化权力势差支配下的理论前提及其解缚

我们在本章尝试对第一章中分析的先发国家-后发国家全球资本积累结构在文化领域,尤其是作为文化领域之核心的人文社会学科领域的知识生产活动中的具体作用方式给出系统的说明。这一系统的说明分成两个部分,一是从知识生产活动的关系结构入手,即从知识生产方式入手,分析在知识生产活动背后,由后发国家在既有的寄生性-剥削性-食利性的先发国家-后发国家全球资本积累结构中的位置的动态变化引致的后发国家国内社会结构的变化,以及在此国内社会结构变化影响下的知识生产方式的变化,进而对知识生产的产品以及作为对知识产品的消费领域的观念活动领域的影响。二是从知识生产的活动主体的角度入手,来审视主体身处具体的社会-历史现实之中和特定的社会关系状态下,这对于主体从事知识生产有何影响,专家共同体形成何种样态的学科建制实体,以及此种学科建制实体以何种方式具体运行,此种运行方式的现实影响如何等问题,从而廓清整个知识生产活动的基本结构。

我们尝试对文化权力势差的形成过程及其影响逻辑提供清晰的前提自觉,并确保在构建中国式现代化的过程中能够对此文化权力势差在社会心理中的表现,以及社会心理诱发的先在情绪对观念活动的前提性影响,有清晰的自觉意识,从而避免由于缺乏主体自我意识和理论前提自觉,被凭借文化权力势差偷运而来的抽象的外部反思式教条理论支配,遮蔽对自身生存

与发展之基础的社会-历史现实的内涵逻辑的把握。

对于已经由于缺乏对社会-历史现实的内在逻辑把握而出现的,以"面对现实"之名,实则将现实作为先在的抽象教条的"质料"随意剪裁、切割、拼接和重构的"理论",我们将在下一章进行系统的分析。毕竟,我们的理论活动要面对的绝不仅是本章论及的一般观念层面的文化权力势差,还有更深层次的以生产学院化的符号工艺品形式出现的复杂知识生产之中所蕴含的文化权力势差,唯有彻底揭露诸文化形态中的文化权力结构及其运行模式,方能为中国式现代化理论的构建提供坚实的立足于中国自身现代化发展道路的现实基础。

概括本章,一是从关系维度-知识生产方式这一角度,看文化权力势差的构造过程:

第一,文化权力势差的发生有其社会现实基础。在资本积累结构从地方性到世界性的转变过程中,资本积累结构从一国范围内的资本积累跃出,扩大资本积累规模的过程,并不是一个主动的所谓"将文明带向世界"的"传播文明"的过程。作为资本主义发端的英国也是在维持国内资本积累结构成本愈发提升的情况下才放开对机器向国外转移的管控。这说明资本积累从地方性走向世界性,最终形成一个全球资本积累结构,并不是人们单纯的主观愿望,而是资本主义生产方式的内在矛盾的必然结果,是资本增殖的本性推动下的必然产物。

第二,文化权力势差是在先发国家以其先发优势,迫使后发国家成为其资本积累的被寄生和被剥削的供体过程中形成的。它形成的目的,一方面是"规训"后发国家,使其从不适应现代生产方式的传统社会文化结构中走出,形成作为先发国家资本积累的"适格"供体的文化形态。另一方面是通过文化权力势差,遮蔽自身寄生与剥削的本质。前述是从历时性衍化的维度说明文化权力势差构造的一般社会生产维度的基础性作用。

我们以从古希腊的科学精神到现代科学技术率先在西方发展起来的归因叙事中所存在的论证缺环入手,阐明何以人们在即便有对该逻辑缺环的指认与对该归因叙事的质疑与挑战的时候,仍然以此为理由,坚定地向那个作为原因的对科学精神的培养(以现代教育为实质内容的教育模式)上持续投入巨量的人力、财力、物力。这说明,从古希腊的科学精神到现代科学技术率先在西方发展起来的归因过程,只能说是一个表层归因,而其深层原因则在于先发国家对后发国家以侵略、殖民等方式,迫使后发国家无法再维持其传统社会的"超稳定结构",为救亡图存,只能通过对率先从西方发端的现代科学技术(赛先生)的学习来谋求国家的存续。救亡图存的压力和谋求生存的社会心理会形成一种文化自戕的现象,这一历史时期的文化群体中有关"我们处处不如人"的情绪发泄式观点之所以广泛存在,便源于此。言必称希腊与从古希腊的科学精神到现代科学技术在西方率先发生与发展的归因,直接被情绪化地接纳。同时,这在客观上造成了在文化层面上后发国家接受先发国家的叙事从而以较低的交易成本,通过文化自戕以否弃传统社会文化的方式,推动从传统到现代的转型,接入全球资本积累结构中去。(对情绪化式观念活动的具体结构我们在下一章中会做详细的分析,这一结构的澄清同样是我们理解文化权力势差的逻辑结构和运行原理的重要内容。)我们尝试通过前述分析说明,文化权力势差是作为全球资本积累结构的一个重要维度,作为一个重要的环节而存在的。它从产生之初,直到如今巩固成凭借先发优势构造起来的对舆论的控制以及对舆论的利用等,文化权力势差的形成与作用的发挥,都是以巩固先发国家在既有全球资本积累结构中的寄生性和剥削性利益为目的的。

二是,从主体维度-知识生产主体这一角度,看文化权力势差的形成过程:

第一,主体是身处社会生活之中的,是历史性的主体。因此,在基于主体的经验研究中,唯有将主体置于历史性的视域中,才能看到它从何而来,又向何处去,否则就会陷于经验主义唯我论的研究状态之中。(如第一章对基层治理理论的反思中所分析的那样。)历史上的经验仿佛都还是历史性的、可变化的、非永恒的,而自己的经验的历史性、暂时性和非永恒性却付之阙如。

第二,扩展到作为知识生产的主体的专家共同体,必须从学科建制实体的形态出发,看到具体的社会-历史现实对知识生产主体的影响,澄清此种影响的具体结构,在对自身所行之知识生产活动的合理性说明中,即在对自身知识生产活动与其所从出并仍旧置身于其中的历史性生存实践的关系说明中,让此种来自社会-历史现实对知识主体的影响的分析,成为推动知识生产的正面要素,而非单纯的构造知识壁垒的工具。

第三章　理论建构的社会心理前提：
理论活动中的非理性前提

在上一章的分析中，我们看到了文化结构中的文化权力势差对知识生产方式和知识生产主体的影响逻辑和作用结构。文化权力势差是社会关系结构对知识生产发生影响的重要中介。一旦在知识生产活动中隐含着某种文化权力势差，那么在这一文化权力势差的影响下，理论之间的平等对话进而由对话引出的合作行动几无可能。在文化权力势差支配下，知识生产活动本身会沦为一种只有理论活动的表象，而其实质不过是在文化权力势差所标定的价值高低优劣排序下，所形成的先在的价值倾向下对某些理论的无条件的雌伏和对另一些理论的非理性的排斥，此种理论活动表现为在先在的价值倾向的支配下在社会现象和观念场域中拣选和"捕获"一系列事实或观点的"论据"，并以此巩固既有的价值倾向。这种状况下的知识生产，只会起到附随着某种不自觉的行动状态通过"解释"的方式并将之合理化的作用，而不能起到介入、调适、优化甚至创新实践活动的作用。没有对这一文化权力势差中的此种先在的价值倾向何以形成以及如何运作的逻辑结构和原理的梳理与反思，就不会有对文化权力势差的可能影响的察觉，也就不可能在清晰的主体自觉的意义上展开符合理论本性，能够发挥知识生产对实践活动之本真功能的理论建构工作。

作为中介的文化权力势差隐蔽地支配着知识生产形式的先在价值倾向，它的形成源于各个历史时期不同的主流社会心理状态，而特定社会心理绝不是如一些理论叙事中所描述的那样是在独立-独力演化的，更不是几个人偶然性地说出了几句话或者提出几个口号的所谓"开风气之先"的结果。（"开风气之先"是因为切中了时代精神的脉搏，而不是制造了时代精神。）社会心理作为一种群体心理状态，总是直接关联着并导源于该特定时期的一般生产关系。传统中国社会的礼教模式能够维持几千年，在于礼教及其背后的社会心理与农耕时代的生产方式和基于此种生产方式的社会结构直接相关。（强调一点，这并不是说传统中国文化在今天失去了社会存在基础。只要人仍然是人，人仍然以实践活动的方式生存，文化内核中的某些面向就一定是有其存在价值的，我们此处强调的是礼教在社会心理中的导向作用。）而当整个传统社会的"超稳定结构"被西方的坚船利炮打破，逐步沦为先发国家资本积累的寄生性供体和剥削性受体的时候，救亡图存的迫切需求就直接引发了文化自戕的社会心理。唯有对这一社会心理之一般生产关系的基础，以及从这一般生产关系基础到该具体的社会心理的形成之间的形成过程、结构逻辑、作用原理有清晰的理解，方能在知识生产中摆脱不自觉的以基于某一社会心理而形成的隐含在理论前提中的价值倾向，去"捕获"一系列"论据"，再以之证成和巩固那个既有的价值倾向的理论活动方式。这种证成和巩固式的知识生产，由于其在先在价值倾向处对社会心理的迎合，总是更容易获得观念的传播，有鼓掌叫好，有名利流量。就像曾几何时，某些作家大谈"传统文化是酱缸，而我们都是蛆虫"的时候，鼓掌叫好的正是这些被骂作蛆虫的人。喊着"我们处处不如人"的人物，很快便成了"知识界"的"风云人物"。但这并不是理论研究，至多只能算是情绪发泄。"文化"与"酱缸"之间如何勾连，我们何以就成了蛆虫，我们到底哪里不如人，具体不如在哪里，这个评判"如"或者"不如"的标准是什么，在文化意见人士那里，事实上这些都不重要。在他们那里，重要的是，通过处处不如人，通过酱缸和蛆虫的说法，构建起来一个将文化自戕的情绪引导并发泄出来的管道。撩拨、激发、放大某个情绪的同时，该观念制造者成了意见的领袖，文化的名流。需要马上说明的是，这并不是什么"诛心"之论，我们也并不是要用这样的方式来判定某个文化名人到底是忧国忧民还是沽名钓誉。即便是文化名人，他也是身处于那个历史时期的人，因而也身处于那个文化自戕的社会心理之流中。我们完全可以想象，某个人发表该观点的时候，同样是内在地受到该文化自戕的社会心理的支配，是在"真诚地"文化自戕着。并在撩拨、激发起文化自戕情绪的群体中得到了掌声，收获了应和，这完全可能产生"人同此心，心同此理"的感觉。所以，我们不想对这类情况做动机上的判断，而是要从知识社会学的视角来看这一时期文化自戕的情绪制造的观念与严格的知识生产所形成的观念之间的分野是如何发生，各自如何传播，又何以混同，等等。（当然，没有无价值判断的理论研究，但对自身的价值判断保持自觉，却是合格的理论研究必须保有的。）前述文化现象不是我们的评价对象，而是我们的分析对象。正因如此，我们需要去探究此种文化自戕的社会心理的产生，其背后起到支撑作用的一般生产关系是什么，从该一般生产关系中如何引出此种吊诡的文化自戕现象，其作用原理和逻辑结构何在。没有对特定社会心理背后的一般生产关系状态的探究，没有对这一作用原理和逻辑结构的梳理与澄清,单纯地用所谓的塑造另外一种社会心理的方式来对治文化自戕的社会心理,不过就是理论对话表象之下,持有不同的价值倾向的两拨人的对峙,双方互相构造自己的文化权力势差,以此来标榜自己在文化权力上的优势地位。达成共识进而合作行动这一理论对话的本真功能,在这里没有实现的土壤。此种先在价值倾向的对峙,只会是情绪化的相互攻讦,甚至谩骂,所以我们在此种"对话""商榷"中看到的会是大量情绪化的因而缺乏理论价值的表达:"夸大狂""不曾出门的愚人",等等。("不曾出门"与理论对话之间的关系在哪里呢?这甚至是直到今天都存在的一个评价他者理论的标准,笔者认为,只要我们仍处在先发国家构造起来的这个先发国家-后发国家全球资本积累结构中的后发位置,那么这一标准就会以不同的形式反复出现,作为对此种成见的对治,我们建构中国式现代化理论,探索人类文明新形态的实现路径是从根本上消解此种成见的有效方式。)

前述分析给我们的启示有两点:一是作为理论工作者,在从事理论研究-知识生产活动的过程中,要对自己所身处的社会群体心理以及此种社会群体心理隐含的价值倾向对自身的影响有所察觉,进而形成自觉。因为我们无法薅着自己的头发飞起来,我们就无可避免地浸泡在充满诸多社会心理的生活之海中,我们能做的就是在自己的理论研究-知识生产活动中有对自身所持之社会心理及其先在价值倾向的自觉,并经由这一社会心理,形成对所身处社会生活的一般生产关系基础有清晰的理论自觉(对社会心理的反思,是问题感的重要来源)。唯有如此,方能在知识生产本真的社会功能得以发挥的意义上从事理论工作。二是在面对观念场域中的诸多观念的时候,有能力分辨出到底是基于社会心理的先在价值倾向支配下的情绪宣泄,还是严肃的理论研究的成果。在置身于社会生活之中的同时,站定自己的社会责任,不至于沦为追求喝彩、鼓掌的社会心理的情绪激发者、撩拨者和情绪放大者,而是扎扎实实地在有着清晰的理论自觉的前提下,从事理论研究。

一、知识生产中后发国家发展经验的"质料化"危机

(一)生活方式的质料化:转变着的生活方式与对生活-生命的体感

在讨论从科学精神到现代科学技术这一归因逻辑的时候,我们引证了卢森堡的"资本积累论"。卢森堡强调,在资本主义国家与非资本主义国家构成的总体性资本主义的世界结构中,资本主义国家为了能够持续地完成其资本积累,需要将非资本主义国家纳入自身的资本积累活动中,于是就有

了对非资本主义国家的资本主义改造,在文化领域形成了先进与落后、文明与野蛮、现代与传统等一系列有着价值评价势差的文化权力对子。该价值评价势差是双向的,一方面是先发的资本主义国家需要将后发的非资本主义国家纳入其资本主义生产方式之中从而实现资本的持续积累,因此需要这一文化权力势差影响和转变后发国家的社会心理状况,降低把后发国家纳入资本积累结构中的过程的"交易成本"。另一方面是后发的非资本主义国家在面对先发国家从武装军事力量到商品倾销等全方位的优势时,发展自身以救亡图存和保国保种的目的,也同样与这种价值评价势差相符合。落后了因而挨打,积贫积弱了因而要谋求自立自强,这都需要从传统社会的低效率"超稳定结构"走向更为高效的现代社会,代表着传统社会的一系列文化现象因此成为被抛弃和否定的东西,以此抛弃和否定作为非理性的自戕情绪,引导在无须严格甄别的情况下快速进行此种后发的外源性的现代化文化转型。这种把共时性存在的不同文化价值和社会心理导向,构造成历时性的发展阶段上的差异的活动,在特定的历史阶段,可以说是一种双方的共谋,不管这种共谋对于双方来说是有意识进行的,还是无意识的类似于文化自戕式的应激反应,它都客观存在着。

在从古希腊的科学精神到西欧国家率先发展起来科学技术这一因果链条上,作为原因的科学精神在归因活动构造起来的因果中,就成了后发国家投入人力、物力和时间精力去发力,以便能够发展自身的现代科学技术的点。至此,科学精神就成为新的因果链条上的结果,要在归因活动中寻找,或者更为准确地说要去追溯其原因。现代科学技术作为客观外显的实在现象,当追溯它的原因时,多多少少有迹可循,这一点我们在上一章有关学科分工的分析中有所讨论。但是何为科学精神,却不是一个能够直接从现象构造出来的内容清晰的所指。当科学精神作为现代科学技术的原因时,我们在此前将之类比到对人的某个行为动机的猜度上:我们可以在行为的客观结果上,去回溯式地想象出某个与之匹配的合理的(逻辑上成立的)动机。但如果我们将动机作为另外的一个结果,再去构造一个因果,甚至去猜度这个作为"果"的动机得以成立的原因是什么时,实际上就已经是把想象或者说构造出来的那个动机,作为一个有一定结构特征的结果,并以它作为客观外显的现象,再次想象-构造一个二阶的原因出来。我们在本书前面章节中,展开讨论过一阶归因活动中的想象-构造过程,它并非不证自明或者无须证明就可直接断言的客观外显的因果关系,而需要对自身提出这一从行为动机到行为的客观外显之间的因果关系的合理性,给出论证和说明。在这个意义上,那个从西欧频繁的战争到现代科学技术之间的归因活动对于从科学精神到现代科学技术之间的这一因果链接的挑战,就需要后者给出理论上的回应,而不是扣一顶帽子,或者以将其指认为"民科"和"民哲"的构造专业-非专业知识权力势差的方式就能够轻易打发的。这是理论活动-知识生产本身的特点及其承担的社会功能的基本要求。

我们在这里不是要分析上述一阶归因活动和二阶归因活动的具体活动方式,在本章我们集中讨论的是上一章的结尾处留下的问题,并以此来完成本章引论部分的工作任务:既然从理论逻辑上来看,一顶帽子或者一个"民科""民哲"的身份判决,不能抵消对自身所持之观念的结构中的一阶归因活动的挑战,那么在一阶归因尚且处在没有扎实的归因合理性论证的前提下,直接在二阶归因的原因处投入人力、物力、财力,试图以此来经由二阶归因作用于二阶归因之果,进而通过二阶归因的果影响到一阶归因的果。具体说,就是通过一系列行为,培养古希腊的科学精神;通过对古希腊的科学精神的培养,推动现代科学技术的发展。问题在于,从科学精神到现代科学技术发展的一阶归因尚存问题的时候,直接将人力、物力、财力投入二阶归因的一系列如培养不那么实用的"为了学术而学术"或者不为了应用只满足好奇的通识、博雅一类的学习,是否显得草率呢?如果只是在言语上说说,那么是存在草率的可能的。但真金白银的投入,却很难草率。这意味着在两次归因尚有一系列待论证的逻辑缺环的情况下,仍有投入,那么此种投入就必然有着其他现实作用作为支撑。

在这个不那么牢固的表层因果之下,其真正的理由何在?即通过这种投入能够形成科学精神,进而能够推动现代科学技术发展的单线的长因果链条,不只是不证自明,甚至正在经受挑战与质疑。这是我们前文论证的学习活动的真正出发点,即我们既有认知逻辑-认知系统触碰到了知识边界之后产生的"荒谬感"。从前述分析不难看出,之所以在一阶归因的合理性尚有挑战和质疑的时候,就忙不迭地在二阶归因的原因处投入人力、物力、财力,从现代科学技术到科学精神,再从对科学精神的培养到现代教育,无论这一归因的长因果链条是否结实,现代教育本身就是从传统社会转型到现代社会的一个重要指标和重要环节。现代教育的推行,实际上在塑造后发国家成为先发国家的"适格"供体,也让自身从传统社会结构中走出,进入全新的社会结构。人们对世界的理解在此发生了重要的变化。比如,传统社会中时间是连着生存环境的,昼夜、月圆月缺、四季轮回,它不需要精确到分秒,但是现代社会的工厂需要的是无论昼夜,不分阴晴,是"机器时间"。农业生产中早起晚起对田里的庄稼的影响不大,可工厂运行却需要时间,你的午时三刻与我的午时三刻可以有差别,但是火车时刻必须人人同一。在这一过程中,人们曾经的生活方式和对于生活的体验感受也发生了根本性转变。这些转变都在文化权力势差的影响下以社会心理的方式在进行着。需要注意的是,这些转变是通过有着先在价值倾向的情绪式否定的方式完成的。它造成的后果不仅仅是与自身的历史与文化的某种隔膜的出现,以及在此情绪式的否弃中,失掉了与自身的历史与文化的直接关联,造成了对前人的理解,需要经由他者理论的转译方能完成。(这在今天已经是人文学科研究中不能回避的现象。)这种需要借助他者理论的转译才能理解自身传统文化的知识生产现象,绝不是拿知识生产方式的"开放"和"更新"作为说辞就能完全合理化的,知识生产内在于人的社会生活,标榜绝对的中立客观,彻底地去价值化,只能是知识生产的幻觉。

(二)身份的质料化:转变的身份获取与身份认同方式

在现代学术分工的格局下,对地位和身份的研究主要是在社会学领域中进行的。按照社会学的术语,可以根据先赋地位和自致地位两种不同的社会角色获取方式来区分传统与现代两种社会形态之下社会地位的取得方式。(这里需要岔开话题补充几点前提性的说明:术语能否作为一种获得新知的方式,取决于该术语作为概念胶囊,在将某一现象装入其中后,是否有现在的学科框架供其贴附,并由此在该学科体系框架之上该概念胶囊与其他概念之间的关系中形成对该现象的,基于该学科视角的理解,从而丰富你对这一学科的认识,进而在这种"基于学科视角……"的认识活动中形成、深化对该学科的认识,同时提升以该学科的思维方式和研究范式来审视社会现象的能力。愈是对该学科体系框架的理解足够细密,就愈是能够对某一装入概念胶囊的现象有着基于该学科视角的更为细致的理解。但是现代性-现代化这一概念对子的研究,没有先在的学科体系框架可供我们去贴附,进而在贴附中形成对某一装在概念胶囊中的具体现象的某一视角的理解,因此我们的工作就只能是反思-自觉式的认识活动,即通过反思观念与其所处的社会生活之间的相互关系,形成对观念活动发生和作用方式的理论自觉。基于此,上述的社会地位的划分对我们的作用,是通过反思的形式展开认识活动的发力点、把手或者阶梯。在本书中使用的诸学科术语,都是在这个意义上来使用的。需要在此说明的是,学科分工体系发展至今,如果要从诸学科分工的现状继续向前发展,完全另起炉灶的方式,则无异于在诸学科之外再构造一个与诸学科并列的学科。而完全基于某一学科视角的或者几个学科交叉展开的研究,又很容易在将现象装入概念胶囊的过程中被现有学科缝合进其既定的学科体系框架之中,从而消化掉从现象之中推动社会发展的可能契机,而是通过解释的方式将现象溶解到"现状"之中。因而,学科的发展只能是在吸收和占有现有学科成果的基础上,在对现有学科研究活动本身的反思和批判的过程中获得推进。)

根据社会学的一般定义,所谓先赋地位,就是个人在社会中的地位主要是先在形成的地位,而与之相对的自致地位则是指社会地位的获得主要是经过个人的后天活动成就的,因此也称为成就地位。在传统社会中人们的社会地位更多的是以先在给定的先赋地位为主,从最早的奴隶制时期经历了以奴隶主-奴隶为主要社会结构的形态中发展而来,在欧洲是贵族-平民的分化形式,在印度是种姓制度,在中国是门阀士族的形式。这一时期,作为人类自有文字记载以来的第一个长时段的文明形态,人与人之间的关系有着明显的人身依附的特点。人与人之间的关系较之最早的作为物品的人(奴隶)直接归属于作为所有权者的人(奴隶主),发展为主要围绕着土地所有权的人身依附关系,比如,地主-佃户;围绕政治-军事活动的人身依附关系,如领主-骑士;围绕血缘和宗法的人身依附关系,如等级秩序的家族与处于某一等级位置的家族成员。当然,在世界上不同的地区,人身依附关系表现为不同的具体依附形态,但总体上的人与人的人身依附关系这一一般特征是共有的。人身依附关系上的人们的地位,主要以血缘、姻亲等方式继承并延续下去。种姓制度中等级地位与血缘之间的关系自不必说,贵族爵位的承袭与通过联姻方式对领地的获得,还有"上品无寒门,下品无士族"的统治格局,都是人与人之间的直接人身依附关系的具体表现形式。

在这里我们需要问这样一个问题:这种人与人之间的直接人身依附关系的最初起源是什么呢?(即便将这个起源归因于人作为类,其类属性就是群居,那么这个问题也仍然是成立的,因为从这个类属性的断言到这个类属性在人类社会发展史上的不断衍化的内在动力的追问,是连在一起的。因为类属性的断言,仍然需要对原初的人与人的依附关系的生物性基础给出说明,从这一生物性基础如何生长出复杂的社会结构,并且使其绵延发展到今天这样一个复杂的结构,这是把握社会发展的具体普遍性内涵的逻辑的唯一方法。)

以历史性的描述方式来看这一发展的历程,尝试追溯现有社会现象和社会形态的源头,这种思想方法起码在表象层面上是十分久远的。尤其是在中国,《史记》中就已经开始记载三皇五帝等遥远的始祖的各种事迹和来历,比如,其中对殷商历代君主谱系的记载对今人的历史研究仍极具价值。西欧的历史研究虽然起源较晚,也确有人对他们追索历史渊源的理论工作进行质疑,当然,首先被质疑的是中国传统历史研究方法的合法性-合理性。

限于学力,我在这里无法对这种质疑(不管是对域外,还是对本国的历史的质疑)给出肯定或否定的论证和说明。抛开这部分争议尚未形成结论的状况,仅就争议的存在本身看,此种历史性回溯活动的存在本身是无疑的,起码在斯密的文本中我们就看得到这种历史性论证。比如,斯密会分析在游牧民族中有些人占有大量的牲畜,而另外一些人则没有自己的牲畜,这"带来了人与人之间过去不可能存在的某种程度的权力和服从,而因此又带来了保持权力和服从所必要的某种程度的民政组织。这种演进,似乎是自然而然的"。①斯密在《国民财富的性质和原因的研究》中的分析,无疑是一种历史意义上的分析,或者说,如果历史这个概念的内涵过于宽泛的话,那么这应该说是一种发生学和动力学意义上的分析。这样的分析意味着人们不再将现成的一切社会关系以及基于这些社会关系而形成的各种社会地位视为天经地义或亘古有之的不会改变的东西,而是一种由于社会关系变化在一般社会生产关系的内在矛盾推动下而历史性地发展出来的东西。虽然在斯密这里,他并没有从真正造成这种不平等的私有制的角度入手来分析,但是斯密的以分工和交换为核心的分析方式,正是以新的(以资本主义生产方式为基础的社会关系形态)作为社会地位之基础的社会关系的理解,消解旧有的(以封建社会生产方式为基础的社会关系形态)作为社会地位之基础的社会关系的理解。

我们再进一步来分析斯密理论的核心,也是厘清社会结构的重要视角:分工。与我们在学科分工的分析中所梳理的那样,如果我们将人类社会的分工活动做进一步的回溯,推到物质劳动与精神劳动的分工尚未真正形成的时候:分工也就意味着合作。一件事情的完成或者一个物品的制造,如果可以分成三个环节来完成,假设分别由甲、乙、丙三个人来完成,那么这一分工活动就必须是某种合作式的协调,才能最终发挥出斯密所论证的那种分工之后较之一个人完成一件事情或制造一个产品时的效率为高。这很容易理解,比如,一件有三个环节的事情由一个人来做,这个人就要分别完成三个环节。如果要求三个人分别做,那至多只能是在原有的逻辑上靠增加人数来加快速度,而并没有提高效率。所以使三个人按照能够提升效率的方式统筹工作内容,才有可能提升效率。再比如,在原始的渔猎采集部落中,一个人很难独自猎一只鹿,而如果只增加人数追这头鹿,也许效率更低。这就需要有一个协调和组织的过程,比如,分配哪些人去挖陷阱,分配哪些

---

① 〔英〕亚当·斯密:《国民财富的性质和原因的研究(下卷)》,商务印书馆,1974年,第285页。

人将鹿驱赶到陷阱这里,负责驱赶的人要如何协作以便确保鹿跑到有陷阱的地方,等等,这些协调和统筹的工作,即保证分工状态能够实现更高效率的目的的活动,在这个意义上就成为一种"社会权力"。

随着社会生活的日趋复杂,社会生活中的分工日趋细密,对这种"社会权力"的需求势必愈发增强,且这种"社会权力"的作用范围、作用深度即对社会的介入度也就愈高。在这个意义上,与启蒙时期的其他思想家特别是法国启蒙思想家相比,斯密所言的公权力本身被设计或者被创造的额外的目的性就没有那么强。斯密眼中的公权力机构并非为了符合某一天赋理想的合目的性的建构,而是在人们的分工,或者说在人与人之间的社会关系的发展中,在社会内部孕育和生长出来的,并不是启蒙时期的思想家们认为的人们通过"契约"在"自然状态"下的"自身本质"支配下所形成的有目的的"建构"。也因此,斯密所言的社会是一个内在不断发展的,且在人与人之间的关系的变化发展的推动下完成的,不需要额外的社会理性或者先找出个人身上的抽象的社会属性,再从这一属性出发构造出来的,又或者理论家指认出并悬在生活之外,并规定社会生活往他指认的方向发展的所谓"理想社会"。因此,当我们说斯密是资产阶级古典经济学家时,实际上是在揭示斯密通过自身的理论阐发,为新兴的资产阶级通过商业活动的方式追求财富的活动提供合理性说明。即通过论证"看不见的手"能够让自利的人们在自利活动中实现整个社会财富的增加和社会结构的改善,强调自利活动的合理性。

应该看到,在资本主义发展早期,为摆脱封建社会生产关系的束缚,推动生产力的发展,斯密的理论是有其历史性作用的。但这种理论毕竟没有看到资本主义生产的内在矛盾所在,这也是此后李嘉图的经济学理论的发展方向及其局限所在。在斯密那里,工人与资本家之间是通过讨价还价的方式追求自我利益最大化的平等的自利主体。资本主义社会发展到李嘉图所处时期,他就已经看到了在工人与资本家之间的对立关系,看到了在工人与资本家的关系背后并不是简单的平等的自利主体之间的关系。整个社会是在生产活动不断发展和资本的持续积累的运行活动中,围绕诸阶层的对立关系而进行着的。在生产活动中,人也不过就是帽子。[①] 虽然李嘉图站在发展生产和资本持续积累的角度无法看到阶级意义上的矛盾,因而无法

---

① 相关论述可参见唐正东教授所著《从斯密到马克思:经济哲学方法的历史性诠释》一书第二章的相关论述,见唐正东:《从斯密到马克思:经济哲学方法的历史性诠释》,江苏人民出版社,2009年,第92~172页。

如马克思那般从唯物史观的角度把握社会矛盾的本质并指出超越资本主义生产关系的思想，但李嘉图毕竟看到了资本主义社会人与人之间的差别中，那种远比抽象平等的自利主体之间的讨价还价更为复杂、对立更为尖锐的人与人之间的关系。

通过上述分析，我们可以看到，一方面在前资本主义时代的人与人之间的直接人身依附关系是彼时社会生活中人们的身份得以构造起来的一般生产关系基础，也能够看到，所谓的身份同样是一种关系，它不是像人的皮肤那样长在人的身上不能变更，当然即便是皮肤，也是可以作为身份标示的要素而存在的。因而，对身份的确认和身份的认同的理解，对追求某个特定身份以及追求某种身份认同的活动的理解，必须回溯到其所处的历史时期的一般生产关系之上。

与前资本主义的以人身依附的方式构造身份锚定和身份认同机制的方式不同，在进入资本主义时代后，身份锚定与身份认同的机制发生了巨大的改变。这一改变的内容，是以人与人之间相互独立甚至对立-竞争的（即便是讨价还价也仍然有对立和竞争）关系形态：人们的社会身份从原来的以天赋身份为主导走向了以"自致身份"为主导的构造逻辑。在社会生产以前所未有的速度发展的资本主义时代，那种在脱出封建社会生产关系确立资本主义社会生产关系的时代出现的，以斯密为代表的原子化的自利主体，在交换关系中彼此独立且相互竞争的人际关系的指认，随着社会生产的发展和资本主义社会生产关系的强化而逐渐占据社会关系的统治地位。在劳资矛盾和阶级对立尖锐化的时期，斯密的描述在新的现实面前更像是浪漫式的神话。在表面上自由交换式自由且平等的自利主体间的讨价还价现象背后，是工人在失去了所有生产资料的现实状况下，选择被资本家雇用并从事生产劳动，或者选择饿死的"自由"。交换活动中的这种"平等"和"自由"的表象，背后是生产领域的剥削现状，而这种剥削是通过资本家对生产资料的私人占有得以实现的。正因如此，马克思才将这一时期的人与人之间的关系总结为以物的依赖性为基础的人与人之间相互独立的关系。基于此，资本主义社会下的人的社会身份的获得，也就是我们此前说的那个以"自致身份"为主要方式的描述，绝不是简单地从个体努力到获得某一社会身份，或者从天才灵感迸发到获得某一社会身份的那种理想化了的或者说抽象化了的"自致"活动所能说明的。其中有人与人之间的相互独立的关系背后的通过物的依赖而相互联结的关系状态。

人人平等的身份认同与商品交换对平等主体的需求之间是相互成全的，资本主义生产关系因此实现了在交换领域的平等。但这种在交换领域的平等是以生产领域的一部分人占有生产资料并以此来剥削另一部分人的劳动成果为基础的。身份认同从原有的人身依附,转到交换领域的人人平等,工人依靠出卖自己的劳动力来换取生活资料。从马克思在《1844年经济学哲学手稿》中对异化的分析可以看到,此时工人对于自己的自我认同已经无法通过劳动本身获得,工人同自身的劳动相异化:传统社会的人们会因为自己在手工生产的社会分工下的手艺而获得身份认同,比如,铁匠、木匠、鞋匠、裁缝。而异化后的工人,劳动是与自身相异化的,是为他人的劳动,是异己的,而且是被越发细碎的分工切碎了的劳动状态,同时劳动产品是与自身相异化的(异己的),工人在劳动中获得的只有维持其生存的工资。这意味着除了社会结构通过"职业"给出的身份认同,个体的身份认同也开始转向消费领域。这个逻辑也很容易说清楚:在异己的因而无身份认同效应的生产中,只是为了获取工资,继而在用工资"买、买、买"中获得身份认同。而消费活动的相对任意性,造成了身份认同较之此前以劳动的个体性来完成身份确认,有了更多的任意性。一个社会,愈是脱离生产,愈是将生产逻辑外包,此种任意性就愈强。因此,身份政治在先发国家率先发生,绝不是什么"先进"或者"文明"的体现,不过是消费逻辑取代生产逻辑成为人们完成身份确认和身份认同的主要逻辑。有人评价先发国家的社会中身份政治泛滥,却没有基本的阶级划分的群体意识,其根因即在于此。如果对身份获取方式与身份认同方式的此种变化,以及引发此种变化的一般社会生产关系缺乏自觉,没有历史唯物主义视域下对这一身份获取与身份认同方式的历史性衍化的内在动力机制和衍化路径的澄清,知识生产就只会是在几个词上来回来去的摩擦,貌似在回应现实,实则是对现实做"质料化"的剪裁、切割和拼接。

(三)质料的形式化:消费社会的物体系的构成及其历史性

让·鲍德里亚在《物体系》一书中对由物的象征秩序的排列组织起来的价值排序体系(高低优劣)所构造的人的身份自认,有精细的分析。[①] 这种

---

① 〔法〕让·鲍德里亚:《物体系》,林志明译,上海人民出版社,2019年,第201~217页。除了鲍德里亚的消费社会理论,我们在文中涉及的理论还包括较之鲍德里亚稍早的德波的景观社会理论,它作为先发国家-后发国家全球资本积累结构中先发国家发生的文化现象,有其社会存在的基础,而这些理论在后发国家这里被引入以及被讨论的方式是值得我们从知识生产的角度进一步思考的,这也是一个针对先发国家在先发国家-后发国家全球资本积累结构下的社会意识的结构分析,以及社会意识之基础的社会存在到社会意识之间的关系作用与反作用的关系。在此后章节我们还会涉及后发国家强调物质第一性(也包括教科书强调物质第一性的时代性)的社会存在基础,或者说来自社会存在层面上的原因。我们会在引证以德波与鲍德里亚为代表的理论研究范式时,强调它们与马克思主义理论的差异。

分析在艺术品领域、产品设计等方面,都有着巨大的影响。鲍德里亚所描述的借助于物去构建起象征秩序,引导人们为了追求象征秩序上的特定排序而购买特定物的消费现象可以被视为我们在上一节分析的身份获取和身份认同方式向消费领域转移的例证之一。从鲍德里亚"物体系"思想中所内蕴的启发性一面来说:这一思想实际上是将马克思有关物的依赖性基础上的人的独立性这一指认,在社会关系层面做了进一步细化。以几则近年来比较有话题性的新闻作为实例,就能很直观地说明这一点。比如,有一条新闻提到一位视频制作者以在网络上发布视频,展示如何辨别奢侈品包的真假而走红。在一个短视频中,她辨别两个包的真假的理由是,假奢侈品包的某个位置的针脚太规整,而那个奢侈品包的真品,在这个位置上并没有如此注意这个细节,针脚上是有瑕疵的。这引起了人们对于包的功用和什么是真和假的区分标准的议论。另一则新闻报道是说某一著名的奢侈品品牌发布了一款新的奢侈品时尚包,它的外形酷似日常家用的黑色垃圾袋,售价近一万元,这被说成是奢侈品设计的"迷惑"行为,同样的"迷惑"行为在奢侈品的设计上已是常态。在前一个事例中,我们看到,奢侈品脱离了它作为物的自然属性上本来的使用性质的特点。假奢侈品包的质量哪怕要高于真的,仍然不会因其"实用"而挤占奢侈品的市场,甚或取而代之。在实际情况中,那个真奢侈品包通过自己的一系列"时尚包装"的活动,将自身从一系列的物质材料意义上的物之中剥离出来,将自己提升到某个符号位置,即占据了在奢侈品包这个领域的价值排序中的一个非常高的位置。人们对于这一奢侈品包的消费,实际上是通过奢侈品包这一具体的物在物体系中所处的位置,来标识持有这一奢侈品包的这个人的社会地位和身份标识,即奢侈品包通过自己的非物质材料属性,通过自己营造的符号价值,通过该符号在价值排序中的较高位置,为奢侈品消费者提供身份获取和身份认同的机会。这也就能解释为什么质量更好的假包并不会因为质量好就挑战了真品的市场地位。真与假在这一刻并不与质量勾连,而是跟谁能够在购买和使用这个包的时候能够同时获得在物体系上表现出来的那一身份地位勾连。这并非孤例,也绝不是仅在奢侈品上才存在,实际上这种现象广泛地存在于社会生活中各个领域。比如,一度在一些地区流行着的培训某些国家"贵族礼仪"的昂贵的培训班(事实上某些私立的所谓"贵族学校"的性质也大同小异)。我们姑且不讨论贵族是一个消亡了多年的东西,不讨论曾经的贵族群体不事生产的奢靡与堕落背后是底层人民的苦难,也不讨论对所谓的贵族精神的不断重新定义。单就"贵族"这个词来说,它无疑是通过与过去的人身依附关系中的符号秩序的直接套用,形成一个高低有别的价值排序,从而让消费它的人,经由这个符号秩序的中介,获得某种身份上的自我认定。设若对于这些所谓的"贵族"礼仪,有除培训班的人之外的人也通晓此种利益,且他愿意用远远低于这些"贵族礼仪"培训班的学费,原样培训这些"礼仪",是不是就能抢了收费高昂的培训班的生意呢?实际上这种"盗版"培训班,并没有影响到收费高昂的培训班的生意。因为,办培训班的意义并不仅仅在于那个所谓的"贵族礼仪"在其相应的物体系上的位置是否得到了彰显,个体的身份获取和身份认同的目的是否能够达成。培训班在培训内容上虽然是通过繁复的刀叉的使用方法,甚至用刀叉、勺子如何"优雅"地吃米饭等具体动作的"标准"学习来完成,但它的实质是要看谁能更好地用一系列的姿势,锚定并对外凸显且为他者所承认的个体身份地位的宣示能力。因而身份的自我认定不是通过一个人去花一笔钱买一个东西就获得的,而是通过买一个东西的消费行为,尤其是其中的消费金额,把自己置于群体的某一个特定位置,也就是说,这个身份的自我认定是通过以物的消费的方式,去完成的在人群中位置的锚定。假若一个人花了大价钱买了一个包,在周围居然没有一个人认出这个包的时候,这个包的身份锚定功能就没实现,这不但是失效的身份锚定,还易因为所处群体的不认可而产生负向的情绪。此时,在更大的群体范围内寻找认可就成了可选项。无论是因为周遭不识货,又或者周遭这个具身置身其中的群体范围"不宜"炫耀,又或者周遭炫耀得太多了产生了炫耀疲劳,网络炫富便成了一个可选项。这或许可以在某种程度上解释一些人为何乐此不疲在网络上炫富。当然,炫耀不仅仅是一个身份认定的问题,从社会生物学的角度看,炫耀有着生物性根据,或者说人对身份认定的需求同样有着生物学层面的根据。

我们再看后一个例子中的万元垃圾袋包的"迷惑"设计。这里实际上给了我们一个把问题推向深入的切入点:这样的物体系到底是如何构造完成的?它是不是某个单一的品牌通过自己的商业策略实现的?问题需要从两个方面来具体展开:一方面,如果这一提问是基于文化意义上的西方语境下的,那么答案是肯定的。在众多品牌中某一品牌通过自己的商业策略和营销手段获得了奢侈品的地位。其商业策略和营销手段被制作成出版物(笔者不知道这算是书籍还是某种延伸意义上的广告册),这让羡慕其品牌价值者趋之若鹜,成为书店畅销书板块的常客。虽然"成功秘籍"一版再版,出了又出,奢侈品的疆域却仍然是文化哲学意义上西方的那几支,甚至为数不多的这几支也在交融与合并,形成文化符号的垄断。于是我们有了第二个方面:如果推而广之,是不是在世界范围内无论哪里的某一品牌通过自身在商业策略和营销手段上的精细打磨,就有机会获得奢侈品的地位呢?

答案显然是否定的。从这第二个方面出发,我们能够看到西方与世界其他地区文化的不同。作为先发国家的西欧地区,在一定程度上率先实现了"文化霸权"的构造,并以此形成自己对于好-坏、优-劣、高-低等对子的评价权。这种"文化霸权"有其形成的社会-历史因素,前引卢森堡的在资本积累逻辑下的资本主义国家与非资本主义国家的关系分析中,就蕴含着"文化霸权"形成的经济与社会前提。它在理论叙事和学科壁垒构造中的体现,我们在前面章节中也有说明,这里我们从更广义的社会文化层面上来推进这一思路:我们在前文中详细讨论过,先发的资本主义国家为了持续的资本积累需要将后发的非资本主义国家纳入其资本积累的循环之中。这一过程需要将非资本主义国家进行社会层面的改造,以便达成其"拉入"的目标。这一目标绝非单纯的坚船利炮就能够完成的,或者说如果单纯使用坚船利炮的军事打击和武装殖民,那么成本会是相当高的,因而其中还包括现代-传统、先进-落后、文明-野蛮的文化价值势差的构造。从先发国家来说这是"纳入"活动,对后发国家来说则是"追赶"活动,从而形成了一种改造社会文化的"共谋"。后发国家的发展是在有先发国家存在的现实状况下进行的,这种发展就难免以"追赶"的方式进行,也就是要经历先发国家曾经经历的各种状况,由此,先发国家的诸理论就因其先在性而具有了规范性,从而以评价标准的形式出现。

更为复杂的状况在于:作为评价标准的持有者,先发国家仍是国际关系的参与者,同时是裁判员和运动员。这种同时是裁判员和运动员的状态,在社会文化领域会以一系列持续的评价活动的方式表现出来。在对后发国家的持续的评价活动中,在一系列的细小的文化领域中都会形成我们在前一章中谈到的"共同文本"的文化现象。说回到奢侈品上来,当一系列奢侈品商家形成了一个小亚文化圈层后,什么样的产品能够算是奢侈品,这首先就不再是一个大众审美的问题,而是一个巩固或者提升该奢侈品的物在物体系中的位阶的问题。大众审美中会出现将那种外形酷似垃圾袋的包售价定为上万元视为"迷惑"行为的状况。但是这一"迷惑"是基于大众审美或围绕对物的使用性做出的评价活动。而在有了自身的文化亚圈层之后,这个外形酷似垃圾袋的奢侈品包,只需要基于自身既有的文化霸权,通过独特性、话题性等不断地凸显自身在物体系中的象征秩序符号、价值的位阶,同时通过评价其他产品是否时尚、是否高级等活动,不断地强化这一物体系在社会文化生活中的影响力。至此,要再质疑这一物体系的合理性,就不会必然引发该物体系的崩塌,因为这一物体系实际上根植于长久以来的文化霸权建构,具有整体性。这一构造文化权力势差的方式实际上在整个的广义观念领域都是适用的。那么另起炉灶呢？事实上，诸后发国家对包括奢侈品在内的市场的本国化的渴望由来已久。如何实现本土产品的品牌化，以及品牌的高端化一直是后发国家聚焦的领域。但这实际上是在以单独的某个点来突破先发国家凭借先发优势构造起来的文化权力结构。对此的对治之策，其所需要的条件无疑也是系统性的，而绝非某个商业策略和营销手段的"秘籍"能够提供的，因为那些"秘籍"不过是某个文化亚圈层基于其"共同文本"衍生出来的外围"产品"而已。接受了"秘籍"也就意味着要同时接受来自其前提和背景的"共同文本"的评价。

因此，后发国家鲜有能够挑战先发国家奢侈品，甚至社会生活中主要领域的主要商品品牌的状况，这是长久以来的经济发展差异基础上的文化霸权建构的结果，但这绝非牢不可破。鲍德里亚从早期的《物体系》《消费社会》《符号政治经济学批判》逐渐走向中后期围绕《象征交换与死亡》展开的论述，这是一条逐渐脱离生产逻辑的纯粹文化批判的思想进路。但人是不是真的能如鲍德里亚所认为的那样可以完全脱离"物的消费"这一维度而进入"符号消费"的维度？也就是完全抛开生产逻辑，单独进行文化批判？这显然是不可能的。孔明安教授在对鲍德里亚哲学的分析中指出：

> 我们虽然不能完全否定"符号价值"的文化意义，也不能否定"符号逻辑"在现代消费环境下的运行，但我们却要指出，完全脱离物的功能性逻辑，而走向符号的逻辑，至少存在着理论上的偏颇。[1]

这一批评切中要害，但我们也应该看到，这应该不只是"偏颇"而已，它实际上造成的是理论活动本身在旨趣、内涵、理论指向和现实指向上的巨大差异。"符号逻辑"愈发成为主要逻辑，鲍德里亚在后期思想中抛开"物的逻辑"绝非理论观点上的"偏颇"这么简单，它实际上是基于"符号逻辑"将文化生活视为独立的、自洽的领域，在不断重复的以文化生活在独立且自洽地对社会生活发生影响为隐含前提的知识生产活动中，巩固文化生活是在独立且自洽地影响社会生活这一成见，从而进一步对此独立的甚至在他看来较之生产逻辑更为根本的文化生活加以批判时，脱离生产逻辑的符号运演就成了知识生产中比研究生产逻辑更高位阶的活动。事实上早在《符号政治经济学批判》中，鲍德里亚所使用的与"物的功能性逻辑"相关的例证

---

[1] 孔明安：《物·象征·仿真：鲍德里亚哲学思想研究》，安徽师范大学出版社，2010年，第52页。

就已经开始从生产活动中脱出,走向符号领域。对生产领域的忽视,遮蔽了文化生活的真实基础,从而只能是就着符号谈符号,在狭义的文化生活内部展开批判。这是后现代虽为"后"却不是与现代性-现代化异质的另外一种对社会的理论想象,而是对现代性-现代化之现实状况的应激性情绪化反应。它们的流行,与其说是因为其理论自身的魅力,不如说是因为迎合了现代人在现代性-现代化生存境遇中的受到压抑进而需要通过某种方式的表达来宣泄的情绪。

这里提示的问题也正逻辑地决定了以脱离生产逻辑的狭窄定义的文化批判为主的西方激进左翼理论在总体上的悲观情绪。比如,齐泽克就认为当今资本主义世界的意识形态 2.0 与启蒙时期面对的意识形态 1.0 有着本质不同。意识形态 1.0 是对"真相"的遮蔽造成的人们的受蒙蔽状态的揭示,在给出或者揭示出"真相"后,意识形态 1.0 也就此失效,启蒙运动在中世纪被视为有着破除意识形态 1.0 对个体的宰制的作用。而意识形态 2.0 则认为即便已经对"真相"有所察觉,人们仍然愿意用貌似未察觉时的状态那样去生活的状况。齐泽克使用了一系列复杂的术语说明这一状况,但从根本上说,齐泽克的意识形态理论实际上是我们在前文批评的以"唯我论"为基底的经验研究。在西方激进左翼那里,复杂、晦涩又花哨的术语迷宫的基底处,几乎都是一个旁观者式的不动不变的"我"。而要让这个"我"动起来,绝不是一两句将之"具体化"的口号就能够做到的。这本就不是智力够不够用的问题,其中还有着更深层次的社会现实基础在发生影响。这一点只要考虑一下西方激进左翼知识群体的社会地位-社会角色就能够理解,他们本就是意识形态 2.0 建制体系中的一个环节。在他们的眼中意识形态 1.0 的实现,是当时的人们忽然接受了启蒙思想,从中世纪的蒙昧状态中解放出来,这隐含的前提是人们在观念上用一个新观念替代了一个旧观念,社会因而从黑暗的中世纪走向了启蒙时代,而现在由于旧观念在人的思想这里没有办法被替代,所以无法改变了。这种思维方式没有看到,即便是在意识形态 1.0 那里,也不是单纯的人们头脑中的旧观念咔嚓一下被新观念替代了,人一下子就洗心革面、醍醐灌顶了,这根本就是理论上的虚构,是理论底色的唯心论。只需要粗线条地浏览历史就能发现,每一种变革都是在代与代之间通过"代沟"的方式缓慢完成的,是与旧一代存在"代沟"的新一代在代际思想差异中,在新的社会环境下生发的人们对新的观念的接受,而不是完全从牢不可破的旧观念中生发的。那么,如何能确定今天的"我"以及跟"我"一样的同时代人没办法从旧观念中走出来,下一代或者再下一代不会因为社会关系结构的变化而形成新的观念,接受新的观念呢?所谓的唯我论，表面上用了繁复的经验现象来做"论据"，实际上不过是在同一个实际上是历史性的人的身上去尝试用新观念直接代替旧观念的方法论上的唯心论者。这与电视剧《马大帅》里马大帅想要通过对情绪低落的范德彪说"你要支棱起来"的方式解决范德彪情绪低落的问题相比，两者的差别仅仅是把马大帅的那句"你要支棱起来"换成更复杂的符号工艺品罢了。当发现没办法用"你要支棱起来"这个情绪代替低落的情绪，发现情绪无法直接替代情绪的时候，就宣称无从破解，却没有看到情绪之所以形成是依赖于某个特定的生存境遇，唯有改变生存境遇，才能够形成新的情绪，这在表象上体现为新的情绪"替代了"旧的情绪。

在上述意义上，我们可以得出，对于理论建构所要面对的现实，绝不能依赖于某些既有的特别是符号意义上的象征秩序提供的价值排序，不能仅仅通过某个先在排序直接对现实做"质料式"的评判，以及在这一"质料式"评判的基础上的排列、组合、拣选与重塑。而是将之重新置于历史唯物主义的视域下，给出发生学和动力学意义上的系统说明，并在具体的社会-历史现实的基础上从事理论建构工作。

（四）方法论启示：唯物史观具体化的基本结构

到本节为止，我们共在三节的结尾处做了围绕方法论启示的阶段性总结。之所以如此，是希望通过这种方法论的反思，凸显出文化哲学作为一种研究范式可能的方法论意义。方法不是一个可以四处套用的工具，思想方法不能脱离具体的对象，方法只能是特定对象的方法，因而方法总是表现为在具体现象的分析中把握具体现象所内含的一般性规律。因而，方法论的提示就总是要借助于相应的具体分析方能落到实处，才能以符合方法论本性的方式从事研究。前文中的"方法论启示"已经清晰梳理了一个一般性的文化哲学研究范式切入具体问题的行动方案。它是相对宏观的，因而只能说是一项研究的预备工作或研究的一个起点。本节我们以如何切入具体问题为方法论的反思内容，借助本节在具体内容上的思想操作示范，给出从准备工作到切入具体问题的整个理论活动的起点的描述，即理论活动如何出发的问题。在接下来的分析中我们就可以将上一章两个方法论启示的环节与本节中的方法论环节的完整形态描述清楚，给出有着逻辑上的连贯性和思想操作上的整体性的研究范式的系统呈现，以此来为此后章节中形成一种唯物史观立场的文化哲学视域提供完整的方法论起点，从而为指导和具体推进我们对于中国式现代化理论建构的研究工作形成清晰的方法论意识，以及在理论建构工作过程中对建构工作的工作性质及其与社会现实之间的关系保有清晰的理论自觉。

通过前述章节的分析,我们的分析思路如下:

步骤1:新知是在具体个体原有的认知逻辑-认知系统对某一现象无法给出合理化的说明,进而产生断裂-"荒谬"的地方开始的,认识活动启动于对断裂-"荒谬"感觉背后的规律的探索中。

步骤2:在上一个步骤中发现某个具体的断裂-"荒谬"的地方,并从此处出发,兴发出一系列的求知活动。但这种求知活动不是在观念真空中进行的,而是在一个特定的观念场域中完成的,因此并非毫无依凭。从求知主体的角度看,毫无外在依凭的主体自身的认知活动,只能是在原有的认知逻辑-认知系统下不断地通过"做习题"的方式,通过"解谜"活动回到既有认知逻辑-认知系统中寻找解是不是正确的答案的活动。此时,习题做得好不好,解谜解得对不对,都是由既有的认知逻辑-认知系统决定的,因而此种观念活动,只会是巩固了原有认知逻辑-认知系统及其实体建制的知识权力。在个体之上是如此,在社会之中亦是如此。那种抛开外在依凭的所谓的"独立-独力"思考,并无可能。一方面,主体自身固有的认知逻辑-认知框架就是在个体社会化的过程中形成的,并不存在一个"先天"的有着给定了的认知逻辑-认知框架的主体(这里说的不是康德先验逻辑意义上的认知逻辑-认知框架,而是对具体问题给出附带有价值判断的认知逻辑-认知框架,并透过这一价值判断,范导人的行为选择的认知逻辑-认知框架。当然,康德的先验逻辑在经验领域的越界使用甚至滥用,也是知识生产中的此种自我复制和做习题式研究的原因,人们过于愿意通过构造天经地义、不证自明和无须证明的前提,来安顿自己对世界的看法,以便不加思考地用习惯去过条件反射般的生活)。另一方面,主体的求知活动是在社会生活中完成的,在具体的个体主体进入社会生活之前,社会生活中就已经有了先在的各种理论及其衍生出的诸观念。(我们取观念的最一般定义:对某人、某事、某物的看法。)

步骤3:正基于步骤2所述的原因,步骤3中我们必须面对并依凭外在的既有"问题构成"(对我们直观感受到的"问题感"的现成描述)来完成对断裂-"荒谬"的规律性探索。但有所依凭就同时意味着思想风险的存在,这种风险表现为两个方面:一方面是以自身已有的认知逻辑-认知系统去"同化"或者说"消化"观念场域中的某些观念,以之来装饰自身的原有观点,笔者将其称为"观念捕获"活动。如此,则整个求知活动将沦为符号空转却并未进行有效知识生产的单纯知识消费行为。另一方面是抛弃自身的认知逻辑-认知系统,直接以某一观念场域中既有观念及其理论基础为标准,进行理论的外部反思。吴晓明教授对这种外部反思进行了相当精到的说明:"作为一种忽此忽彼的推理能力,只是先验地把抽象的原则运用到(强加到)任何一种内容之上。"①这实际上是一种教条主义的理论活动,它根本无法触及真正的社会-历史现实。但这并不意味着教条活动本身不以"面对现实"的姿态出现,问题在于其"面对的现实"作为活动形态在构成的过程中掺入了未经反思的教条。其"面对现实"的活动更像是以先在的"形式"对被视为"质料"的感性实践的剪裁和重构。一旦进入这种求知状态中,实际上就已经脱离了自身的感性实践活动,沦落为用一个先在的-外在的理论来评判、衡量自身的感性实践活动。这种评判和衡量的活动同样不会以忽视自身的感性实践活动的姿态和表象出现,只不过它在指认、构造自身的感性实践活动中的"问题"时,该问题早已为其接受的那个先在的理论所约束,因而其问题形式是前定了的,其结论是否"合理",即这一指认和构造"问题"的过程是否正当,都是由这个先在的理论来衡量的,并且,这一"问题的解决"的对策的好坏甚或正确与否也同样由先在的理论决定。整个过程因此仍是一个"做习题"或"解谜"的过程。表现在理论活动中,其形态正如渠敬东教授所描述的那样:我们长期处在一个学术研究的常规常态研究中,只是在狭窄的某个领域内,针对某个研究对象的某个具体细节,给出一个常规的解释。这种研究实际上是依托既有的学科框架,将既有学科研究范式作为"公式",以此"公式"在诸多社会现象中择选、剪切、重构出来符合该"公式"的"对象",再针对该"对象"做研究,这样的研究活动,表面上是先有"问题的提出",再有"问题的分析",而后给出"问题的解决",但实际情况是,在"问题的提出"这里就已经预先确定了"问题的分析"的方式和逻辑,更准确地说,实际上在"问题的提出"时,在构造"问题"的过程中,"问题的分析"就已经隐含在其中了。这也正是孙正聿教授一直强调的,在理论活动的前提处,就已经形成了隐蔽的逻辑强制这一问题的本质重要性所在。② 因为隐蔽的前提,逻辑地强制着,直接地规定着"问题的分析"和此后"问题的解决"。这会造成学术研究表面上在不断地面对现实,甚至由于"深入"现实的诸多细微处,而显得这一"深入"现实执行得非常彻底。实则却是在既有学科框架下,以既有的学科研究范式拣选现实中的某个要素,做"应用题"一样地进行学术研究。所谓的学术创新,实际上不过是在争谁的研究对象"偏",谁的研究对象"怪"。这是新闻逻辑,是媒体逻辑,是在平常之中找不寻常,但这不是学术研究的逻辑。这样的学术研究,只会是如渠敬东教授所言:"当我

---

① 吴晓明:《从社会现实的观点把握中国社会的性质与变迁》,《哲学研究》2017年第10期。
② 孙正聿:《马克思主义哲学智慧》,现代出版社,2016年,第35页。

们突然面对一个极其危急的时刻,知识分子可以说除了像平常百姓那样,或者是像一些公共意见那样去面对,很难提出严肃的、深入的思考",①这样的问题是学术研究必须解决且首先需要解决的困境。

从表层来看,前述求知活动的弊端在于它未带来知识增量,知识生产活动仅仅是符号空转。而其深层之弊在于,这种以知识生产为外观的单纯知识消费的活动遮蔽、阻碍、挤占了真正的求知之路,甚至经由理论研究中的学科建制化过程在学科壁垒的加持下愈发板结与固化,理论活动以愈发炫目花哨的复杂的符号构造过程,给出一个无可奈何又庸常无味的结论,无论这个"无可奈何"是保守性的还是情绪激烈的(就像西方的某些激进理论所表现的那样),它在本质上都仍然是"无可奈何",都是在没有深入"历史的一度",进而未能找到历史向前发展的动力机制后的情绪式反应。与其说是对现实的批评,不如说是在接受现实(也可以是"无可奈何"的接受,甚至主要是"无可奈何"的"姿势"的接受)的前提下的撒娇。它造成的巨大伤害在于,让理论无法发挥它本真的介入、参与并推动实践活动的改良和创新的过程,而仅仅是给重复型实践以合理性解释,并使已经在实践活动中,依靠自身的探索去改良和创新的实践活动样态,用解释的方式"缝合""消化""腐蚀"到原有的理论逻辑硫酸池中,从而遮蔽了这一改良和创新的实践活动样态的创新性。无帮助,且有迟滞。正是基于此,我们提出求知活动是摆荡在问题感与问题构成之间的活动。它不能被任何一个端点支配,在这里它是孔子所言的"叩其两端而竭焉"。如果仅是强调要摆荡在问题感与问题构成之间,还远远不够。我们要进一步分析的是如何摆荡,如何做到在我们当前的语境下"叩其两端而竭焉"。

想要不脱离"问题感",那就只能让思想始终保持在具体环境中的以感性实践活动的方式生存和发展着的具体个人。唯有从这里出发,才能拉住无穷反思的缰绳,避免符号的叠床架屋。对于现代社会中的个人来说,身份正是一个理解自身的切入点,它在个体的感性经验中有直观的体现,但它有不是根源于个体的感性经验,从此出发可以伸展到个体感性经验的历史性,以及此种历史性在社会关系结构中的运行方式,以及此种运行方式的一般生产关系基础。同时,身份获取与身份认同也正是一个能够在原有的认知逻辑-认知系统之中找到一系列断裂-"荒谬"溢出点的抓手。进而无论是在社会学领域、人类学领域还是广义的人文社会学科中,有关身份获取和身份认同的理论都有丰富的先在理论资源可用。所谓摆荡在问题感与问题构成

---

① 渠敬东:《传染的社会与恐惧的人》,《清华社会科学》2020 年第 1 期。

之间,是指通过对诸理论得以成立的前提加以敞露,在具体个人的感性实践活动这一生存基础上的即来自问题感的审视之上,探索社会身份之构造活动的一般生产条件及其历史发展的社会内在矛盾动力。只有真正展开具体的理论分析,求知活动才能渐次深入社会-历史现实中去。单单学习马克思和恩格斯的《德意志意识形态》来一般性地说明历史唯物主义的原则,还远远不够。马克思在《德意志意识形态》之后,经过《路易·波拿巴的雾月十八日》《1848年至1850年的法兰西阶级斗争》等著作,再到《资本论》,都是在形成具体化的唯物史观,或者说唯物史观是在具体的特定问题的分析中以具体普遍性的方式和内涵的逻辑的形式获得了彰显。马克思对法国某令的分析不是对《德意志意识形态》中的唯物史观原则做"应用",更准确地说:只有具体化的唯物史观,唯物史观就是具体化的。从这一对方法论的强调的基础上回看本节前三节的分析,或可得到一个有效反思的思想路径:唯物史观的具体化。

二、"先发-后发"结构下知识生产中的情绪导向

在前文中,我们多次使用卢森堡资本积累论和列宁帝国主义论构成的总体分析框架,并且从该分析框架出发做进一步的推进,说明资本主义国家在以资本积累为目的与非资本主义国家形成的相互关系中的文化意涵,那种经由资本主义国家与非资本主义国家的文化人士"共谋"而成的先进-落后、文明-野蛮、现代-传统等对子结构的形成过程。但我们还仅仅是从较为宏观的线索(比如,资本积累)和较为专门的领域(比如,学科壁垒和学科对域外理论的借鉴等)来分析这一问题,只有在具体问题的讨论中被把握到的具体普遍性,才能破解纯粹宏观结构研究的粗疏和纯粹微观机制研究的细碎。实际上这种价值势差的制造和持续发生作用并非某一领域的孤例,而是一种一般性的社会文化现象,本章我们尝试从一系列的例证分析中对这种价值势差的制造和持续发生作用在日常生活中的体现,及其深远影响给出结构性的描述。

民族国家是近代的产物,我们在本书前文的讨论中也提到过从此前的封建制度逻辑下的领主式的国家到民族国家转变的内在逻辑,我们对国家性质的衍化逻辑做了单纯的时间意义上的线性梳理,这是历时性的梳理。但我们并没有对同时存在于同一空间世界中的先发与后发国家之间的国际关系的衍化给出说明,本节从这一国际关系出发,深入思考这一"后发属性"对于后发国家探索现代化道路的重要影响,以及此种影响在其文化生活中的表征。

（一）先发-后发动态结构下后发国家现代化理论中的情绪要素

在分析后发国家现代化理论中的情绪要素之前，我们需要对该情绪要素的形成，以及情绪要素的具体形态不断变化背后的先发国家-后发国家全球资本积累结构下，后发国家自身发展而引致的在先发-后发结构中位置与角色上的变化以及这一变化所造成的情绪要素的变化历程，给出基础性的梳理：

在导言中我们概要论述过，先发国家现代化在发端处是无前摄的，在其发展阶段中，从一国内部的资本积累结构进入世界性的全球资本积累结构阶段之后，资本持续积累的需求促使先发国家以对外殖民、战争或贸易等方式将后发国家纳入资本积累活动中，并将之作为资本持续积累的"新大陆"。为实现这一目的，就必须让尚处前现代的后发国家进入现代化。这一过程从后发国家角度看则是：后发国家现代化在发端处，就是作为维持和促进先发国家维持其资本的持续积累这一角色出现的。它包括作为原材料提供地、产品倾销地以及生产产品的外包工厂等形态。在后发国家现代化的起始点，已有先发国家的介入，这一先发-后发关系结构性地影响着后发国家自身发展进程。

1. 先发国家与后发国家围绕现代化形成的动态结构

第一，为维持资本持续积累，资本发展必然呈现世界化趋势。对先发国家来说，要维持并扩大资本积累规模提高资本积累效率，就需要让资本积累进入世界时代，发展贸易全球化。为达致这一目的，后发国家要在一定程度上与先发国家在社会文化上趋于同质化，以便达成其借后发国家现代化来实现自身资本积累之维持与扩充。将后发国家从传统带入现代，这是先发国家追求资本积累的必然要求。这在文化上表现为共时性存在的不同文化形态，被制作成历时性古今之争，通过构造文明-野蛮、先进-落后、现代-传统的文化价值势差，借助军事和经济上的优势迫使后发国家在救亡图存的目的下主动转型。

第二，介入并促成后发国家现代化转型的同质活动有明确界限。即此"促成"以资本积累活动中寄生与剥削一方和持续提供积累条件的落后一方的关系不变为前提。一旦后发国家通过参与先发国家构建起的先发国家-后发国家全球资本积累结构，以被先发国家攫取大量生产利益的低利润率和初级产品生产方式完成了初步的现代化，转而为提升国民生活水平，改变原劳动密集型主导的生产模式，追求产业升级时，就会打破原有生产方式下作为先发国家资本积累之依附的角色，先发国家凭借先发优势迫使后发国家为其资本积累服务的关系转为平等主体关系。而后发国家从自身发展角度推动产业升级是其谋国家富强和人民幸福之必然，平等主体关系让后发国家摆脱了单纯以初级生产和长期滞留于现代化初阶为代价服务于先发国家资本积累的被动位置。先发-后发的关系衍化,正是先发国家从对后发国家必然的"支持"与后发国家持续发展中必然遭受打压的逻辑必然性所在。

2. 后发国家现代化借鉴先发国家现代化理论的前提

基于前述关系结构,先发国家现代化历程及在此过程中形成的文化产品和现代化理论,这些来自先发国家的现代化理论,对后发国家现代化发展而言,只有当后发国家对自身现代化发展所处阶段有充分认识的情况下才有参考意义。只有后发国家对自身的持续发展引发的先发国家-后发国家全球资本积累结构的变化,以及对这种变化带来的国际关系变化有充分的认识,才有可能实现立足于自身吸收和借鉴他者理论的目的。例如,先发国家利用与后发国家关系维持和扩充其资本积累的条件与后发国家现代化发展到围绕优化产业结构来提升人民生活水平惠及本国人民,而非现代化初段靠初级生产服务于先发国家资本积累,这必然引致先发国家将后发国家发展作为自身资本积累无法持续之因并将后发国家作为竞争对手持续打压,依仗其先发优势以"零和博弈"思维压制后发国家发展,将后发国家限制在初级发展程度内,继续为其资本积累提供廉价初级产品、廉价劳动力,使其在以产业转移为表象行劳资矛盾转移之实的主动"空心化"过程中,仍借金融资本与技术专利垄断,迫使后发国家服务于其资本持续积累。对后发国家来说,唯保有此主体自觉,方能随自身现代化发展对先发-后发这一基础性动态关系有清晰认识,也才能立基于自身发展逻辑去"吸收外来"(先发国家的现代化理论等)。因此,在文化领域对"吸收外来"这一工作的前提、界限与现实基础的分析,是构建中国自己的现代化理论的前提性工作。

3. 后发国家现代化历程中情绪式观念活动的形成及其影响

因前述先发-后发结构,在鸦片战争后的历次改革聚焦点上都能见到先发国家的各种现代化理论。此引进活动源于后发国家在落后挨打的现状逼迫下救亡图存的现实需求。从文化哲学的角度看,此种引进活动之中杂糅着两种逻辑:第一种是寻找自身落后挨打现状的逻辑理性式归因活动。如武器上劣势、练兵方式上劣势、组织结构上劣势等皆属此类。第二种是因落后挨打而迫切救亡图存的情绪指向式的归因活动。其表象仍是归因形态,但内在是情绪指向,而不是以逻辑理性的诸环节推演为内容的归因活动。其结构为:

(1) 落后挨打的现状引发其救亡图存叠加文化自戕的情绪。

(2) 基于此情绪定向寻找能释放情绪的观念。如早期的"国民性"争论。任何"事实"(也包括如后文的"六人事件"那样的事后被证伪的"事实"),都能成为以"国民性"为情绪发泄点的自戕行为的"论据",作为情绪-观点对峙方的文化保守者也以同样逻辑拣选"事实"反对这种自戕。两者均以先在情绪指向拣选甚或制造"论据"并相互攻讦,虽有理论对话之表象,实则在情绪对抗与撕裂的范导下呈观点对峙的样态。其实质不过是单纯情绪对抗,只有站定了的观点站队和党同伐异,没有通过对话形成共识并引出共同行动的任何可能。先发国家的现代化理论在此承担着作为先进、文明的普适价值标准衡量"批判"后发国家的种种"现实"的构造文化权力的功能。

随着后发国家持续发展,其在世界格局中位置的不同,以及世界格局整体变化带来的位置变化,后发国家的国际关系在双重变动逻辑下动态变化着。先发国家作为结构性要素参与后发国家现代化,这让后发国家对外来文化的态度总是同对自身的理解和评价相互作用,构造起一种围绕先在情绪定向展开的观念活动,并衍生出特定文化生活样态。尤其在我国,这种观念活动的主体与担负知识生产的知识分子群体高度重合,在观念外观上知识生产的理论及其衍生观念与先在情绪定向用来情绪宣泄的观念发生混同。情绪式观念活动的特殊归因方式一旦与知识生产活动发生混同,大量未经反思的以情绪支配的观念,就会直接影响大众文化生活的形态,从而系统地影响群体价值判断,并经该价值判断影响群体中人们的行为选择。因此,对此做系统的分析是后发国家构建符合自身发展道路之现代化理论的核心议题和前提工作。接下来我们以与泰坦尼克号有关的"六人事件"为例,具体展开反思知识生产活动中的前提性的强制着知识生产活动方式、价值倾向等理论前提的情绪要素,廓清其构成方式,阐明其作用原理。①

(二)围绕情绪展开的观念活动

1. 情绪化的文化自戕

在名为《六人：泰坦尼克号上的中国幸存者》②的著作中,作者施万克讲述了泰坦尼克号上八名中国乘客(有六名幸存)在海难后的遭遇:当载着泰坦尼克号海难中幸存者的船到达美国港口后,最受报纸关注、被不停追问的不是诸如载二千二百多人的泰坦尼克号上只有最多容纳一千一百七十八人的救生艇等海难中造成如此多遇难者的原因,更多的目光和疑问集中在

---

① 需要说明的是,这一转型的内涵是极为复杂的,它在文化层面的表现也是涉及当时中国社会的各个方面的,桑兵教授主编的系列著作《近代中国的知识与制度转型》对此有较为详细的叙述。本文提供的是这些一系列的转变过程中内蕴于其中并发生着作用的社会心理,以及这一社会心理对知识生产和文化氛围的前提性影响。参见桑兵、关晓红主编：《近代中国的知识与制度转型：分科的学史与历史》,上海人民出版社,2021年。

② 参见〔美〕施万克：《六人：泰坦尼克号上的中国幸存者》,丘序译,中信出版集团,2022年,第123~147页。

六名中国幸存者身上。包括《每日电讯报》《布鲁克林鹰报》等众多媒体将六名中国幸存者描述成偷渡者、假扮女人、懦夫。直到多年后(将近一个世纪之后),施万克通过八名中国乘客的船票、当时船上乘客和船员在海难后听证会上的证词、一比一还原折叠式救生艇的使用过程等工作逐一推翻了当年众媒体对六名中国幸存者的污蔑。① 海难发生在整个美国社会充斥着排华情绪之时,中国乘客被猜忌、被污蔑,甚至在完全没有证据的情况下被污指为偷渡者,即便是在当时,只要对这些"事实"做基本的求证也会发现其虚假性,但彼时的媒体仍按照猜忌和污蔑的"事实"去报道,这些"事实"作为排华情绪得以发泄的观念出口被反复使用。

"六人事件"尚有一个后发国家版的后续,在《泰坦尼克号上的"中国佬"》一书中,作者程巍描述了这一后续:六名同胞的遭遇随前述报道传入中国,立即被当时的文化人士视为"又一个国耻"。这些报道被一些文化人士不加反思地当作"证据"痛斥吾国"国民性"之低劣。"中国人不惯遵守秩序的精神,在这里完全表现无遗。这是我们的奇耻大辱。中国又多了一个国耻!"②泰坦尼克号上的"国耻"只是此种文化自戕情绪的宣泄出口之一。事实上,文化自戕情绪可以拣选任一观念作为自身的情绪发泄口:"今后的中国人,应该把所有的中国旧书尽行搁起,凡道理,智识,文学,样样都该学外国人,才能生存于二十世纪,做一个文明人。"③

后发国家的现代化历程中多多少少都会出现一定程度的文化自戕现象,这在近代中国的一个特定历史时期里表现为对"国民性"的反思。

> 我们必须承认我们自己百事不如人。不但物质机械上不如人,不但政治制度不如人,并且道德不如人,知识不如人,文学不如人,音乐不如人,艺术不如人,身体不如人。④

胡适这番话是针对彼时文化保守主义者固守传统文化的观点而发。如果仅从今日的立场对彼时对立的两种观点作是非判断,那就不过是基于当下价值立场,在既有价值标准之下对彼时文化自戕与文化保守情绪对峙现象所做的一道价值评价领域的习题罢了。稍复杂些的研究是对该对立观点

---

① 〔美〕施万克:《六人:泰坦尼克号上的中国幸存者》,丘序译,中信出版集团,2022年,第123~147页。
② 转引自程巍:《泰坦尼克号上的"中国佬"》,漓江出版社,2013年,第295~296页。
③ 同上书,第291页。
④ 胡适:《胡适经典文存》,上海大学出版社,2004年,第295页。

进行分析时加入针对彼时对立观点各自的持有者之思想发展历程的研究，比如，文化批判者思想历程中从基于对他者文化之倾慕引致的彻底文化自戕，到意识到他者文化的问题与自身文化之优点的"思想转变"。但这同样只是做价值评价领域的习题，不过是把历时性的观点束做拆分后再逐个判断而已。我们要问：何以会产生上述自戕情绪，何以有由此社会情绪而形成的群体性文化自戕的社会现象？同时说明何以有文化保守现象，其产生的社会存在基础是什么？

2. 先发国家与后发国家在迥异目的下的"共谋"

《资本积累论》中谈到"扩大再生产图式"时揭示了资本超出国界以便持续积累的逻辑：先发国家对剩余价值的追求不会仅限于内部，对持续获取和扩大剩余价值的渴望会让先发国家将尚处前现代的后发国家卷入其资本积累活动中。[①] 这首先意味着先发国家须把后发国家改造为能实现其资本持续积累目的的社会形态。在文化领域以构造文明-野蛮、先进-落后的价值势差方式完成。对后发国家而言，在先发国家的坚船利炮下，在丧失原有独立且自我生长的发展轨道，被迫进入"世界历史"后，要救亡图存就必须谋求发展。而要发展就意味着改变当前落后局面，这就迫使后发国家不得不进入先发国家构造的规则秩序体系，求得在该规则秩序下发展以救亡与自强。社会文化上表现为接受先发国家构造的文明-野蛮、先进-落后的价值叙事。正是在这一逻辑基础上，"六人事件"中排华情绪下美国人的优越感与同一事件中"反思"自身"国民性"的吾国文化人士，形成了目的迥异但先在情绪指向一致的"共谋"。这背后先发国家基于资本持续积累目的引发的世界格局变化，其促使后发国家在资本积累中的仆从式地位与救亡紧迫性引致的社会生产关系变化，以及在此过程中因社会关系变化引发的社会群体心理变化，是文化自戕情绪的根因。正因如此，我们能看到文化自戕情绪可能来自慕强心理（比如，近邻日本的"脱亚入欧"），也可能来自救亡图存的爱国情感。给彼时持文化自戕观点的文化人士冠以"跪族"的帽子，实是基于另一种情绪的对此种情绪的对峙。而不是对该种情绪赖以形成的社会基础及其产生过程的知识生产式的理论研究。不应当用文化保守主义或全盘西化来区分这一历史时期的学者所持观点中隐含的价值倾向，而是应该区分其所持观点依凭之理论基础，到底是情绪式观念活动，还是知识生产式理论研究。

3. 情绪式观念活动不是知识生产活动

"六人事件"中作为论据的"事实"之真实性并不在彼时先发-后发在文

---

① 〔德〕罗莎·卢森堡：《资本积累论》，商务印书馆，2021年，第361~365页。

化及人种上的优越感或吾国文化人士自戕式观念活动的视野中。实际上在"事件"真实性有明显缺位的情况下,前述两者皆选择直接接受那个能够发泄先在定向情绪的"事实"形态,作为合理化其观点并以此来发泄先在定向情绪的出口。此种观念活动方式的实质是先在定向的情绪先行,依托情绪定向拣选并捕获能发泄该情绪的"论据"的过程。这不能简单视为缺乏对论据真实性的求证环节,而是整个情绪式观念活动对求真活动的排斥。此外,从他们所接受的"论据"到吾国"国民性"上"百事不如人"结论的归因活动之合理性与逻辑融贯性的求真活动,同样被直接忽略。在情绪式观念活动中,其所运行的程序是:

其一:循着潜藏在社会关系之中的先在情绪定向。

其二:拣选某一事件作为论据,以此作为情绪激发的契机(如我们这里论及的"六人事件")。

其三:通过对该事件的价值判断形成某一观点(如"国民性"上的"又一个国耻"),以该包含价值判断的观点为情绪发泄出口,完成对先在定向情绪的发泄。

情绪式观念活动,因其不对所依据之"论据"的真实性给出确证,也不对发泄情绪之观点与论据间的归因活动之逻辑融贯性给出澄清,所以这种在情绪与观点之间的勾连就不是知识生产形态的活动,而仅仅是以知识形态的观念活动为表象完成先在定向情绪的发泄之实际。关键在于通过此种观念活动向观念场域输出情绪式观念的人,多数同时是承担知识生产职能的文化人。这客观上造成了在文化生活领域,两种活动在表象上的混同和难以区分。这又直接造成在混同状况下,对治情绪式观念活动时有两种典型的不能奏效甚或起反作用的方式:

其一:以情绪式观念活动对治情绪式观念活动,其所得无非一种新的情绪式观念活动,以及附随情绪撕裂而来的共识撕裂与合作行动之不可能性。以文化自戕现象来说,针对其所指认的负面"国民性",文化保守派列举了正面"国民性",两种观点争论实为两种情绪对峙。

> 少年的朋友们,现在有一些妄人要煽动你们的夸大狂,天天要你们相信中国的旧文化比任何国高,中国的旧道德比任何国好。还有一些不曾出过门的愚人鼓起喉咙对你们喊,"往东走!往东走!西方的这一套把戏是行不通的了"。我要对你们说:不要上他们的当![1]

---

[1] 胡适:《胡适经典文存》,上海大学出版社,2004年,第294~295页。

这段话中的情绪式观点表达已脱去"理论争论"的外观,完全是情绪对峙,争论之目的不包含以对话寻找行动共识。此种对治只会让双方在表象上的观点对峙升级中,内在对立情绪不断升级,最终沦为我们看到的从貌似平和的"争论"走向激烈攻击甚至谩骂,这种所谓观点争论不会形成任何可供共同行动的共识,只会在谩骂和群体撕裂中走向自说自话又各自拣选听众站队的群体撕裂。值得注意的是,完成此种情绪发泄的一些语词背后的文化权力势差的建构方式,虽然细微,但绝非可有可无,它们值得给出细致分析,比如,那句"不曾出过门"。在这一点上,笔者认为在广义的人文学科的研究中,语言分析并未"过时",在人们忙不迭地进入人工智能研究、脑神经研究、人类世研究、现代先锋艺术哲学研究等时兴领域时,语言分析仍然是重要的人文学科理论研究-知识生产的基本功训练。

其二:以对情绪式观念活动之具体观点的批判来对治情绪式观念活动,其所得无非另一对批判活动逆反排斥的新情绪,以及附随逆反排斥情绪而来的对理论活动本身的拒斥,和因被拒斥而自外于情绪式观念活动的"自了汉"式的无视群体情绪的理论研究形态。如果以情绪对治情绪的方式不但无法形成新知,甚至会因观点争论背后的情绪对峙,产生共同体撕裂及合作行动的不可能。那么是否依靠对事实之真实性的求证和归因活动之逻辑融贯性的梳理就能消解某一情绪式观点?答案仍是否定的。如柏拉图对话录中的苏格拉底,虽每次对话在诘问法下,用思想助产术似乎能让对话方推进对某一概念的理解。但这样带来的并不是对话方放弃其所持原有观点(其对原有观点更多只是未经反思的下意识的模糊的情绪式理解),而是在原有的由先在情绪定向所生成的观点被反驳时,先在情绪经由原有观点得以发泄的通道受到阻抗后,对苏格拉底的诘问行为(思想助产行为同时是对先在情绪发泄的阻抗行为)的情绪性的逆反和排斥。《苏格拉底的申辩》即是显例:从第一次演说结束到第二次演说结束,苏格拉底以理论形态的辩解愈发招致逆反和排斥情绪的高涨,以致从微弱优势比例认定其有罪,到被判死刑,这对单纯以理论对峙情绪的效果是一种极为发人深省的隐喻。[1]

细究其无法奏效的原因,与情绪式观念活动性质有关:直接针对观点依凭之论据的批判,无论是对其真实性的求证,还是对其观点得以成立的归因活动之逻辑融贯性的反思,都是直接以情绪式观念活动的外显效果端,即作为情绪发泄口的某个观点为批判对象,却忽视了情绪式观念活动背后真正的基础:情绪导向。先行定向的情绪捕获到了某一论据,通过该论据表

---

[1] 参见〔古希腊〕柏拉图:《苏格拉底的申辩》,程志敏译,华夏出版社,2021年。

达某一观点,在该观点的表达中将先行情绪宣泄出来。驳倒论据和观点,对先行定向的情绪来说,它仍可通过捕获其他论据并通过其他具体形态的观点完成情绪宣泄。而这一对现有论据与观点之间的观念构造活动的符合状况和融贯状况的反驳,不过是对情绪发泄过程的阻抗,其结果只能是情绪发泄主体产生应激性地对这种以理论反思对峙(实际上是阻抗)情绪宣泄的排斥和逆反。其后果较之情绪对治情绪的第一种策略而言"副作用"更严重:一方面这让社会生活中的知识生产活动处于阻抗群体情绪的反对者位置,因而被情绪式观念活动的参与者排斥和逆反,起码是刻意疏离。另一方面是被刻意疏离的知识生产活动自身,依托专业的或学科的壁垒自限于这种疏离状态中,通过概念术语符号构造自身研究的"价值"和"意义",以此宣示这种自外于观念场域和现实社会文化生活的合理性。至此,理论活动就完全失掉了通过介入、参与感性现实来改良和创新实践活动的本真社会功能。

(三) 现代化历程中情绪式观念活动的基本结构及其运行原理

情绪式观念活动并非至近代才出现,但其当代形态是极具典型性的。通过上一节的分析我们能够看到情绪式观念活动的影响,本节我们再进一步,对情绪式观念活动的基本结构及其运行原理给出说明。情绪作为一种意识形式,其形成原理和运行机制极为复杂,特别是现代哲学将之纳入生存论领域研究,其复杂性与根源性因此进一步被凸显。鉴于篇幅所限,我们无法对情绪形成及其运行原理的整体状况给出全面说明,我们仅从情绪式观念活动与知识生产活动特别是人文社会科学的知识活动之间的差异与纠缠关系出发,在历史唯物主义视域下集中进行讨论:

1. 以情境兴发情绪:"兴"与非对象化的理论形态

张祥龙教授围绕"兴"阐发孔子思想,"兴"在这里指代一种通过文字的原本所指构造出来的境遇,兴发出某种超越文字之所指意象、所构造境遇之外的非对象化的情感体验,经由诗乐之"兴"达致对关于生命的体验化-直觉化的思想状态。张祥龙教授以《诗经·关雎》为例:

> 我们在读的时候很容易把它们连成一气,并不把"关关雎鸠,在河之洲"当作与后面"窈窕淑女,君子好逑"完全无关的东西。它影射着很多东西!小鸟在河洲上"关关"地叫着,马上令人联想到春天,弯弯小河,雾气朦胧,开启出一个令人遐想的意境。因此,可以说,兴句创造了一种氛围,在这种氛围中,后面的句子才能得到恰当地理解。没有"关关雎鸠,在河之洲",上来就是"窈窕淑女,君子好逑",就不温柔典雅

了,就太对象化了,其中"淑女"和"君子"的本性都出不来。①

这一"兴"的思想状态可粗略概括如下：
（1）通过一系列文字之所指意象来构造情境 A。
（2）虽情境 A 并不与情境 B 直接相关,但情境 A 的先行存在,让情境 B 能获得超出构成其自身的一系列意象内涵所构造出的对象情境之外的思想体验和直觉内容。近代以来以概念逻辑铺展开的思想运作方式,因其对象性而遮蔽了某些活生生的体验,因而为偏于直觉的"非理性"思想所批判。这里的非理性与理性共享同一前提：理性就是逻辑理性,是将思维运行程序对象化为一系列逻辑环节的思想方式。而非理性接受这一点并由此自指自身的直觉性非对象性,进而自名为非理性。人们对对象化-概念化坐大后抽象理论宰制感性生活的这种异化现象愈发警惕,这与资本逻辑宰制之下异化-物化现象对生命活动的支配引致的逆反情绪直接相关。在上述意义上,非对象性的直觉之"兴"无疑是对对象化-概念化因而趋于抽象化的思维方式的一种超越或逃逸。这在现代哲学中,经由现象学与生存论的阐发,开始系统地返回传统思想母体中求得对思想不断对象化、渐趋抽象化之弊的消解,这无疑是一种十分有益的思想尝试。但我们所处之生存境遇较之传统文化赖以存续的社会形态毕竟有诸多不同,对这些不同即被归为现代性或后现代性的异质要素、异质结构,以及异质运行逻辑的分析,是对生存论的进一步阐发,现代法国哲学的发展历程即是显例。

综上,以情境兴发情绪的状态,在观念活动中表现为：言语活动中的诸多语词与符号等,需要通过构造出一个相对整全的,且对于个体来说是经验因而可感的场景-情境,观念之中的个体,通过这一场景-情境形成一个具体的体验。因而,这一体验和情绪的形成,有赖于这一场景-情境,而场景-情境自身对于相对完整性和经验可感性的约束,使得这一经由场景-情境中介而滋生的情绪,必然是有限度的,会受到来自个体所积累的具身经验感知的有限性的限制。在这个意义上我们可以说,在观念活动中人的情绪的相对稳定性,来自经验个体的感性活动及其历史积累的有限性。正是感性活动及其历史积累在具体个体之上体现出的有限性,让生活世界牢牢地拉住观念活动的符号制造的缰绳,不至于在符号制造的叠床架屋中遮蔽人的具身存在。同时,每当人的具身存在由于观念叠床架屋愈发远离感性实践,却仿

---

① 张祥龙：《儒家哲学史讲演录（第一卷）：孔子的现象学阐释九讲》,商务印书馆,2019 年,第 95~96 页。

佛愈是"本质"的状态,也唯有感性实践-生活世界方能对治,这也正是从传统的形而上学(它作为碾碎地方性的普遍性,曾随着资本积累结构在世界范围内的扩展,在观念-社会文化领域发生作用。)转向现代哲学。(它并不是对抽象普遍性的消解,而是在对抽象普遍性的否定的意义上对内涵的逻辑、生活世界、具身认知等的强调。)

2. 以符号兴发情绪:破碎符号束与激发情绪的现代方式

为进一步对前述异质要素、异质结构,以及异质运行逻辑做进一步分析,我们以同样围绕语言形式进行的当代大众娱乐中的说唱喊麦为例:

> 惊雷/这通天修为/天塌地陷紫金锤;紫电/说玄真火焰/九天悬剑惊天变;乌云/驰骋沙场;呼啸/烟雨顿;多情自古空余恨/手持了弯月刃;天地沦陷/气吞山河;崩/大权我手得/杀仙弑佛修成魔;剑出鞘我血滂沱/定太极八卦晴天……①

这种流行文化形态与"兴"有着质性差别:网络说唱激发情绪的方式与《诗经》中的"兴"的激发情绪方式不同。《诗经》的兴,是通过表达出一系列的意象,由这些意象构成一个完整的情境 A,再由情境 A 起到兴发情境 B 的作用,在情境 A、B 的结合下,兴发出情境 B 中的意象在字面意思无法涵盖的内容,并由此激发起超出情境 B 本身体验的更多体验,以及由此体验引发的特定情绪。说唱却并不通过把一系列意象构成为一个完整的情境 A 去兴发情绪。说唱所唱出的一系列意象很难被构造成一个特定的情境,这些意象所构成的是一个破碎的甚至相互矛盾的意象集合。说唱不是要构造起一个包含一系列意象的"关关雎鸠"情境 A,也没有一个明确要被兴发并超出"君子好逑"字面意象内涵的情境 B。而是由一系列破碎的彼此似乎勾连但又不清楚它们如何相互勾连的意象单子,以单点打击的方式,击打作为意识主体的听者,其中任何一个意象单子都有可能激发并扩充听者的某种既有情绪,这使得破碎的单子形态的意象集合比限制在特定情境中的意象系列,击中并引发情绪共振的可能性更大,能够激发的情绪类型也更多。两者都以情绪共振的方式来激发情绪,但前者的意象束有一个完整情境为中介,并通过这一完整情境对另一完整情境的兴发来完成,它超越对象化-概念化,但并不舍弃对象化与概念化的情境构造。但后者则不同,它用破碎意象束以单子式的不经完整情境中介的直接击打、刺激和撩拨意识主体来生成情绪。

---

① 来源:网络歌曲《惊雷》。

综上，我们不难看出，符号式的情绪兴发方式是取消了情境-场景的中介作用，通过符号提供的一系列破碎的意象，因而表现为非情境式体验-可感的意象，在一系列的意象单子的打击下，激发、撩拨或者扩充某个情绪。此处如果我们借用语言学研究中的能指-所指概念来说明（需要预先说明的是我们在此处借用-挪用甚至误用了专属某一学科领域有着严格概念界定的术语，原因是这样可以在现象描述中有更为清晰的描述，虽然这种描述不"符合"这一"专业"的现象分析，但它在本节中的使用是清晰且无歧义的），就能有更为清晰的理解。我们还是以歌词为例，唱出来的声音 A 相当于能指，声音 A 在人脑中形成的意象 B 相当于所指，这个意象 B 在实际生活中，曾被我们以某种形式感知到，这个可感性和经验性的实体状态相当于实指。在情境式兴发情绪的状态下，唱出来的 A1、A2、A3 作为能指，通过在人脑中产生所指的意象 B1、B2、B3，而它们的三个实指 C1、C2、C3，构成一个可感-经验性的场景-情境 C，个体通过情境 C 滋生出听这首歌的某个具体的情绪。之所以情绪是具体的，是因为场景-情境 C 在不同的人那里被经验到或感知到的方式是复杂而不同的，因而滋生的情绪也会有所不同，而对符号式的情绪兴发方式也不同。我们可以假设这样一个场景，如果一个说着你听不懂的某种方言的人出现在你的面前，他说出来了一系列你完全听不懂的能指 A1、A2、A3，这是不是意味着在这个交流中没有信息的传递呢？显然不是，起码你能在语气、表情、身体语言等方面接收到或者在某种程度上感知到对方的喜怒哀乐等情绪。如果你能够听懂对方所说的话，但是无法构造起一个完整的情境-场景的破碎的、零散的、单子式的 B1、B2、B3，对于个体来说，当然也是可以接收到某种情绪的。当通过诸多又有一定的关联，但这种关联又不是能够在逻辑上有联系，或者在场景上能结合的，单纯的情绪上的某种一致性，那么此种单子式的打击，就会直接地、连续地打击、激发、撩拨和放大在个体那里既有的某个情绪。这个情绪如果经由场景-情境来兴发，就会由于场景-情境的可感-经验性限制而相对稀薄。而单点式的打击则可以直接在情绪上"拔苗助长"，直接催发情绪。我们今天在互联网上看到的不断地刷同类情绪倾向的信息而出现的被催发和助长起来的情绪，它们很容易比自己所身处的环境下的情绪更为极端，个体的具身情绪与"键盘"情绪的撕裂成了现代人的重要性质。但无论是具身的情绪还是"键盘"情绪，都仍然是在同一个具身之中的，因而，"键盘"情绪并不是虚拟空间的某个没有现实影响的发泄点，它会渗透并影响着个体的思维方式、行为方式。这也是我们对这样的两种情绪兴发方式加以区分的原因。（需要说明的是，并非此前只有情境式情绪兴发方式，而今天只有符号式情绪兴发方式,而是要强调在传统社会下,情绪式兴发方式是一种主要的情绪兴发方式,而今天借助网络信息技术等多种手段,符号式情绪兴发方式的影响逐渐扩大,这是我们必须认真对待的社会文化场域中的重要变化。)

3. 前述两者对比之合理性与必要性的补充说明

需要立即补充说明的是:将传统文化中的"兴"与当代大众娱乐中的说唱喊麦进行对比的合理性-合法性问题:

第一,两者都是非逻辑理性式的活动。自费尔巴哈对概念-范畴式思想的反叛开始,以及包括克尔凯郭尔与尼采等在内的广义存在主义,到现代哲学将生活世界和生存状况提升到哲学基础的高度为止,前述两者都在非逻辑理性的意义上提示着某种溢出概念-范畴式思考的内容,两者均在提示着某种生存论意义上的人的感性活动境况,两者在这个意义上有可做比较之处。经由传统之"兴"而起的学科分工中的哲学思想试图经由概念化-对象化构造的情境来超越该情境,而当代大众娱乐中的说唱喊麦则抛开概念化-范畴化的情境构造,也抛开以构成形态的情境兴发情境的方式超越物化-异化支配,选择以破碎意象束单子式地直接击打意识主体产生非对象性的情绪。超出狭隘的精英-大众文化势差,从学科壁垒中走到现实生活中,就能看到在两者对比中凸显的当前人类的生存状况中的情绪要素。

第二,这一对比中提示的当代人的感性活动境况,对反思现代人的文化生活形态有着焦点乃至核心重要的地位。现代社会中的符号兴发情绪,即以破碎的意象束单子式地击打意识主体以构成某种情绪这种现代非逻辑理性的观念活动形态,借助信息技术和网络媒介,成为文化生活中一种不容忽视的现象。一个显例是:人们通过不断在网络上刷新针对某一新闻的评论,表达对该新闻的某一类赞同或反对的观点,通过不断刷新观看来强化初看该新闻时的先在定向情绪,在刷新观看或点赞评论诸破碎意象的活动中完成该先在定向情绪的释放。这一新闻借助网络会产生海量观点,但诸观点与该新闻事实之间的逻辑融贯以及新闻事实的真实性都不在上述刷新活动的视线内,观点只需能达成浏览新闻评论的意识主体所持先在定向情绪得到有效释放的目的。对有关该新闻的诸多观点的赞成与反对,直接取决于能否释放浏览新闻评论的意识主体先在定向的情绪,而不是取决于其对新闻评论观点形成过程中归因活动之逻辑是否融贯,或支撑该观点成立的"事实"是否客观、准确、完整。

显然,根据前述分析我们可以看到,情绪式观念活动的结构形态是兴发式的,它的现代形态则呈现为脱离语境的破碎意象束单子式地击打与撩拨意识主体,以此完成情绪激发和情绪释放。从情绪激发到情绪释放的过程中作为发泄出口的具体观点,其观点构造与观点表述活动都不是情绪产生之因,毋宁说,它是先在定向情绪为自身捕获或构造的适宜情绪释放的通道。因此,针对观念活动本身对其所依据之论据"事实"真实性的挑战,对其观点展开过程中归因活动之逻辑融贯性的反思,都不过是对先在定向情绪之发泄过程的阻抗,而非对先在定向情绪本身的对话"说服"式消解。因此,在对治情绪式观念活动中,意图通过对观念本身的反思与批判来实现对其背后情绪的消弭或制约,只能是徒劳。情绪要么去捕获其他可释放自身的观点,要么在情绪释放受阻抗后走向对前述反思的应激性逆反甚至谩骂,或超越对话争论的人身攻击,任何一个有网上新闻浏览经验的人都对此深有体会。基于此,对情绪的顺应或阻抗都不过是顶着理论外观的情绪式观念活动的附随物。唯有对情绪赖以产生的社会基础加以分析,并对从该社会基础到该情绪产生的发生原理和运行结构给出说明,从该情绪的兴发、转化或消除的过程探究其背后社会基础的变动与衍化,才能实现对当下时兴观念及其背后先在定向的情绪的反思,从而在理论研究中正视其存在,并摆脱其情绪式激发在理论研究和文化生活中的负面影响。而对本书中所阐发的现代化理论来说,其社会基础就是先发-后发这一动态结构中的主体自我意识。

(四)后发国家在现代化进程中如何应对情绪性观念活动

综上,我们需要一条既正视情绪又能自觉到情绪产生之社会基础的思想路线。在当今中国现代化道路上,马克思主义理论正是在上述意义中体现自身的理论领航地位的。作为后发国家,我们在现代化历程中对自身受先发国家之结构性影响,须有整体性与结构性的主体自觉和因发展带来的先发-后发动态变化的关系自觉。从动态关系维度上看,后发国家自身发展带来的先发-后发间经济体量、经济-社会构成的力量关系变化,引起了国家间关系变化。从主体自觉维度看,先发国家通过产业转移——包括其劳资关系的转移——形成的社会关系格局,以及在此过程中形成的遮蔽了产业转移过程中劳资矛盾转移事实的现代化理论,作为先在理论以外部反思的形态影响着后发国家在面对自身具体问题时的问题构造及解决问题对策的制定。基于这两重线索,马克思主义理论领航在文化领域尤其是作为文化生活核心的知识生产的过程中的具体展开可分三重向度:

1. 主体自觉:探索情绪式观念活动之社会基础

唐正东教授在比较马克思与海德格尔哲学时提示的如下观点值得细思:

> 马克思在现代哲学史上的贡献不在于用"劳动""实践""感性的对

象性活动"这样的内容阐释了人在存在论方面的内涵,并因此比海德格尔的不可言说的"存在"在内容上来得丰富,而在于从根本上超越了西方近现代哲学所活动的那种理论场地。如果我们仔细分析就会发现,自近代学科分工以来的西方哲学从某种意义上说是有一种"语言病"的。进而言之就是,用"人""社会"这样的概念来掩盖了这些概念在现实生活中所包含的十分丰富的内容。现实生活中有工人、资本家、地主、农民,如果用一个笼统的"人"来统摄这些内容,显然有抽象化之嫌。[1]

在同一篇文章中唐正东教授针对在西方哲学中常见的基于对马克思劳动概念的误解,树立一个不存在的思想对手来反对马克思主义理论做了解释:

> 劳动概念在《手稿》中的凸显,是马克思历史唯物主义思想萌芽的标志。如果看不到这一点,那就必然走向用笼统的、抽象的人的存在来遮蔽马克思即将在以后的思想发展中生长出来的人的具体的、历史的、现实的社会存在思想。"劳动"在马克思那里是一个社会历史性的概念,而不可能被解读为一个海德格尔意义上的"存在的历史的意义"之维度上的概念……[2]

这也是近年唯物史观具体化成为马克思主义理论研究重点的内在原因。因为无主体自觉地引进西方对马克思哲学的判断,只能是外部反思式的教条化剪裁、切割中国现实。但指认劳动是一个社会历史性的概念,或者说诸概念在马克思主义理论这里都是社会历史性的概念,都是在唯物史观这一维度上获得其真实意义的概念,这绝不是研究的完成,而仅仅是研究的开始,或者是为开始研究所做的哲学准备工作。真正的开始应该是对这一社会历史性的内在结构和运行逻辑的逻辑展开与理论阐释。

基于此,唯物史观具体化工作不能只停留在对马克思恩格斯文本产生时所借助的思想史资源、所面对的理论对手、所针对的彼时社会现实的分析,即不能只停留在讨论马克思恩格斯唯物史观的形成历程这样不断的"准备"活动中。而是要在这一基于文本的理论探索基础上,在当前的具体社会现象的分析中把握、描述和展示唯物史观之一般性原则在当下特殊性现象

---

[1] 唐正东:《资本的附魅及其哲学解构》,江苏人民出版社,2013年,第32页。
[2] 同上书,第25~26页。

之中的直接呈现。

在当前有关唯物史观的一些研究中,存在用一般性的唯物史观原则直接分析当前社会生活的问题。这本质上是以先在的形式化原则去分析与评价特殊性现实的"外部反思"式研究。要克服"外部反思"式研究遮蔽对社会现实自身运行逻辑的理解与把握的问题,首先就要说明一般性的唯物史观原则的形成,就是在特殊语境和特定历史条件下实现的。这样一来,从形成唯物史观一般原则的特殊语境 A 与当前特殊语境 B 之间的历史性衍化逻辑中直观其一般性的唯物史观,即要使唯物史观具体化活动得以成立,就必须立基于对双重特殊性之间的历史性衍化逻辑的理解。

因此,这就不是无特殊性反思的一般观念对当前现实的剪裁与塑造,也不是单纯强调这种特殊性而不能在唯物史观思想形成时的特殊性与当前特殊性中建立历史性的一般性的唯物史观基础上的本质关联。探索历史发展历程中情绪式观念活动的不同样态的社会基础,说明从某一社会基础引出某一特定情绪式的观念活动的逻辑路径,在社会基础与情绪式观念活动之间的运行原理和作用结构,并从这一过程中凸显后发国家自身发展及其与先发国家之间关系的变化,以及这一变化过程在情绪式观念活动的特殊表象中的具体表征,并以此来说明后发国家现代化历程中基于唯物史观之一般性而必然展现出来的自身的特殊性现代化样态之历史与逻辑的统一。在这个意义上,情绪式观念活动作为文化领域中的一种常见形态,对其展开系统反思是形成立基于后发国家具体国情的文化自主、文化自觉以及文化自信的前提性工作。

2. 关系自觉:在直觉与逻辑的辩证统一中反思诸观念活动之前提

情绪式观念活动有着某种直觉式的外观,直觉具有非对象性,故直觉内容总是以被直觉主体直接把握到的形态出现。这是情绪式观念活动难以在源头处被彻底消除的根本原因所在。情绪的产生有其社会基础,以另外一种情绪对治这一情绪,只会是两种情绪的对峙与基于情绪对峙的群体关系撕裂。但这绝不是无法可治,实际上无法回避的只是某一社会关系变动所引发的情绪,这一情绪本身是非对象性的。但对该情绪的描述,或者说以某一构造成型的观念做情绪释放出口发泄该情绪的系列活动过程,却并非与情绪的形成一样是直觉的、非对象性的。它不过是贴附在直觉之非对象性特点之上,冒直觉-非对象性之名得一自明之外观,从而逃过反思的监控,行撩拨、煽动情绪之实的对象性活动。当"意见领袖"所行之情绪式观念活动与以"知识人"身份进行知识生产活动混同时,则本只是作为情绪发泄出口的观念活动就因此有了知识-理论的外观。又因其情绪式生成逻辑,对其所持观点的归因活动之逻辑融贯的批判或对该观点所依之论据的客观性的质疑都会因其客观上阻抗了情绪以该出口发泄,进而产生对逻辑融贯或客观情态的反思与批判活动的逆反,反而被污为"杠精",或斥为"玻璃心"。渐成能毫无心理障碍地以"抛开事实不谈"行观点发泄情绪之实的观念活动氛围。双重身份于一身的观念主体在"受欢迎""被人捧"与"被谩骂"之间如何选择,考验着理论工作者的社会责任感、勇气与信仰。

　　出于上述原因,直觉式的情绪内容以及对该情绪的描述两者之间的差异必须明确,情绪内容的描述结论是——观念,必须接受逻辑理性的审视,直觉活动中对直觉内容的描述的合理性-合法性必须自证。同样,观念场域中有着逻辑理性之对象化-概念化样态的诸观点,也必须接受来自直觉的审视,以证成其描述和构造的具体问题是基于以感性实践活动的方式身处其间的实践主体能够直觉感知到并有"问题感"的观点,以此避免错将他者问题作为自身问题来研究的"问题殖民",以及将他者理论无反思地教条式应用到具体问题的问题构成与问题分析中的"外部反思"之弊。上述警示对后发国家而言更为重要,因先发国家以产业转移的方式同时转移了诸多社会矛盾,在后发国家发展中遇到表象上类似的矛盾时,先发国家往往宣称其通过某一理论"已经很好地解决了"其历史上的该类似矛盾。在后发国家在表象上出现与先发国家类似的矛盾。由该矛盾引起的群体情绪就会拣选并捕获先发国家"破解"表象上相似的该矛盾的理论,进而以先发国家的"成功经验"为评价标准,构造起一个先发优-后发劣的文化自戕的当代形态,并在该价值势差的隐蔽支配下寻找——实则在其捕获观点的同时被逻辑地决定了的——"问题的解决"对策。这个理论表象下的情绪式观念活动,并无对表象类似之矛盾与先发国家之矛盾"事实"的符合性分析,更无对从某一"事实"到其观点的逻辑融贯性反思,只情绪式地拿他者观点抽象地评价、宰制、切割、剪裁感性现实,其并非要通过此过程引出对策,而不过是在谩骂和自戕中宣泄先在的情绪。这不但会造成现实的损失,还会错失和荒废宝贵的解决矛盾的契机与空间。

　　更为棘手的是,这一情绪对观点的捕获活动,绝不是说一句"理论素养不够"或"未反思其理论前提"就能搪塞的,因此这也并不是提升理论素养或找到理论使用界限和预设前提就能解决的。这需要的是包含上述理论素养提升,理论使用界限和预设前提的澄清在内的,从社会关系基础这一维度出发,基于对后发国家自身不断发展、体量不断变化,因而与先发国家之间关系从此前的先发国家借助后发国家以实现其资本积累,转变为后发国家在优化本国产业结构和提升人民生活水平时不再是先发国家的资本积累

"供体",而是平等交往与对话的主体关系。先发国家原有资本积累受阻,从而情绪化地形成"零和博弈"思维,尝试通过打压后发国家回到原有的资本积累状态中去。在社会生活发生变化时,人们总是首先想到将这种变化视为脱离常轨,应激性地尝试回到常轨。也因为这一点,在后发国家发展过程中出现的这一先发-后发关系变化,在先发国家无法凭借其优势地位压迫后发国家,因而资本积累无法持续,进而诱发国内社会矛盾时,先发国家民众的群体情绪就会由此产生一系列的歧视、怨恨。这一情绪式观念状态与后发国家在先发国家极限施压下遭遇的发展挫折会导致社会关系的变动,而这意味着在该社会关系处,无法仅用既有生活习惯应对。对社会关系变动的适应会带来社会心理的变动,社会心理的变动表现为情绪定向的变动,从而在社会生活中诱发需要发泄的情绪点。后发国家在先发国家-后发国家全球资本积累结构中的相对劣势地位,叠加后发国家谋求脱离被寄生-被剥削的地位,追求公平和平等的生存与发展权利为原则的新型国际关系,后发国家必然会遭遇先发国家为维持其寄生性利益对后发国家所实施的打压,当这些打压引起后发国家具体社会关系变动时,作为对社会关系变动带来的社会心理变动的情绪化逆反,期望回到已经成为交往模式和行为习惯的被寄生-被剥削状态,回到在一段时间内已经是生活常规的状态,这种情绪极易通过捕获先发对-后发错、先发优-后发劣的文化自戕式观念产品进行发泄。会进一步形成一种先发对-后发错、先发优-后发劣的文化自戕式的情绪式观念活动,我们对此要高度重视。

这种后发国家在文化自戕的情绪前提的支配下所形成的对错优劣价值势差,会造成一种畸形的观念,即企图通过雌伏于先发国家的方式回到此前的资本积累逻辑中。若是这种图谋得逞,那么后发国家就会沦为"买办"形态的双层隔离,即一部分人失去追求良好生活的机会,另一部分人成为帮先发国家在本国行资本积累并借势在国内政治上和经济上获得优势的买办。也正是在这个意义上,我们的社会主义现代化强调发展为了人民,发展依靠人民,这背后有着发展自身现代化,坚定不移走自己的道路,包括文化自觉、文化自主和文化自信在内的"做好自己的事情"的深层理据。

3. 现代化历程中理论工作者的求真责任与求真使命

当今世界正处于"百年未有之大变局",世界格局的剧烈变化意味着会产生大量情绪式观念活动,这些情绪式观念活动会因与其他情绪的对立与互斥而发生情绪撕裂,进而引发观点对立(这种对立有时甚至会出现在很难称得上是对立的观点之间),在情绪支配下的观点撕裂会使合作行动的共识难以达成。这一点在当今世界范围内诸多话题事件上皆可显见。观点的撕裂背后是情绪的撕裂，不去追问情绪撕裂的社会原因，就不能看到观点对立的根源，就只会被各种情绪对立捕获的偶然观点之间的对立，甚至人为制造的观点对立空耗群体精神，撕裂行动共识，在虚设的一系列对立中相互攻讦和谩骂。社会关系不能得到及时有效的调整和优化，在毫无行动共识之可能性的情绪对立中形成越来越多的潜藏情绪点，等待捕获某一对立观点以激发、扩充并释放该情绪，进一步扩大对立、撕裂共识、降低合作行动的可能，形成恶性循环。

如果对这种情绪式观念活动所衍生出来的观点缺乏反思（包含与其赖以产生的社会关系基础之间的作用关系），就会在社会关系层面尚有达成共识的可能性，因而此处的先在情绪定向并未凸显之时，基于共识在行动中优化现有社会关系。而一旦被依靠流量、曝光度生存的群体强行构造观点来撩拨和煽动情绪的激起与发泄，观点就会迅速脱离与此相关的具体问题，快速抽象化为只有形式的好坏高低的价值争论，形成脱离语境的抽象价值争论下的情绪对峙局面。而具体问题早已成为情绪-观点对峙的抽象价值评价材料，双方各自以滑坡论证的方式说明其所持观点的"重要性"和"正确性"，占领制高点形成价值势差，将任何尝试在具体社会环境中有着界限和范围的行动共识，引向经由滑坡论证得出的忽略界限和范围的"严重后果"，使尝试改变状况的行动总是沦为价值劣势方。形成无实际行动和忙不迭占领抽象制高点的旁观者，以及无法言说也无力言说的行动者。而作为知识生产活动的主体，此时若畏于此种滑坡论证，在情绪式观念活动面前退避，也就失去了理论工作者应承担的社会责任和伦理义务。诚然，经由以逻辑融贯和论据之客观性为反思原则的活动发现情绪式观念活动，基于社会关系变动与情绪产生之间的运行原理和作用结构的分析，这一证券形态的求真活动对治情绪式观念活动有遭遇情绪式攻击的风险，但其有效性是理论工作者存在的本真价值。该求真活动不是事后的，当有人以"意见领袖"的身份行情绪式观念活动，制造能够煽动情绪发泄的观念产品时，求真活动可在同样的客观条件下展开。一个理论工作者不会因为"历史的局限性"就无法在他所处的时代从事求真活动。这就产生了一些疑问，比如，我们能不能尝试着去探究"六人事件"的真实性？如果这对当时的通信技术来说成本太高，那么从"六人事件"直接引出"国民性"的归因活动，能否在逻辑上成立？又或者，当一个人大谈特谈"国民性"并拣选某些"论据"去"证明""处处不如人"时，从其自命的"知识人"身份之职业道德责任角度看，其归纳"国民性"的活动是否合理？当然这样的理论对治情绪的活动是不够的，这只是求真活动的一个必然环节。因此，我们必须在此基础上深入形成该文化自戕现象的社会生活基础中，这同样可以在其时空条件下展开：文化自戕者与文化保守者在反复争论"国民性"是好还是坏，是比别人强还是不如别人的时候，其以先在的情绪所持的"国民性"标准可以在无数的世事中拣选而后做价值评判，这样"做习题"的"研究"可以做一辈子，却都只是指认某个抽象特性名之为"国民性"，拉上某个"事实"评价一番以完成情绪发泄。这样的情绪发泄中标示出的观点里就算有再多的"现实""事实""实际"，也都不过是符号游戏，若以此逻辑支配深入调查研究式的行动，则不过是多做几道价值评价的"习题"罢了。回首那个救亡图存而引起文化自戕的情绪式观念活动的时代，求真活动才是真正推动中国发展的核心。

因此，前文所述当后发国家面对先发国家时，在谋发展的过程中产生系统性文化自戕现象有其社会基础，但这并不意味着此种文化自戕就理所应当，更不意味着身处该时空中的人们会因为"囿于历史局限性"而只能如此。对此情绪式观念活动的当代形态的理论反思和主体自觉，正是今日理论工作者的使命所在。在这个意义上，知识分子要面对来自情绪式观念活动的压力，面对来自流量撩拨起来的情绪的压力，面对来自脱离具体事项的抽象"正确"及其滑坡论证后拟造的"严重后果"的压力。求真之真，既包含求观点所依据事实真实性之真，又包含理论内在运演逻辑融贯性之真，还包含超出理论界域的生命追求之真。这一求真活动，要面对诸多危险，常需孤独坚守，这注定了求真活动需要勇气和信仰。例如，马克思本人的一生，就是以勇气和信仰面对危险与挑战的求真的一生，这应是每一位理论工作者的榜样。

三、"先发-后发"结构下知识生产中评价逻辑与行动逻辑分裂

舆论姿态与舆论内容不再直接对应，这是当前先发国家舆论场的显著特点。这仍然是先发国家-后发国家全球资本积累结构在文化领域的体现。比如，在环保领域，在近年来先发国家舆论场中，一些环保组织在表达立场时呈姿态与内容截然二分的样态，如近年频繁出现的以倒牛奶、泼油漆等行为呼吁环保的新闻。

传统观念中舆论姿态与舆论内容总会有对应的一面，比如，用种树的行为（姿态）来呼吁环保（内容），以捡垃圾的方式（姿态）来呼吁环保（内容）。当前舆论领域的变化在于舆论姿态不以直接指向舆论内容，通过姿态直接推动内容的实现为目的，而是以获取舆论场中的话语权为目的。倒牛奶、泼油漆等（姿态）与其追求环保（内容）的目的不再直接相关。极端行为作为舆论姿态以获得关注度，进而取得话语权为目的。这也是为何在每个极端行为（姿态）的施行现场几乎都有专人拍摄，并借助其极端性吸引流量和话

题关注,在传播中获取话语权。这一姿态与内容的分裂表现为:具体行动与其所标榜的目标不再直接对应,而是以话语权为中介,因而行动的实际目的在于获取话语权。标榜的行动目标则是通过获取的话语权来敦促和呼吁他者去具体实行。即在该行动主体处,标榜的目标(如环保)只是获取话语权的抽象"正确",而不是规范行动方向的内在目的。

至此,舆论场中持极化观点、行极端行为者,并不是其所标榜目标的具体施行者,前者只是通过获取和业已获得的话语权以评判的方式范导和规训具体施行者的行动。我们将前者称为评论逻辑,它围绕话语权的获取展开。将后者称为行动逻辑,它围绕具体达成目标展开。两者不是直接相关,也并非毫无关联,它们在观念场域中通过影响人们对诸行为的价值判断,影响着人们的行为选择。

评论逻辑与行动逻辑的分裂在舆论场乃至在文化领域的作用,影响着后发国家现代化理论的建构,并因此影响着后发国家对自身现代化探索历程的正当性理解与价值判断。后发国家的现代化与先发国家不同,先发国家现代化是无前摄的,而后发国家现代化在发端处就有着先发国家的介入和影响,形成了先发-后发国家间关系随国力及国际局势变化而变化的动态关系结构,它在社会文化领域借舆论场中评价逻辑与行动逻辑的分裂结构,现实地影响着后发国家现代化理论的建构,进而影响着围绕现代化理论展开的对自身现代化发展道路的自我理解和价值评价,并经由这种自我理解和价值评价范导和限制了后发国家进一步发展现代化的道路选择。在这个意义上,没有在国际关系(先发-后发动态关系结构对后发国家的影响)层面对当前舆论场中评价逻辑与行动逻辑之间关系的结构性把握,就无法完成基于自身社会-历史现实的有着充分主体自觉的现代化理论建构。

(一) 行动与评论关系的古今之变

黑格尔在《精神现象学》中这样描述理论与现实关系的古今之变:"古代的研究者通过对他的生活的每一个细节都做详尽的考察,对呈现于其面前的一切事物都做哲学的思考,才给自己创造出了一种渗透于事物之中的普遍性。但现代人则不同,他能找到现成的抽象形式;他掌握和吸取这种形式,可以说知识不假中介地将内在的东西外化出来并隔离地将普遍的东西(共相)制造出来,而不是从具体事物中和现实存在的形形色色之中把内在和普遍的东西产生出来。"[1]展开来说,传统社会中,人们用以评价人、事、物的标准("普遍性")生发于地方性的具体生活中。具体生活是行动态的,且

---

[1] 〔德〕黑格尔:《精神现象学(上卷)》,贺麟、王玖兴译,商务印书馆,1979年,第24~25页。

评论又生发于该具体生活中,故而传统社会的评价活动总是寓于行动之中。所谓知行合一,从传统工夫论角度说,总是指向行动着的主体在具体生活状态中可以直觉领悟到的寓于具体生活中的"普遍性"标准(良知)。与此不同,现代社会中,人们用以评价人、事、物的标准则是跨文化、跨地域甚至跨国界的,它不但外在于地方性的具体生活,且反过来有着先在的评判、审视地方性具体生活之好坏的文化权力。以此先在的、外在的标准为"形式"去拣选、剪裁地方性具体生活中的要素"质料",组织和构造起该先在的、外在的抽象理论所指认并展开"研究"的"对象"。

行动与评论关系的古今之变,经历了在行动态具体生活中生发出评论态价值观念(仍是地方性),到以先在的、外在的抽象评论态价值观念去审视、评判、剪裁和重构行动态具体生活的根本转变。此变化之所以发生,是因为其背后是资本增殖的扩张本性对抽象普遍性的需求。[①] 这一对抽象普遍性的需求,是先发国家通过将后发国家从传统社会拉入现代社会,以达成其维持自身长期和高效的资本积累目的在文化领域的具体表现。传统社会的自足状态让后发国家自身缺乏现代化动力(所谓的资本主义萌芽可以持续几百年),先发国家要利用后发国家发展现代化来达成自身资本积累的目的,就必须迫使后发国家进入现代化,无论是采取殖民、战争,还是鸦片贸易等何种形式,其目的皆在于迫使后发国家进入现代化。后发国家在先发国家的外部压力下,为救亡图存,就不得不从传统社会向现代社会转变。直接的国防威胁引出"师夷长技以制夷"的器物现代化,甲午战败后的预备立宪追求的是制度现代化,新文化运动"打倒孔家店"及对"国民性"的大讨论,追求的则是文化现代化,以上种种皆是在先发国家的外部压力下,作为后发国家的中国救亡图存的应激反应。因此,后发国家的现代化在发端处即受到了先发国家的影响,且这种影响是结构性的。

前述先发-后发关系结构在文化领域的影响表现为,先发国家文化以先进-落后、文明-野蛮的权力结构对后发国家产生影响,这使得全盘西化与文化自戕成为后发国家现代化早期的常见社会现象。表象上是后发国家主动寻求文化改造,本质上则是后发国家被迫卷入现代化以求生存的被动过程在文化上的表征。一旦后发国家发展到了通过产业升级推动现代化,借此提高人民生活水平和综合国力的阶段,后发国家就不再仅是先发国家的世界工厂,而进入摆脱作为先发国家"代工"场所,承担几乎所有实体经济活

[①] 王晓兵:《学科建制化的逻辑及其前提批判——新文科建设中的马克思主义理论领航》,《山东大学学报(哲学社会科学版)》2022年第5期。

动却被先发国家拿去绝大部分利润的阶段。依托产业升级带来的自主技术和自主品牌让实体生产活动的利润更多惠及本国人民,这不仅使先发国家无法榨取大部分后发国家的利润分成以维持其资本积累,甚至使后发国家在产业升级中成为先发国家进行资本积累的对手。这是先发国家以"零和博弈"思维通过贸易摩擦、供应链脱钩阻碍后发国家产业发展的根因。

先发国家为维持它在先发国家-后发国家全球资本积累结构中的寄生性利益,在文化领域采取的措施是先发国家借助舆论优势,以抽象的、外在的"标准"评判后发国家的现代化发展,在舆论场中将后发国家发展现代化的努力描述成"威胁"。这一描述活动作为社会文化活动的一部分在评价逻辑与行动逻辑的当代结构作用下,也影响着后发国家一些人对自身发展的理解和评价。当后发国家发展中遇到与先发国家曾经历问题相似的状况时(事实上这只可能是表象上的相似,因为先发国家遇到该问题时,其所处国际关系与后发国家遇到该问题时在先发国家的结构性影响下的国际关系是完全不同的,经济全球化对两者的影响也截然不同),总是受到先发国家在遇到该表象相似问题时用以解决问题的理论的影响,甚至将之视为"有效"理论而不加反思地挪用,或将之作为"标准"理论来评价后发国家现代化探索中行动态的具体实践。在后发国家中常见的理论研究的"外部反思"即源出于此,也正因如此,反对理论研究的"外部反思"和教条式挪用,以深入社会-历史现实之中的方式展开理论活动,是后发国家现代化理论建构的前提性工作。[①] 但深入社会-历史现实绝非易事,不仅需要我们自觉到需要基于自身社会-历史现实展开理论研究,也需要清晰地深入社会-历史现实的理论路径的阐发。具体到本节的论题,这需要对当前舆论场中评价逻辑与行动逻辑的分裂现象,在基于后发国家所处先发-后发国家间动态关系结构的主体自觉基础上,给出清晰的结构性说明,只有这样,作为研究基础的社会-历史现实才会向我们敞露出来。

(二)行动逻辑与评价逻辑的作用结构

行动可概要地分为行动意志与行动对象两个环节。行动意志是指意欲施行某一行为的状态。它由某一具体情境引发,其结构为:① 主体身处某一情境;② 受该情境激发,产生某一定向情绪;③ 在该定向情绪的激发下,形成意欲施行某一行为的行动意志。我们可借助陈嘉映教授对当年轰动网络的"救黑熊事件"的分析来理解行动意志。

[①] 吴晓明:《从社会现实的观点把握中国社会的性质与变迁》,《哲学研究》2017 年第 10 期。

这些黑熊每天被抽取一次胆汁——把导管插入熊胆,胆汁顺导管流出。黑熊各个可怜无助,有些在插入导管的操作过程中伤口感染,痛苦异常,有些奄奄一息。这位朋友初次见到这个场面,深受震动。她从前从来没有想过黑熊,可从那天开始,她投入了救助黑熊的活动。①

当主体身处黑熊被取胆汁的情境时(环节1),产生深受触动的情绪(环节2),生发要去救助黑熊的行动意志(环节3)。

1. 行动意志与评价逻辑

在行动意志环节,评价逻辑的参与表现为:一些人认为这种救助黑熊的行为是"中产阶级的矫情",因为还"有更要紧的事应该做"。用陈嘉映教授的话说:

> 把世上所有的事情都放在对面,然后按重要性加以排列……我们该请哪位理论家来做这个"价值排序"游戏呢? 好,擘画天下的理论家为我们排出了次序。我们该按照这个次序先做最重要的事情,做好之后再做次重要的事情?②

陈嘉映教授的讨论为我们指出了行动逻辑与评论逻辑在行动意志环节上的矛盾。我们试着在此基础上向前推进一步:对"救黑熊事件"的那个所谓"有更要紧的事应该做"的评论,它的逻辑前提是抽离情境的,甚至是排斥情境的,它总是倾向于"普遍性",即它要构造起一个抽离语境的排行榜。在这个排行榜中,行动者的行为会被安置在某个具体排位上,当评价者意欲否定、稀释,甚至消解行动者的行动价值时,就可以拿出排序靠前的"要紧事"否定行动者所施行的具体行动的价值。至此,关键之处就落到对抽离情境的那个抽象价值排序标准的定义权上,即对话语权的争夺。这也正是我们在本节开篇处所讲的一些人以争夺话语权为全部行动目的去实行其行为的原因。因为掌握了抽象的脱离语境的标准的定义权,也就掌握了对诸具体行为的价值评价(好坏、优劣、高低)权力,从而通过价值评价潜移默化地范导和规训行为者的行为。但抽离情境或排斥情境,意味着这样的价值评价是非行动的"纯粹"评价,或者说只评价而不行动,评价是它唯一的行动,如果还有其他的行动,则只会是通过一些不相干的行动获得话语权,以便获得

---

① 陈嘉映:《价值的理由》,上海文艺出版社,2021年,第5页。
② 同上书,第6页。

定义、评价"标准"的权力。

从行动者角度出发,他的行动意志是在具体情境中生发的,只能是具体的。在行动意志的生成过程中,发生作用的是具体生存境遇的情绪激发逻辑,而不是评价逻辑下脱离语境的抽象价值排序(评价逻辑的抽象价值排序至多只是在日常的价值观陶冶中发生作用),评价逻辑不具有行动的迫切性与直接性,当基于非语境的价值排序对行动者的具体行动进行价值评价时,肯定性评价顺应行动意志内蕴的情绪,否定性评价则阻抗该情绪。行动者会通过捕获内含对他的行为有肯定性评价的观点,排斥内含否定性评价的观点,以此坚定其行动意志。在这一过程中,诸观点(无论是肯定性的,还是否定性的)并未参与"使自己的生命活动本身变成自己意志的和自己意识的对象",[①]而仅以帮腔的形式行使至多不过是"解释世界"的功能。只有对这种情绪式观念捕获的活动有清晰的自觉意识,方能避免理论活动的"解释"形态,让理论活动真正参与实践,推动实践发展的功能得以实现。

2. 行动对象与评价逻辑

行动意志环节侧重合目的一面,而行动对象环节则侧重合规律的一面。行动意志以意欲施行某一行为(如意欲救黑熊)为线索,而行动对象则直接勾连着达成目的所需诸客观条件的规律性,因此主要围绕对规律性的认识活动展开。在"救黑熊事件"中,从行动逻辑出发,涉及比如与黑熊所有者对黑熊所有权相关的权利,施救者救黑熊行为可能产生的侵权行为等具体问题。具体情境生发的,为情绪激发的行为意志,并不直接是行动的达成。行动的达成受制于行动对象的客观规律性。如不对行为对象的客观规律有一定认识,只凭行动意志行事,就可能因与客观规律、现行法律或公序良俗等相违而无法实现行动目的。如爱狗人士对运狗车辆的打砸,这就可能涉及故意毁坏财物。又如因收养能力有限,打砸运狗车辆后,造成局部区域流浪狗数量激增,狗伤人和狂犬病风险隐患等。基于行动意志标榜的良好目的的行为会因对行动对象规律性的认识不足而产生不良后果。

在上述行动对象环节中,评价逻辑的参与表现为:通过构造抽象的价值排序来尝试将其行动合理化。这一合理化是通过如下步骤实现的:① 构造起一个与现有价值评价体系不同的新价值排序;② 在新价值排序中原有价值评价体系的价值排序被否定;③ 原有价值评价体系中被视为与现行法律、公序良俗等相违背的不良行为,新价值评价体系通过对原有价值评价体系的否定,为在原有价值评价体系中视为"不良行为"的行为提供价值上的

[①] 《马克思恩格斯文集(第一卷)》,人民出版社,2009年,第162页。

合理性。倾倒超市的牛奶,这在法律上是毁坏超市财物,在公序良俗上是一种浪费行为,但行动者以其行动是为了呼吁环保为名,在构建围绕其所标榜的环保为价值标尺的新价值评价体系时,消解原有价值评价体系(倾倒超市的牛奶是毁坏财物行为)的价值合理性,获得话语权,营造新的舆论环境。至此,对行动对象之规律性的认识活动,就让位于以新价值评价体系的构造和在此过程中的话语权争夺活动。

与"救黑熊事件"类似的动物保护事件近年来在世界范围内频繁出现,与之相关的话题也是理论研究中的显学。比如,时下流行的围绕动物权利和动物伦理进行的理论探讨。学者们事实上是在认识活动这一行动逻辑的形式上,尝试阐发人与动物关系的规律性。这类研究以认识活动这一行动逻辑形态展开,其评论逻辑的价值性就因而只能以隐含前提的形式存在。这类研究的理论价值是毋庸赘言的,这是我们人类认识自身和认识世界的不可缺少的领域。但从知识社会学的角度看,这类研究在文化生活中却不是以理论参与实践并推动实践的方式发生作用,而是被现成的观点捕获或摒弃。研究成果是否被接受,与该观点的学理性无关,而是取决于该理论观点隐含前提中的价值倾向是否与新价值评价体系的价值倾向相一致。价值维度的党同伐异决定着理论研究的流行程度,这对严肃的以行动逻辑展开的基于认识活动的理论研究而言是悲剧性的,更是荒谬的。

3. 行动对象中生发新行动意志

通过新价值评价体系否定原有价值评价体系的方式,为行动意志在违背行动对象之客观规律性的状况下所施行的行动提供合理性,这一过程要面对原有价值评价体系赖以存在的社会关系基础的阻抗。当此种行为意志的落实遭遇来自对象规律的阻抗,进而行动无法达成目的时,整个行动意志就会以评价逻辑的形态出现。实际上,这一转变不会(至少主要不会)在实际行动中由于行动意志缺乏对行动对象的规律性的认识而遭遇阻抗从而转为评价逻辑,而是在其抛弃对行动对象的规律性的认识之时,就已经是"纯粹"评价逻辑,即新价值评价体系自始即是以脱离行动的符号空转方式,行单纯否定现有价值评价体系的评论活动。其极端行动是为构造其话语权服务,其在头脑中预演(也许是幻想)的具体行动也不过是为其构造新价值评价体系提供抽象"正确"的手段而已。

当评价逻辑脱离行动逻辑单纯进行否定性的符号空转活动,并以此达成其获取话语权的目的时,舆论场的评价逻辑与行动逻辑就呈现出分裂的形态。评价逻辑内生出自身的行动逻辑,即以获取话语权为目的伴随着一系列意在博流量、博关注的表演行动,与这一系列行动相配合的,是建立在脱离具体语境的,有别于现有价值评价体系的,围绕某一抽象价值观大词(抽象"正确")展开的新价值评价体系的构造活动。环保议题如是,少数群体议题亦复如是。评价逻辑借助的抽象"正确"的大词,其特点是:① 脱离语境的抽象"正确";② 有明显价值属性,可作为价值制高点的大词;③ 可作为新价值评价体系道德制高点的大词。至此,在围绕该抽象大词展开的新价值评价体系,一方面可对实践活动中诸行为给出价值判断,从而范导和规训诸行为。另一方面通过把争夺话语权的行为置于该大词构造的道德话语体系中,为自身争夺话语权时采取的以博流量、博关注为目的的极端行为提供合理性背书。

而对于必须依靠行动逻辑行事的人来说,在从事具体行动时,面对抽象大词构造的评价体系,行动者本能的也最便利的策略是捕获利于其行动实行的观点,拒斥不利于其行动实行的观点,以此作为辅助行动展开并达成其行动目的的评价逻辑。但这样一来,行动者对自身的行动就难以产生有意识的反思,而只能是凭借行动经验实行进一步的行动,以及为进一步的行动捕获合理性说辞。在这种情况下,理论便完全失去了推动实践的作用。

要推动实践,就必须在行动逻辑中自然生发出自身的评价逻辑,以此避免抽象评价逻辑以其话语权干扰、稀释、消解和腐蚀行动者具体行动的价值和行动道路选择的合理性。这一从行动逻辑生发评价逻辑的致思路径,正是马克思主义理论研究中的唯物史观具体化工作,其在现代化理论层面,则是作为后发国家的中国,在先发-后发国家间动态关系结构中,建构中国式现代化理论的工作。

(三)行动证成中的评价:后发国家现代化历程中理论与实践的关系

在当今的现代化理论中,有两种研究进路较为典型:第一种研究进路围绕现代性说明现代化的"本质"特征。它走从抽象到具体的路,以先在普遍性和本质为线索,表现为对现代社会诸现象的"诊断",将现代化视为现代性的一系列征候。先发国家"率先"进行的对现代性的"诊断",就成为该进路的主要理论资源。因而相关研究活动表现为对西方批判现代性的理论做进一步阐发,或使用某一批判现代性理论对中国发展中遇到的现实问题做评价。此类"诊断"无论对现实做多么细致的描述,其本质都是理论活动的外部反思。它借用他者理论剪裁、重构"现实"并给出"诊断"结论。对此思路的批判,集中于对其抽象借用-挪用某些理论对特殊性现实进行外部反思,因而未能真正深入中国现代化的特定社会-历史现实中的弊端,具体表现为批判它在理论活动中对既有理论的教条挪用和外部反思。[1]

---

[1] 吴晓明:《论中国学术的自我主张》,复旦大学出版社,2016年,第118~129页。

与此正相反,第二种研究进路则聚焦现代化发展过程中的诸现象,表现为强调诸现象的特殊性,以此对治前一种研究进路中以先在的现代性"本质"将诸现象中特殊的发展要素与发展结构当作"质料"剪裁、拆解和重构的问题,揭示被前一种研究进路遮蔽的具体的、特殊性的发展结构。但这一思路极易因现象的特殊论而导向理论的相对主义。一旦强调的是没有内蕴普遍必然性的特殊性,它就无法在诸现代化理论共存的场域中形成有效对话,也就因此无法在普遍必然性的层面阐发中国式现代化道路的合理性和必然性。正因此,将特殊性研究引向对其内蕴普遍必然性的说明,即在现代化理论中推动唯物史观的具体化,[①]实现具体道路选择的特殊性与其内蕴的现代化发展的普遍必然性之间的辩证统一,是建构中国式现代化理论的前提性工作。

对前述两种研究进路的批判,无论是对外部反思式教条挪用他者理论的批判,还是对无普遍性之特殊性的批判,皆有前辈学者做了系统而深入的分析,这为我们提供了强有力的理论支援。但正如唯物史观具体化不意味着先研究唯物史观而后具体化,或先有一唯物史观的普遍性规则再将之具体应用。建构中国式现代化理论的工作,只能是在一系列富有特殊性的具体理论研究中直接呈现出其中的普遍必然性,一定意义上说它是历史现象学意义上的理论研究。[②]鉴于此,在前辈学者为我们提供的理论资源基础上,在中国式现代化理论构建这一理论活动中,下述原则正是特殊性与普遍性辩证统一的前提和基础:

1. 语境:先发国家与后发国家关系的动态结构

在有关国际关系的研究领域,前述普遍性与特殊性的辩证关系亦是前提性的:诸国家皆为民族国家(普遍性),各个国家有各自的特殊国情(特殊性)。在国际关系中找到普遍性与特殊性的辩证统一,这是廓清中国式现代化理论建构之基本语境的前提性工作。要完成这项工作,卢森堡的资本积累理论是我们可以利用的思想资源:卢森堡看到了先发国家在资本积累需求的推动下,会将后发国家拉入其资本积累游戏中,达成其维持长期和高效资本积累的目的。这是资本必然会超出国界从而形成世界性资本积累结构的基本逻辑。[③]它表现为:先发国家以其先发优势迫使后发国家在救亡图存的紧迫形势下,被迫从传统社会进入现代社会。这在文化层面形成了先

[①] 唐正东:《历史特殊性与唯物史观的具体化路径——从普殊同对马克思批判理论的再阐释谈起》,《学术研究》2022年第1期。

[②] 张一兵:《回到马克思(第四版)》,江苏人民出版社,2020年,第609~610页。

[③] 〔德〕罗莎·卢森堡:《资本积累论》,商务印书馆,2021年,第361~365页。

进-落后、文明-野蛮的价值权力势差,后发国家在救亡图存的现实需求下,接受该价值权力势差,从而在现代化初期出现集中的文化自戕现象。而随着后发国家产业升级,资本积累游戏难以维持后,先发国家就会对后发国家进行全方位的打压(试图以此恢复资本积累逻辑的先发-后发关系),推行供应链脱钩行为。(通过将该后发国家排除于资本积累逻辑外,维持在其他后发国家所处的先发-后发关系,并将该后发国家作为对手以排除在供应链之外的方式来打压其产业发展。)这一先发-后发国家间动态关系结构的巨大转变,在文化上表现为后发国家文化自主意识的觉醒(包括对此前文明-野蛮、先进-落后文化权力结构的质疑与反思),先发国家借助当代舆论评论逻辑与行动逻辑分裂的特点,以抽象的脱离语境的方式评价后发国家发展,在文化上否定后发国家现代化发展道路的合理性。(包括在自身无法通过榨取后发国家实体经济利润引发其资本积累结构变化时,将因社会关系变动引发的群体情绪引至后发国家谋求现代化发展之上。)

至此,若后发国家的理论研究者仍坚持资本"自由竞争"的"神话",那就是完全无视先发-后发国家间的动态关系结构及其基础性影响这一基本语境,沦为缺乏理论研究中基本主体自觉的观念殖民衍生品。列宁的"一国胜利论"正是建立在他对当时的国际局势和资本主义发展阶段的理解和把握基础上的,是对"自由竞争""神话"的揭示:"经济和政治发展的不平衡是资本主义的绝对规律",[①]先发国家不会因为"自由经济"的观点就取消对后发国家产业升级的打压,相反,他们只会为了维持长期的和高效的资本积累(靠先发-后发国家间的"经济和政治的不平衡"来实现)而放弃"自由经济"的观点,而不是为了坚持"自由经济"的观点,放弃利用先发-后发国家间的"经济和政治的不平衡",维持后发国家承担全部实体生产只能得到少许"代工"利润,巨额利润被先发国家以金融资本、管理权与所有权分离、技术垄断、"无形资产"等形式榨取的资本积累游戏。没有对上述先发-后发国家间动态关系结构的清晰把握,没有对我们本国所处国际政治、经济、文化位置随经济体量变化而转变的主体自觉,就不会有从中国式现代化道路探索中生发的中国式现代化理论。

在后发国家探索自身现代化发展道路过程中(行动逻辑),先发国家不断以虚悬外在的抽象评价逻辑稀释、消解、审视、否定后发国家行动逻辑的合理性。后发国家一旦缺乏对先发-后发国家间动态关系结构的主体自觉,在发展历程中遭遇具体问题时,就无法以内蕴于自身行动逻辑的评价逻辑

[①] 《列宁选集(第二卷)》,人民出版社,2012年,第554页。

（内蕴于道路特殊性之中的原则的普遍必然性的中国式现代化理论）把握具体问题，深入社会-历史现实中做出准确的理解和把握。甚至会因没有构建起普遍性与特殊性辩证统一的中国式现代化理论，在"提出问题""分析问题"时皆受制于虚悬的抽象评价逻辑，在他者划定的"问题"上空耗资源。使得行动逻辑遭遇抽象评价逻辑的稀释、消解和腐蚀，只能沉默地行动并以实际效果发声，缺乏以自身理论建构的形式发出自己的声音，提供中国智慧，为世界做出中国的理论贡献。从这个意义上说，中国式现代化理论的建构，是中国式现代化发展道路中不可或缺的重要一环。

2. 否思：警惕情绪式观念活动渗入理论研究活动

在当今舆论场中行动逻辑与评论逻辑的分裂状态下，行动意志赖以形成的生存境遇及其先在的情绪定向，会以捕获与先在情绪定向的价值倾向同质的观点为由，以之"解释"自身行动意志的合理性。此时，针对该观点所依据之论据的客观性和论证过程逻辑的融贯性的反驳，所反驳到的只会是作为先在定向情绪发泄口的具体观点，而非情绪本身。其接受某一观点实为先在情绪定向根据价值倾向的同质拣选并捕获到的，而不是严格意义上知识生产式的理论研究活动。例如：当泰坦尼克号海难中六名中国船员幸存——在美国彼时其群体心理中的反华情绪支配下——被美国各类报纸媒体在未经证实的情况下诬指成偷渡者、假扮女人、懦夫得以幸存时，这些媒体的观点制造是围绕其时社会群体情绪的定向进行的，在未经求证的情况下制造可供先在群体情绪定向捕捉的观点作为该情绪的发泄口。①

这些观点传到中国后，在彼时作为后发国家的中国，在先发-后发国家间关系结构的作用下，在社会文化层面表现为：无人追问，哪怕是质疑这些观点得以成立的事件的真实性，也没人反思从几个人的行为（即便这是真的）到"国民性"甚至"人种特性"的归因活动是否有逻辑上的合理性，文化人士们就忙不迭地斥之为"又一国耻"。② 这一过程，不过是文化自戕这一先在情绪定向捕获到了泰坦尼克号的六名华人幸存者这一事件作为证明"国民性"低劣和"文化落后"的"论据"，以之为发泄其自戕情绪的出口罢了。没有"六人事件"，先在情绪定向仍能捕获其他事件作为"论据"，还是能发泄其文化自戕情绪。重点不在于作为"论据"的诸观点是否客观真实或合情合理，而在于能否发泄该定向情绪。先发-后发国家间关系结构的变

---

① 〔美〕施万克：《六人：泰坦尼克号上的中国幸存者》，丘序译，中信出版集团，2022年，第123~147页。

② 程巍：《泰坦尼克号上的"中国佬"：种族主义想象力》，漓江出版社，2013年，第295~296页。

化,后发国家在先发国家的外部压力下被迫从传统进入现代,社会关系的变化造成的群体情绪波动,只能在社会关系的进一步变化(如综合国力的发展,产业升级活动等带来的先发-后发结构变化)中才能得到真正的解决。

文化自戕情绪来自后发国家在先发国家压迫下为求生存从传统进入现代的社会关系变化。在情绪层面上尚且不能以情绪对治情绪,更不要说以论据客观性和逻辑融贯性去对治作为情绪发泄出口的某个具体观点了。情绪式观念活动有其社会关系层面的基础,因此它是社会文化中难以避免的现象。但情绪式观念活动一旦渗入以知识生产方式展开的理论研究活动,进而形成理论研究的外观,那么理论活动参与实践并推动实践发展的功能就根本无从谈起。而这一点在中国这样一个意见领袖与从事知识生产的知识人身份多有重合的文化形态下,其弊更是风险巨大。一旦理论研究中渗入情绪式观念活动,进行理论对话及在理论对话基础上的合作行动就几无可能。近代中国的全盘西化者与文化保守者之间从对话到争论再到谩骂的过程,情绪式观念活动的那种以观点争论为表而以情绪对峙为里的"对话"方式即是显例:

> 我们必须承认我们自己百事不如人。不但物质机械上不如人,不但政治制度不如人,并且道德不如人,知识不如人,文学不如人,音乐不如人,艺术不如人,身体不如人。①
>
> 少年的朋友们,现在有一些妄人要煽动你们的夸大狂,天天要你们相信中国的旧文化比任何国高,中国的旧道德比任何国好。还有一些不曾出过门的愚人鼓起喉咙对你们喊,"往东走!往东走!西方的这一套把戏是行不通的了"。我要对你们说:不要上他们的当!②

鉴于此,将理论活动置于评论逻辑与行动逻辑的关系结构中审视其理论前提,反思其理论研究的思维方式,排除情绪式观念活动的干扰,恢复理论参与实践并推动实践发展的功能,是建构中国式现代化理论要做的基础性和前提性工作。

3. 继承:缺乏主体自我意识的借鉴只能停留在挪用层次

大规模借鉴西方学术研究成果,自中国在救亡图存压力下探索现代化道路起延续至今。改革开放后,随着对外交流的加强,翻译和介绍西方学者

---

① 胡适:《胡适经典文存》,上海大学出版社,2004年,第295页。
② 同上书,第294~295页。

的思想已成为学术研究的日常性工作。这是中国深度融入全球经济,并以之推动自身发展的需求。"吸收外来"是理论研究的必然要求,但如何"吸收"才能持续推动自身理论建构,激发自身哲学社会科学理论发展和体系构建,则必有其前提。这一前提就在于对作为主体的自身有明确的自我意识(语境上的先发-后发动态关系结构,思维方式上对情绪式观念活动的警惕和拒斥)。否则,就只会是他者的传声筒,在知识生产的理论研究外观下,沦为域外学者在本国学术市场上的独家代理人。研究者以率先、首先"引进"域外某学者的理论,以先占该学者的"范式"为公式,以现实为材料,进行常规-常态式的做习题式研究。只要域外一日有新学者,此种独家代理和"范式先占"的常规-常态式的做习题式研究就能维持下去。如果没有研究的主体自我意识,无论在常规-常态研究中对现实描述得有多么细致,做习题的"题海战术"的数据覆盖面有多广,都仍是未深入社会-历史现实的外部反思式研究,沦为渠敬东教授所批评的研究困局,学术研究只能发表平常百姓同样可以发表的公共意见,而无法以理论特有的方式,对社会现实提供有着理论高度的理解与思考。[1] 这让理论活动愈发脱离实践,成为自顾自空转着的学院化符号工艺品制造活动,也正出于这一原因,我们看到,在当今社会生活中出现了对于"专家"的调侃性称谓"砖家"。人文社会学科与自然科学研究有着质性差异,自然科学经过多年的发展有着清晰的学科框架、庞大的学科系统,以及精细地展开研究的方式,这与自然科学的研究对象直接相关。而人文社会学科的研究对象,是由实践着的人所组成的历史性发展着的社会。直接使用自然科学的研究方式,一来研究对象的质性差异排斥直接地借用,二来研究方法的前提需求(如清晰的学科框架、庞大的学科系统等)都不具备。如果人文社会学科的学者不是为了使人们对社会和实践中的人本身有更多的自我理解,使人对自己所处的社会和处于社会之中的自己,构造成自身的"意识的"和"意志的"对象,那么人文社会学科的价值,就

---

[1] 参见渠敬东:《传染的社会与恐惧的人》,《清华社会科学》2020年第1期。需要稍加说明的是本书对于几个有关理论研究的现象的反复引证,其用意在于说明这种现象的影响绝不仅仅在于理论语境,或仅在于文化结构,或仅在于对社会心理的影响,这种理论研究陷入常规常态化的狭窄的中层研究之中,对变局时代毫无理论应有之智识支援的状况,其作为原因,其影响是全方位的,其作为结果,是受来自先发国家-后发国家全球资本积累结构的影响的。同样的多次引证还包括对胡适的"处处不如人"的引证,这段话是要说明,文化自戕的现象源于与理论活动直接相关的社会心理,但其影响是波及整个理论活动的全过程的。此外,对吴晓明教授强调的"外部反思"问题的引证,从原因上说,"外部反思"是对现实之遮蔽、措施和遗忘的直接原因,从结果上说,"外部反思"之所以形成,其背后有着先发国家-后发国家全球资本积累结构下,后发国家追求自身现代化过程中所要面对的普遍问题。这一现象是理解并真正把握中国式现代化实践探索的关键。

无法凸显。人们在何种状况下需要一个专门的人来告诉一个平常百姓自己也能给出同样程度的理解与表达的公共意见？只会是发表意见者较之大众自身的发言有着更高的关注度和更大的传播可能性，此时观点的传播并非促使人们增进对自身实践状态的理解，而是在情绪式观点的发布与传播过程中激发、撩拨并放大某个先在情绪，这是一个传播学的问题，又或许是一个社会心理学的问题，但无疑，这类观点并不是适格的理论对话对象，它只会是也只能是一个研究对象。人们研究社会心理，或者研究传播学的目的，至少以此研究为志业的学者，不是为了利用这些方法去达成某个名利上的目的，而是为了让人们意识到那种激发、撩拨或者放大的行为对我们来说意味着什么。没有这一点，理论研究者就必然会在网络平台上被拉到与网红意见人士同一个平台上争论谁所持的常识更正确，这让理论工作的求真本性荡然无存，沦为诸多网络意见之一种。

鉴于此，唯有将理论置于先发-后发国家间动态关系结构的基础语境下检视其理论前提，在行动逻辑-评价逻辑的结构中审视该理论的作用方式和运行原理，方能摆脱那种将待"吸收"的理论抽象地视为普适"标准"，以之为"形式"将社会-历史现实视为"质料"来剪裁和重构的弊端。找到理论活动作为实践活动之特殊形式，作为对实践活动的主体自我意识的致思方式，为理论活动参与实践并推动实践发展提供具体化的路径，阐发路径展开后的结构形态和作用原理。

在这个意义上，没有比对我国现代化发展历程中诸阶段的思想成果和文化现象给出历史唯物主义视角的分析，更能够说明中国式现代化及其理论建构的发展探索历程中的内在逻辑和道路选择在原则上的普遍必然性的方式了。也正因此，前辈学人的思想努力是我们最宝贵的理论财富，而不是拿诸如"哈贝马斯式的""阿尔都塞式的""拉康式的"研究等以一个语词符号将前辈的思想努力轻易缝合，再冠以"过时"理论而弃之不顾。这不是一句"我是研究面向全人类的一般现代性的"说辞就可搪塞的。哪怕是研究全人类的"一般现代性"理论，其"一般"也只能在特殊性的现实中得到呈现，而不是有个脱离所有特殊性的"理论一般"放在某处供人研究。这意味着，"不忘本来"是为了深入自身现代化道路探索的社会-历史现实之中，而"吸收外来"则是丰富对实践活动的主体自我意识。即对后发国家来说，没有脱离行动逻辑的、虚浮的、抽象化的评价逻辑，只有围绕行动逻辑生发的特殊性与普遍性辩证统一的评价逻辑——中国式现代化理论。

第四章　理论建构的后发属性：
不同时期后发国家的
现代化理论建构史梳理

通过前面三章的分析，我们对理论活动的时代性，理论活动背后文化结构，文化结构之中非理性的社会心理要素的影响，以及社会心理要素背后的一般生产关系基础等，给出了系统的阐述。虽然我们在分析的过程中努力通过引入一系列的文化现象来增强理论铺展的可理解性，但前述内容以文化哲学为视角分析并说明理论活动之理论前提的形成基础及其作用方式，毕竟都仍然处在现代化理论建构工作的前提之处，这就意味着如果只有前述分析，就很可能如我们在前几章反复强调的那样，停留在前提之处，说明什么情况是对中国式现代化之社会-历史现实的错失，但以何种方式构建起来的现代化理论方能是立足于现实之中的，却只有"要形成×××自觉"，"要在理论活动中意识到×××的影响"，这实际上是一种消极的思考，对于积极的建构来说，它尚未开始，或者说仅仅是建构工作的一个起点。正是在这个意义上，本章需要在前三章所做的理论准备的基础上，以一系列的具体的现代化理论之形成过程和具体形态的分析为样本，形成一个完整的思想操作示范。

比较研究是近代以来的重要研究方法，其产生和发展的原因，自然可以从我们在此前的先发国家-后发国家全球资本积累结构及其文化结构上找到根据。20世纪20年代初，梁漱溟先生的《东西文化及其哲学》引发的关于中、西、印文化的思考，表征着后发国家在从传统社会进入现代社会的过程中，在文化领域中的探索方式。[1] 比较研究意味着对自身主体性的确认，对自身特点的界定，在与他者的比较中完成对自身文化的自我理解和自身发展。严格来说，在全球化的时代下，要完成自我理解和自身发展，进行比较维度的研究是必然的，它是为理论活动提供主体自觉、界限自觉的前提。

---

[1] 参见梁漱溟：《东西文化及其哲学》，上海人民出版社，2020年，第91~198页。

在这个意义上,对域外诸现代化路径的分析,以及不同国家在追求自身现代化历程中所形成的不同现代化理论,这一整体所表现出来的现代化道路探索与现代化理论建构之间的互动结构,不单能够为我们提供一个对本书前文中阐发的理论方法的具体示范,也不单可作为我们展开关于中国式现代化理论建构的镜鉴,同时可在比较研究中,帮助我们更好地理解中国式现代化理论建构工作作为理论活动自身的特点,从而在理解他者中理解自己,在自我理解中实现自身发展。

一、先发国家现代化理论对后发国家现代化理论建构的影响

我们此前已强调过,先发国家与后发国家的结构是一个动态的结构,并非先发国家或者后发国家就特指某一个国家。与中国和其他发展中国家相比,在国家间关系中,日本处在先发国家的位置上,而与美国相比,日本在两国关系中就处于后发国家的位置。正是各国在现代化历程中所处的"先发-后发"国际关系结构的不同,造成了各国现代化历程呈现出各自不同的样态,其在文化层面上的表征则是各自有着不同的对现代化-现代性的理解,以及本国社会文化形态的不同。

(一)"先发-后发"结构在不同历史阶段和不同国家中的具体行动策略

原则一:现代化以独立自主的民族国家为基石方能持久,尤其是后发国家的现代化。早期后发国家现代化的发展策略与理论建构,从现代化的经济角度看,荷兰与英国之间有着我们在此前分析的"先发-后发"结构。荷兰(一定意义上也包括葡萄牙和西班牙)较之英国更早开始贸易和殖民,荷兰相较于后来居上的英国来说,是一个更为"纯粹"的经济体,它缺少彼时英国能够为资本发展的贸易和殖民所提供的更为强有力的国家支持。且身处欧洲大陆的荷兰,无法如英国那样只通过发展海军就能够保证本土的安全,荷兰要应对来自欧洲大陆(比如法国)的国家安全压力。[①] 在这个意义上,所谓的先发国家的经济发展起源于科技革命和自由贸易的说法,从知识生产的角度看,更像是一种事后的叙事技术。英国以举国之力开展从军事到经济等各个层面上的综合竞争,或许是更为接近实际的样态。这实际上绝非个例,如俾斯麦时期普鲁士的崛起,这个相较于英、法的"后发国家"正是以今人所谓的"国家主义"实现了技术的提升。没有强有力的独立自主的民族国家作为支撑,普鲁士从一个西欧的"后发国家"开始的现代化道路就无从谈起。那种从含糊的所谓"民族性格"入手的分析,就如同清末民初将各

[①] 钱乘旦总主编:《世界现代化历程(西欧卷)》,江苏人民出版社,2015年,第231~235页。

种问题归于"国民性"一样,更多的是救亡图存压力下的情绪式文化自戕而已。只不过其对他者的"民族性格"的归因,表现为浪漫式的文化"慕强"情绪罢了。

原则二:后发国家的发展必然是在先发国家群的影响之下进行的,因而在后发国家的现代化发展策略中,与某个具体先发国家的动态关系,该先发国家在全球资本积累结构中的位置,先发国家之间基于世界资本积累而形成的国家间关系等要素,就是后发国家制定发展现代化的具体策略时需要考虑的重要的动态要素,甚至是结构性的动态要素。美国与英国之间的关系是较之英国与荷兰更典型的"后发-先发"结构。英国开始在世界范围内将更多后发国家拉入它的资本积累活动中作为其资本积累"供体"时,美国仍是一个在争取自身独立,进而在北美地区推动领土扩张的后发国家。[1] 美国在处理与彼时以先发国家角色出现的英国之间的关系时,主要从两个方面入手:一方面是以欧洲的国家间关系来制衡英国,比如,独立战争期间法国所扮演的角色。另一方面是以"门户开放"的动议构造一个自身为"先发国家"的"先发-后发"结构,以此参与瓜分世界其他地区的资本积累"供体"的活动。以欧洲国家间的相互制衡关系来谋求自身的发展,这说明在"先发-后发"结构中,先发国家群体并非铁板一块,也绝非利益诉求一致,各个先发国家也会基于自身在全球资本积累结构中对自身资本积累的规模扩大和效率提升的考量而制定外交政策,因此,先发国家之间也存在着围绕资本积累活动而展开的国际竞争。而我们今天看到的先发国家在"先发-后发"结构中表现出来的利益相对一致和行动一致,是因为后发国家群体谋求自身经济发展和人民生活水平提升,使得先发国家群体作为一个食利性整体,无法再最大化地压榨后发国家"供体"为其资本积累服务。

此外,以"门户开放"的动议来参与瓜分资本积累"供体",是在包括英国在内的诸老牌帝国主义国家已经将"优质"资本积累"供体"瓜分殆尽,划分势力范围的情况下,通过改变对后发国家"供体"的使用方式来参与资本积累,即从某一先发国家对后发国家的单一殖民到诸先发国家对后发国家提供的资本积累利益以"自由竞争"方式瓜分。在先发国家间竞争并不激烈的现代化早期,英国并不以直接占领并统治殖民地的方式构造"先发-后发"结构以进行资本积累活动。一旦先发国家为实现自身的资本积累而竞争愈发激烈,会导致在先发国家之间发生战争,以及对作为其资本积累"供体"的

---

[1] 钱乘旦总主编:《世界现代化历程(北美卷)》,江苏人民出版社,2015年,第353~358页。

后发国家的争夺。竞争的升级带来的是以对殖民地的实际控制来排斥其他先发国家在此的资本积累，但这也带来了统治成本的提升。在先发国家瓜分作为资本积累寄生"供体"的海外殖民地的竞争中，处于落后位置的先发国家，一旦无法采用资本积累世界化的方式通过寄生"供体"维持其资本积累活动，就会加剧先发国家国内资本积累结构中的劳资对立，先发国家间就会因此爆发各种形式的矛盾与冲突，比如，较之英、法为后发国家的普鲁士和日本。依靠国内资本积累所积聚的矛盾，使得先发国家间为实现资本积累世界化所需要的"供体"而产生各种形态的战争不断升级，从局部战争到地区冲突，进而引发世界大战。

在前述意义上看，"二战"是一个分水岭，"二战"结束后，世界资本积累格局随着世界格局的稳定而基本维持稳定状态，特别是在苏联解体后，世界格局呈现所谓"一超多强"的局面，美国作为"世界警察"，其所维护的正是"二战"后建立起来的"先发-后发"结构下的资本积累活动。以此再来理解中东的石油问题，东欧巴尔干地区频发的危机，美国对欧洲一体化的暧昧态度和对欧元崛起的警惕、对中国发展的打压，以及"重返亚洲"的布局等一系列复杂事件，我们就能够有更为清晰和深入的把握。这不是一事一议的应激性反应，同样作为产油国的美国何以耗费巨资维持其在中东地区的影响力，其中能源在国际贸易中的结算方式与资本积累之间的关系是重要的考量因素。能源的结算方式是美元，还是黄金，又或者是欧元，直接影响着既有的全球资本积累结构能否维持下去。因而，这绝不是如早年间一些人士所说的那样：花费海量经费投入一场局部战争中，绝不会是为了石油，因为这些投入甚至比获得的石油的费用高出很多倍。这种观点其实没有看到局部战争的爆发与维持全球资本积累结构之间的关系。美元霸权是既有的全球资本积累结构的表现形式之一，美元霸权与能源结算之间有着诸多关联。没有整体的资本积累的结构性视角，就不可能看到国际局势中局部问题的内在衍化逻辑和发展走向。有人强调世界从全球化走向逆全球化，但是我们必须看到，这一所谓的"逆"绝不是回到了全球化之前的几大块经济体相对隔绝的状态，而是在全球化的基础上的"逆"，是先发国家为了维持其全球资本积累结构中的既得利益，对尝试通过技术升级和产业升级的方式谋求自身发展，在客观上不再是先发国家的单纯"供体"的后发国家进行打压。

在原则一和原则二的基础上，看今天的世界，对后发国家来说，若是安于自身作为"供体"的命运，通过低端产品的制造维持先发国家的资本积累，同时应对因先发国家产业转移同时转移来的劳资矛盾，就会由于自身社会结构的变化而累积越来越多的劳资矛盾和其他社会矛盾。又因为先发国家在产业转移中将劳资矛盾一并转移,客观上在其国内形成了此类矛盾较少甚至消失的现实局面。一旦将先发国家"独立-独力"缓解了本国矛盾的表象,与先发国家某些现代化理论勾连起来,将先发国家国内矛盾缓解的原因归结为先发国家构造起来的某些理论所起的作用,这些理论就会以"标准"的姿态,评价后发国家中出现的表象上相似但本质上不同的矛盾,以及后发国家对矛盾的具体应对措施。在"先发-后发"结构的文化层面上,借助先发国家的文化权力优势,以该理论评价后发国家对劳资矛盾的处理活动之优劣、高低、好坏,进而范导后发国家在处理国内矛盾时的行为选择和策略制定。在文化领域,以文化霸权维护现有资本积累结构,以及自身在此资本积累结构中的既得利益。各国对此知识生产之现实背景应有清晰的认识,否则,尤其是对后发国家来说,域外理论的教条式使用,以域外理论之国内"代理人"自居,都是一种在缺乏主体自觉的情况下被问题殖民和文化支配的状态。

(二) 日、俄作为后发国家的现代化

1. 日本的现代化背后的先发-后发结构及其文化影响①

在帝国主义瓜分世界的历程中,相对西欧和美国的现代化过程,日本有着一个其所处的特定国际关系形态下的先发-后发结构。且日本的现代化的发端也是在先发国家的外在刺激下开始的。需要立即说明的是,我们在本节中讨论的是日本从传统社会转入现代社会的过程中所处的国际关系形态,及其在这一国际关系形态中随着其自身的发展而不断变化的国际关系内涵,在此基础上日本的现代化路径的选择,以及这一选择所包含的对彼时正在走向世界化的先发国家-后发国家全球资本积累结构的态度。(本质来说,日本的做法是想要循着这一结构从后发的被剥削地位转为先发的剥削者-寄生者的地位,这一点在日本现代化初期对中国的各种政策及态度中可以显见。)我们只对这一阶段进行文化哲学的反思,并不探讨今日日本社会

---

① 本节的内容,尤其是其中有关现代化的文化方面的材料,主要来自钱乘旦总主编的《世界现代化历程(东亚卷)》的"第一部分:东亚现代化的文化背景与国际环节",以及浜野洁等人所著《日本经济史 1600—2015》,〔日〕浜野洁、井奥成彦等:《日本经济史 1600—2015》,彭曦等译,南京大学出版社,2018 年。此外还参考了美国学者和荷兰学者对日本现代化转型时期的文化转型状况和社会结构状况的分析〔〔美〕唐纳德·基恩:《明治天皇(1852—1912)》,曾小楚、武秋玉译,上海三联书店,2018 年;〔荷〕伊恩·布鲁玛:《创造日本(1853—1964)》,倪韬译,四川人民出版社,2018 年〕,以及金冲及先生在分析中国从传统社会进入现代社会过程中,国际关系中的日本因素〔金冲及:《二十世纪中国史纲增订版(第一卷)》,生活·读书·新知三联书店,2021 年〕,笔者在这些材料的基础上,以本书的先发-后发的全球资本积累结构及其对知识生产的影响,作为基本线索形成了本节的思考。

到底哪些地方是现代化的,哪些地方是非现代化的等这类问题。因为此类问题首先涉及不同的关于现代化的定义,诸现代化定义的合理性-合法性问题,这在今天仍然是一个众说纷纭、莫衷一是的领域。

日本在受到美国作为先发国家带来的国家安全方面的外在刺激之前,一直都以传统中国作为其发展的对标对象,以中国文化作为其文化发展的模仿对象。也正是因为如此,日本在推动自身进入并发展现代化的过程所表现出来的样态,成为同样受到来自欧美先发国家带来的迫在眉睫的国家安全问题时的后发国家寻找进入现代化的参考方案时首先关注到的案例。日本能够在彼时的先发国家-后发国家全球资本积累结构逻辑下,从后发转变为先发位置,其原因可以从两个方面来看:一是当时的先发国家-后发国家全球资本积累结构相对较为松散,日本地处东亚地区,欧美老牌帝国主义国家在东亚地区的注意力主要在中国,这给了日本发展空间。二是"一战"的爆发,给了日本在亚洲对当时包括中国在内的后发国家攫取资源,包括通过扶植军阀代理人等方式获得在中国的铁路修筑和铁路管理权、要求段祺瑞政府在山东雇用日本军警、在日俄战争前后将军队开入哈尔滨、齐齐哈尔和满洲里等,以此来构造以日本为先发地位的先发-后发的寄生性-剥削性的结构的空间。① 只要按照既有的先发国家-后发国家全球资本积累结构的逻辑发展,那么对外的军国主义对日本来说就是不可避免的。以其狭小的地域快速发展资本主义,其工人受剥削程度必然会迅速提升,劳资的尖锐对立,会推动日本走上对外殖民扩张的道路,因而日本的发展实际上是其他老牌帝国主义国家对外殖民扩张的翻版,这一点从日本强调"主权线"之外还要有"利益线"的国际关系思维中即可显见。② 同时日本在这一时期对马克思主义理论的引入也正是其国内劳资矛盾亟须转嫁的表征。

我们可以将日本现代化的发展历程称为:军国主义式的现代化。在日本原有的持续较长时间的社会结构形态中,占据各个阶层的社会角色基本上是固定的,无论是天皇的角色,还是幕府将军的角色,抑或是此时已经基本失去生产资料的武士阶层的角色,在社会整体结构维持较长时期稳定的局面下,这一结构就是一个"超稳定结构",它很难通过内在的社会矛盾而被彻底打破。

美国作为先发国家,尝试对日本推行经济殖民,这对日本的国家安全带

---

① 金冲及:《二十世纪中国史纲增订版(第一卷)》,生活·读书·新知三联书店,2021年,第141~154页。
② 同上书,第4页。

来了直接的威胁,这种直接的威胁迫使日本改变原有的"超稳定结构",寻求通过变革的方式来摆脱国家安全受到威胁的局面。客观上也就形成了一种基于先发-后发国际关系结构下的日本的现代化道路选择。这种后发式现代化,在文化上表现为"脱亚入欧",从原有的长期依附传统中国文化的形态,转而向全面转向西方文化的形态。在这一时期日本翻译并引入了海量的西方文化领域的文献材料,事实上在此后,当清政府经历了两次鸦片战争后,尝试通过进入现代化的方式来维护自身的国家安全时,在文化层面上,除了直接向西方世界派遣留学生,引进西方文化,还有一个重要的途径就是借助日本翻译和引进的大量西方文化典籍来学习西方文化。日本在近代中国寻求与西方的文化交流中起到了交流中介的作用,比如,诸多西方人文社会学科中概念的译名先由日本翻译再转至中国,日本的中介作用由此可见一斑。

但是这种文化层面的转向,诚如我们在此前的分析中所言,它是以更为根基性的社会生活转变为根据的。在日本,这样的文化转变极易在某些文化研究者的叙事中被看作初始的原因,从而忽视文化转变背后社会转变的基础性作用。之所以出现文化层面上的"脱亚入欧",直接的原因是迫在眉睫的国家安全问题,对于在此先发-后发结构中的日本(后发)来说,只有通过缩短甚至抹平这一先发-后发的实力差距才能够应对这一问题。在当时世界尚未被帝国主义瓜分完毕的情况下,在日本作为一个资源贫瘠的岛国的地缘条件下,这种将自己在这一先发国家-后发国家全球资本积累结构的游戏中从后发"升格"为先发的可能性是存在的。而日本正是通过军国主义的社会改造来完成这一转变的。

一段时间里,在对日本为何发动侵华战争这一问题上,有一种看法十分流行,即认为日本在经济方面是"现代"国家,而在国家结构上是"传统"国家。但这样的分析实际上割裂了日本进入现代化和发展现代化的过程中的特殊情况,没有看到先发国家-后发国家全球资本积累结构的基础性影响。其所隐含的前提是认为日本的现代化发展仍然是"自然而然"的、无干扰的,同时将欧美等先发国家的现代化作为唯一的现代化发展的标准,以此来审视日本的现代化发展哪些是符合了欧美的"现代化"的标准的,哪些又是不符合欧美的"现代化"标准的,因而不是"现代"的,而只能是"传统"的。这实际上就回到了我们在本书开篇时所强调的那个由先发国家构造起来的在先发-后发结构基础上的文明-野蛮、先进-落后、现代-传统的文化权力势差的线性结构中,受该文化权力结构的逻辑强制而得出的"判断"。只要我们将日本从传统社会转型到现代社会这一现代化过程中的诸多社会要素作为一个社会有机整体来看待，就能够发现，其转变为"现代"的部分和仍然停留在"传统"的部分，两者之所以以这种形式发生转变并相互结合成为一个社会结构整体，以此整体向前衍化，是有着深刻的社会结构背景的，这也就是我们说的军国主义现代化。

一个社会结构的转变，首先就意味着原有的社会结构中扮演着各种不同角色的社会阶层，其社会角色将要发生变化，而作为所有社会结构转变中最为激烈的从传统社会向现代社会的转变，诸社会阶层的社会角色变化则是颠覆性的。日本在先发国家施加的国家生死存亡的压力之下，其改革必然呈现出对原有的在传统社会生活中处于实际领导角色的阶层的打破。在幕府时期作为社会直接统治阶层的幕府将军就必然在日本现代化转型中遭受打击，并因而产生角色颠覆的阶层。这种颠覆在日本是通过统治阶层顶层的天皇与统治阶层底层的武士甚至包括与平民阶层的合作来完成的。我们在本书前面的章节的分析中可以得出这样一个判断：任何一个国家的现代化都首先且必然包括军队的现代化。拿破仑之所以能横扫欧洲，不仅仅在于他的军事天才，更在于他实现了从征兵形式到军队组织形式的变化。欧洲科学技术的迅速发展与持续几百年的战争是紧密相关的。对于后发国家来说更是如此，后发国家面临的首要风险就是国家的生死存亡。清末洋务运动首先在军队的武器装备方面进行革新，进而对军队的组织结构和编制形式进行改革。在日本社会中，严格来说不是作为武士阶层与天皇之间对处于中间层的国家实际管理阶层的争斗，而是在整个国家所有阶层都倾向于保持国家存续，在提升国家实力的这一目标下，逐步实现现代化的军队与天皇一起对处于中间层的国家实际管理阶层的革命性重塑。这种重塑绝非一朝一夕就能够做到，也绝非将整个的国家实际管理阶层彻底清除就能够实现。弥散在整个"二战"期间的日本陆军的"下克上"传统，实际上不过是现代化变革过程中对原有实际管理阶层的瓦解和重塑的过程的副产品。同样，对于天皇的神化，以及这一过程中的极端崇拜，客观上推动日本社会在现代化过程中瓦解维护传统社会关系的原有国家管理阶层，并以天皇崇拜作为国家转型过程中合作行动的共识基础。

这是对日本军国主义现代化的内在社会结构衍化的简单梳理，但这种内在社会结构的衍化实际上是无法独立持续下去的，也就是说，如果只有内在现代化，那么这种内在现代化的状态对日本来说就是难以为继的。对于处在先发国家军事压力下的日本社会，全社会的总体共识所围绕的核心议题是，通过各种手段谋求国家安全，继承自"脱亚入欧"中向西方学习的现代化道路。对日本这样一个资源贫瘠的岛国来说，要让现代化在日本有提升国家实力的效果,就只能向外去构造以日本自身作为先发国家的先发-后发结构。在这个意义上,军国主义现代化必然是以对外的殖民与扩张为基础的。①

唯有在此基础上理解日本的现代化历程,以及批判地分析日本现代化发展过程中产生的诸多现代化理论,才能够把握在先发国家-后发国家全球资本积累结构之基础上日本的现代化发展道路的动力机制和发展历程,以及在这一过程中所衍生的诸多有关日本现代化的理论的隐含前提。在此基础上的"吸收外来"才是有着真实的理论启发和借鉴意义的工作。也唯有在此基础上才能对当今的日本在国际关系中的一些做法进行带有历史性视野的解读。

2. 沙俄的现代化背后的先发-后发结构及其文化影响②

与本节将对日本的现代化问题的思考置于日本从传统社会进入现代社会这一阶段相同,我们在讨论沙俄的现代化历程时,也同样只聚焦于从传统社会向现代社会转型的阶段,分析在这一转型过程中作为知识生产和广义的社会文化的演化基础的社会存在。至于此后包括苏联阶段和苏联解体后的俄罗斯的发展状况,其与现代化之间的关系的诸多理论观点,牵连着各种有关何为现代化的不同定义,也就牵连着诸定义的合理性-合法性问题,这仍然是知识社会学的分析对象,但不是本书的思考对象。当全球化推动整个世界进入现代社会之后,何种现代社会的具体形态是"现代化的",是一个更为复杂的知识权力问题。用今日的诸种有关现代化的定义去分析从传统社会转型为现代社会的过程,无可避免地要受到隐含在该现代化定义背后的作为理论前提的划分标准和价值倾向的逻辑强制。因而,我们将论域限定在从传统社会到现代社会的转型阶段,这一阶段的相对清晰和大量标准上的共识,是我们跳出当下的现代化-现代性的复杂知识形态为数不多的

---

① 〔日〕浜野洁、井奥成彦等:《日本经济史:1600—2015》,彭曦等译,南京大学出版社,2018年,第130~140页。

② 本节的宏观分析框架以钱乘旦总主编的《世界现代化历程(俄罗斯东欧卷)》为基础,主要参考"第一部分俄国现代化:寻找俄国特殊性"的相关内容,以及参考张建华教授的《俄国史》《帝国风暴》等著作中对俄罗斯历史文化的材料[张建华:《俄国史》,人民出版社,2022年;张建华:《帝国风暴:大变革前夜的俄罗斯》,北京大学出版社,2016年];许金秋教授的《19世纪至20世纪初俄国政治现代化理论与进程研究》中对俄国政治现代化理论与进程的相关论述[许金秋:《19世纪至20世纪初俄国政治现代化理论与进程研究》,社会科学文献出版社,2018年];鲍维金·瓦列里·伊万诺维奇的《第一次世界大战前夕的俄国金融资本》[〔俄〕鲍维金·瓦列里·伊万诺维奇:《第一次世界大战前夕的俄国金融资本》,张广翔、刘真颜译,社会科学文献出版社,2022年]等著作中的俄国经济研究材料等,并以本书先发国家-后发国家全球资本积累结构及其对知识生产的影响为基础,形成本节的思考与判断。

办法。

　　沙俄的现代化发展是早于日本的,但如果从欧洲的范围来看,沙俄的现代化与英国、法国甚至德国相比都是后发的,即所谓"帝国主义的最弱一环"。从文化层面上说,在彼得大帝时期就已经开始向欧洲学习,并不能直接被认作现代化的"内生性"的起步,它同样也有着浓重的国家安全上的考量。从基辅罗斯时期开始,沙俄就是欧洲文明的边缘地区,无论是毗邻的波兰王国,还是一度强大的立陶宛,都对沙俄采取过军事行动,双方之间都曾发生大大小小多次战争,对沙俄来说,来自欧洲的压力,一直是其"安全焦虑"的激发点。以此为出发点,我们再看沙俄的现代化,就能将其所采取的现代化发展策略概括为一种"贵族现代化"。

　　沙俄的文化现代化历程与日本的"脱亚入欧"不同,沙俄本身就是处于欧洲边缘地区的国家,不像日本从传统社会到现代社会的转型过程中要克服的来自中国传统文化的影响。沙俄的文化现代化表现为一种对正统教权的标榜与学习西欧英、法等国文化之间的奇怪组合。这也塑造了沙俄时期的一个重要的文化特色,即在渴望融合并被西欧诸国承认的动机和渴望作为正统因而独一无二的文化体的动机两种动机对立下的共构文化。一方面,沙俄贵族阶层的主要交流语言仍是法语,另一方面,沙俄贵族阶层又直接与参加战争的"贵族荣誉"相关。但如我们分析日本的现代化历程时所说的那样,文化层面的分析并不是究竟的或根本性的,它背后仍然有着社会结构在发挥着基始性作用。沙俄介入欧洲历次战争,与它谋求得到欧洲诸国的承认,和欧洲诸国对它的战争直接相关,而从直接原因上看,仍然是"安全焦虑"。我们做这样一个假设,沙俄是否可能不参与整个欧洲的任何国家间的事务?从地缘和历史两方面看,这显然是不可能的。一方面,东欧与沙俄较近的波兰、立陶宛以及奥斯曼土耳其等,都或多或少或大或小地与沙俄之间存在着争端,"安全焦虑"绝不是"被迫害妄想症"那么简单,而是有其形成的原因。另一方面,西欧地区步入现代化之后,早期资本主义工业的不断发展,让先发国家的国内劳资矛盾日趋激烈,19世纪席卷整个西欧的工人革命,正是这种劳资矛盾的集中表现。要处理这样的劳资矛盾,向外构造起跨越国界的世界性的先发国家-后发国家全球资本积累结构,并以此提高资本积累效率,缓解国内劳资矛盾,对先发国家来说就是符合其资本积累目的的必然选择,这首先就是以向邻近的欧洲其他后发国家的扩张来实现的。在外部环境的影响之下,对于作为相对后发的沙俄来说,它对现代化的谋求就势在必行,而这种现代化首当其冲者自然是军队。拿破仑改变了征兵方式,实际上也同时改变了战争的逻辑,那些以贵族和雇佣兵为主要成分的旧式军队,在与拿破仑的军队作战时,不但军队规模相差甚大,更重要的是在军队兵员的补充和军费开销等方面有着巨大的竞争劣势,因而就必然出现我们在前文所述的情况,一旦所有国家为了提升军队的战斗力而改革军队组成结构和武器装备,就同时改变着转变后的组成结构中的人,改变着持有与此前不同的武器装备的人。如发生俄国革命时的水兵,要操作彼时机械化的船只和船只上的复杂装备,对其在文化上的要求就会比此前的战争中对士兵文化的要求高。而以沙皇和贵族为核心主体所构成的国家,却非多数公民对其有归属感的民族国家,那么为何而战就必然是一个首要问题(战争规模的扩大,势必造成军队规模的扩大,这不再是贵族增加雇佣军就可以满足的了,于是我们可以设想:如果打输了我是农奴,打赢了我还是农奴,那这仗为什么是我来打呢?),而对这一问题的回答直接导向的是构造一个值得公民为其而战的民族国家。在这个意义上,俄国革命推翻沙皇统治,就是俄国现代化历程中必然会发生的事情。它不是一些现代化理论所认为的那样,人们在文化上认识到了人人平等,封建制度不如资本主义制度"优越"。而是在现实的迫切需求之下产生的一系列具体行动,文化上的"现代"认识正是这一过程中的一个部分,它不是原因,也不是完全的附属,而是实践活动的自身区分,是具体的历史性实践活动的一部分,是历史性的对自身的理解,即历史性的自我意识。

3. 历史制约下的现代化道路

日本与沙俄的现代化道路,有着一定的共性,这是笔者将两者放在同一节来考察的原因。两者的共性首先表现在以下方面:第一,两个国家都是在列宁"帝国主义论"中所说的"帝国主义已经将世界瓜分完毕"之前开始的现代化。相对于西欧和美国这些先发国家,两个国家都属于后发国家。两个国家在自身现代化中与英国这种几乎没有先发国家干扰的"内生性"的"自然而然"发展起来的现代化国家不同,都受到来自国际关系,尤其是国际关系中的先发国家的影响。因而此两国的现代化道路不能以英国经验为基础的那种"现代化"理论来衡量。以抽象的普遍的"现代化理论"去衡量日、俄两国的现代化历程,只会得出一些诸如此两国在这个领域虽然进入了"现代",在那个领域还是"传统"这样毫无价值的外在抽象评价。唯有在先发-后发结构中才能够从总体上把握两国的现代化历程中的发展逻辑。第二,两个国家都有着以自身历史作为制约条件的现代化发展道路。这一点与我们此后要分析的拉美国家不同。拉美国家在发展历程中受到的来自历史文化的制约是相当稀薄的,且拉美国家的现代化也不是原住民的现代化,而是在将原住民消灭殆尽的状况下推动的现代化。日、俄两国的现代化则不同,日本的现代化是对原有千年之久的对中国传统文化的依附的彻底颠覆,这样对历史文化的颠覆,意味着对表征为该历史文化的社会结构中的诸实体阶层的生活世界的颠覆,因而是有着真实的、实在的、社会基础层面的历史性制约的。俄国则是受到自身历史发展中特殊的宗教氛围、文化结构、贵族-农奴制的生产方式等基础上的历史文化的制约。在这个意义上,有着长久历史文化积淀的国家,在以原住民为主体的现代化转型过程中,必然要经受来自历史文化方面的制约,且这种来自历史文化层面的制约绝非用一种"新文化"替代人脑中的"旧文化"就能够实现的,而需要转变"旧文化"得以长期在历史中存续的社会结构。

前述两条共性的分析说明,以原住民为主体,受到历史文化条件制约的后发国家在推动自身现代化的历程中,不可能不去考虑历史条件,这不是那种不去考虑社会结构的以抽象的"现代化"知识直接套用在具体后发国家之上能够完成的。因而对于后发国家来说,在以先发国家-后发国家全球资本积累结构为基础的国际关系下,后发国家自身所处的经济地位,以及自身发展对于该结构的影响等为语境的国内社会结构分析,才是完整和准确的。正是在这个意义上,我们才能够看到毛泽东在《矛盾论》中分析中国社会阶级矛盾时以帝国主义的介入和对国内发生影响的方式为结构性影响要素的分析方式的合理性与科学性所在。

(三) 拉美国家作为后发国家的现代化及现代化理论的生产①

拉美国家的现代化,以及围绕拉美国家的现代化生产出来的一系列现代化理论,在世界范围内都有着重要的影响。拉美国家的现代化能否被当作一个整体来分析,这是一个有争议的话题,与前述将日本与沙俄从传统社会进入现代社会的转型阶段作为论域的限定相同,本书对拉美的现代化历程的分析也只限定在传统与现代的二分结构下,拉美国家具有特殊性,没有日本与沙俄这样历史绵延而来的传统社会,其现代化历程从发端之处就表现出彻底的殖民形态的外源性特征,在这一点上拉美国家是可以被当作一个整体来思考其现代化问题的。(当然,我们这样说并不意味着我们认为分析拉美诸国在此后的发展无法使用我们在本书第一章中所构建起来的先发国家-后发国家全球资本积累结构这一基本视域,只不过这样的国别分析并

---

① 本节内容的宏观结构描述主要来自钱乘旦总主编的《世界现代化历程(拉美卷)》,主要以巴西、智利、阿根廷为分析基础,参考拉美学者对自身发展中的国际要素的理解[〔乌拉圭〕爱德华多·加莱亚诺:《拉丁美洲被切开的血管》,王玫等译,南京大学出版社,2018年],在先发国家-后发国家全球资本积累结构及其知识生产逻辑的分析框架下完成本节的思考与判断。

不是本书所聚焦的问题。)

  一系列以拉美国家为例证,甚至基于拉美现代化发展而产生的现代化理论概念,在现代化理论中占据着重要的位置。比如,"中心-边缘结构""中等收入陷阱"等。作为"反面教材"与占据西方舆论宣传的"普遍的"实则是脱离具体场景的抽象的"现代化理论"的"正向说明",正好构成了先发国家构造其文化权力势差的完整形态。"正面说明"主要负责"证明"自身作为"标准"的合理性,这种"合理性"实际上是通过拣选"论据",构成一个逻辑上自洽的叙事来完成的。而对"反面教材"的说明,是通过指责某一后发国家在其现代化过程中,为应对本国具体的特殊性现实制定的策略,违背了先发国家制定的关于现代化的"普遍性""标准"这样的评价活动来具体完成的。这是一种典型的结果导向论证:某一后发国家在发展中取得的成果,是因为遵循了先发国家制定的"普遍性""标准"制定政策。某些后发国家在发展中遇到困难,是因为没有按照先发国家制定的"普遍性""标准"制定政策。这一文化势差的建构作为一种知识生产活动,在巩固先发国家-后发国家全球资本积累结构中的作用,我们在此前章节中已做了详细讨论,我们在此基础上来重新审视拉美国家作为后发国家,在现代化过程中所走过的道路,在这一过程中从自身出发的现代化理论生产,以及自身被作为"反面教材"的知识生产的不同,也包括对这一知识生产产品质性差异的原因的分析。我们可以笼统地将拉美国家的现代化历程概括为:依附式的现代化。

  拉美国家从"发现新大陆"开始,长久以来就是作为向欧洲国家供应产品的角色而出现在国际关系中的。早期的西班牙、葡萄牙等国家对拉美地区的殖民主要是对包括黄金在内的贵金属的掠夺,还有对诸如木材等资源的掠夺,即对于资源的直接掠夺。在这一掠夺的过程中,在殖民战争和瘟疫等影响下,拉美的原住民逐渐失去了他们长久生存的家园,沦为在少数自留区域内过着困窘生活的弱势方。随后臭名昭著的黑奴贸易使得美洲向欧洲提供的产品结构发生了变化,如棉花的种植和运输,以及粮食的出口等。拉美的经济结构高度依赖于欧洲的经济发展,这就意味着拉美在最初的先发-后发结构中有着极强的依附性质,所谓的中心-边缘结构,在拉美地区实际上呈现为一种对欧洲经济的依附状态。以阿根廷的发展为例,阿根廷作为一个重要的粮食生产地,在欧洲有大量粮食需求的时期,其经济就能够呈现出比较好的发展势头,而当欧洲经济发展陷入危机时,作为依附角色的阿根廷,就成了危机首先波及的地区。"一战"后大伤元气的欧洲国家对拉美国家的各项产品的需求量出现了不同程度的下滑,拉美国家自身的生产结构并没有在其现代化发展的过程中实现基本的经济自主性,而是仍然主要依附于先发国家做"配套"生产,无论这个先发国家是"一战"前的欧洲,还是"二战"后的美国。

拉美国家现代化发展中的这种依附性,使得其现代化呈现出一种"先天不足"的状态,经济发展没有一定的独立性,也就缺乏对经济波动和国际局势变化的抵抗力。曾经有学者以抽象的"现代化"的"标准"作为依据,将阿根廷视作"发达国家",或者起码是一个接近于"发达国家"水平的国家,其评价标准只有单薄的人均收入,或者总收入,而对阿根廷国内的产业结构的独立性和完整性缺少评价。当阿根廷等几个拉美国家国内出现经济问题时,忙不迭地将人均收入作为一个"规律性"的指标,强调其陷入"中等收入陷阱",并且将之随意适用到世界上的其他将要步入"中等收入"的发展中国家,一方面描述"即将陷入中等收入陷阱",另一方面兜售其"普遍的""标准的""现代化理论",以之作为"万能药方",对治该"中等收入陷阱"的病症,而宣扬的"药到病除"不过是范导的巩固。同时,如果没有"药到病除",就拣选某些政策作为论据,说明该国并没有百分之百按照先发国家制定的"普遍性"的"标准"方案去执行具体政策,才会导致失败。当我们将目光从单一的关于收入的数字"标准"转向更为完整的这一收入数字的产生基础、收入背后的产业结构、产业结构的依附性状态等方面时,就能够清楚地看到,对于拉美国家来说,每一次接近"中等收入",都处在全球资本积累结构运行处在一个有利于提供原材料的依附方的时期,而从"中等收入"到"中等收入陷阱"则是因为有利于依附方的时期已经过去。同时,我们还要注意的是,这种从有利于依附方的时期到这一时期的结束,并不是某种偶然的、无规律的波动。在先发国家-后发国家全球资本积累结构中,后发国家的角色和地位,是先发国家资本积累的寄生供体。一定程度上的"波动"是"正常的"经济规律,但由于这一先发-后发结构能够让先发国家将波动时的风险与矛盾转嫁到后发国家,后发国家就要在国内矛盾与转嫁来的矛盾的双重叠加下趋于崩溃。也就是说,与经济波动同时存在的总的趋势仍然是后发国家被寄生、被剥削的底层逻辑。在这一寄生-剥削结构之中,拉美国家作为后发国家是不可能通过现有的发展逻辑成为与先发国家平等的民族国家的。而一旦后发国家不能围绕本国的独立富强这一议题形成行动共识,在发展过程中不能逐渐摆脱资本积累的寄生"供体"地位,不能以强有力的民族国家来维护自身的发展红利并将发展红利惠及本国人民,则只会出现其中一部分人成为本国代表先发国家的买办阶层,他们以先发国家的资本积累利益为利益,在此过程中以先发国家资本积累代理人的角色管理着后发国家的情况。当民众意识到这种被寄生-被剥削的地位后,国内社会结构的矛盾激化甚至撕裂就是难以避免的。这才是拉美地区的多数国家无法保证长期稳定的根本原因所在。但"去依附"何其艰难,这意味着先发国家无法通过在此地通过寄生-剥削的方式持续获得资本积累的利益。因而拉美国家的"去依附"行动必然会遭受来自先发国家的多方面、多层次的攻击。这种攻击包括在本国培植的买办势力,包括利用先发优势对企图将发展红利更多惠及本国民众的经济发展渠道的打压,也包括借助构造多年的文化权力势差消解那些能够凝聚起绝大多数民众关于国家发展共识的理论与情感的解构,所有这些"实践",都会在文化权力势差的基础上通过另起炉灶的叙事来构造起将之拉回到原有被寄生-被剥削状态下的"合理性"和"正当性"的说辞。正因此,对于后发国家来说,其求得公平和平等的生存与发展权利的正当性的理论说明,要面对的是凭借先发优势经营多年的既有文化权力势差,以及以该文化权力势差作为基础和背书的凭借先发优势直接展开的对后发国家的经济打压、地区安全挑衅,等等。

在前述分析的基础上,我们可以得出这样的结论,后发国家要推动自身的现代化发展,将自身现代化发展的红利更多地惠及本国人民,就要面对既有的先发国家-后发国家全球资本积累结构的极限施压,这种极限施压是全方位、多层面的,而绝非单纯经济层面的,或者文化层面的。对此,后发国家对自身追求现代化发展道路并将发展红利惠及本国人民的行为的合理性和正当性的论证,就不仅仅是一个简单的理论问题,同时还是维护本国发展成果,以及本国现代化发展持续稳定地进行下去的重要保障,这是对本国理论工作在知识生产维度上的定位。此外,对于后发国家来说,完整的实体产业结构是后发国家经受国际经济震动,抵御先发国家霸凌的基础。

(四)澳大利亚作为后发国家的现代化①

澳大利亚的现代化,与拉美国家有相似之处,比如,澳大利亚的现代化也是非原住民的现代化,两者都是以殖民者为主体推动的现代化。因而,我们甚至可以说,这是不存在历史文化包袱的现代化。严格来说,澳大利亚并不存在一个从传统转为现代的"后发"的典型过程。它与拉美国家的不同之处在于,澳大利亚与殖民澳大利亚的殖民者的母国不同。这些殖民者在欧洲从宗教战争到为了形成民族国家而进行的战争的过程中,在并不广大的

---

① 本节的材料主要来自钱乘旦总主编的《世界现代化历程(大洋洲卷)》,同时参考了澳大利亚本土学者杰弗里·布莱内对澳大利亚史的说明,以之作为澳大利亚本土居民对于其"国家"形成与发展历史的分析。[[澳]杰弗里·布莱内:《帆与锚:澳大利亚简史》,鲁伊译,广西师范大学出版社,2021年。]

区域内早已建立起了文化上和自身身份认同上的区隔。从殖民者所属母国,到澳大利亚的地缘特点,都使得澳大利亚存在一个有别于其他后发国家的现代化道路,我们可以称之为:围绕形成与巩固国家与文化认同进行的现代化。

澳大利亚有着独特的地缘环境。在澳大利亚所处的位置上,如果我们把它看作一个巨大的岛屿,在航海技术发展到一定程度,能够进行远洋航行之前,澳大利亚是一个不太可能受到直接军事威胁的地区。而澳大利亚的各种矿产等资源,又能够让它可以在最初的现代化进程中直接嵌入既有的全球资本积累结构之中。早期殖民者与先发国家的历史渊源,是澳大利亚完成现代化道路中的一个重要特点,这不但是理解澳大利亚现代化道路的基本线索,也是厘清以澳大利亚现代化道路为"论据"的诸现代化理论的理论前提和适用界限。

现代化的一个核心维度是民族国家。先发国家与后发国家之间构造起来的全球资本积累结构,其构造过程也是民族国家的形成过程。国家这一概念虽然绵延几千年,但国家的性质一直在发生着变化。柏拉图的《理想国》中对于国家的理解是城邦式的,亚里士多德在《政治学》中对不同类型的国家的分类,仍然是基于城邦这一基本形式的。而比古希腊的城邦更为古老的是古埃及、古波斯等以集权形式出现的大帝国。稍后从马其顿发源、横跨亚欧非三洲的亚历山大帝国,虽然昙花一现,但也多少能算是罗马帝国的先声,多代罗马统治者都有着"亚历山大综合征",执着于复刻亚历山大的军事成就。无论是罗马共和国,还是罗马帝国,都是有别于此前的城邦或以单一民族为主体的帝国,它是一个地跨亚非欧三洲的庞然大物,几乎同一时期的汉帝国是在经历了周的封建式天下国家与秦的郡县制一统国家洗礼后发展出的郡县与分封结合的体制下边缘封地被中央郡县体制不断蚕食的动态格局。有人认为是基督教的兴起与发展导致了罗马帝国的衰亡,当然,这种单一归因实在难有什么说服力,罗马帝国的衰亡无疑是个复杂的、系统的问题。

在西方政治哲学的思想历程中,马基雅维利的思想应该说是一个重要的转折点。在马基雅维利之前,国家这个概念自身是手段形态的,它基本上被视为为了追求至善而存在的手段,国家的组织形式因而是工具性的,这些组织形式只有能够为至善提供支持,方能确保自身存在的合法性。这一点在马基雅维利的《君主论》那里发生了重要转变,从马基雅维利开始,国家开始成为目的本身,国家的存续和发展成为目的,而为了实现这一目的,任何手段都是可以使用的,也就是说国家的存续与发展这一目的,是衡量诸多手段是否"合理"的唯一标准,此时有着浓重的道德意味的"至善"开始慢慢退出国家构造活动的评价标准。[1] 国家成为目的,这实际上与此时的个体主义的兴起直接相关。国家利益并非有别于个体的另外一种利益计算逻辑,而是个体的利益计算逻辑的延伸。民族国家的本质正是个体以个体计算逻辑延伸到国家这一共同体之后所形成的共识。在这个意义上,民族国家是典型的现代社会的产物。当法国与西班牙两个以基督教为主要宗教信仰的国家发生战争的时候,法国与非基督教的土耳其奥斯曼帝国联合,这可算是民族国家逐步成为国际关系分析的主要单位的重要标志。民族国家之间呈现出个体之间的那种"你的权利止于我的鼻尖"的制衡态。这也正是亨廷顿在他的文明冲突论中认为唯有通过力量的制衡暂时避免文明之间冲突的根本原因所在。

我们花费如此多的笔墨着力说明传统社会中的国家概念与现代社会中的国家概念之间的区别,一方面是要廓清当前的民族国家的组织逻辑,以便我们能够更加细致地界定先发国家-后发国家构造起来的全球资本积累结构,另一方面是要说明,随着资本积累结构的变化,国家的性质也会随之变化,民族国家在较长的一段时间内当然仍会是我们思考国际关系问题的一个重要维度,甚至是基础维度之一,但是我们也必须意识到民族国家的内涵正在发生着缓慢的滑动。这种滑动同样直接影响着我们对于现实状况的把握。对于先发国家来说,他们更愿意使用一个抽象的、不变的民族国家的概念,以之规训后发国家的现代化及其现代化理论的构造,他们可以通过调整和解释该抽象的民族国家的概念,来评价后发国家的发展决策,从而范导后发国家发展道路的选择和发展策略的设计。而对于后发国家来说,将国家概念理解得越抽象,就越是无法在既有的国际关系格局中把握到自身特殊化的位置所在。用先发国家提供的"抽象"的"标准"为教条,质料化地对待后发国家自身的社会历史现实,制定一系列削足适履的政策。

正是在这个意义上,澳大利亚的国家观和基于该国家观的对国际关系中诸国家的价值评价,就颇有值得玩味之处。一方面,澳大利亚形成现代民族国家的时间并不长,且它形成现代民族国家的方式是以殖民者在没有原住民的历史文化限制的前提下完成的。另一方面,澳大利亚形成现代民族国家的殖民者与当今世界格局中处于先发国家-后发国家全球资本积累结构中的先发国家几乎同源。这使得这个国家在国际关系领域发表的一系列言论都与其本国所处的地缘位置和国际贸易中的角色并不相称,甚至有着

---

[1] 参见〔意〕马基雅维利:《君主论》,潘汉典译,商务印书馆,1986年,第83~86页。

较大的矛盾。究其原因,澳大利亚一系列看似违背经济规律和自身实际利益的行为,其背后的行为动机都指向了通过这些行为在民众中凝聚起澳大利亚作为一个民族国家的认同,并以区别于拉美式的另外一种依附形态:同源式依附,来推动自身的现代化。

我们之所以要分析澳大利亚的现代化进程,首先是要避免不考虑具体情境直接使用经济逻辑或安全逻辑来理解一个国家的对外政策。当一个国家以无法用经济逻辑或安全逻辑来解释的策略来应对其他国家的时候,并非这个国家已经"不可理喻",而是一定有其他的原因在产生着更为紧迫的影响,有更为迫在眉睫的事情需要首先获得解决。需要马上说明的是,我们并不是要否认安全逻辑或经济逻辑式的对于国际关系的思考,而是要说明安全逻辑也好,经济逻辑也罢,都是有其适用限度的,正因为如此,我们才需要从更为根本的先发国家-后发国家的全球资本积累结构入手,构造一个能够对诸多分析逻辑的合理限度和理论前提给出明确反思的基本线索。因而我们在本书中对全球资本积累逻辑的分析是基于知识生产的,即针对全球资本积累逻辑在以理论的形式把握国家间关系时,生产出的理论产品隐含的前提预设,及其应用的合理限度等。

二、文化霸权理论背后以民族国家为单位的先发-后发结构

作为西方马克思主义重要代表的葛兰西思想,其产生的社会背景是:列宁在东方领导的暴力革命取得了政治领导权,但与之同时,西方(包括德国、奥地利和意大利等国)发生的革命活动均告失败。因而,从西方的立场出发,找到东方式革命无法在西方复制的原因,根据西方社会自身特点探索适合西方社会的革命道路,正是葛兰西(包括同时期的西方马克思主义者)的思想工作重心。

葛兰西对东西方社会结构差别的界定,立基于文化形态的市民社会概念之上,构造起独具葛兰西特色的"文化领导权"理论。这一理论在拉克劳-墨菲的改造下形成了围绕"接合"概念的后马克思主义意识形态理论。既往研究中对从葛兰西到拉克劳-墨菲意识形态理论的衍化历程有知识生产活动内部的细致辨析,[1]针对葛兰西"文化霸权"理论和拉克劳-墨菲的后马克思主义理论也有相应专论。两者间一个重要的理论变化是:葛兰西以东西方文化样态的对比来说明彼时西方市民社会结构的独特性,葛兰西理论导源于对西方文化之特殊性的辨认,即从特殊性出发(西方市民社会的独特

---

[1] 周凡:《后马克思主义导论》,中央编译出版社,2010年,第125~149页。

性)找到一般性规律(通过形成文化霸权争取革命胜利)。葛兰西思想从文化出发但并不仅限于文化领域,它有着明确的现实指向(革命或者改良)。而拉克劳-墨菲则不同,他们几乎完全退到意识形态内部,有意识地远离甚至消解了"阶级""市民社会"等唯物主义根基,表现为从一般性规律("接合"的偶然性是普遍性的)出发,去解释特殊性现象("事件"的发生是偶然"接合"的表现)。

当唯物主义基础被剔除,单纯的意识形态内部的"接合",势必会消解理论研究中去比较不同社会现实的思想价值,在葛兰西那里作为思想起点的东西方比较,在拉克劳-墨菲这里已经消失殆尽。从逻辑层面看,拉克劳-墨菲理论的成立并不需要这样的比较,它能在意识形态内部自洽。需要说明的是,这并不是说拉克劳与墨菲的意识形态理论没有现实实践的一面,而是说他们的现实实践是围绕着发生"接合"并形成话语权的意识形态逻辑而展开的。[①] 在上述意义上,拉克劳-墨菲的理论更能表现出西方社会的"文化霸权"现状。对此,我们能以资本积累理论理解"文化霸权"的衍化历程,在基于自身现代化实践对域外理论进行的批判性解读中,凸显作为中国智慧的中国式现代化理论的世界贡献。

以何种方式才能实现知识生产在"不忘本来"的前提下"吸收外来",这是构建自主哲学社会科学体系的前提性和基础性理论工作。如果直接接受或直接拒斥他者的理论(事实上,直接接受和直接拒斥差别不大),所能得到的就只不过是一些"外在反思"式的教条,即要么以他们的理论作为"形式",对当代中国的经验材料做"质料式"的切割、剪裁和重塑,构造起符合该理论的"判断",并由之引申出某些对策。在这种情况下,无论标榜自己的理论研究做过多少"实证研究""实地调研",都只不过是给先在"形式"的理论框架和既定标准拣选支持性的"论据"而已,真实的具体的整全的社会-历史现实仍处于遮蔽状态中。或者相反地,直接将之视为一种地方性的知识,用地方性和特殊性隔断理论的交流和对话,他者是地方性特殊性,我者亦是地方性特殊性,交流的阻断会使得我们自身的理论研究沦为无法达成相互理解的自说自话,无法与他者对话就不可能对他者产生理论影响,也就因而无法进一步向世界贡献中国智慧,提供中国方案。脱离特殊性的普遍性容易导向先在"形式"的教条式外在反思,脱离普遍性的特殊性容易导向自说自话的相对主义。鉴于此,唯有在自身发展的特殊性之中阐发该特殊性之

[①] 〔英〕恩斯特·拉克劳、查特尔·墨菲:《领导权与社会主义的策略——走向激进民主政治》,尹树广等译,黑龙江人民出版社,2003年,第114页。

所以这样发生的内在普遍必然性,形成普遍性与特殊性辩证统一的理论形态,才能推进理论发展、产生理论影响、提供理论贡献。

也正因如此,在作为后发国家因而现实地处于话语权劣势状态的背景下,探究围绕"文化领导权"的这一理论衍化历程背后的资本积累前提,澄清以资本积累活动构造起来的国际关系形态(资本积累结构中先发国家与后发国家地位上的不同也表现为文化权力的差异),这是后发国家构建符合自身发展的话语体系(其核心是自主哲学社会科学体系),以适应并推动自身现代化发展的前提性工作。对我们而言,建构中国式现代化理论必然包含着在推动中国式现代化走向深入的特殊社会-历史现实中,把握并揭示其内在的普遍必然规律,在阐明中国式现代化的正当性与合理性的同时,提供有着普遍性意义的中国式现代化理论,为世界贡献中国智慧。

(一)国际关系的核心是资本积累活动中的角色分析

1. 列宁方案与葛兰西方案

在十月革命胜利后的一段时间内,欧洲相继出现了几次革命运动,但都以失败告终。这是早期西方马克思主义者卢卡奇、葛兰西等人在理论上批判第二国际和列宁理论的重要动因:他们需要通过重新解释革命的普遍性,探索出可以被这一普遍性容含的符合自身所处特殊条件下的具体革命道路。葛兰西正是在这一历史背景下提出了他的文化霸权理论。如果我们把问题更推进一步,从当时围绕资本积累构造起来的国际关系看,造成列宁方案与葛兰西方案之间根本差别的,正是在资本积累的世界化过程中相对落后的国家(包括苏联)与相对先发的国家(主要是西欧资本主义国家)在资本积累活动中所扮演角色的不同,以及由角色不同造成的国内社会结构上的差异。

(1)列宁方案:列宁提出"一国胜利论"正是基于对资本积累在国际关系上造成的先发国家与后发国家功能差异固化的判断,即"经济和政治发展的不平衡是资本主义的绝对规律"。① 具体来说,在列宁所处时代,《共产党宣言》阐发的逻辑已获得实际展开:围绕资本积累展开的国际关系、社会关系和文化关系已成为一种世界性现象。② 它的具体形态不是资本主义生产关系和社会制度在世界范围内的均匀铺开,而是先发国家通过自身的军事和经济优势,将后发国家当作自身保持和扩大资本积累的"供体"。一旦后发国家的自身发展威胁到了先发国家资本积累活动的收益,后发国家就会

---

① 《列宁选集(第二卷)》,人民出版社,2012年,第554页。
② 《马克思恩格斯选集(第一卷)》,人民出版社,2012年,第401~406页。

遭受来自先发国家的压制。这一逻辑一直延续到当今的贸易战。对后发国家来说,在面对由已经进展到帝国主义阶段的先发国家所主导的国际关系中,唯有形成一个主权独立且在政治经济领域有自主权的民族国家,才能够为谋求自身发展并让本国的整个社会进入现代化提供强有力的政治支撑,这是"一国胜利论"的现实基础。苏联要发展本国经济,不但要面对本国的封建势力阻挠,还要应对因自身发展需要,客观上使得自身不再仅仅是先发"食利"国家资本积累的寄生"供体",由于影响先发国家的资本积累,而被先发国家在经济上封锁和在军事上压迫。在这个意义上,所谓的"意识形态对立"不过是先发国家维持其自身资本积累而与后发国家追求本国经济发展和人民生活水平提升之间的对立在文化领域中的表征罢了。

（2）葛兰西方案：对于葛兰西来说,他本身就生活在资本主义先发的西欧地区。对于先发国家来说,从国家形态看,其天然有维持现有资本积累逻辑的意愿。在资本积累活动中,先发国家是优势方和既得利益方。马克思所处时代那种存在于西欧国家内部尖锐的劳资对立问题,在葛兰西所处时代已开始通过产业转移的方式逐步将劳资对立所引发的社会矛盾一并转移出去,虽然这种转移涉及的范围和深度不能与拉克劳-墨菲时代同日而语,但这能够让先发国家内部没有如同后发国家那样尖锐且不可化解的劳资对立。相反,后发国家的劳资对立无处转移,且还要承受来自先发国家的产业转移叠加而来的新的劳资对立。因此,受到十月革命的鼓舞而掀起的西欧各国的革命相继失败,这些失败在社会层面的根源即在于此。葛兰西时代尚且可以有发动革命的条件（比如,一定量的能组织起来的工人阶级）,虽然失败了。在拉克劳-墨菲时代,产业转移已经让先发国家的文化领域否认"阶级"的存在,文化领域的这一现象,与先发国家内部大量脱离实体生产的符号意义上的、"身份政治"意义上的"工人"直接对应。综上,观念层面上的话语权争夺从葛兰西到拉克劳-墨菲愈发成为理论的焦点,有其逻辑上的必然性。同时,它并非仅仅是先发国家内部的文化现象,还以普遍性的姿态通过全球资本积累结构向后发国家传导,这一传导机制在文化上表现为：先发国家在将后发国家纳入其资本积累循环中作为自身发展的"供体"时,客观上需要后发国家从传统社会进入现代社会,形成符合资本积累条件的社会关系结构,以便调配资源供先发国家完成资本积累。同时,后发国家在救亡图存的压力下,也只有通过完成自身从传统社会向现代社会的转型,方能摆脱亡国的命运。这在社会文化领域形成了一个在先发国家与后发国家之间的先进-落后、文明-野蛮、现代-传统的文化权力结构。在先发国家表现为视自身价值为"普世价值",为其殖民掠夺提供正当性说辞。在后发国家则表现为对传统文化的否定,甚至极端的文化自戕:"我们必须承认我们自己百事不如人。不但物质机械上不如人,不但政治制度不如人,并且道德不如人,知识不如人,文学不如人,音乐不如人,艺术不如人,身体不如人。"[1]这种情绪化表达的社会根源,正是在外来军事压力下后发国家进入现代化时的文化表征。这意味着以先发国家为主导所构造起的全球资本积累格局中,文化霸权的主导地位和既得利益也在先发国家那里。当先发国家与后发国家的资本积累结构,和资本与工人之间的劳资对立相互耦合时,它表现为:在先发国家内部无法形成强有力的工人组织,无法形成的原因在于先发国家在资本积累中的优势地位和既得利益,使其可以让渡一部分在后发国家攫取的"寄生性利益"来提高国内社会福利,从而分化国内的工人组织,消解其阶级意识。最终形成了当今西方社会以纯粹意识形态内部的话语权争夺为目的的各种"身份政治"活动,当今那些极端环保组织,不断细分和裂解的少数群体和层出不穷的争取少数群体权利的组织便是显例。当直接的革命行动无法成功时,通过获取意识形态领导权的方式来推动革命实践,就成了葛兰西方案的内在必然。

2. 资本积累的角色定位与文化批判理论的形成

全球资本积累结构不是一成不变的,其根因在于先发国家与后发国家关系的变化,日本所谓"失去的三十年"起点处的美日关系形态,内在蕴含着因先发国家(美国)在与相对后发的国家(日本)之间食利性-寄生性的资本积累活动受阻,先发国家尝试通过各种手段(包括但不限于贸易战)的方式恢复自己在资本积累活动中的食利地位和实现保住寄生性利益这一根本目的。需要说明的是,这一抑制不总以颠覆后发国家政权的方式进行,还可以让渡部分利益在后发国家培植代理人的方式进行。

同样,在资本积累结构中的先发-后发动态关系中,具体分析"二战"前西欧诸国在全球资本积累结构中所处的位置,与"二战"后西欧诸国在全球资本积累结构中所处的位置的差异,能使我们从知识生产的视角厘清西欧诸国在社会文化领域的衍化历程:冷战时期的西欧是与美国一道构成全球资本积累结构中先发国家的一方,且其军事保护主要由以美国主导的北约来保障。在文化霸权的争夺方面,20世纪五六十年代西欧的激进左翼思潮,能够通过产业转移,将第三世界国家进一步绑定在其食利性-寄生性的资本积累结构之中的方式,来转移其本国的劳资对立问题,从而使得激进左翼思潮失去社会基础。同时,在被转移产业并作为资本积累的受压迫方发

---

[1] 胡适:《胡适经典文存》,上海大学出版社,2004年,第295页。

生劳资对立矛盾时,先发国家可以通过军事介入、扶植代理人等方式来维持先发国家-后发国家的全球资本积累结构,在文化上以多年来形成的文化霸权地位对军事介入、扶植代理人等行为进行观念上的合理化,将后发国家因劳资对立形成的对先发国家的反抗和为谋求自身独力发展并将发展红利惠及本国的诉求(这也必然会在客观上减少先发国家通过资本积累结构获得的寄生性利益),贴上"不文明""不合理""不符合'普世价值'观"的观念标签。在资本积累结构的制约下,先发国家的文化领域要么以激进左翼的姿态改造葛兰西的思路从而进一步强调话语权,要么以文化批判的思路抽象地批评现代性。但它们无一例外地"脱实向虚",逐渐远离唯物主义基础,走向纯粹的符号化和抽象化的知识生产。

冷战结束后,特别是从欧洲尝试围绕欧元推动欧洲一体化开始,实际上形成了美欧之间的先发国家-后发国家的全球资本积累结构。拒绝俄罗斯加入北约、俄乌危机、前南地区不断发生的地区冲突,都在一定程度上表现出此时资本积累结构中的先发国家(美国),对相对的后发国家(欧洲)在推动其欧洲一体化时可能引起的先发国家的寄生性利益的可能性损害的限制与防范。这种限制与防范的下限是欧洲能够继续作为资本积累的相对先发的"食利"方,而不至于重新沦入"二战"中的状态,上限是欧洲继续作为"供体"方不至于借助欧洲一体化实现围绕欧元作为结算货币,成为美国资本积累的竞争对手,影响美元霸权下的食利性的资本积累。在上述分析基础上我们再来看包括哈贝马斯的《后民族主义》等在内的西方理论,包括欧洲一体化最盛时期,围绕人类学和民族学推动的在知识生产领域的对民族国家和民族主义概念的消解。其背后都有着资本积累结构下综合现有社会条件谋求自身发展的指向。也正是在这个意义上,对这些理论的借鉴绝不能停留在对其思维方式、研究方法和具体观点的简单赞同或直接反对,而应该在包含现实社会关系在内的历史唯物主义的视域中,审视其理论产生的根源,其理论所针对的具体现实问题,及其理论所内含的具体实践指向。

通过前述分析,我们廓清了这样一个分析结构:社会文化(以哲学社会科学体系构建为核心的知识生产活动)有其社会生产基础,这一社会生产基础,自人类进入现代社会至今,内在地建基在全球资本积累结构之上。资本积累逻辑经历了从地区性向全球性的发展过程,在这一过程中形成了围绕资本积累逻辑构造起来的先发国家与后发国家间的食利性-寄生性的资本积累关系。这是我们理解一个文化现象或一种理论观点的现实基础和思想前提。唯有对诸文化现象或理论观点之现实基础有前述层面上的结构性阐释,方能摆脱那种在对自身境遇缺乏主体自觉下,教条式地挪用诸外来理论观点并以之为"形式"对我们自身的社会-历史现实做"质料式"剪裁、切割的理论研究的"外在反思"问题。

（二）文化霸权的"脱实向虚"：从葛兰西到拉克劳

随着全球交往的不断深入，对更大规模、更高效率的资本积累的需求，促使食利性-剥削性的资本积累结构进一步拓展，资本积累逻辑随之发生变化：世界格局沿着列宁"帝国主义论"的逻辑呈现出进一步金融化的倾向，[①]即先发国家在产业层面进一步"脱实向虚"。这一在资本积累结构运行上的变化，在文化层面上表现为从葛兰西的文化霸权理论向拉克劳-墨菲的"接合"理论的转变。在葛兰西的文化霸权理论中，阶级主体仍然存在。葛兰西仍坚守着社会存在决定社会意识这一基本马克思主义的本质规定，且这一规定仍作为根本性的解释原则影响着葛兰西的理论建构。拉克劳和墨菲则通过将社会存在决定社会意识与经济决定论简单等同起来的方式，把文化与其唯物主义基础脱离开来。社会意识的具体形态不再有社会存在层面的根源性基础，社会意识的具体形态转而取决于诸社会意识要素在偶然性的"接合"中形成。[②] 从这里出发，在当今西方社会出现的以极端行为博取关注，获得话语权，进而以此话语权"敦促"他者施行诸如环保等行为，并评价他者行为是否"符合""标准"，这不过是拉克劳与墨菲所论及的以话语实践去追求"接合"，进而形成文化霸权的现实表现。

1. 葛兰西文化霸权理论的社会基础及其逻辑结构

葛兰西文化霸权理论针对的是东西方社会主义革命所要面对的社会现实的差别，葛兰西认为西方社会中的特殊的市民社会形态，要求西方发达地区的社会主义革命不能采取十月革命的暴力方式，而要通过首先取得文化霸权来渐进式地完成社会主义革命。葛兰西的文化霸权理论建立在他对市民社会的文化-伦理理解之上：葛兰西认为在政治领导权和文化领导权中，后者更为根本，这种根本性在于文化根植于市民社会，市民社会是国家的基础，因而文化领导权有着更为根本的地位。[③]

葛兰西文化形态的市民社会理论是通过对东西方的对比具体展开的：他强调的仍然是西方市民社会的发达程度高于东方，因而不适合苏联式的直接以暴力革命形式去争夺政治领导权。在市民社会发达的地区，文化领

[①] 《列宁选集（第二卷）》，人民出版社，2012年，第612~615页。
[②] 〔英〕恩斯特·拉克劳、查特尔·墨菲：《领导权与社会主义的策略——走向激进民主政治》，尹树广等译，黑龙江人民出版社，2003年，第106~109页。
[③] 〔意〕安东尼奥·葛兰西：《狱中札记》，曹雷雨等译，河南大学出版社，2016年，第169~175页。

导权较之政治领导权有着具备优势和更为根本的地位,这会让西方资本主义发达的地区以暴力革命争夺政治领导权的行为缺乏更深层的文化领导权基础,从而无法取得十月革命式的成功。基于此,葛兰西的思路是:首先需要取得在更根本的文化领导权领域的优势地位,社会主义革命才能够成功。其中隐含着一个重要的前提,即西方有文化形态的市民社会,而东方没有。文化领导权对政治领导权的优势地位是西方社会的现实状况,而在东方社会由于没有发达的市民社会,因而没有发达的文化形态,从而可以在没有文化领导权的状况下通过直接争夺政治领导权的方式取得社会主义革命的胜利。

葛兰西这一思想所隐含的西方中心主义已有学者指出,[①]我们要进一步追问的是:这一西方中心主义的文化观何以成为包括葛兰西在内的众多学者的不自觉的理论前提?我们认为,围绕世界范围内的资本积累活动建构起来的国家间关系,以及为了降低在扩大资本积累活动规模和提升效率的行动过程中的文化成本,需要在文化上构造起先发国家与后发国家之间的先进-落后、文明-野蛮、现代-传统的文化权力势差,这正是在知识生产领域甚至在广义的文化层面表现出西方中心主义这一理论前提的社会现实基础。在葛兰西文化霸权理论中出现西方中心主义的理论前提,是他超越第二国际那种对国家间关系的同质化理解甚或忽视国家这一维度的思维方式,葛兰西理论的展开形态,是他深入西方发达资本主义特定社会现实的内在结构中,去探索符合自身实际的社会主义革命道路的逻辑必然。因为,这种文化上的西方中心主义就是资本积累结构中先发国家与后发国家关系的观念表征,它实际地存在着,且不是用一句"应该平等看待"的抽象口号就能消灭它的现实存在。只有正视其存在,方能超越其存在。我们应该在这个意义上去思考所谓的"历史局限性",而不是指认其因为有了这一"局限性",所以其理论有着这样一个西方中心主义的困境。更不能因此就简单地认为,只要自觉到自身有这样的"局限",就能够脱出这个"局限"创造出一个更优的理论。"局限"本身总有其形成的现实基础,对"局限"的超越同样需要现实基础的变化。(包括但绝不限于在理论上对自身的"局限"有自觉。)

葛兰西将西方发达资本主义社会发动社会主义革命的道路框定在对文化领导权的争夺上。其在具体操作层面的一个核心概念是"有机知识分

[①] 〔意〕安东尼奥·葛兰西:《狱中札记》,曹雷雨等译,河南大学出版社,2016年,中文版简评第13页。

子"。"有机知识分子"有别于"传统知识分子","有机知识分子"是从属于无产阶级的,因而要取得文化领导权,无产阶级就要形成和巩固自己的有机知识分子,所谓"有机",同时意在说明无产阶级与知识分子之间的关系,这不同于传统知识分子与统治阶级的从属关系。在这一点上,葛兰西与同样被视为西方马克思主义开山者的卢卡奇对"阶级意识"的强调异曲同工。"有机知识分子"不是简单的脑力劳动与体力劳动区分后的脑力劳动者,而是承担着取得文化领导权这一社会功能的知识分子,他们取得文化领导权的方式主要是同传统知识分子斗争,争夺文化领导权,宣传无产阶级的文化观念。[1] 需要特别指出的是:有机知识分子的行动不直接指向传统意义上的社会革命,而是指向通过争夺文化领导权,宣传无产阶级文化观念,培育有着无产阶级意识的市民社会。以文化-伦理为根基的市民社会在取得文化领导权后,再争夺或者顺理成章地获得政治领导权,即文化霸权的获得是"有机知识分子"的"手段",获取文化霸权的行为仍然受到无产阶级取得政治领导权的"目的"的约束,这一"目的"在拉克劳那里则几乎消失了。

2. 拉克劳文化霸权的进一步"脱实向虚"

在20世纪后半叶的激进左翼思潮中,拉克劳与墨菲对葛兰西的改造和阐发产生了很大影响。对拉克劳的"后马克思主义"观点中的葛兰西元素与该元素在葛兰西思想中的"原版"之间的比较,是国内理论界对"后马克思主义"研究的重点。其中最有启发性的应该是对"阶级"以及"阶级意识"概念的对比。

在葛兰西的思想中,文化领导权的争夺是无产阶级推翻资产阶级社会的手段,是要通过取得文化领导权在市民社会中传播无产阶级文化观念,为争夺政治领导权取得社会主义革命的胜利创造条件。在葛兰西这里,从"阶级"到"阶级意识"都是不证自明的现实前提。而到了拉克劳这里,他开始反思葛兰西认为不证自明的"无产阶级"作为一个阶级整体而存在的真实性。[2] 或者准确地说,无产者们已经不再是一个实存形态的有着政治诉求和文化共识的群体了,主体被视为人们通过"社会想象"构造起来的"集体想象"。[3] 因而,贯彻葛兰西的首先取得文化领导权并以之传播无产阶级文化观念的行动主体消失了。在拉克劳看来,文化领导权的形成是诸多意识形态要素偶然"接合"所形成的一个偶然结果。这一观念上的转变带来了两

---

[1] 〔意〕安东尼奥·葛兰西:《狱中札记》,曹雷雨等译,河南大学出版社,2016年,第7~8页。
[2] 周凡:《后马克思主义导论》,中央编译出版社,2010年,第249~251页。
[3] 〔英〕恩斯特·拉克劳:《我们时代革命的新反思》,孔明安、刘振怡译,黑龙江人民出版社,2006年,第76~81页。

个根本性的变化：一是偶然性，"接合"的偶然性使得对意识形态领导权的争夺充满了不确定性；二是独立性，由于实存的"阶级"的消失，意识形态领导权的争夺主要在意识形态领域内完成。拉克劳理论中表现出了浓重的后现代风格，但他又强调自己与马克思主义的理论关联。围绕其到底是马克思主义者还是非马克思主义者，是其自称的"后马克思主义者"还是"后现代主义者"的相关争论，一度十分热门。其中的积极成果体现为通过对马克思主义、后马克思主义、后现代主义等概念的界定，有助于澄清前述诸概念的内涵。

如果我们在前辈学人思想工作的基础上进一步追问，葛兰西文化霸权理论的具体形态有着20世纪初西方发达资本主义国家的马克思主义者探索本国社会主义道路的现实基础，那么拉克劳的文化领导权理论在对葛兰西的改造中构造起来的具体形态，它的现实基础又是什么呢？在葛兰西所处时代，西方资本主义社会大体上处在产业资本时期，按照列宁在"帝国主义论"中的看法，西方社会的产业资本仍在扩大且在逐步转变。产业资本时期，西方社会的劳资对立仍在一定程度上存在。而在"二战"结束后，产业资本完成了向金融资本的过渡，西方社会通过贸易的金融化，将实体生产进一步转移到后发国家，并将实体生产中的劳资对立一并转嫁到后发国家，同时资本金融化使得先发国家更为高效、更大比重地攫取食利性-寄生性的收益。因而，为了攫取更大的资本收益，先发国家必然会不断向后发国家转移产业，以降低成本，这在先发国家本国内部表现为服务业占比的逐年提升，国内经济结构在"脱实向虚"的路上越走越远。这不是先发国家基于道德良知"扶植"后发国家发展，而是先发国家为追求资本积累规模的扩大和效率的提升对先发国家-后发国家全球资本积累结构进行的改造。

产业资本时期先发国家内部的劳资对立，以产业转移同时劳资关系转移的方式被逐步消解，而金融资本的抽象化、符号化特点，在文化领域造成的影响则表现为观念的抽象化和符号化。人们日渐脱离生产，转而通过文化-道德领域的"应该"去批评"现代性"对人的宰制。德波的景观社会如此①，鲍德里亚的象征秩序也如此②，这实际上是先发国家脱离生产逻辑后，只关注单纯的符号逻辑的文化表征。这并不意味着生产逻辑消失了或者不重要了，而是生产逻辑外包后被文化阶层遗忘的后果。同葛兰西对文化上的西方中心主义前提的"局限"一样，后来者们脱离生产并专事"文化批判"

---

① 参见〔法〕居伊·德波：《景观社会》，张新木译，南京大学出版社，2017年。
② 参见〔法〕让·鲍德里亚：《物体系》，林志明译，上海人民出版社，2019年。

并不是因为其在理论视野中看不到生产的根本性,而是由于在其感性生活中,生产的根本性并非直接的感性经验,从而以修饰语或背景介绍的方式存在(如鲍德里亚《符号政治经济学批判》中的生产)。这意味着在世界范围内,由于资本积累结构的演化,先发国家内部形成了一个不事生产的僧侣阶层。以制造文化产品和符号工艺品为本职,通过知识生产的方式遮蔽在后发国家现实发生着的物质生产层面的问题,以纯粹文化批判的方式在文化权力优势地位处悬设一个"应该",并以之评价后发国家的文化生活的优劣好坏,进而范导后发国家的社会生活。"工人、妇女、同性恋者、生态主义者,他们的斗争必须在没有对任何统一方向的附属的状态下才能得以实现",①在个体主义的观念逻辑下,失去破解当前困局的现实力量与组织共识。它表面上对资本逻辑宰制并异化人的现象大加鞭挞,实际效果却仍在巩固先发国家多年来构造的文化权力势差中的优势地位,而在给出具体解决方案时,要么寄希望于偶然性的"事件",要么干脆就断言"资本主义永恒发展"。

(三)后发国家基于自身发展所建构之现代化理论的前提省思

我们构建中国式现代化理论,一方面是要对百多年来探索出的中国道路和积累起的中国经验给出理论上的总结、梳理与阐发;另一方面是要通过说明我们的发展道路之特殊样态是符合我国的实际情况的必然选择,也就是要对道路的特殊性选择之中所内蕴的普遍必然性,给出有着内在逻辑结构的系统说明,从而在现代化理论这一思想领域中,为世界贡献中国智慧。我们要通过构建中国式现代化理论,在总结历史经验中引领未来发展,在深入把握中国自身的社会-历史现实的基础上,"不忘本来、吸收外来、面向未来"。②

现阶段,既有的食利性-寄生性的全球资本积累结构正面临改变:随着后发国家的持续发展,在后发国家承担起绝大多数的实体生产的前提下,先发国家与后发国家之间技术代差不断缩小,后发的发展中国家开始尝试摆脱作为发达国家资本积累的寄生"供体"的角色,通过产业升级和追求技术创新等方式逐渐摆脱原有的那种虽然担负着全部实体生产环节却只能占有生产利润中的极小部分,而绝大部分被先发国家以金融资本等形式占有的状况,并以此谋求将自身经济发展红利更多地惠及本国人民,而不是被先发国家作为食利性收益榨取。这必然会改变原有的食利性-寄生性的全球资本积累结构。后发的发展中国家对公平和平等的生存和发展权利的国际新

---

① 转引自周凡:《后马克思主义导论》,中央编译出版社,2010年,第251页。
② 《习近平著作选读》(第二卷),人民出版社,2023年,第19页。

格局的追求,必然要面对先发国家为维护其食利性-寄生性地位采取的打压措施。这在文化层面上会表现为:先发国家通过在原有资本积累逻辑中形成的话语权的优势地位,制造出一系列抽象的话语符号束,为其阻挠后发国家发展所进行的一系列霸凌行为寻找借口。这不仅表现在通过对哲学社会科学中优劣好坏的评价体系的控制,还表现在更接近社会生活的诸领域,如极端环保主义、围绕少数群体议题的极端言论束。这实际上是借助仍然有着巨大现实力量的既有资本积累结构,推行凭借话语权所带有的抽象价值评价体系,将后发国家谋求自身发展的诸行为判定为在其价值评价体系中处于价值劣势地位。先发国家在这一话语权逻辑中是作为单纯的评价者出现的,它通过"敦促"后发国家去按照符合先发国家攫取资本积累的食利性-寄生性利益的目的所构造起来的价值评价体系采取行动,以此来"范导"后发国家的发展道路。而其价值评价活动中的价值优势地位是通过多年来以军事强制、经济掠夺和文化殖民构造起来的食利性-寄生性的资本积累结构维持的,其争夺话语权的现实基础正在于此。因此,后发的发展中国家只有通过构造符合自身发展的社会-历史现实的现代化理论,通过在文化领域阐发自身发展道路的正当性与合理性,才能够守住自身经济发展的成果,让成果切实地惠及本国人民,拒斥被先发国家通过既有资本积累结构来寄生和食利的状态。为此,必须对自身所处之境况,以及世界格局动态变化中自身在国际关系中位置的变化,有充分的思想自觉。

第一,中国式现代化理论构建,不是单纯的话语权争夺。中国式现代化理论建构是中国式现代化全面推进的重要环节,是中国式现代化领域中理论与实践的内在一致性在理论层面上的彰显。在前述分析中我们已可看到,先发国家之所以形成如今的话语权优势,并非它的话语逻辑本身有什么先验的优势,而是它凭借多年来在全球资本积累结构中的现实优势,使其在话语权领域同样可以用"脱实向虚"的方式范导后发国家。而对于后发国家来说,单纯的话语权争夺,无法应对来自先发国家凭借其话语权对后发国家的打压,后发国家必然会在抽象符号制造和交锋中被先发国家凭借既有的文化权力势差打压。对于后发国家来说,基于自身现代化实践的现代化理论建构,必然是从自身道路的特殊性之中凸显出的普遍必然性。这不仅是要说明自身特定的具体的现代化道路选择的合理性,同时要在对合理性的说明中凸显出这一特定的具体道路选择的普遍必然性,从而成为可以与其他现代化理论对话,进而为世界现代化发展提供中国智慧,为人类文明新形态的探索做出中国贡献的理论。它不是一个单纯的符号制作,而是与自身的现代化实践内在一致,通过自身现代化发展的成就来印证自身理论的合理性,通过自身理论的建构指引自身现代化的全面深入。这种内在一致性必然是超出话语权争夺并涵括话语权争夺在内的系统的现代化理论建构逻辑。在世界范围内来看,中国式现代化承担着破除食利性-寄生性的资本积累结构下对后发国家行剥削之实的"零和博弈"思维和霸凌行径,探索构建基于各国公平和平等的生存与发展权利的新国际格局的重任。

第二,先发国家以单纯评价者角色实行的价值"范导"影响,无法在知识生产内部以单纯话语交锋的方式消除,要在知识生产对自身与其置身于其中的社会历史现实之间关系给出澄清的基础上才有可能实现。要破除先发国家凭借其文化权力势差阻滞后发国家发展,唯有自觉地将理论研究建基于中国自身的社会-历史之现实上,摆脱教条的"外在反思"式的知识生产方式,才能够达成。现实地看,尤其是借助少数群体这一议题,先发国家通过支持大量非政府组织,形成有组织的纯粹评价者群体来争夺话语权。这种做法表现为对他者行为的单纯评价,其自身所施行的一系列极端行为并不直接与其所讨论的议题挂钩,而是与获得话语权-评价权挂钩,与"敦促"他者行动挂钩。见诸网络的诸如超市倾倒牛奶"呼吁"环保、"环保女孩"、"呼吁"环保等现象,其行为内容都不直接与其所"呼吁"的环保关联,而是以博取关注度的方式谋求话语权,以便"呼吁"其他人实行环保,并评价他人的环保行为,这事实上是一种话语内容与话语姿态的断裂。话语内容可以是环保,也可以是争取少数群体的权益,只要这一话语内容能够通过极端抽象化而占据价值制高点。而话语姿态则不是为了求得环保,或者切实地做一些有利于少数群体权益的行为,而是以类似于"行为艺术"的极端行为方式,通过博取关注度取得话语权,在拥有话语权后,借助话语权评价他者行为,并以之要求他者按照其价值倾向行事,并对他者的行事的优劣、好坏、高低给出进一步的评价,最终实现"范导"他者行为的目的。需要说明的是,包括环保在内的绝大多数议题对人类社会整体都是极端重要的,也正因如此,这些议题绝不能仅仅作为获得话语权-评价权的工具,各国应从自身的社会生产条件出发,基于这些议题,在一系列行之有效的行动中构建良性的国际合作。在这个意义上,对毫无切实行动的以人类社会重要议题为工具攫取话语权-评价权的行为进行批评,才是对一系列重要议题负责任的态度。

第三,建构中国式现代化理论的意义绝不仅仅是理论层面的,而是有着直接的现实意义,必须将现实意义置于中国式现代化理论构建内在的结构性要素的位置上来理解。一是破除理论的"外在反思"问题,多年来对"外在反思"这一理论上的教条主义进行反思和批判一直存在,但"外在反思"依然顽固地存在,其原因正如吴晓明教授所言,在于未能进入中国的社会-

历史现实之中。① 而要真正地进入社会-历史现实，绝不是经验研究就能够实现的，没有无理论前见的经验研究，故需要"回到马克思"的唯物史观具体化的路径上来，即将经验研究建立在历史唯物主义的基底之上。如马克思在《路易·波拿巴的雾月十八日》《1848 年至 1850 年的法兰西阶级斗争》中所具体展开的那种通过对特殊性的分析（法国的政治革命），探寻其深层的普遍必然性规律（法国的一般生产矛盾）。② 本章前两节便是从文化哲学的视角尝试推动知识生产领域的唯物史观具体化工作。二是揭露并破除起源于帝国主义殖民时期，巩固于"二战"后的食利性-寄生性的全球资本积累结构中先发国家与后发国家的不平等地位，以及这一不平等地位造成的文化权力领域的价值势差，让后发国家能够基于自身的社会-历史现实探索符合

---

① 吴晓明：《从马克思的"现实"立场把握中国道路》，《马克思主义与现实》2014 年第 3 期，第 28~29 页。吴晓明教授对"外部反思"的深入分析，以及从对"外部反思"的批判，引出对因"外部反思"而造成的理论研究对中国社会-历史现实的遮蔽、措施和遗忘现象的分析，是非常具有启发性的。吴晓明教授的重点在于对"外部反思"活动在思想史层面的原因的追溯。我们在本书中强调的则是跃出思想史，并涵括思想史层面原因的整个文化哲学视域下对"外部反思"的运行逻辑的廓清及作用结构的说明。此外，"外部反思"的盛行，还包括对本国前辈学人的学术研究成果的忽视。我们总能看到强调不能闭关自守，要保持开放，要对他者的理论重视起来的说法。实际上这在如今的理论研究领域已经差不多是一个伪命题了，这与经济领域把开放推向深入的正当性和必要性不同，在如今的学术研究领域，恨不得将域外高校的各类学者的著作一并网罗，迅速引进，以研究域外某人思想的国内独家代理者角色进行知识生产的方式，已经成为亟待反思的知识生产方式。相反，我们今天继续给予与向外开放同样重视起来的是对本国前辈学人的理论研究的积累的充分吸收，以及在充分吸收基础上的继承与推进。与对域外理论的"引进"和"研究"相比，我们本国前辈学人的思想努力，在思想上的待遇就要差多了，要么名之为有"时代局限"（好像引进的理论完全没有时代局限那样），要么名之为受"学术视野限制"（好像他者的理论有整全的学术视野那样）。如洪汉鼎先生在《客居忆往》中谈到的，以英文为母语且只懂英文的海德格尔思想的研究者可以作为我们的与会专家，且其观点会受到相当的重视。如果是一位只懂中文的海德格尔专家呢？这简直是不可想象的），要么是通过强调前辈学人对某些域外学者的著作，仅翻译了其中一部分，因而对该学者的思想把握不够全面，以此来凸显自己当下从头开始的全面翻译工作的价值。我们在这里不是要否认这些说法有某种程度的合理性，但这并不是我们在任何一个人文社科领域的细分论题处，都要以"从头开始"而忽视中间尤其是稍近一些的理论研究积累的方式去展开研究的原因，如果每个人都"从头开始"，那在同一个理论问题下的持续几代人的学术推进，又如何可能呢？前辈学人的努力，应该被认真对待，起码同域外学者的理论同等对待才行。那种不同等对待的状况背后，这种对理论研究活动及其成果由于研究主体的身份不同而造成的不同等对待的问题背后，文化权力势差下的"外部反思"，仍在隐隐约约、若隐若现地存在，并发生着现实的影响。对此，拙文《反思认识活动中的价值生成：基于实践哲学与哲学实践的辩证统一》一文中对此有过较为详细的阐述，现在将之置于本书的整体框架中，对其中的一些论断或可有更为系统和整全的把握。参见王晓兵：《反思认识活动中的价值生成：基于实践哲学与哲学实践的辩证统一》，《理论界》2023 年第 3 期。

② 唐正东：《唯物史观具体化：马克思的探索及其意义》，《四川大学学报（哲学社会科学版）》2022 年第 3 期。

自身发展道路,在谋求公平和平等的生存与发展权利的过程中,将发展红利惠及本国人民。三是为在现代化发展历程中克服现代性诸症状提供理论支撑。马克思主义理论是现代哲学中最早对现代性给出系统反思的思想理论之一。当今的现代性问题在先发国家的文化权力优势评价理论处,理论主体已经愈发脱离作为基础的生产活动,走向了通过现代艺术、现代诗歌等对现代性的情绪式逆反。这也容易理解:现代性在东西方之间的差异,正是建基于资本积累结构下不同国家所处位置的不同。先发国家对基础生产活动的遗忘,正是因为有后发国家作为"供体"持续提供其生活资料。对现代性的逆反,充其量不过是情绪上的撒娇,而不是通过改变自身在既有全球资本积累结构中的寄生性-剥削性的地位,不是通过构建围绕公平和平等的生存与发展权利的新国际格局,去彻底改变由既有全球资本积累结构的寄生性-剥削性导致的那些被先发国家文化批评领域讨论的所谓"现代性"问题。很难想象先发国家会冒着失去自身在资本积累中的优势地位和巨额的食利性-寄生性收益去探索人类文明新形态。在这个意义上,唯有推动中国式现代化的全面深入、中国式现代化理论的建构,作为后发的发展中国家才会去打破剥削性、寄生性-食利性的不平等的全球资本积累结构的格局,构建以公平和平等的生存与发展权利为基础的新型国家关系,在人类命运共同体的基底上探索能够克服现有资本积累结构对后发国家及其人民行剥削之实的人类文明新形态。我们在本节尝试通过把握和揭示从葛兰西到拉克劳-墨菲的文化霸权理论的衍化逻辑背后的全球资本积累逻辑,说明在建构中国式现代化理论中,在占有现有哲学社会科学积累的思想成果的基础上,在保有中国式现代化道路之主体自觉的基底上,为推动中国式现代化理论建构,廓清知识生产维度理论前提的意义所在。

三、后发国家现代化发展道路选择及其现代化理论建构

我们在本章第一节中围绕日本、沙俄、拉美国家和澳大利亚,分析了在启动现代化进程的时候,在某种程度上属于后发国家的国家,在谋求并择选其自身现代化的道路的历程中,由于不同的国家结构、不同的推动现代化的主体、在推动现代化的过程中不同国家所处的先发国家-后发国家全球资本积累结构中位置的变化历程不同,以及应对这些变化造成的其本国国际关系的变化,该国所做出的一系列国家层面上的调整等,进行了在整体的宏观线索上的把握。我们不是要对以上诸国的现代化历史进行具体分析,而是要使我们尝试与某一现代化理论形成对话时,能够清晰地意识到该现代化理论的形成背景、适用界限及前提预设等。通过第一节的分析,我们可以原

则性地给出几个关于现代化理论建构的立基于国内结构-国际关系两者的辩证统一结构下的几个理论建构的前提性原则（第一章中的论述已经表明，在毛泽东的《矛盾论》中对于国际关系与国内结构之间的互动关系有相当富有启发性的思考）：

第一，不同国家在不同历史时期开始的现代化进程，其所展开的现代化道路及其所形成的现代化理论是不同的，因而理解其现代化理论，就必须了解其所处的历史阶段，明晰该国在彼时的先发国家-后发国家全球资本积累结构中的位置，以及彼时先发国家-后发国家全球资本积累结构的具体形态。日本与沙俄的现代化处于列宁所说的帝国主义将世界瓜分完毕的情况发生之前。也就是说，虽然相较于西欧和美国，日本与沙俄现代化开启的时间较晚，但在当时的国际格局的具体情势下，两国都是以成为新的"列强"，成为去瓜分世界的帝国主义的一部分而开启了现代化道路。而此后的拉美国家的现代化，则是在被帝国主义瓜分完毕后的世界中进行的。中国的现代化道路的探索起点则是帝国主义瓜分世界基本完成，帝国主义对存量利益的争夺成为主要国际关系形态的时代。进入新时代，中国的现代化发展所处的时代是后发国家谋求公平和平等的生存与发展权利与先发国家维持寄生性-剥削性的食利地位之间的矛盾下，既有的先发国家-后发国家全球资本积累结构逐步走向衰落的时代，中国式现代化不是在既有的寄生性-剥削性资本积累结构中谋求先发地位后去榨取他国发展利益，而是通过构建以公平和平等的生存与发展权利为基础的新国际格局，在人类命运共同体的基础上探索人类文明新形态。在这个意义上，所谓的"中国威胁论"，不过是惯于寄生与剥削的一些先发国家的臆测和小人之心罢了。

第二，推动现代化的主体的不同，使得现代化道路的选择不同。日本与沙俄的现代化是由原住民开启的现代化，两国现代化道路的实质是从固有的传统社会向现代社会转型。两国固有的传统社会在历史文化上的特点，约束着转型发生的样态。因而，不能将两国现代化道路中呈现出的"不符合"抽象"标准"的某些特征视为"尚未完成"现代化转型的"残留"，这是有着历史文化约束的以原住民为主体的现代化发展进程中，必然会发生的现象。如果强行削足适履，用抽象的"标准"将特定历史文化约束下的发展现实剪裁、切割、改造成"标准"认为的"转型完成"的样态，只能沦为教条式的外部反思，适得其反。事实上，根本就不存在一种不需考虑历史文化和社会生产的约束条件而虚悬着可以四处套用的抽象的"标准"的现代化理论，现代化理论的普遍性和可对话性必须生长在特殊性之中。因此，抽象地接受某些关于现代化的教条，不仅对具体展开的现代化实践探索无益，甚至有损,而且还会在无前提反思的教条主义中,被他者借由观念殖民而攫取发展果实。

第三,在现代化道路的探索中,绝不是使用单一的狭义经济逻辑或者单一的安全逻辑就能够解释所有现象,也绝不是所有的要素都能够被最终归并到经济逻辑或安全逻辑上来,并最终形成一个用单一要素解释所有现象的理论。与其说现代化道路的探索是一个从基点上生长出来的系统,不如说是"蒙古包"式的,并不是其中的某根梁柱是"本质"的"根本"的梁柱,而是一系列梁柱在某个基点上共同构造起来的现代化整体,这个辐辏式的结构,如果可以用一个术语概括其范围,那只能是"物质生产总体"。我们只能在诸多关系中尝试分析和廓清这一共同结构的构造方式,而不是要用其中的某一逻辑来替代或者以解释的方式消融其他逻辑的分析内容。需要立即说明的是,我们也并非从现在的经济学视角来讨论全球资本积累结构,而是要以全球资本积累结构作为分析当今世界范围内的诸现代化理论的前提和有效适用范围的一个总体性思考框架。一般物质生产方式构造起一个说明诸要素之间相互关系的思考角度,而非单纯的,特别是当今学科分工意义上的经济学的视角,更不是一些人臆想出来的所谓经济决定论。

前述分析是我们在建构中国式现代化理论过程中遭遇诸多现代化理论时,以"吸收外来"的心态来实现对话时,对诸现代化理论之前提和适用范围的界定,是对话和"吸收"能够达成的前提性和基础性的工作。唯有如此,才能跳出要么全盘接受,要么全盘否定的非此即彼的理论工作方式。但这仍有不足,在知识生产的现实状况中,后发国家建构基于自身的现代化理论的时候,是一定会遭遇来自先发国家的带有抽象的"标准"的知识权力的挤压的。我们对此已做了细致梳理,目的是要说明,任何一个后发国家的现代化道路探索,以及在自身现代化道路探索中建构起来的现代化理论,要面对的是自己的不断发展可能对先发国家-后发国家全球资本积累结构产生影响,当发展红利更多向本国国民倾斜之后,附带造成的食利性的先发国家的寄生性-剥削性资本积累利益受损,因而后发国家必然遭遇来自先发国家的各种形式的多个方面的打压,与此同时,或者说作为其中的要素之一的现代化理论的建构活动,也会受到来自"食利""寄生""剥削"一方的干扰、范导与挤压,它具体表现为,以先发优势构造起来的文化权力势差为中介,以抽象的"标准"态实行知识权力意义上的霸凌。前述论证中已可清晰地看到,此种以霸凌为基底的"理论对话"中并不存在任何"对话"的可能性。我们虽然强调对于后发国家的我们来说,要在"吸收外来"和实现对话的层面上澄清诸现代化理论的前提和适用范围,但处在既有全球资本积累结构构造起来的文化权力结构中弱势一方的我们,要建构中国式现代化理论,必须警惕先发国家借助文化权力上的先发优势以"抽象""标准"来范导和支配我们的具体知识生产,对这一支配局面的破解绝非通过单纯的理论维度即可解决,而是需要将自身置于整个中国式现代化道路探索过程之中,将自身这一理论活动置于整个现代化实践之中,自觉认识到自身在现代化实践之中的构成方式和历史使命,即理论工作为道路探索提供理论支援,道路探索为理论工作提供现实基底,在有着知识生产之主体自觉的基础上相互支撑共构而向前发展。

这就意味着,那种在宏观维度现代化发展道路上遭遇来自既有的"食利""寄生"集团的阻挠和霸凌,在理论建构层面,则是以文化权力势差的方式影响着后发国家的知识生产逻辑,这种影响是后发国家在建构基于自身发展的现代化理论时,必然要面对的客观约束条件。在这个意义上,我们再回过头来看拉美国家的现代化发展道路,就能够清晰地发现,拉美国家的理论工作者把自身现代化发展遭遇的挫折,归结为先发国家的寄生与剥削,即"拉丁美洲被切开的血管",他们要说明的正是依附性现代化的真实特征,以及去依附的艰难。拉丁美洲如果想要摆脱在经济上的依附状态,绝不是毫无外在压力就能够实现构造起独立经济体系和政治体系的仅涉及国内政治经济结构调整的问题,因为原有的依附关系是先发国家构造起来的先发国家-后发国家全球资本积累结构的具体体现,先发国家通过这种依附关系获取寄生性-剥削性的利益,所以去依附则是摆脱这种被寄生和被剥削的状态,遭遇寄生者-食利者-剥削者为了维持其寄生-食利-剥削利益而强加的外部压力是可以预见的。而外部压力在文化权力势差层面的考虑,在诸多西方"标准"的现代化理论对拉美各国的批评性评价中俯拾皆是。其逻辑总结起来也不过就是一句话:问题是依附者自身的问题,依附者没有按照"标准"的现代化道路发展。我们要问的是,如果按照那个"标准"仍未发展呢?事实上也确实有些拉美国家在某个历史时期是按照"标准"去发展,却仍然未走出困境的。"标准"是可解释的,真正的文化权力不只在于制定那么一系列符合自身寄生-剥削利益获取的"标准",还有对"标准"的解释权力,后者甚至更为重要。你的成功可以"解释"为"符合"了"标准",你的失败,即便是按照"标准"而行却遭遇的失败,也可以通过加入一些要素作为"补丁","解释"为没有完全"符合""标准",从而导向失败。

通过前述分析,我们能够为建构中国式现代化理论,厘清出一个有着清晰理论前提自觉和理论主体自觉的思想操作平台。如果没有前述的分析,当我们无可避免地处在诸现代化理论共存的观念场域之中时,就难以在清晰的理论前提自觉和理论主体自觉的基础上找到对话的平台，极易沦为要么关公战秦琼式的自说自话，要么基于自身的理论框架和理论偏好从他者的理论中寻章摘句，以曲解、误解甚至错解的方式捕获一些与自身理论框架与理论偏好中的具体观点"一致"的"论据"。一旦陷入此种情况，就无法实现理论对话，自然是一大弊端。更大的弊端在于，以这种"捕获"他者的言说为"论据"的活动，即便是曲解、误解或错解，都仍然是在巩固他者的文化权力势差。当知识生产主体通过引用先发国家某一学者的某一言论，作为"论据"来"证明"自己观点的正确性时，这种知识生产方式就在隐蔽地构造一个知识产品的二级市场。当后发国家从事知识生产的主体只是通过引用和诠释先发国家的学者所持观点来评价自己所处社会生活中的具体现象时，这里只有对先发国家知识产品的知识消费，而没有基于后发国家自身生存实践的知识生产。更为关键的是，这使得在后发国家的知识生产活动中，一些知识生产主体以寻求成为域外某个学者所提出的某个理论的国内独家代理人为目标，从而导致先发国家-后发国家全球资本积累结构基础上的文化权力势差，从国家间的文化权力结构，渗透成为国内知识生产群体中不同知识生产方式之间的文化权力结构。我们时常看到那种第一个"引进"了某西方学者思想的工作为该学科领域的"泰斗"之类吊诡的文化现象（"泰斗"的本义在此所剩无几）。当然，在特定的历史时期，作为后发国家，要迅速地推动现代化，在廓清理论前提预设和理论适用范围之前，先大批量地"引进"一系列的理论，是有其历史合理性的。但是这种"引进"方式绝不是没有前提的，因而绝不是在任何时候都适用的知识生产方式。毋宁说，这个过程还不是知识生产的整体，而仅仅是一个工作环节。一旦将之视为知识生产的整体，就会导致每个人都在发掘某一域外学者的理论，较有影响的发掘完之后，就发掘一些冷门的。对于同时代的学者试图在发掘其理论的同时与之建立访学关系，不同时代的学者试图在发掘其理论的同时建立一个以此冷门学者或学派为基础的研究所或研究院（知识生产主体的建制化）。我们这样说，不是要把自己封闭起来，而是想要强调对"引进"活动本身在知识生产中，在理论活动中所处的位置，及其所要发挥的作用，要有清晰的认识，对理论自身的适用界限和前提预设要有明确的把握，不能一味地在对域外理论的独家代理中构造域内的知识权力。要知道，这样的状态会使得长久以来，一代代本国的前辈学人积累起来的针对本国问题的理论，要么因被认为存在历史的局限，要么因其翻译的仅是某位域外思想家的几部著作而不是全部，而被遮蔽甚至无视。当所有人都"从头开始"而没有人愿意在同一个论题上做几代人的持续努力，学术研究就要么是"追新"，要么是"追外"。元宇宙大火的时候，相关论文爆炸式地增加，没过多久，元宇宙噱头不再，如今ChatGPT大火，盖过了元宇宙的风头。没有几个人再去研究元宇宙，但是我们不能否认，也无从否认，在那个元宇宙时兴的时间里，爆炸式增加又断崖式锐减的人文社会领域一窝蜂地讨论元宇宙的事实。人文社科难道只能自顾自地通过制造论文来描述或者构造自己的"繁荣"，而对实践的影响无限趋近于零吗？那它的社会功能又在哪里呢？我们不否认这个世界上存在着"为了理论而理论"的研究，但绝非所有理论活动都能以此豁免自身的社会责任和社会功能的实现。

综上，我们如何在区别于其他现代化理论的基础上界定中国式现代化理论，这直接与我们所走的中国式现代化道路相关：

第一，中国式现代化道路，不是日本、沙俄那种要在既有的先发国家-后发国家全球资本积累结构中，从相对后发的被寄生、被剥削的位置，通过对其他后发国家的寄生与剥削来实现自身在结构中的先发位置的转变。中国式现代化道路，是区别于先发国家-后发国家全球资本积累结构的剥削性和寄生性的平等发展的道路。不是走"零和博弈"瓜分世界的道路，而是立基于人类命运共同体，探索人类文明的新形态，走合作发展，追求各国公平和平等的生存与发展权利的现代化道路。这是由中国特色社会主义的本质所决定的。

第二，中国式现代化道路，不是拉美国家那样的依附性发展，也不是澳大利亚那种需要通过持续的抽象观念的强输出去构造民族国家认同，而是依托自身的现实状况，以对外开放谋求合作供应，以推动国内大循环的建设让发展的红利惠及本国，在国内国际双循环中，以强有力的国家建设来推动世界走出剥削、食利、寄生的既有资本积累结构下的"零和博弈"困局，为世界历史的发展，提供中国智慧，做出中国贡献。作为后发国家，面对由先发国家主导构建的行动与评论日渐二分的文化权力结构，我们的中国式现代化理论建构绝不是要走先发国家的老路，绝不是要建构那种评论式的以范导他者为目的形式化的现代化观念，不是要构建一个与先发国家的抽象形式化的现代化概念同质化的现代化理论，再去与先发国家争夺抽象的话语权。因为中国式现代化的建构，不是为了通过构造文化权力势差并以之配合全球资本积累结构去寄生-剥削其他国家的发展成果，而是要在总结自身发展实践的基础上探索自身发展道路，以此探索人类文明新形态，并为世界贡献中国智慧。正因如此，中国式现代化理论必然是内在于中国式现代化实践之中的，它以中国式现代化的实践成果证成自身的理论正确性。同时，中国式现代化理论是在历史唯物主义的视域中，自足中国自身的社会历史现实,理解与把握中国式现代化实践的内涵与实质,在将中国式现代化实践化为自己的"意识的"和"意志的"对象的知识生产活动中,实现对现代化实践形态的调适、优化和创新,以此参与中国式现代化实践,实现中国式现代化实践与中国式现代化理论内在统一的中国式现代化理论的建构、阐发与发展。

第五章　理论建构的具体化原则与展开逻辑：唯物史观的具体化

我们在本章开始进入理论建构活动本身。事实上，如果没有前四章的理论准备，我们就无法在理论与实践关系的基础上清晰地界定中国式现代化理论建构工作的诸前提要素，也就无法在对知识生产活动的主体自觉的意义上去具体地推进中国式现代化理论的建构工作。因而，唯有在廓清时代背景下的理论建构的语境，梳理理论建构的文化结构，阐明理论建构与社会心理之间的关系，并在对典型国家的现代化道路探索中形成的诸现代化理论的具体分析中，在他者"在场"的情况下，方能形成知识生产活动（中国式现代化理论建构）的自我理解，保有知识生产的主体自觉，并在此整全的自我理解和清晰的主体自觉的基础上，推动中国式现代化理论的建构与深化。

我们在前四章，也包括在一系列脚注中，一再强调前述章节都仍然是前提性工作，相对于积极的建构活动来说，前四章皆属于消极意义上的扫清地基工作。其作用在于说明为何会出现一种理论活动脱离自身所处的社会-历史现实，进而以"外部反思"的方式遮蔽自身的社会-历史现实的真实活动状态，在阐明"外部反思"式理论活动产生原因的历程中，拒斥对社会-历史现实的"质料式"遮蔽。对应而言，本章的目的与工作任务则是要在前四章奠定的理论活动-知识生产的稳固地基上，开始积极意义上的建构工作。需要说明的是，由于本研究的理论聚焦所限，更是由于唯物史观具体化工作的特点所限，即便进行了积极的建构，本书也仍然是初步的原则性探索，因而只是理论建构的一个工作环节。中国式现代化理论的建构，必然是一个贯穿于中国式现代化理论发展过程中的持续性工作。它作为实践的自身区分，必然内蕴于中国式现代化的实践探索之中，因而必然在大量的具体工作中彰显其总体性、科学性与普遍性（具体的普遍性）。这意味着中国式现代化理论必然内含一个如何融贯宏观结构与微观机制的基本课题。它绝不是只做宏观结构的讨论，或只做微观机制的研究，而必然是宏观结构与微观机制的辩证统一。这一辩证统一结构的构建与发展,需要也必然是在中国式现代化的实践探索中过程性、进行时态地持续着。同时,中国式现代化理论的建构,是立足中国式现代化实践探索的具体的社会-历史现实之上的,中国式现代化是打破既有先发国家-后发国家全球资本积累结构的剥削性与寄生性,追求各国公平与平等的生存与发展机会的现代化理论,因而,中国式现代化不仅对我们国家的现代化发展的实践探索具有现实的指导性意义,同时,对于世界社会主义发展,对人类文明新形态的探索同样具有现实意义。在这个意义上,中国式现代化理论的建构,内含着一个国家与世界的辩证统一的课题。

说到辩证统一,近年来在马克思主义理论工作者的努力下,人们逐渐从"辩证法就是'变戏法'"的成见中走出来。特别是在理论研究领域,只要以辩证法或辩证统一为标题、关键词或主题搜索,能找到的文献几乎涵盖绝大多数人文社会学科的研究领域。但这种转变仍然存在着一种不符合马克思主义理论的辩证法应用逻辑,即有别于唯物辩证法的对辩证法的应用方式,它仍会有让理论重新回到马克思所批判的"神秘化"的"经院哲学"式的研究当中去,导向制造一系列繁复的符号工艺品的风险(尤其是西方某些激进理论中对辩证法概念的滥用,那种复杂而又"时髦的空话",使得作为内涵逻辑的辩证法,陷入再度沦为"变戏法"的风险之中)。从形式上看,辩证统一是以对相互矛盾的两者的对立基础上在更高层次形成的统合为表象,一旦将这一结构在复杂的符号构造中操作起来,只要构造起相互矛盾的因而对立着的两要素,它们会统合出一个新的符号工艺品,而这一新的符号工艺品,又可以与另外的要素构造矛盾对立,形成更复杂和晦涩的符号工艺品,如此以至无穷。如此一来,在任意性的"统合"式的理论活动那里,就呈现出越来越抽象和复杂的样态,且成为一种常见的事情,仿佛越抽象就存在越"基础"和"本质"的奇怪成见。在这一现象影响下,会产生越抽象就越本质的知识权力序列。从而越抽象,甚至极端抽象的"符号工艺品",以"本质"的姿态借助文化权力势差,再次让理论落回到对经验材料进行评判、拣选、剪裁、拼接和重构的行为模式中。理论因此沦为解释世界的理论,现实只有被剪裁、切割、拣选出符合抽象"本质"的经验要素的资格。[1] 这就又回到了

---

[1] 关于解释世界与改变世界两种理论质性在思维方式上的根本差异,可参见拙文《作为思维方式的"解释"与"改变"在观念构造中的差异》,此文基本观点如下:"解释"发生于事后,它作为合理性说辞出现,其结构特点是以固定关键概念(如分工、景观、符号等)作为其理论大厦支点;其作用方式是围绕固定概念支点,构造一个具有巨大解释力的观念系统,基于该系统生产出一系列有同质价值前提和理论预设的观念胶囊,最终被现实中〔转下页〕

此前的遮蔽、遗忘并错失对真实现实之把握的困境之中。要让前述两个辩证统一（宏观与微观、国家与世界），进而使几乎每一个辩证统一体，不至于沦为神秘化的"经院哲学"式的符号工艺品，以立足于现实，需要"站在常识的大地上"的旨趣从事理论研究。① 但现实绝非庸常观点中的那种对经验材料的直接采用的所谓"现实"，绝不是将经验材料直接视为无须证明或不证自明的前提。在我们的理论活动中，现实总是已经理论化了的现实，而现实本身在成为我们的研究对象的"现实"的时候，是经历了一个现实的理论化的过程的。唯有对现实的理论化（过程）与理论化的现实（结果）的构造过程有清晰的理解与把握，我们才有能够推动中国式现代化理论建构的坚实的起点。从现实出发，推动诸要素的辩证统一，这才是建构中国式现代化理论的真正的完整的入手之处。

一、理论建构的起点：反思现实的理论化过程

（一）现实的理论化与理论化的现实

通过导言和前四章内容中具体展开的分析，我们可以得到这样一个对中国式现代化理论建构活动的基本看法：从知识生产的本性来看，我们在理论建构中所依托的现实，并不是作为事实的现实本身，而是被理论化了的现实。因而，在理论建构的起点处尚有一个需要加以反思、敞露并澄清的将现实加以理论化的工作，或者说将现实构造成为出现在理论视野之中的理论对象的"理论化的现实"的过程，即"现实的理论化"。现实的理论化活动，意味着对现实的观察、描述和分析，其全程都必然渗透着理论前见，因

[接上页]持同质价值的个体或群体所捕获，成为其行动合理性的"解释"。"改变"作用于实践活动全程，其结构特点是以"一定的"历史性条件为立足点；其作用方式是以历史唯物主义的立场、观点和方法审视诸观念，以"从抽象到具体"的方式把握观念场域，及观念场域与现实基础之间的复杂关系，以"前提批判"的方式推动理论发展，实现理论创新，进而介入和改造实践活动。[王晓兵：《作为思维方式的"解释"与"改变"在观念构造中的差异》，《知与行》2023年第2期］。我们总是听到人们对于解释世界与改变世界二分方式的挑战，它们几乎都是望文生义的，比如，"是不是改变世界的理论中就没有解释了？""是不是解释世界的理论就不是为了改变世界了？"等说法。这都是在没有把握到马克思主义理论所强调的解释世界与改变世界在思维方式上的根本差异的前提下的误读，甚至连误读都不算是，只能说是缺乏理论活动求真精神的不负责任的望文生义而已。对此，我们作为马克思主义理论工作者，有责任对此给出系统的说明和清晰的阐释。

① 参见陈亚军：《站在常识的大地上》，《哲学分析》2020年第3期。我们只有一个世界，这就是常识的世界，哲学思考，不是另外制造出一个世界，而是对常识世界之所以这样成立着和运行着的根据的反思。在这个意义上，我们没有理由离开常识。回到本书的考虑，我们不能离开对经验材料的依赖，我们也不能离开"纯粹经验的确证"（《德意志意识形态》），我们所要做的是在历史唯物主义的基底上来审视经验材料，推动常识的调整与优化。

而,"直面现实""深入现实""根据现实"等说法,在理论研究和知识生产活动中真正操作起来,是有着相当程度的困难的。对这一理论建构活动的前提反思工作,吴晓明教授从哲学高度给出了分析。吴晓明教授以对"外部反思"式的理论活动脱离现实的特征为切入点,说明在理论研究过程中存在的以先在的、外在的理论(一段时间是苏联的相关理论,这些年来是西方理论)为先在的标准。以此为理论前提,渗透入"直面""深入""根据"现实的思想操作(现实的理论化)活动中,就会造成对真正的社会现实的错失。① 吴晓明教授从思想史内部寻找造成这种"外部反思"问题的原因,他认为从康德的"哥白尼式革命"开始,"阐释的客观性"从奠基于外在世界转而变为奠基于人的主体性。人的主体性地位的提升使得阐释本身摆脱了,甚至支配着和决定着对外在世界的客观性的描述及其结论。② 而从方法论上介入对现实的理论化过程的反思,当属孙正聿教授的前提批判理论。

如果我们从吴晓明教授的分析再向前推进一步,为何在理论活动中"外部反思"问题持续存在,屡屡被批驳,却始终未见好转。笔者认为只从思想史的谱系上寻找原因还不够,因而这仍是一个可以继续推向深入的理论课题。以我们在本书所给出的知识生产活动背后的一般生产关系结构的角度来分析,就不难发现,理论活动中的"外部反思"问题,其超出思想史内在逻辑的原因,正在于作为后发国家的中国,在推动自身进入现代化并发展现代化的历程中,源头处是外源性的现代化,是在先发国家的军事和殖民活动的压迫下开始的,这导致在理论活动-知识生产中对先发国家现代化理论的教条式使用,诱发并构造着缺乏界限反思和遗忘自身社会-历史现实的"外部反思"式理论研究。而我们自身的发展,以及世界格局的变化,导致我们在全球资本积累结构中所处位置和扮演角色的不断变化。这一位置和角色的不断变化,以及现代化历程中的后发国家属性,造成了表象上似乎每一次"外部反思"的理论都有所不同,甚至有了后一种"外部反思"活动的"成果"是建立在对前一种"外部反思"活动及其"成果"的"反思与批判"的基础上的表象,这些要素造成了"外部反思"问题的持续存在。这也能够解释,为何在中国式现代化实践发展到如今这一阶段,当我们的综合国力提高到如今的水平,当国际局势处于百年未有之大变局的时代,由于我们的发展旨在破解既有资本积累结构的寄生性与剥削性,追求公平和平等的生存与发展机会时,立足于后发国家的生存与发展权利的获得,进而挑战了原有的寄生

---

① 对此问题的分析,可参见吴晓明:《论中国学术的自我主张》,复旦大学出版社,2016年。
② 对此问题的分析,可参见吴晓明:《论阐释的客观性》,《哲学研究》2016年第5期。

性-剥削性利益的"零和博弈"思维并遭到先发食利性国家的打压时,我们仍然要面对理论活动中"外部反思"的问题。我们仍是后发国家,且代表着后发国家追求公平和平等的生存与发展权利的一方。此种导源于先发国家-后发国家全球资本积累结构的文化权力势差,仍在发生着影响,这正是"外部反思"仍旧存在的文化土壤。正如马克思在《政治经济学批判》序言中所说的那样:

> 我们判断一个人不能以他对自己的看法为根据,同样,我们判断这样一个变革时代也不能以它的意识为根据;相反,这个意识必须从物质生活的矛盾中,从社会生产力和生产关系之间的现存冲突中去解释。无论哪一个社会形态,在它所能容纳的全部生产力发挥出来以前,是决不会灭亡的;而新的更高的生产关系,在它的物质存在条件在旧社会的胎胞里成熟以前,是决不会出现的。所以人类始终只提出自己能够解决的任务,因为只要仔细考察就可以发现,任务本身,只有在解决它的物质条件已经存在或者至少是在生成过程中的时候,才会产生。①

在此引用这一段原文,一方面是要强调我们在本书中一以贯之的以历史唯物主义为基底的文化哲学立场及其研究范式。另一方面是要说明在中国式现代化理论的建构工作中,"现实的理论化"过程,以及作为既成的现实的理论化"成果"的"理论化的现实",都需要接受历史唯物主义视角的审查。通过前四章对于理论建构工作的"清理地基"工作后,我们在本节提出中国式现代化理论建构工作的真正立脚点:把握现实,并系统地阐发中国式现代化道路探索的历史与现实。而这一对现实的把握,其复杂性在于,在理论建构中,现实只能是理论化的现实,它是在经历了现实的理论化之后,所形成的理论化的现实。而这一理论化的"构造"现实的过程,是否能够真正地"面对现实""深入现实"并"根据现实",正在于对这一"现实的理论化"过程的内在结构和构造逻辑的反思与自觉。而要在"现实的理论化"过程中保有理论自觉,关键在于对理论活动的展开场域即当下的现代化实践,以及现代化的实践与理论之间的关系,有结构上的廓清和原理上的把握。这表现为与"现实的理论化"的过程以及形成"理论化的现实"的过程同时进行的对这一理论活动的前提批判。

---

① 《马克思恩格斯选集(第二卷)》,人民出版社,2012年,第3页。

在这个意义上,作为前述引证马克思《政治经济学批判》序言中这段话的一个复线,我们的引证本身同时是对马克思思想发展历程,即马克思探索唯物史观,推动唯物史观从《德意志意识形态》的"广义的历史唯物主义"到后来"狭义的历史唯物主义"的丰富历程在文化哲学视域下的理解①:马克思的思想从康德、费希特围绕主体展开的哲学向黑格尔转向,成为博士俱乐部的成员的思想探索,从"苦恼的疑问"时期开始对黑格尔的国家理论的质疑到黑格尔法哲学批判,再到德法年鉴时期被列宁称为向唯物主义的转向,从哲学研究、历史研究、政治研究转到借助政治经济学对市民社会的研究,从如今的学科视角来看,经历了多次的学科转换,但是如果因此将马克思的思想发展分解到诸学科内部,使各学科在其学科建制内,基于其既有的学科知识框架去"消化"马克思的部分思想,那就失去了马克思主义理论的真正精华。我们可以用唯物史观的具体化作为其中一条重要的思想发展线索来理解马克思思想探索历程,在这条线索中我们看到的是迥异于将马克思主义理论分解到诸学科建制内的"消化"马克思思想的理解方式,代之以马克思思想探索中不断深入"历史的一度"去把握真实的社会历史-现实,形成一个整全而又系统的对现实内涵逻辑的把握这一新的理解视域。也是在这个意义上,政治经济学的转向,不能只在政治经济学的学科建制中来理解,而是要立基于历史唯物主义视域,方能在马克思不断探索唯物史观之具体化的路径中,在马克思不断深入社会-历史现实内容把握其内涵逻辑的思想探索中,获得完整的理解。

从前述分析出发,我们得到的首要原则是:经验主义得到的"现实"绝非纯粹"客观"、价值无涉、不证自明或无须证明的,经验主义得到的研究"对象"已经是理论建构后的"理论化的现实",因而经验主义本身就是一个需要被反思的"现实的理论化"过程。以此为前提,结合我们此前对齐泽克理论的分析,他之所以会得出"资本主义永恒发展"的结论,是因为齐泽克用来描述现象的方法是纯粹经验主义的,即齐泽克用纯粹经验主义的方法完成了将对象纳入理论视野之中的"现实的理论化"的过程,一旦纯粹的经验主义方法与从个体出发的思维方式相结合,知识生产就会滑向"唯我论",(作为经验材料主体的我,是不动不变的旁观者状态的,是非历史性的,主体的历史性没有参与理论建构的过程中),是未达到历史唯物主义高度的。他在看待历史上的启蒙思潮的时候,能够将彼时的主体视为历史性的主体,能

---

① 关于"广义的历史唯物主义"与"狭义的历史唯物主义"的区分可参见张一兵:《回到马克思(第四版)》,江苏人民出版社,2020年。

够在历史发展中看到"走出中世纪"的可能路径,而一转到自己所处的时代,用来分析实证得来的"理论化的现实"的时候,最后的立脚点却是一个不动不变的"我",从这个不动不变的"我"无法推出一个在历史发展动力机制层面具有必然性的发展路径,只会是由于立足点的经验主义的"我"之不动不变,而引致对自身所提出的问题,无法给出富有唯物史观内涵的所谓对策。① 也正是在这个意义上,强调自己的理论是通过在实地生活了若干天,经历了若干次考察调研,与若干人进行了访谈等(这些都是如今能够在诸多理论著作的"腰封"或"推荐序"中常见的标榜该研究成果之"客观""面向现实""深入现实""根据现实"的说辞),绝不直接就等同于该理论研究已经是基于现实,或者依照现实本身内在的逻辑理论化地把握了现实。它仍然可能是依托某一"外部反思"的理论,在"现实的理论化"的过程中剪裁、切割、重构出一个符合其先在的"外部反思"理论"标准"的"理论化的现实","先把箭射出去,再画靶子""打哪儿指哪儿"的理论不但缺乏理论应有的介入实践并推动实践之优化、改良和创新的作用,反而会用貌似理论活动的方式,遮蔽现实自身所内蕴的逻辑。

(二)以唯物史观把握理论化的现实

既然作为"成果"的"理论化的现实"与作为过程的"现实的理论化"构成理论的完整研究对象,这一整个过程就需要经受来自理论的前提批判的审查,方能给出前提预设清晰、价值倾向明确的理论活动之出发点(清晰的研究对象构成过程和清晰的研究主体与研究对象之间的内在一体关系)。我们进一步的任务就是,明晰这一前提批判的审查活动,其发力点何在,其理论聚

---

① 参见唐正东:《当代资本主义新变化的批判性解读》,经济科学出版社,2016 年,第 23~25、193 页。唐正东教授在该书中对时下在国内较为流行的域外的左翼理论做了系统梳理。唐正东教授从对哈特、奈格里、鲍德里亚、齐泽克、哈维等人的理论的批判性解读出发,给出对前述诸家理论的问题的批判性说明。唐正东教授认为,前述诸家理论虽然在理论工作上有各种新奇的提法,但都存在一个理论上的缺陷,即其研究内容都是基于经验主义的视角展开的,缺乏对经验材料的历史唯物主义的审视,因而仍然是解释世界式的。解释世界式的理论如我们在此前强调的,它将经验材料通过某一个或者某一系列的关键词加以解释,形成一个解释系统,并且以此解释系统来解释更多的现象,一旦事件皆可在这一解释系统中获得安顿,那么改变之可能,就会外在于这一解释系统,这是造成诸理论将改变的可能寄托在偶然性的"事件"上面,或者干脆指认"资本主义永恒存在"的根本原因。我们在本书中要做的工作是从唐正东教授关于激进左翼的诸家理论立基于经验主义立场,缺失历史唯物主义视域的问题,产生这样的问题的社会存在层面的原因,即从先发国家-后发国家全球资本积累结构的角度来看待这一问题。激进左翼发生于先发国家的理论形态,其社会存在基础是什么,其在一般生产关系基础上如何构造起来,其溢出理论之外的理论前提是什么,又是如何形成的等一系列问题。笔者认为,这是在前辈学人的思想基础上,实现理论的持续推进的重要切入点。

焦在哪里。因为实际上任何一种有着一定深度的哲学思考,都是对理论前提的反思,即康德所言之对"自明性"的考问。我们认为,对理论之前提的批判工作,必须建立在唯物史观的基础上。之所以做出这样的判断,理据在于:

要理解理论,就必须澄清理论与其所身处的社会存在之间的内在一体的互构关系,如此,理论才能在将自身实践活动制作成"意识的"和"意志的"对象的过程中,调适和优化实践活动,介入并推动社会发展。基于前四章的文化哲学分析,我们可以看到,知识生产的具体形态,即不同国家在其现代化理论的具体构建过程中所依凭的理论前提、价值倾向和具体观点上的差异,其背后有着人类步入现代社会以来,在资本逐利本性的驱使和资本主义生产关系固有矛盾的推动下,资本积累结构从仅在西欧发生的地方性资本积累结构,逐渐形成一个世界性的寄生性-剥削性的先发国家-后发国家全球资本积累结构,诸现代化理论是作为各自差异化的现代化进程的文化表征而存在的。不找到现代化理论构建的一般生产关系基础,或者说不将诸现代化理论置于历史唯物主义的视域中加以理解,就难以在观念场域中对诸观念的审视中,在比较研究中深入自身的社会-历史现实,或者难以在理论上把握到自身所处的社会现实意味着什么,其内蕴的逻辑何在,其从何而来,又为何从彼时的状态衍化至此时的状态,其衍化发生的动力机制何在,在该动力机制的作用下的衍化历程是什么等问题。尤其是对于后发国家来说,先发国家构造的现代化理论本身就有着巩固既有的先发国家-后发国家全球资本积累结构下的寄生性-剥削性利益的目的。而其巩固的方式就是形成一种抽象普遍化的理论,以之跃出形成该理论的具体社会-历史现实,从而以"标准"的"普遍适用"的姿态,评价从而范导后发国家的现代化道路选择。一旦形成以先发国家现代化理论为"外部反思"标准的理论状态,也就意味着从根本上失去了以理论的方式深入自身社会-历史现实中去并给出立基于自身现实的"理论化的现实"的可能性。这造成的结果会是无法形成基于自身发展要求的现代化理论,沦为在他者理论的范导之下,持续作为他者的寄生供体和剥削受体的地位和角色。而在遭遇问题时,再在他者的"外部反思"的标准下首先"反思"自身是否还不够"遵循"他者的理论,且这个遵循是否足够标准,其解释权仍由"外部反思"之标准的制造者掌控。

我们在前文中以鲍德里亚的物体系和消费社会为例,来具体说明有着自身理论前提的景观社会理论和消费社会理论,如果不加前提反思,在缺少历史唯物主义视域审视的情况下被直接搬运套用到具体的社会现象中,美其名曰是"基于对同样的社会现象的分析",那么这并不是开放的心态,而是失去理论活动的基本主体自觉的状态。因此,我们要将"现实的理论化"过程到形成"理论化的现实"这一结果的理论对象的构造过程,置于历史唯物主义的视域之中,以此实现理论立足于现实并介入和推动现实发展这一本真功能。中国式现代化理论的构建与深化是与中国式现代化实践探索和全面深入内在一致的,这种一致性从理论建构层面看,就是中国式现代化理论建构与深化的马克思主义理论领航。

（三）立基于中国现代化发展历程的理论建构

当我们强调要深入现实,把握现实,拒斥"外部反思"的时候,我们的这些"强调"活动,并不意味着我们已经深入现实之中,而只不过意味着我们已经意识到了现实的复杂性。在"理论化的现实"和"现实的理论化"的结构中展开理论的前提批判,是我们在理论与实践之间关系中,对实证工作所得出的感性材料的基于历史唯物主义的反思,或者说是将实证工作总体置于历史唯物主义的视域下。的确,我们虽然不能直接将经验材料作为客观的不证自明或无须证明的理论建构工作的起点和地基,但是我们又必须且必然地要从对现实的实证的研究入手,只不过这种实证研究必须以历史唯物主义为基底、为理论前提、为方法论自觉方能展开。在此,最好的诠释仍然是马克思和恩格斯在《德意志意识形态》中的表述,因而我们还是要再次引证这段关于历史唯物主义与经验主义之间有重叠也有区别的理论表述：

> 我们开始要谈的前提不是任意提出的,不是教条,而是一些只有在臆想中才能撇开的现实前提。这是一些现实的个人,是他们的活动和他们的物质生活条件,包括他们已有的和由他们自己的活动创造出来的物质生活条件。因此,这些前提可以用纯粹经验的方法来确认。[1]

所以,深入现实的起点是纯粹经验的方法,但它必然是立基于历史唯物主义视域上的纯粹经验的方法。

二、国家与世界的辩证统一：中国式现代化道路探索的世界历史意义

国家与世界的辩证关系,我们能够在恩格斯为马克思的《1848年至1850年的法兰西阶级斗争》一书所写的导言的分析中得到更为清晰的理解与把握：

恩格斯在《1848年至1850年的法兰西阶级斗争》导言中这样评价这部著作："是马克思用他的唯物主义观点从一定经济状况出发来说明一段现代

---

[1] 《马克思恩格斯选集（第一卷）》,人民出版社,2012年,第146页。

历史的初次尝试。"①该书主要内容由马克思完成于1848年到1850年间,包括其后的《路易·波拿巴的雾月十八日》,都是在分析彼时法国特定历史条件下的政治斗争,把握阶级矛盾背后的一般社会生产关系。也只有从这一维度来看待1848年马克思和1895年恩格斯的思想努力,方能理解他们在具体观点中的历史唯物主义视角,即唯物史观具体化的思想价值。澄清在马克思主义理论发展历程中经典作家对其时社会现实分析中所呈现出的唯物史观之具体化样态,把握经典作家的思想内涵(正如第一章中我们所做的那样),从而立足于历史唯物主义视角把握当今时代的一般社会生产关系,给出符合中国社会-历史现实,能够切实优化和创新实践方式的理论。

在当今这一变局时代,从全球化高歌猛进,到一些国家采取"逆全球化"的行为,我们要把握繁复国际关系背后的一般原理,穿透表象的迷雾,清晰地认知繁复的看似矛盾甚至对立的民族国家为行动主体的行为。这一理论视角集中表现为以唯物史观对全球资本积累结构中各个国家所处位置的不同,所处位置不同带来的国内社会结构的不同,以及由此引发的在不同国家不同历史时期形成的不同理论观点的具体把握。在理论上说明民族国家这一行动主体,在全球资本积累结构利益分配的"寄生-供体"结构中的不平等地位,以及由此引发的先发国家为维持其利益而维持该资本积累结构,后发国家为谋求公平和平等的生存与发展机会而努力脱出"供体"地位,以及先发国家以各种手段打压后发国家发展以使其长期维持在"供体"地位上的诸多具体行为。

(一)资本积累结构的世界化及其对各国社会结构的影响

恩格斯为马克思《1848年至1850年法兰西的阶级斗争》一书所写的导言成文于1895年,这是在马克思写作该书内容(1848—1850)后近半个世纪写成的。恩格斯对马克思这一著作的评价可分为同与异两个方面:

从同的一面看,1895年的恩格斯与1848年的马克思都是以唯物史观把握现实问题,在繁复的政治斗争现象中把握其内在的一般的生产关系矛盾:"这一叙述对事变内在联系的揭示达到了至今还无人达到的程度,并且光辉地经受住了后来由马克思自己进行的两度检验……"②恩格斯认为马克思这一文本的重大意义在于:

> 第一次提出了世界各国工人政党都一致用以扼要表述自己的经济

---

① 《马克思恩格斯选集(第四卷)》,人民出版社,2012年,第378页。
② 同上书,第379页。

改造要求的公式,即:生产资料归社会所有……第一次表述了一个使现代工人社会主义既与封建的、资产阶级的、小资产阶级的等形形色色的社会主义截然不同,又与空想的以及自发的工人共产主义所提出的模糊的财产公有截然不同的原理。①

即在对 1848 年至 1850 年发生在法国的政治斗争的繁复现象的描述中,把握各阶级因其经济基础的不同,以及在此基础上所具体表现出的行为逻辑。穿透繁复的政治现象,把握其中一般形态的社会生产关系的内在运行原理。

从异的一面看,恩格斯对 1895 年的德国工人运动要达成其目标所需要采取的行动策略与 1848 年时马克思认为的应采取的行动策略的不同,给出了详细的说明。恩格斯比较了他撰写导言的 1895 年的社会现实与马克思写作的 1848 年的社会现实之间的不同:当恩格斯强调在 1895 年已经不再适合 1848 年的那种街垒作战时,恩格斯的理由是在 1895 年有了一个与 1848 年完全不同的职业化的军队。1848 年的条件到了 1895 年变为:

在起义者方面,一切条件都变坏了。人民各个阶层都同情的起义,很难再有了;在阶级斗争中,中间阶层大概永远不会毫无例外地统统团结在无产阶级的周围,从而使纠集在资产阶级周围的反动党派几乎完全消失。就是说,"人民"看来将总是分开的,因而也就不会有一个强有力的像 1848 年那样非常起作用的杠杆了。如果有较多服过役的士兵投到起义者方面,那么要把他们武装起来就更为困难了。②

恩格斯在此处运用的正是他与马克思共同创立的唯物史观。马克思在 1848 年针对当时的革命形势给出了具体观点,在 1895 年恩格斯写作导言时革命形势已经有了新的发展,在新的历史条件下形成了新的社会关系结构,历史唯物主义的科学性就在于,把握历史发展的内在动力,从历史发展的内在逻辑中把握所处时代的发展规律。1848 年的观点与 1895 年的观点存在不同,不是说后一个观点推翻了前一个观点,而是不同的历史时期,在历史唯物主义视域下,把握到的一般生产关系基础上的社会结构整体不同。

严格来说,恩格斯除在导言开头强调了他与马克思在唯物史观普遍性

---

① 《马克思恩格斯选集(第四卷)》,人民出版社,2012 年,第 381 页。
② 同上书,第 392 页。

方面的一致性,并没有单独分析唯物史观的一般原则,而后再将一般原则"应用"到 1895 年的特殊社会现象中并给出分析,而是在对特定社会-历史现实的现象描述和理论把握中,直接呈现出其内在的普遍性结构。如果说同的一面体现了唯物史观的普遍性,那么异的一面就体现着唯物史观的特殊性,而整全的唯物史观必然包含着普遍性与特殊性在内的个别性。这意味着,这一论述必然是在对特定的社会-历史现实的特殊性的阐明中,把握不同时代的特殊社会-历史现实所内蕴的普遍性,即如果一个关于唯物史观的理论,尚且只是单纯的对普遍性的形式分析,那么它就不仅是理论分析的一个环节,因而是不完整的。更重要的是,没有对特殊性的把握,以及从特殊性之中被把握到的普遍性,单纯的普遍性只会是抽象的,甚至是教条的。在这个意义上,恩格斯在导言中的思想展开方式,向我们示范了如何通过理解马克思的经典文本,掌握以唯物史观把握我们自身现实问题的方法,即在国家与世界的辩证关系中推进唯物史观的具体化。

1. 1848 年、1895 年社会现实的异同与工人运动的具体策略选择

恩格斯强调在 1895 年西欧地区的社会结构与 1848 年相比已发生了重大变化:如果说在 1848 年,通过街垒战的方式举行工人起义,尚有取得成功的可能性。因为那时的士兵群体在社会结构的影响下要么倒向工人起义军一边,要么不参与对工人起义军的镇压,因而不是站在工人起义的绝对的对立面上,而是能够被内部瓦解。[1] 而在 1895 年,职业化的士兵群体,一方面有了更为先进的武器装备和战术训练,另一方面也不再如 1848 年那样容易被内部瓦解,他们对镇压起义更积极,"已经不是把街垒后面的人们看作'人民'",[2]同时更有武器上的优势。因而恩格斯断言:在 1895 年,如果工人以街垒战的方式组织工人运动遭遇严重失败,因而此时并不适合采取暴力方式开展工人运动。这是 1848 年与 1895 年的不同,前者的暴力革命尚有成功的可能性,而后者则不具备这种条件。恩格斯认为在 1848 年虽然士兵群体不像在 1895 年时那样与工人暴动对立,但工人运动仍然会失败的原因在于:

> 当时欧洲大陆经济发展的状况还远没有成熟到可以铲除资本主义生产的程度;历史用经济革命证明了这一点,从 1848 年起经济革命席卷了整个欧洲大陆,在法国、奥地利、匈牙利、波兰以及最近在俄国刚刚

[1] 《马克思恩格斯选集(第四卷)》,人民出版社,2012 年,第 391 页。
[2] 同上书,第 392 页。

真正确立了大工业,并且使德国简直就变成了一个头等工业国——这一切都是以资本主义为基础的,可见这个基础在1848年还具有很大的扩展能力。①

恩格斯正是在回顾中看到资本积累结构跃出一国范围,逐步蔓延到整个欧洲地区,才会认为在资本主义仍在"发展"的1895年,在西欧应通过宣传和议会活动等方式开展工人运动,"预先把人口中的主体——在这里就是农民——争取过来"。②

马克思关于"法兰西阶级斗争"的写作作为唯物史观具体化的"初次尝试",表现为通过对其时在法国的政治斗争的现象梳理,凸显其内在的一般生产方式的基始性作用。③ 其中就包括马克思在该文本中分析的资本积累结构跃出一国范围,并蔓延到整个欧洲地区后,在先发国家之间的结构关系:英国(马克思所处时代的先发国家)与欧洲大陆(相对的后发国家)间关系表现为:

> 英国对海外国家的输出要比整个大陆多得多,所以大陆对这些国家的输出量始终要取决于英国对海外的输出量。因此,如果危机首先在大陆上造成革命,那么革命的原因仍然始终出在英国。在资产阶级机体中,四肢自然要比心脏更早地发生震荡,因为心脏得到补救的可能性要大些。另一方面,大陆革命对英国的影响程度同时又是一个温度计,它可以显示出,这种革命在多大的程度上真正危及资产阶级的生存条件,在多大的程度上仅仅触及资产阶级的政治形式。④

这意味着作为国际关系基底的资本积累结构,影响并参与构造着作为资本积累主体的民族国家内部社会结构的形态。

半个世纪后恩格斯写作导言时的社会背景是:资本积累从西欧向整个欧洲乃至世界范围内蔓延,这一蔓延过程中资本积累结构变化使得先发资本主义国家能够通过殖民攫取廉价的原材料、使用后发国家的廉价劳动力以及扩大海外商品倾销市场,缓解本国的社会矛盾,消解此前因主要在国内

---

① 《马克思恩格斯选集(第四卷)》,人民出版社,2012年,第384~385页。
② 同上书,第394页。
③ 唐正东:《唯物史观具体化:马克思的探索及其意义》,《四川大学学报(哲学社会科学版)》2022年第3期。
④ 《马克思恩格斯选集(第一卷)》,人民出版社,2012年,第541页。

完成资本积累而激化的劳资对立。这一资本积累结构的世界化，在先发国家国内使得诸如小资产阶级等中间阶级不再如此前般团结在无产阶级周围。具体到工人起义方面，有着先进武器的职业士兵不再容易倒向工人起义方，而是以更为先进的武器迅速消灭起义工人。一言以蔽之，即先发国家内部社会结构发生变化，社会矛盾在资本积累结构的世界化过程中完成了内部矛盾转嫁。

2. 围绕资本积累与民族国家关系的唯物史观具体化成果

恩格斯在把握其时一般社会生产关系后给出的具体行动策略包括两个方面：一是对先发国家工人阶级来说——如其时的德国工人群体——就需要通过理论宣传让更多人了解无产阶级革命的性质及其必然性，以此团结更多人，为无产阶级革命做准备。这在此后发展出了以葛兰西为代表的文化领导权理论。二是对后发国家来说，先发国家维持资本积累和转嫁国内矛盾，资本积累活动势必会延伸到后发国家；对后发国家来说，社会结构变革的动力就不是"自生"的，而是在起始处就有先发国家在其维持与扩充自身资本积累目的的功能支配下对后发国家采取的一系列具体措施。因此，只要资本积累结构持续存在，为了维持该资本积累结构，先发国家对后发国家的干涉就是必然的。这一必然性在后发国家谋求自身公平和平等的生存与发展权利的历史过程中，一再被证明。也正是在这一逻辑下，马克思主义理论在不同的历史时期发展出了列宁的帝国主义论和毛泽东的矛盾论。

结合马克思和恩格斯围绕"法兰西阶级斗争"的思想工作所示范的唯物史观具体化路径，以资本积累为线索，我们可以得到以下两点启示：

第一，社会主义革命在不同的历史时期具体采用何种行动策略，取决于其时的国内社会结构，而其时的国内社会结构在资本积累活动跃出一国范围，逐渐蔓延为一个全球资本积累结构的过程中，先发国家（如其时的英国）的资本积累活动的变化对相对后发国家（如其时的法国）的国内社会结构有着直接影响。这一思想在此后的列宁与毛泽东的理论中均有直接体现。

第二，针对国内特定的社会结构，社会主义革命会采取不同的行动策略，这意味着担负论证自身行动策略之合理性的理论活动要以唯物史观为基础，否则这种理论活动就要么是应激性的行动的事后解释，要么是僧侣主义的自产自销、自说自话。真正以唯物史观来看待先前理论的科学态度，是恩格斯在1895年的导言中的研究态度。它表现为：不是固守某一具体观点，而是深入社会-历史现实之中，在繁复的社会现象中把握内在的一般规律。这意味着我们在吸收外来理论时，不是对外来理论直接接受，或直接拒斥，也不是拣选式地接受一部分（所谓精华），拒斥另一部分（所谓糟粕）。

而是廓清该外来理论在其所处之具体社会-历史现实之中得以产生的社会基础,阐明从该社会基础到该具体理论观点形成之间的生成机制和作用原理。唯有在这个意义上,才是深入自身社会-历史现实,从而摆脱教条式对待他者理论的理论研究道路。要知道,所谓理论的普遍性,不是在特殊性之外另有一个放之四海皆准的普遍性,那不过是特殊性之外的名为"普遍性"的另一特殊性罢了,真正的理论的普遍性必然是内蕴于特殊性之中的普遍性。

(二) 资本积累结构上处于不同位置的国家的知识-观念生产逻辑

各国在全球资本积累结构中的位置不同,其国内社会结构也因此而不同。以全球资本积累结构为视角,具体展开对一国国内的社会结构分析,是理解其中繁复的阶级/阶层关系以及诸阶级/阶层主体的行为逻辑的前提,这应是以唯物史观理解当今变局时代的国际关系的有效路径。否则,虚悬的"纯粹"唯物史观研究,极易滑入将唯物史观作为有待先在"形式"去剪裁切割的思想史"质料",或成为不同学科既定框架做习题般在诸经验材料上"认出"已经以"问题的提出"形式预先存在于被"认出"对象中的"解释世界"的研究方式下的符号装饰品,这种研究是"僧侣主义"的,是理论自顾自繁荣,并自顾自构造自己的繁荣"意义"的符号工艺品生产活动。若如此,即便在行文中遍布"要面对现实""要把握现实"等祈使句,也依然只是在符号工艺品上添加了一个名为"现实"的装饰。正是要在理论活动中培养对这一危险的自觉,才能确保理论研究从先在"形式"对被视为"质料"的经验材料的剪裁切割式的经验研究(先在"形式"加给"质料"的外在逻辑),进入以历史唯物主义视角从经验材料中把握其自身内在结构(内容自身的逻辑)。在本书的论题中,这体现为:以资本积累结构从地方化到全球化,从围绕产业资本展开到围绕金融资本展开的发展线索,系统而完整地把握自身社会-历史现实,以改良、优化甚或创新实践模式为旨趣,构建"改变世界"的理论体系。

1. 先发国家国内工人运动围绕文化领导权展开的原因

受到十月革命胜利的鼓舞,彼时欧洲发生了一系列社会主义革命,却均以失败收场。在对失败原因的分析中,葛兰西立基于东西方社会形态差异(主要是文化形态的市民社会),通过说明西方(主要是欧洲资本主义较发达地区)自身的特殊性,在此特殊性基础上探讨在西方社会推动社会主义革命能够采取的有效措施:对文化领导权的争夺。葛兰西认为西方社会较之东方社会有着更为发达的市民社会,而市民社会的根基是文化。因而,东方能够通过暴力革命的方式直接获取政权,其根本原因在于东方没有发达的文化形态的市民社会,而在西方,则需要通过获得发达的文化形态的市民社会的文化领导权,方能进一步获取政治领导权。① 对于此时的葛兰西而言,重要的是深入西方自身的社会-历史现实之中,方能形成符合本国实际并能够指导革命实践的理论。反过来说,那个能够指导本国革命实践的理论,也必然要回应本国的社会-历史现实。回到资本积累结构中的不同位置所引起的不同国家国内社会结构的差别。葛兰西所说的西方社会有着发达的市民社会,而东方却没有。这意味着西方社会作为先发国家,在资本积累中是利益获得方,因此,先发国家的国内矛盾与危机通过向海外倾销和以殖民等方式攫取低价原材料等途径转嫁到后发国家,先发国家内部社会结构趋于复杂,国内的小资产阶级有了更多生存空间,国内生产结构中第三产业占比增加,社会结构不再表现为尖锐的劳资对立,而是细分开来的复杂团体间的复杂利益关系。这一社会结构形成的前提条件是先发国家在全球资本积累中的剥削收益带来持续的既得利益,在对国内矛盾的缓解中,消解了暴力革命赖以产生的尖锐对立,因而无产阶级以暴力革命的方式夺取政权就缺乏社会基础。此时,文化领导权,即在观念层面宣传和普及无产阶级的阶级意识,就是在这一具体社会内部结构下的必然选择。在这个意义上,葛兰西的文化领导权理论实是恩格斯在1895年所写导言中给德国工人群体所提意见的系统化。这提示我们,脱离对本国在全球资本积累结构中位置的把握,直接以"纯理论"的形式谈论"文化领导权"的优劣得失,不但对自身实践无所助益,甚至是对自身实践的误导和歪曲,失去了历史唯物主义的灵魂与气质。

2. 后发国家求生存和发展的基础:民族国家的政治支撑

在列宁思考苏联如何发展的过程中,他的理论对手们都还固守在恩格斯在《共产主义原理》中提出的共产主义不可能在一国单独实现的观点上。只有列宁继承了恩格斯在1895年写作导言时对1848年的马克思思想的科学态度,不是固守某个观点教条式地执行,而是把握该观点中马克思如何穿透其时繁复的社会现象明确背后的一般社会生产矛盾,在现象-本质、特殊-一般的辩证统一中形成其具体观点,这一完整的唯物史观具体化历程。列宁在《帝国主义是资本主义的最高阶段》中将他所在时代的全球资本积累结构的特点归纳为"资本家同盟瓜分世界"和"资本主义的寄生性"。资本家同盟瓜分世界,是为了维持并进一步扩大其在资本积累活动中的利益,这需要更多的后发国家来作为资本积累的"供体"。垄断,是维持其在资本积累活动中"寄生"地位的其中一个历史阶段的工具而已,正如今天资本主义国家对中国进行的贸易战、供应链脱钩、不断制造地区紧张气氛等做法,也都

---

① 安东尼奥·葛兰西:《狱中札记》,曹雷雨等译,河南大学出版社,2016年,第169~175页。

是其维持自身在资本积累结构中既得利益的工具,这些工具可能在另外一些具体场景中变为另外一些工具,但维持其在既有资本积累结构中的既得利益确实是不变的。为此,先发国家必然要抑制后发国家的产业升级和技术创新,因为技术创新和产业升级会带来后发国家企业的发展和利润的提升,一旦不再是单纯为他者进行初级产品生产,后发国家就会逐渐从"供体"地位中脱出,影响先发国家的"寄生生态",因此先发国家必然会打压后发国家谋求自身发展并将发展红利惠及本国国民的行动,客观上表现为巩固既有的资本积累结构下的不平等发展结构。对于后发国家来说,谋求发展,也是谋求公平和平等的生存与发展权利,摆脱先发国家以"食利国"式的剥削。[①]

在这一现实背景下,对于后发国家来说,要实现社会主义革命的胜利,维护社会主义革命的成果,就需要有一个强有力的民族国家来抵御来自既得利益国家的抑制、压迫,甚至围攻。历史证明,虽然在资本积累结果中处于既得利益地位的"食利国"之间出于各种原因而产生的竞争甚至对抗一直存在,但是在维持其"食利国"地位,巩固既有资本积累的"食利"结构这一点上,他们总能达成一致,合作抑制和围攻后发国家的发展,这也是我们今天在面对百年未有之大变局时要格外需要注意的。

正是在前述背景下,列宁提出了他的"一国胜利论"("经济和政治发展的不平衡是资本主义的绝对规律"[②]),推动"新经济政策"。因为后发国家的经济如果不是在自身形成一个强有力的民族国家,以此作为政治支撑与对资本的正确引导,就不会有能够强国富民的惠及本国的经济发展,而只会是在绝大多数利润由"食利国"攫取后,勉强维持再生产(包括工人的再生产)的被剥削地位,这一点,在不进行产业升级和技术创新而是单纯作为先发国家的初级产品生产工厂的后发国家那里可以显见。但事实证明,正如马克思所说,英国出现问题时,英国会通过转嫁的方式让危机在欧洲大陆率先爆发,一旦全球经济出现萎缩和疲软的问题,作为"供体"的后发国家就总是最先受到影响,又因为此前因从事初级产品生产而并未分得足够的利润惠及本国民众,社会矛盾易于在此时爆发。而先发国家在转嫁风险保持本国稳定的同时,又可以借此"事实"为论据,说明特定的知识-观念生产之合理性,以之为标准评价后发国家的施政,并以此"范导"后发国家的行为选择,将之约束在既有资本积累结构中。这一点也在提醒我们,没有对本国作为一个民族国家主体在资本积累结构中位置的现实把握,那个所谓不受语

---

① 《列宁选集(第二卷)》,人民出版社,2012年,第662~663页。
② 同上书,第554页。

境约束的"纯粹普遍性""标准"理论,就只是叙事上的神话和理论上的幻觉。

关于其对后发国家内部结构的影响,毛泽东在《矛盾论》中给出了经典的分析:当帝国主义采取直接侵略的时候,后发国家能够团结在一起(如日本侵华)。当帝国主义采取军事侵略以外的政治、经济、文化等形式的影响(由于先发国家对后发国家"供体"的需求,这种影响必然发生),后发国家内部就容易出现充当先发国家剥削活动的代理人的反动买办阶层(如以四大家族为代表的官僚资本主义)。① 帝国主义采取不同的手段实现其资本积累,又与帝国主义为争夺"供体"而展开的竞争相关。

3. 当代先发国家内部激进左翼思想的发展及其基础

在对葛兰西文化领导权理论的当代阐发中,拉克劳的"接合"理论可算是较有影响的一种。拉克劳对葛兰西的理论推进主要集中在文化领导权的形成上,在葛兰西那里,文化领导权的主体是无产阶级,文化领导权的占领是为了接下来获得政治领导权。而在拉克劳的理论中,通过"接合"这一概念,将文化领导权的取得彻底留在了意识形态领域,而无产阶级这一概念,已经被彻底消解。② 这让拉克劳的后马克思主义备受争议,它是否能够被视为马克思主义,在何种意义上能够被视为马克思主义,一度成为马克思主义理论研究中颇为热门的争论焦点。如果我们从全球资本积累结构中位置角色不同的国家,其内部社会结构也因之而不同这一分析线索来看,拉克劳对葛兰西的"推进"的背后,正是先发国家社会内部结构随着全球资本积累结构从围绕产业资本展开转变为围绕金融资本展开的资本积累的不同形式在理论领域(知识-观念生产)的表征。在围绕金融资本展开的全球资本积累结构中,先发国家的生产结构持续地"脱实向虚"。实体产业上的——因而易于引发劳资矛盾的——生产从取得原材料到完成制成品,整个实体产业均在后发国家完成。实现了"管理"与"所有权"的分离,以及生产与收益的分离,先发国家以金融资本的形式可以更高效地完成其资本积累。这在先发国家内部,由于脱实向虚,社会生活中的群体区分就很难以生产关系中的角色不同而明确区分出来,这是生产出虚浮于生产关系之外的理论观点的现实基础所在。德波围绕景观概念构造起来的对社会的理解,在鲍德里亚的符号政治经济学中表现为对物质生产的进一步忽视,拉克劳所认为的

---

① 《毛泽东选集(第一卷)》,人民出版社,1991年,第320~321页。
② 〔英〕恩斯特·拉克劳、查特尔·墨菲:《领导权与社会主义的策略》,尹树广等译,黑龙江人民出版社,2003年,第106~109页。

文化领导权在社会生活中不依赖于某一特定生产关系束起的群体,而是靠着偶然性的"接合"来实现的思想等,都是由先发国家在资本积累结构中所处地位影响下的国内社会结构的特定样态所决定的。正因如此,对前述诸理论的引进,就绝不能局限在单纯的理论层面,也绝不能单纯地从学者生平(包括如今时兴的交友范围和师从何人等)出发去构造一个封闭的思想史谱系,以之作为最新时兴的"普适"理论,去剪裁、切割,甚至重构我们社会的经验材料,而必须在更为宏大的视角(历史唯物主义视角)中把握该知识-观念生产活动以这样的方式产生的社会基础,以及更为深广的全球资本积累结构之间的关系。以此在理解他者的过程中理解自身,在分析他者理论之形成的前提下,厘清自身理论活动的前提。

4. 后发国家知识-观念生产中的先发国家影响

理论研究的影响不止于自身,还影响着一国的舆论氛围与观念活动形态。先发国家借助其在资本积累结构中的优势,在知识生产、舆论控制和文化范导等方面对后发国家持续施加影响。

先发国家是先发的现代化,在后发国家发展过程中,先发国家会以"标准"的形态对后发国家进行评价,通过评价来范导后发国家所采取的行动策略,进而将之约束在既有资本积累结构中。比如,在所谓的"比较优势"理论下,就包含着把资本积累活动中的结构性不平等和对后发国家的剥削遮蔽起来的一面。

资本积累的既得利益国家凭借自身的先发优势,将符合资本积累的文化塑造为"先进"文化、"普适"文化,以此来范导后发国家的知识-观念的生产。而后发国家在先发国家压迫下(如军事上威胁、经济上抑制),整个社会心理会形成救亡图存的情绪,在该情绪下将落后的原因无逻辑地归于自身传统,从而陷入文化自戕的情绪中。这一自戕情绪蔓延到知识-观念生产中,就会形成不断拣选自身发展中遭遇的问题,并将之归于自身历史文化这种畸形的虚假归因活动中来,以此发泄因落后挨打而产生的救亡情绪。诚然,这种情绪有着社会心理的现实基础,但以此从事理论活动,失去了理论研究应有的求真本性,这绝不是理论工作者应有的态度。情绪式知识生产的归因活动中那些被拣选的事实是否完整而真实,以及根据事实是否就足以逻辑地导出本民族"样样不如人"的结论,仍有可讨论之处。我们仍以胡适的说法来分析,胡适说的"处处不如人"包括"物质机械""政治制度""道德""知识""文学""音乐""艺术""身体"等几个方面。[①] 如果我们按照理

---

① 胡适:《胡适经典文存》,上海大学出版社,2004年,第295页。

论活动自身的标准来看,其中是否每一种"不如人"背后都有足够的理论支撑。比如,"物质机械"方面,体现为坚船利炮打败了大刀长矛;"政治制度"方面,体现为先发国家的军事组织形式,打败了腐朽的八旗兵团体。那么"道德"不如人是否有足够的根据呢？至少恃强凌弱,凭借坚船利炮迫使他国成为自己的鸦片倾销市场,靠荼毒同类来发财致富,这并不会显得道德吧？那么"道德不如人"是怎么来的呢？这更像是从"处处不如人"这个"分析命题"里面"自然而然"地得出来的。这只是情绪化的表达,而不是理论上的论证。在这个意义上,它不是一个理论观点,它不是人文社会理论本身,而是人文社科理论需要研究的对象。如果仅视之为情绪表达,那么它是救亡图存压力下,社会群体心理滋生的文化自戕现象,有其存在的社会基础。但在理论研究中,以撩拨和鼓动自戕情绪,表达观点吸引关注,却并不会为救亡图存指出道路,只会仅是一个时代的群体情绪脚注。

（三）中国式现代化及其理论建构推动世界社会主义的发展

前述分析旨在说明,深入中国社会-历史现实之中的,能够推动中国实践的优化与创新的理论,必然是马克思主义理论领航的具体研究,是以唯物史观为基底的中国社会-历史现实内涵逻辑的理解与阐发。它是中国式现代化道路中一系列选择(采取的具体行动之特殊性)所呈现出的内在普遍性与必然性。在这个意义上,中国式现代化理论建构不仅是对中国式现代化道路之合理性与科学性的阐明,也是作为后发国家,以追求自身发展的方式超越现有全球资本积累中的结构性不平等和剥削本性,追求作为人类命运共同体成员的各国公平和平等的生存与发展权利的实现,以此推动世界社会主义理论与实践的发展。

1. 后发国家自身发展同时是对公平和平等的生存与发展权利的追求

后发国家为求得自身的生存和发展,需要通过产业升级和技术创新等方式推动本国经济结构的优化,这意味着其会部分脱离以初级产品生产占有少量利润而绝大部分利润被先发国家攫取的资本积累结构,这一方面让发展的成果更多惠及本国人民,但另一方面必然造成先发国家借助既有资本积累结构获得的寄生性收益的减少。资本积累结构所得寄生性收益的减少,必然造成先发国家国内社会结构的变化,这种变化表现为:

基于原有寄生条件维持的以抽象价值观念划分群体的社会结构不再"理所当然"。其国内矛盾滋生的群体情绪需要释放,先发国家会将原有寄生态的生活方式的消失归因于后发国家的发展,从而制造对立情绪。

对立情绪的制造,使得先发国家对后发国家的抑制与打压,在其国内有了非理性的情绪基础。这一自加速的结构,会使得其抑制和打压行为不但是维持资本积累结构的行为,还是其施政者的"政治正确",以之撩拨国内情绪获得支持。但其以往生活方式的寄生性已经凸显,这种将国内矛盾以情绪式观念活动方式转嫁给其他国家的行为无疑是饮鸩止渴。

从后发国家角度来看:

(1) 如果维持作为"供体"的现状,以此避免先发国家的打压,那么国内社会结构中的劳资对立及其衍生的矛盾,就会因持续的初级生产和大量资本积累收益外流而愈发尖锐。唯有以产业升级和技术创新优化经济结构,从而使更多资本收益用在国内,改善社会结构,才能维持自身的生存。

(2) 或者如毛泽东判断的那样,在国内形成一个反动买办阶层,在不从先发国家处拿回部分利润的前提下,通过少数买办占用利润的方式,持续原有寄生-供体结构,但这势必造成国内的反动买办阶层与受剥削群众之间的矛盾。因而劳资矛盾问题并非获得解决,只是在不断地压制中进一步积聚,直至爆发。正是在这个意义上,对于后发国家来说,以人民为中心的发展,是历史大势,是历史的必然,也是逻辑的必然,这是社会主义必然取代资本主义的根因。有些人在自己的观点中总是提到20世纪早期中国有一个民族工业发展的时期,以之来"否证"资本结构的寄生-剥削结构的存在,这是没有看到20世纪早期民族工业的第一次发展的原因是第一次世界大战的爆发,但与此同时,日本军国主义也趁机重新瓜分了原属老牌帝国主义国家的利益,如德国在中国山东的利益。此外,所谓的发展,在"一战"结束,欧洲局势暂时稳定后,从1924年开始即出现了民族工矿企业数量逐年下降的趋势,这种趋势持续到1927年。① 至于1927年后的民族资产阶级,则更只能在官僚资本主义和外国资本的夹缝中求生存了。没有独立自主的公平和平等的生存与发展权利,后发国家就只能是先发国家寄生的供体。

后发国家被拉入先发国家构造的资本积累结构中,是以受先发国家剥削生产利益的前提下,在作为供体存在的条件下,完成的初步现代化。但后发国家不是先发国家"理所当然"的奴隶,后发国家人民也有追求公平和平等的生存与发展的权利。在这个意义上经济结构的优化就是后发国家全民的诉求。这虽然必然因其作为寄生者而受到先发国家借助多年资本积累下的先发优势的打压,但这一打压是不正义的,是具有剥削性质的,相反,后发国家谋求公平和平等的生存与发展权利的努力,是正义的。这一点会在后发国家谋求发展的努力下,在寄生-供体结构不断遭遇挑战下,让世界人民

---

① 具体数据可参见金冲及:《二十世纪中国史纲修订版(第一卷)》,生活·读书·新知三联书店,2021年,第245页。

看清资本积累的寄生-供体性质,使包括先发国家在内的世界人民,找到追求公平和平等的生存与发展权利过程中真正的阻滞力量是什么,以及真正的推动力量所在。

2.后发国家的发展理论中必然包含的实践本性

先发国家凭借其在全球资本积累结构中的优势,构造起有利于维持自身资本积累的文化权力优势。它以构造先进-落后、文明-野蛮的文化权力不平等地位的方式,构造起先发国家知识-观念生产上的优势地位,并以之作为行为标准评价进而范导后发国家的行为。实际上本书所使用的先发-后发这一概念结构,本身就内在地包含着这样的评价标准。共时性存在,且面临不同具体处境的两个国家,被放置在历时性结构上考察。一个先发展,另一个只是亦步亦趋地跟随,这就已经包含了先发国家的"标准"地位和评价权力。需要立即说明的是,我们在此并不是说后发国家以自身特殊性为说辞,就排斥先发国家的发展经验。而是说先发国家的发展经验绝不是判断后发国家发展是否正确、是否合理的不证自明的"标准",这一被不加反思地当作普遍标准使用的"标准",只是文化权力势差下拒绝反思和缺乏前提自觉的产物。后发国家的发展,与先发国家最本质的差别就在于:先发国家发展之时,不存在先于先发国家的直接影响,而后发国家却要应对在先发国家构造起来的全球资本积累结构中,在军事压迫、经济控制和文化殖民的作用下处于供体地位的客观条件。

后发国家要谋求自身发展,摆脱现有资本积累结构下的"供体"地位,就同时要超越既有资本积累结构构造起的知识-观念生产方式。前文中从葛兰西到拉克劳的分析提示我们,先发国家的知识生产正是以制造脱离语境的抽象普遍性的知识产品为核心生产方式。通过脱离语境,知识-观念从其产地可以随意应用到其他地方,而不用去接受理论前提的反思和使用界限的澄清。在资本积累结构及文化势差下,后发国家没有机会以抽象普遍性的方式来"争夺话语权",这也不符合后发国家追求公平和平等的生存与发展权利,推动人类社会发展的目标。后发国家在先发国家的文化霸权下,应通过自身的发展实践不断地证成自身所建构起来的现代化理论的正当性,在自身建构起来的现代化理论的指导下优化和创新实践路径,进一步推动实践发展,在理论与实践的这一良性互动和正向反馈中摆脱脱离语境的抽象理论的干扰,构建起特殊性与普遍性辩证统一的中国式现代化理论,以此推动世界社会主义的发展。

因此,在当今时代,追求世界意义并不意味着对国家主体的消除,相反,我们要以国家为行动主体去实现人类命运共同体。作为行动主体的也不是所有国家,而是追求以公平和平等的生存与发展权利为基础的国际新格局的国家。

三、宏观与微观的辩证统一:唯物史观具体化角度的中层研究

从此前的分析中我们可以清晰地看到,中国式现代化理论的建构,绝不是在现有的学科体系之外的"另一个"学科,也不是有一个专门的区别于其他学科研究对象的有着学科壁垒的专门的研究对象。中国式现代化理论与中国式现代化实践之间存在相互支撑的互构关系,这意味着中国式现代化理论要渗透于整个理论活动-知识生产活动的总体之中,要在占有诸学科理论活动-知识生产成果的基础上,方能获得充实和富有内容的总体性思想。因而,中国式现代化理论的建构与中国特色哲学社会科学体系的构建是内在统一的。两者都要立基于中国的社会-历史现实,立基于中国式现代化的实践探索,在具体的因而特殊的实践探索之中,说明其内蕴的普遍必然性,从而在为中国式现代化的实践提供理论支撑的同时,为世界现代化理论做出中国贡献,为人类文明新形态的探索提供中国智慧。这种从特殊性之中内在地把握和阐发其具体的普遍性,在理论活动-知识生产中表现为从微观机制研究活动中把握到并阐发其所内蕴的宏观结构,即在理论研究中实现微观机制研究与宏观结构研究的贯通与内在统一,正是中国式现代化理论建构深入中国社会-历史现实之中,达及社会关系细部,丰富自身,也丰富中国式现代化实践的工作方式。

(一)微观机制与宏观结构的脱节

1. 人文社会学科中层研究的弊端及其成因

(1)中层研究的宏观研究背景。

中国式现代化理论的建构是哲学社会科学发展对时代要求的回应,当今时代正处在百年未有之大变局中,这对广义人文社会科学研究提出了新的要求:以往在一个历史阶段占据主流的人文社科研究范式——常规常态式的中层研究,已不能胜任把握新的时代精神内涵回应时代关切这一理论任务。这表现为渠敬东教授在论文中强调的,我们在本书中也反复指出的困局:

> 我们的学术研究,特别是社会科学研究,都在一个常规的思路里,在一个既定的范式里,在一个狭小的中层研究里。一些无关痛痒的人与他的时代有着非常大的距离,在没有切身、切肤地体会这种情况下,做了大量的常规研究。因此,常规研究的方法、理论和基本模式也大行

其道,所以我们今天可以看到,当我们突然面对一个极其危急的时刻,知识分子可以说除了像平常百姓那样,或者是像一些公共意见那样去面对,很难提出严肃的、深入的思考……面对真正的突变和社会急剧变迁,我们必须要突破常态和正态思维,把那些常态思维设法排除掉的反常的、疾病的、变化的、风险的、预料不到的、潜在的所有人心和社会问题,都应该纳入到一个整体的思考范围里,只有这样,当危机来临的时刻,我们才会有丰富的、沉稳的、有效的反应,并将这些准备彼此连带,发挥出协同的成效。

一方面,渠敬东教授所批评的那种常规研究给出的不过是一些对社会观点的常识性判断。对于任何一个自然人来说,都能够通过自己的日常生活实践得出这些判断,并不会对自身和社会的理解有所增益。

另一方面,渠敬东教授所批评的那种常规研究通过制造大量学院化的符号工艺品的方式,自顾自地"繁荣"着,通过自我叙事的方式,给自己"制造"对社会的"意义"。而社会实践根本没有得到理论活动提供的支援。理论活动在沉迷于对新、奇、怪的追寻,以此证明自身的理论创新的活动中,用既有的学科框架和研究范式像做"习题"一样,把社会现实作为"质料"在先在"形式"的公式下,搞"问题的提出""问题的分析"和"问题的解决"的符号游戏。遮蔽、措施和遗忘了对真实的社会-历史现实内涵逻辑的把握。①

这是既有人文社科研究所面对的根本理论困境,也正是中国特色哲学社会科学体系建构工作要破解的首要问题。唯有破解这一困局,方能推动学科发展,为变局时代提供智识支援,渠敬东教授强调要对变局时代有所把握,将诸现象"纳入一个整体的思考范围里"。② 没有对时代的整体把握,饾饤之学绝不是细致入微,也不能以所谓"微观机制"研究,就可以为自身缺乏对社会整体和时代精神的理解开脱。

在渠敬东教授对既有人文社会学科存在问题的判断中,"中层研究"是关键概念。一旦中层研究陷于常规常态的研究范式中,中层研究就不过只是在既有常规范式下,以"探索""发现"新"论据""事例"的姿势,证成既有学科范式的正确性,就无法实现在提出"中层研究"的学者默顿那里所设想的通过中层研究来综合微观机制与宏观结构的理论目标。一旦其陷入库恩所指出的理论研究的常规常态的研究状态,拿着既有的理论框架去解谜,理

---

① 渠敬东:《传染的社会与恐惧的人》,《清华社会科学》2020 年第 1 期。
② 同上。

论研究就变成了利用学科建制既有的学科框架,去不断拣选并构造隐含着既有学科框架前提,符合既有学科框架逻辑的研究对象和研究事例,再以既有理论范式去解释被拣选和构造起来的事例和分析,说明它们具体存在形态的"合理性",与此同时,那个被拣选和构造的事例和对象被既有理论"解释"的过程,又成为理论范式自身之"合理性"的"证据"。常规常态的研究范式在循环论证中自顾自地繁荣着,至多只是在繁复的符号工艺活动表象下,行对社会现象的单纯指认归类活动。

针对这一困境,中层研究必须对自身研究活动的性质和研究活动的目的有清晰的理论自觉,这一理论自觉的形成只能依靠超出中层研究本身的宏观结构思考来实现。但宏观结构思考同样存在风险:它可能由于理论研究总是停留在宏观原则层面,而沦为一种名为"宏观结构"分析的中层研究。其后果如下:

一是沦为拣选现成微观机制研究成果中符合宏观结构逻辑的观点,并以之为"论据","说明"宏观结构的合理性。

二是沦为以该宏观结构为脱离语境普遍使用的原则,抽象地评价所有对象,使理论活动呈现为外部反思态。"作为一种忽此忽彼的推理能力,只是先验地把抽象的原则运用到(强加到)任何一种内容之上。"①

总之,它们都表现为宏观结构研究与微观机制研究的断裂。

(2)中层研究的微观机制化倾向及其弊端。

宏观结构研究与微观机制研究的断裂使得中层研究表现出脱离了社会-历史现实的理论研究自顾自地"繁荣",却对实践支援乏力的局面:

> 在中层理论思想的指引下,西方社会学家首先想到的是怎么能找到更可靠的具有实证性的机制和变量来解释社会现象,而不是去分析那些机制和变量在具体情景中的重要性以及他们与宏观结构之间的关系。结果就是似是而非,只见树木不见森林,只长知识不长智慧的学问在西方社会大行其道。②

微观机制和宏观结构的关系又是一个极其复杂的问题。其难点在于:人类有意无意的行动会改变某一微观机制甚至宏观社会结构的给定时空中的重要性,会创造新的机制和宏观社会结构,并且会几乎无穷地改变机制和宏观结构的组合方式。这就决定了微观机制和宏观结构

---

① 吴晓明:《从社会现实的观点把握中国社会的性质与变迁》,《哲学研究》2017年第10期。
② 赵鼎新:《什么是社会学》,生活·读书·新知三联书店,2021年,第76页。

的结合问题在根本上是一个需要一事一议的经验问题,而不是一个靠提出"微宏观链接"(micro-macrolink)并且通过讨论马克思、涂尔干和韦伯等经典社会学家的著作中常出现的几个微宏观链接方式就能得到统一解决的理论问题。[1]

渠敬东与赵鼎新两位教授对人文社会学科中层研究存在的弊端所做的分析和给出的判断无疑是极富洞见的,尤其是赵鼎新教授,通过强调"涌现机制"(emergent mechanisms)[2],以之区分方法论上的个人主义与整体主义,为识别微宏观研究上的断裂提供了有效的工具。但其作用毕竟在于区分,而非微宏观断裂的弥合。因而,在对策解决上,我们认为,要把中层研究从常规-常态式的研究中拯救出来,在研究方式上使微观机制研究与宏观结构研究相结合,是人文社会学科发展的核心问题。(这正是中国特色哲学社会科学体系构建的题中应有之义,是中国式现代化理论的内在要求。)探索比"微宏观链接"更为有效的方式,弥合宏观结构研究与微观机制研究的断裂状态,唯物史观在中国特色哲学社会科学体系构建中的具体化之路径,相对合理。

2. 宏观结构与微观机制断裂在研究表象上的体现

从前述有关中层研究之弊背后的微观机制研究与宏观结构研究之间断裂问题的概要性描述出发,这种断裂在理论研究中具体表现为:

(1) 微观机制研究的碎片化倾向。

理论研究沉陷于一系列的微观机制研究中,以不断构造以有限经验为基础的有限因果,进而形成一系列互不相干的"机制"。这让知识生产呈现自顾自的"繁荣",研究领域不断"拓展",在知识生产的参与群体不断膨胀的加持下,制造出将微观机制"拓展"到极端罕见的小概率事件和样本人数极少的细分群体之上。形成了一系列几乎无法迁移的"符号工艺品",这些机制只能靠着"为了学术而学术"来澄清自身的价值,用"片面的深刻"为自身无法为实践提供有效的智识支援而辩护。[3] 研究对象(质料)的新、奇、怪成了理论活动"繁荣"与"创新"的"证明"。碎片化的微观机制研究,最大的问题在于其所形成的"机制"在迁移使用时,其合理性何在,其使用界限何在,上述疑问均以不证自明或无须证明的态度被遮蔽起来,而这一态度是由

---

[1] 赵鼎新:《什么是社会学》,生活·读书·新知三联书店,2021年,第76页。
[2] 赵鼎新:《论机制解释在社会学中的地位及其局限》,《社会学研究》2020年第2期。
[3] 王晓兵:《学科壁垒的微观权力运行机制及其突破路径——唯物史观具体化视域下的学科发展问题》,《太原学院学报(社会科学版)》2023年第3期。

学科建制的既有学科框架背书的。这极易导致知识的迁移使用,表现为对该机制形成过程中的有效性限度与合理性前提缺乏前提自觉。

(2)宏观结构研究的微观机制化倾向。

在学科建制营造起壁垒森严的"专业"界限背景下,宏观研究逐渐发展为不再是有别于微观机制研究的"另一种"研究,而是以宏观结构为研究对象的"另一个"微观研究。各个微观机制研究之间因为森严的学科壁垒而难以对话,因而自说自话。宏观研究的微观化分享了这一知识权力的获取方式。微观化的宏观研究,当然有着宏观研究所特有的"几个大词来回来去倒腾"的表现,但仍有面对"现实"的表象,只不过这个"现实",却不是该宏观研究的组成部分,毋宁说是从众多微观机制的实证研究中拣选出来的,用来"丰满"其先在宏观结构之叙事"形式"的"质料",甚至干脆直接拣选符合宏观结构叙事的某些社会"现实",以之为"质料",完成"证明"。

正因如此,表象上宏观研究与微观研究的区分,实际上却都是在常规常态式中层研究中以先在框架"形式"去剪裁、切割和构造"质料",让"质料"成为符合先在框架的"对象"。新事物、新情境在这一"研究"过程中被稀释和腐蚀,以"解释"新事物的方式遮蔽新事物,以"实证研究""探索"新情境的方式遮蔽新情境。我们进一步分析前述在宏观-微观上的研究倾向:

第一,微观研究没有宏观结构背景,要么忽视宏观结构背景,"专业"地做微观研究,要么从微观机制研究到该微观机制研究的宏观结构的关系上存在逻辑缺环,两者"不言自明"或"无须证明"般地直接勾连在一起。其后果是,微观机制研究在经验研究"价值中立"的标榜下,对自身内蕴的宏观结构定向缺乏理论自觉和前提意识。这导致在相同细分领域内的相同经验现象,可以被理论叙述为矛盾甚至截然相反的微观机制。这种矛盾,在经历短暂的观点争论后,形成围绕不同微观机制之研究纲领的对立的"学派"。知识生产就此表现为经验研究表象下的观点对立,再固化为价值对立。一旦如此,"学派"间是否尚有可能在理论层面展开对话,就殊难预料。

第二,宏观研究没有微观内容,要么是宏观结构的抽象讨论,在几个大词或者几个著名学者的概念名词上来回来去地滑动,生成大量雷同的符号工艺品;要么是直接将微观机制研究生产出来的有大量前提和限定的观点,以宏观结构的外观直接抛开语境抽象地应用到各种场景,表现为"以小见大"的理论外观。这一过程与前述"学派"形成过程相互叠加,造成微观机制的宏观化使用,而不是因为某个机制更为"合理"或逻辑更为周延,才在众多机制中被拣选出来,作为宏观结构去填充"质料","解释"现象。拣选标准是该机制是否为某一机制研究"学派"的价值倾向上的一致性。对微观机制研究成果的评价,在是否合理的评价表象下,是价值一致与否的站队。无论是微观机制研究,还是宏观结构研究,至此都成了立基于先在价值倾向隐秘支配下的知识生产。它对现实的作用,至多只会是有着众多符号工艺品装饰下的价值评价而已。即便其中没有教条思维偷运来的问题殖民,也无法起到理论介入、优化实践的社会功能。

因此,在中国特色哲学社会科学体系构建工作中如何对待"中层研究"是重要的前提性问题。这关乎中国特色哲学社会科学体系构建能否摆脱要么被按照一个新提法、新名词"质料式"地缝入既有学科建制的研究范式中,要么仅作为一个单纯的理论表态自外于既有学科建制的困境。唯有破解这一问题,方能切实推动人文社科把握时代精神内涵,适应时代发展潮流,充分发挥自身功能的初衷的达成。我们认为,一种有着理论自觉的中层研究是推动中国特色哲学社会科学体系构建的重要工作方式,它具体体现为在唯物史观具体化的思想基底上对中层研究展开充分的前提反思。

(二) 中层研究中微观机制与宏观结构的关系

1. 没有微观机制研究的宏观结构思考是悬空的

默顿在《社会理论和社会结构》中对中层研究这样定义:

> 中层理论是介于社会系统的一般理论和对细节的详尽描述之间……中层理论也涉及到抽象,但是这些抽象是与观察到的资料密切相关的,是结合在允许进行经验检验的命题中的。①

基于这一定义,默顿继而对中层研究的利与弊给出了系统说明。默顿以物理学发展史类比社会科学发展,物理学学科发展历程中,先有一系列中层研究,在中层研究成果的基础上,才发生了物理学在学科范式层面的革命。比较而言,社会学研究尚处在积累中层研究成果的阶段。此时直接概括出整体性的一般社会理论体系,那么大量的中层研究成果,就会被这一先在理论体系审视和拣选,作为"证明"它合理性的"论据""事例",导致社会学理论在发展之初即陷入停滞。②

默顿的分析说明中层研究实是人文社会学科理论研究中不可或缺的一部分。一旦我们在尚未进入经验研究之中时,就已预先构造了一个理论体

---

① 〔美〕罗伯特·K.默顿:《社会理论和社会结构》,唐少杰、齐心等译,译林出版社,2015年,第60页。
② 同上书,第71页。

系,那么所有的经验研究就只会是该一般理论的注脚和例证。该理论体系就以"形式"的姿态,剪裁、切割、拣选和组合经验研究所得的材料,以便构造起能被该理论体系解释的"对象"。此种形态的理论研究,只不过是在不断"解释"社会现实,它的"解释"之所以总是成功的,不过是因为那个"现实"就是按照其"解释"原则构造起来的,这会让理论研究无法通过介入实践、参与实践来达成推动实践的改良和创新的社会功能。而理论研究唯一的真实的社会功能,就在于它让人们对自身以感性实践活动为内容的生存状态产生系统的自我意识。对于理论活动在理论与实践之间关系基础上的作用发挥,即理论活动是实践活动的自身区分这一判断,最经典的表述,仍然是马克思给出的:

> 动物和自己的生命活动是直接同一的。动物不把自己同自己的生命活动区别开来。它就是自己的生命活动。人则使自己的生命活动本身变成自己意志的和自己意识的对象。他具有有意识的生命活动。这不是人与之直接融为一体的那种规定性。有意识的生命活动把人同动物的生命活动直接区别开来。①

理论活动让人把自己的生命活动变为自己"意志的"和"意识的"对象,唯有如此,才能对自身感性实践活动做出调适、改良和优化,从而推动社会发展。

因此,中层研究担负着廓清"我们在如此这般地生活着"的对象建构任务。其重要性在于,如果没有这一中层研究给予经验材料,那么我们看到的宏观结构思考,虽然也会使用各种经验材料,却将经验材料作为"质料",被先定宏观结构剪裁、切割甚至重构,经验自身的内在运行逻辑被彻底遮蔽,理论研究沦为教条式的"外部反思"。这也正是在专事宏观研究的理论工作那里,"外部反思"之弊屡批屡在的根本原因所在。就像在马克思哲学理论研究领域中,对唯物史观的宏观讨论那样:以"唯物史观"为研究对象者,易被理论对手视为"历史决定论"。而对该理论对手的反驳,同样聚焦"唯物史观"与"历史决定论"在宏观结构上的差别。这样的讨论表现为一种宏观结构与另一种宏观结构的区分活动。但也仅是宏观结构的抽象区分,成为不但无定论(理论研究很难出现定论),而且无深入(没有深入的知识生产,只是看起来热闹"繁荣"却无任何知识产出)的来回来去的大词滑动,或者

---

① 《马克思恩格斯文集(第一卷)》,人民出版社,2009年,第162页。

自说自话地对大词内涵的"个性化"定义。也正是在这个意义上，近年来唯物史观的具体化越来越为理论界所重视。正因为前述无定论且无深入的大词滑动问题，唯物史观的具体化，就绝不是先弄清楚一个唯物史观的先在"形式"，再到经验现实"质料"中去"具体化""应用"。

2. 没有宏观结构思考的微观机制研究是琐碎甚至随机的

默顿对中层理论重要性的说明并不意味着中层理论可以毫无理论前提地直接从事价值中立的经验研究。人们的经验观察之中无可避免地渗透着理论前见。因而，前述所言的先在理论框架对中层研究的影响，并不会因为某位研究者宣称自己的研究是没有理论前见的纯经验研究，就不再受某些理论前见的影响。这只意味着研究者本人对自身的理论研究所赖以成立的理论前提缺乏自觉。

而这种对理论前提的自觉意识的缺乏是极隐蔽的。特别是在中层研究中，它总是以直接的经验描述为对象，似乎这种经验描述是直接客观的，因而对观察和描述经验事实过程中的要素拣选、叙事逻辑、因果关系的构造等拥有了豁免权。这是中层理论研究沦为"知识分子可以说除了像平常百姓那样，或者是像一些公共意见那样去面对，很难提出严肃的、深入的思考"[①]的现象存在的根本原因。我们不应将研究仅仅局限在指认这一困境，或者呼吁去破解这一困境上。那只不过是问题的开始，而不是问题的解决方式。

中层理论无法摆脱前提处隐蔽的前提预设和价值倾向的逻辑强制，这意味着不存在无特定理论前提的理论。因此，我们要做的是敞露中层研究所形成的理论前提，论证该理论前提之合理性的限度所在，说明从该理论前提逻辑地铺展为完整理论的过程，即在中层理论研究活动中形成活动自觉。这一自觉既包括活动对象（理论运思过程），也包括活动主体（研究者）的历史性和社会性考察，凭此摆脱经验研究沦为"解释世界"式理论研究的风险。前述正是唯物史观之具体化，确切来说只有具体化的唯物史观。微宏观链接式的弥合之所以是失败的，正在于链接意象中，微观与宏观是在前定的、二分的、相互外在的状态下如何链接在一起的问题，而实际上微观之于宏观或宏观之于微观，只有未意识到对方在自身研究中的前提性存在的情况，绝没有也不可能存在脱离对方而自行展开研究的可能性。

默顿看到了实证主义陷于解释式理论的困难，他用将理论形态区分为理论与经验概括的方式尝试解决这一困难。理论即从中可推导出可经验验证的假说的一组逻辑上相关的假定，经验概括即总结观察到的两个或更多

---

① 渠敬东：《传染的社会与恐惧的人》，《清华社会科学》2020 年第 1 期。

个变量之间的关系一致性的独立命题。① 显然默顿认为通过对理论形态的细分,中层理论自身就能克服实证主义的弊端。默顿的方法没有看到研究者在知识生产中的基始性影响,也因此无法避免实证主义与唯我论结合所产生的海量的花样翻新的"解释世界"理论。例如,通过分析启蒙时期的文化状况(从蒙昧中启发,从而改变意识形态状况),和知道某个信条是假,但仍愿继续将该信条构造出的关系维持下去的文化现象之间的不同,说明后一种意识形态状况是牢不可破的,并说明新启蒙的不可能性,从而推导出资本主义要么永恒发展,要么需依靠偶然性"事件"打破循环的结论。这实际上是只把启蒙时期的主体看作历史性主体,有着随着社会生产关系变化而发生变化的主体意识,却将自身这一从事知识生产的主体,以及基于自身的经验性观察所给出的当代主体意识,视为不动的主体(唯我论),从不动的"我"出发,构造起的经验结构自然也就不动了。"我"的历史性一旦被遮蔽,从不变的"我"出发,"唯我论"的悖谬之处在于,以"我"的经验为基础构造起来对世界运行规律的解释说明,再拿这一有关世界运行规律的解释说明去"破解""我"的经验所感知到的问题,而这个经验所感知到的问题,本身就是我意图构造的我所经验到的世界的运行规律的一个部分。使用从某个经验中总结出来的规律,去破解作为经验的组成部分的某个问题,这绝无可能。要走出这种"唯我论"的理论困境,唯有自觉认识到作为知识生产前提的"我"的经验是历史性的,并把这种历史性作为知识生产活动的基本前提,才有可能。"唯我论"的知识生产只会形成"解释世界"的理论,其目的就是给现状一个解释,并用解释的方式把现状的存在承认下来,各种新事物和新情境也总是可以被稀释、消化、腐蚀在先在"我"结构下的先在实证研究的诸微观机制中。② 唯有将研究主体同时纳入整个知识生产之中加以考察,才能对理论活动形成完整态反思。这实际上是将理论活动重新置于人的感性实践活动之中,作为实践活动自身区分的一个部分,并将实践活动作为自己"意识的"和"意志的"对象,以此来实现改良和创新实践活动的本真性功能。

3. 唯物史观具体化:超越"微宏观链接"

前文中引述赵鼎新教授对中层研究之弊的描述时,也提到了他对"微宏观链接"这一解决方案的否定,这一判断是极富洞见的。任何形式的"微宏

---

① 〔美〕罗伯特·K. 默顿:《社会理论和社会结构》,唐少杰、齐心等译,译林出版社,2015年,第97页。
② 唐正东:《当代资本主义新变化的批判性解读》,经济科学出版社,2016年,第180页。

观链接"因相互外在的前设,必然会重新被拉回到微观机制研究与宏观结构研究之间的断裂中去。赵鼎新教授在这个意义上得出的马克思、涂尔干和韦伯的理论中的宏观与微观链接的具体观点同样不能作为微宏观链接的判断,笔者认为是成立的。起码在马克思主义理论研究中,绝不能仅仅从马克思文本的只言片语中截取某个观点就直接得出"当代启示""现实价值"。这仍然是一种宏观-微观的断裂,是一种理论的外部反思。但这绝不是说前人的理论成果没有价值,我们要做的是对马克思主义理论进行系统理解,在不断地反思当前现实问题运作机制的一般社会生产前提中,形成对社会-历史现实的真实理解,即唯物史观的具体化。唯物史观具体化是超越"微宏观链接"形成微观机制研究与宏观结构研究之辩证统一的真正基础。

我们仍以马克思主义理论研究为例:缺乏深入中层研究的理论过于宏观笼统,因而易造成误解,并在行动中走向与宏观理论之初衷完全相异的方向,这需要中层研究特有的不断具体化来化解。马克思对普鲁东的批判在《哲学的贫困》一书中已有原则性阐发,但也正因其原则性(偏于宏观结构思考),就无法在质性上与其时存在着的其他"社会主义理论"明显区分开来,普鲁东著作的德文译者卡尔·格律恩以此攻击马克思:

> 此外,至于说到普鲁东经济学著作的译者,他的不幸大概就在于他先于马克思博士先生……向德国公众介绍了国外社会主义的成就……我们这些在柏林的人(注意!)当然十分愿意承认,我们从《法兰西和比利时的社会运动》一书中得到了许多知识,普鲁东的新著是一座经验科学的真正的宝库,而迄今为止我们却没有什么东西可归功于马克思博士先生。①

格律恩甚至在给普鲁东的信中这样写道:

> 如果马克思写了这些情况,他就会指责您盗窃了他的卓越的人格,因为他什么也没有做。他除了这个小集团以外什么都不知道。……他为了谋取他人的财产充当了总检察长的角色。……这个恶毒无比的坏人容不得身边有任何人存在。他总有一天会逼得我在这期间拿出一天

---

① 〔德〕迪特·戴希塞尔:《对卡尔·格律恩的批判——关于〈德意志意识形态〉第二卷第四章的产生和留传过程》,载林进平编:《马克思主义研究资料(第1卷)》,中央编译出版社,2014年,第240~241页。

时间用纯粹的德语当众说出这一切,因为我看到、发现了,而且也说了,而他什么也没有看到、发现,什么也没有说。……他在当代社会运动中完全是个多余的人物。……这是不能自圆其说的矛盾,这不是贫困的哲学,也不是哲学的贫困,而是马克思先生的哲学的贫困,或者说是马克思先生个人的贫困的哲学。①

格律恩对马克思的攻击在今天看来非常荒谬,虽然在一个历史时期,在一些未认真阅读过马克思文本的人那里,出现了以格律恩的说辞攻击马克思思想原创性的现象,从前文"学派"形成的机制研究可知,那是早已存在要攻击马克思思想的动机和倾向后的攻击,它本质上并非理论活动,不过是摆一副理论研究的姿态进行抽象的价值殖民式的范导活动而已。

格律恩这一攻击的前提是:马克思的思想没有任何贡献,反而普鲁东的著作是"人类智慧的顶峰"。②格律恩当然没看到《哲学的贫困》中马克思与普鲁东在理论根本性质上的差异,但同时我们必须注意到,如果仅仅用《哲学的贫困》的原则性的思想内容来阐发这种理论根本性质上的差异,就只能实现批评普鲁东思想的写作目的。如果我们要去反驳后来的一些人通过引用格律恩的观点来"说明"马克思与普鲁东的理论没有差异的观点,要是像格律恩所做的那样仅在《哲学的贫苦》与《贫困的哲学》两个文本上讨论,就无法充分凸显马克思与普鲁东在理论上的巨大差异,至多只能是撰写《哲学的贫困》时期的马克思的政治经济学思想与普鲁东的政治经济学思想的差异辨析,而马克思主义理论总体上的深刻性却很难得到充分体现。顺着格律恩的观点议程反驳格律恩的攻击,极易使反驳沦为在大词之间不断滑动和不断地自说自话式定义大词的理论活动。格律恩对马克思主义理论的原创性和深刻性的攻击,在此后马克思主义的相关研究中,在唯物史观具体化的历程中是不攻自破的。事实上在《共产党宣言》"德国的或'真正的'社会主义"的分析,以及恩格斯1891年在该节所做的注释中,③只需简短的几句话就能轻而易举地反驳格律恩。在这个意义上,马克思主义理论的阐释,必然是作为一个唯物史观具体化的整体来进行的。

正因如此,马克思主义理论强大的思想穿透力便不仅在原则高度上获

---

① 〔德〕迪特·戴希塞尔:《对卡尔·格律恩的批判——关于〈德意志意识形态〉第二卷第四章的产生和留传过程》,载《马克思主义研究资料(第1卷)》,中央编译出版社,2014年,第241页。

② 同上书,第238页。

③ 参见《马克思恩格斯选集(第一卷)》,人民出版社,2012年,第428~429页。

得了完整的凸显,马克思主义理论与彼时包括普鲁东在内的其他社会主义思想之间的质性差异,并不单单是甚至并非通过对其早期思想中(或者如一些学者认为的唯物史观形成时期)一些概念的梳理就可以完整地显示出来,早期的对比一旦失去对整全的唯物史观具体化历程的把握,就只是在原则层面通过诠释其中的只言片语做"比较研究",这更大可能造成理论上的混乱。马克思主义理论强大的思想穿透力是在此后诸如对法兰西阶级斗争的分析,在《路易·波拿巴的雾月十八日》中,进而在《资本论》中通过具体研究把握的社会生产的一般结构,即唯物史观的具体化中才获得完整体现。

> 它所以能在社会主义思想史上有地位,首先是因为法国和俄国的一些小巧精干的团体,其次更重要的是因为伟大的德国社会民主党都已经接受了马克思主义。这种接受把《宣言》抬高到它现在这样的地位。[①]

如上所示,熊彼特评价《共产党宣言》时,他得出错误结论的原因正是其孤立地看待《共产党宣言》这一文本,而没有将之置于马克思唯物史观具体化的思想整体中,片面地和孤立地看待单一文本势必无法把握理论整体,而理论整体又总是在一系列的具体文本中方能真实地被把握。因而,当今中层研究虽然名为中层,实则要么陷于某一文本的枝节研究中几乎穷尽其可能的因果关联,而将宏观的唯物史观探索的总体只作背景式的交代,要么虚悬在宏观结构的抽象运作中,具体的文本分析只有在符合该宏观结构之"形式"要求时,才会被"捕获""拣选"并作为"论据"。两者都不是具体化的唯物史观,也就根本不会存在规律之普遍性与经验现象之特殊性的辩证统一。

因此,唯物史观具体化,只能在具体事件中展开,从特殊性中历史现象学地呈现其普遍性结构。理论研究要突破人文社会学科陷于常规常态式中层研究的困境,构建起普遍性与特殊性辩证统一的哲学社会科学体系,以之适应新时代的社会发展,引领新时代文化建设目标。因此,中国式现代化构建绝不能只是"原则性"的说明,或者某个"根本定向"的指出,又或者某个"方法论"的介绍。即便是"原则性""根本定向""方法论"层面的研究,也应该且只能是在中层理论研究式的具体理论工作中,在特殊性中把握其内在的普遍性。如果仅仅在宏观维度上做"原则性"及"根本定向"上的说明,

---

[①] 〔美〕约瑟夫·熊彼特:《〈共产党宣言〉在社会学和经济学中的地位》,载《马克思恩格斯研究资料(第2卷)》,中央编译出版社,2014年,第166页。

那么无论它如何强调要去面对"具体问题",都仍然只是在具体问题之外以"原则性"之名,行先定"形式"对以特殊性为表象的具体现实的"质料式"切割、要素拣选和符合"形式"的对象构造。时代发展的新现象和其中所蕴含的新的一般发展规律,都会在既有"形式"的剪裁、切割、拣选和重构的过程中被缝合入既有理论框架之中,不仅不能起到介入并推动实践发展的目的,其缝合作用甚至会导致对实践活动的非反思和不自觉状态,阻滞实践活动的改良与优化之可能。

(三)唯物史观具体化论纲:中层研究的前提批判

1. 现有学科建制下知识生产活动的两极化之弊

综合前述分析,概言之,基于现有学科建制展开的知识生产活动存在着两极化的弊端:

第一,只在原则层面上进行理论间的区分,这仍然只是以原则层面为研究对象的中层研究自身的学院化产品,甚至是学院化的符号工艺品。其如何"指导"现实,如何介入当下中国的历史-社会现实,以理论特有的方式在特殊性表象之中把握其内蕴的一般规律,并以此来指导实践的改良与创新?显然,"我们要深入现实"并不直接带来对现实的结构性把握。"我们要用唯物史观为视角"并不直接带来经验研究中具体化了的唯物史观基底。

第二,狭窄的中层研究之弊不仅在于它只是陷于常规常态研究之中而无助于对变局时代的社会-历史现实之把握,不仅在于它不能发挥理论通过将实践活动作为"自己意识的和自己意志的对象"形成自我意识,并在此意识的基础上改良和创新实践,还在于它以自身的既有学科框架和学科知识生产中的建制化形态将新状况以解释的方式缝合入既定学科框架中,它以解释现实的方式遮蔽了现实,以研究现实的姿态迟滞了对现实的研究。

2. 中国式现代化理论构建贯彻唯物史观的前提思考

要破解"微宏观链接"难题,在中国式现代化理论建构与深化中贯彻唯物史观,形成符合时代发展的人文社会学科理论研究形态和哲学社会科学体系,需要下述相互勾连的三个前提:

(1)具体化。中国式现代化理论以及整个中国特色哲学社会科学体系的构建与发展,是一个系统工程,它必然表现为不断具体化和精细化的过程。如果只有宏观的"设计",或者只有微观机制上修饰语式地加上类似于"新文科"这样的一个语词,不但是不够的,甚至有可能是以"设计"之名,而被既有学科或既有思想方式的框架所"消化"甚至"腐蚀"。导致"新文科"

以及与之类似的其他新提法、新创见，以修饰语的形式存在于知识生产活动中，形成常规常态的知识产品，进而失去推动学科发展以适应时代发展的初衷。

（2）内在化。前述具体化，绝不是"控制变量"式的具体化。所谓"控制变量"式的具体化是指这样一种思维方式：将现有的经验世界描述为甲、乙、丙、丁等一系列要素组成的整体。进一步，将新事物戊，作为投入原有的由甲、乙、丙、丁构成的整体之中，知识生产活动呈现出不断构造甲-戊、乙-戊、丙-戊、丁-戊的因果关系。比如，元宇宙时兴时，我们可以看到大量的诸如元宇宙与阅读、元宇宙与教育，元宇宙与……不计其数的单线因果构造所形成的知识产品。近来，ChatGPT取代了元宇宙的风头，就像元宇宙取代更早的互联网+一样，我们又看到ChatGPT与文书工作、ChatGPT与教育、ChatGPT与文学创作、ChatGPT与阅读等新的知识产品。这类知识产品，数量庞大，但绝大多数都是"控制变量"式的。它的运思逻辑是：一个新的要素，不管它叫ChatGPT，还是叫元宇宙，都是被投入一个先在系统中（比如，被诸学科分别描述的由各种要素组成的先在社会生活），新要素与系统中一系列要素分别发生关系。所谓的理论研究，则是拣选本学科建制所划定和占据的研究对象（某个要素），集中去分析这一要素在新变量出现后，两者之间相互影响的状态。其弊端之要害在于：那个与新变量发生关系的原有要素，是一个在新要素出现前的社会整体基础上被某个学科建制的既有学科框架描述出来的理论化了的"对象"。这种理论化既包含着该"对象"在社会整体中的位置和功能，又包含着与其他"对象"之间的关系。而新要素的介入对社会生活的改变是整体性且结构性的，这意味着原有学科框架及其"对象"得以自洽的原有社会关系整体的结构性变化。

具体来说，设若ChatGPT真的如人们预想的那样改变社会结构，那么新的社会结构下即便还存在文书工作、文学创作、阅读、教育，那它们无论是在功能形态还是与其他社会角色的关系等方面，都绝不是此前的文书工作、文学创作、阅读、教育。因而，一旦站在原有学科框架下，以既有的对文书工作等的理论把握为基础，再外在地添加ChatGPT作为影响变量，这只会是现有学科建制的既有学科框架下的知识消费，而绝非知识生产。更危险的是，知识消费占据研究范式的主流，会让新事物、新创建、新提法，以"理论关切"的姿势被遮蔽起来，理论不但不能推动实践的优化和创新，甚至还会阻碍实践的优化和创新。这是中国特色哲学社会科学体系构建要突破现有学科建制，推动哲学社会科学体系的进一步发展的使命所在。

（3）问题化。从既有学科建制出发，在经验世界中按照既有学科框架去拣选、拼接和构造该学科"视角"的"对象"和"问题",也就是在"问题的提出"处就存在既有学科框架隐含的逻辑强制,此后的"问题的分析"和"问题的解决"在拣选、拼接和构造研究"对象"和"现实问题"时就已受既有学科框架理论前提的逻辑强制了。需要特别强调的是:从问题出发而非从学科出发,绝不意味着对学科建制所形成的海量知识积累的忽视和拒斥,而是要在更为广阔的问题视野中重新审视作为知识生产活动的学科研究,即知识生产活动是我们历史性的感性实践活动的一部分,并且与其他的感性实践活动之间绝非"现实之镜"这一单一关系,而是有着"现实之镜"维度在内的复杂关系结构。在对学科建制下的理论活动自身的前提批判中,找到具体理论活动的历史性的社会关系基础,廓清从该社会关系基础到该理论活动之间的作用原理,即问题化不是学科建制化的替代,而是以对学科建制化式理论活动的前提批判的方式展开的内在深化。

正是基于前述三个方面的分析,唯物史观在中国式现代化理论建构中的具体化,不是诸学科建制化实体的理论活动之外的另外一种理论活动,而是在学科建制化背景下理论活动的前提批判中形成对知识生产活动之感性实践基础的前提自觉的过程。笔者在这一研究纲领下从事理论研究。[①] 它立基于微观机制的研究,以历史现象学的方式找到微观机制的宏观结构,在微观与宏观的双向互动与辩证统一中,推动理论研究的发展,[②]即唯物史观在中国式现代化理论建构中走向深入和具体化的路径所在。

在导言与前四章的工作基础上,我们在第五章开始正面说明中国式现代化理论建构工作诸课题的铺展原则。导言与前四章是清理地基的工作,是预备性或者说前提性工作,但同时是中国式现代化理论建构的组成部分,而不是外在理论建构工作的"材料准备"或简单的"思想准备"。我们在哲学文献中常常看到各种没有后续理论建构的"导论""论纲",这些"导论""论纲"和被预告但没有出现的哲学体系本身,绝非如一些批评者所说的那样,是所谓对"导论""论纲"所预告的哲学理论建构的"不可能性"的证明。事实上,它们就是其所预告的哲学理论的一个部分。一种真正的哲学理论,绝不可能是现成的公式,或者一种一劳永逸能够一揽子解决所有问题的"绝对"理论。它必然是开放式的,是历史性的,是随着人类社会-历史现实的不断推进而不断发展变化的,它只会是"思想中的时代",是在理论中的"时代

[①] 王晓兵:《学科建制化的逻辑及其前提批判——新文科建设中的马克思主义理论领航》,《山东大学学报(哲学社会科学版)》2022年第5期。
[②] 王晓兵:《问题导向逻辑下新文科体系的构建原则——以彩礼现象的三重维度及其统一为例》,《新文科教育研究》2021年第4期。

精神的精华",是对自身所处时代在漫长人类发展历程之中的位置的探索,是对自身所处时代的诸现象从何处来的动力学的思考,也是基于这一动力学的思考给出的去向何方的行动指引。(当然,这不意味着理论工作只是我们在本章批判的在大词之间滑来滑去的空的宏观结构的研究。)

理论工作应该像马克思在《资本论》第一卷中所表达的对辩证法的理解那样:

> 辩证法,在其合理形态上,引起资产阶级及其空论主义的代言人的恼怒和恐怖,因为辩证法在对现存事物的肯定的理解中同时包含对现存事物的否定的理解,即对现存事物的必然灭亡的理解;辩证法对每一种既成的形式都是从不断地运动中,因而也是从它的暂时性方面去理解;辩证法不崇拜任何东西,按其本质来说,它是批判的和革命的。①

或者像马克思在给卢格的信中所说的:

> 新思潮的优点又恰恰在于我们不想教条地预期未来,而只是想通过批判旧世界发现新世界。以前,哲学家们把一切谜底都放在自己的书桌里,愚昧的凡俗世界只需张开嘴等着绝对科学这只烤乳鸽掉进来就得了。而现在哲学已经世俗化了,最令人信服的证明就是:哲学意识本身,不但从外部,而且从内部来说都卷入了斗争的漩涡。如果我们的任务不是构想未来并使它适合于任何时候,我们便会更明确地知道,我们现在应该做什么,我指的就是要对现存的一切进行无情的批判,所谓无情,就是说,这种批判既不怕自己所作的结论,也不怕同现有各种势力发生冲突。②

我们在导言和前四章的研究正是在对现有的知识生产活动的批判性反思中找到深入中国现代化发展的社会-历史现实之中,把握其内涵逻辑的必要工作。此处的批判意指澄清前提和划定界限,我们在此批判性反思中凸显中国式现代化理论建构的前提基础以及具体铺展开来的基本原则,即我们在第五章中聚焦的内容。在这个意义上说,第五章可以被视为导言与前

---

① 《马克思恩格斯选集(第二卷)》,人民出版社,2012年,第94页。
② 《马克思恩格斯文集(第十卷)》,人民出版社,2009年,第7页。

四章的思维方式的一个总结与具体呈现。

要构建中国式现代化理论,从普遍性的角度说,中国式现代化理论要能够与其他现代化理论实现对话,从而在对话中丰富自身,并对世界现代化理论贡献中国智慧。从特殊性的角度说,中国式现代化理论必须立足于中国式现代化的实践探索历程。这一特殊性与普遍性的辩证统一,在理论具体展开的过程中表现为,在中国式现代化道路的实践探索之特殊性之中,把握其中所内蕴的现代化的普遍性,即从特殊性出发,说明特殊性之特殊背后的普遍必然性基础。中国作为后发国家,无论从地缘上还是从传统社会的社会结构与文化传统上说,都有自身的特殊性,而在这一特殊性现实的基础上,推动传统社会向现代社会转型,背后有着先发国家-后发国家全球资本积累结构的现实影响。这一现实影响正是内蕴于特殊性之中的普遍性,而不是在特殊性之外的另外一个普遍性。在这个意义上,我们的研究只能从中国式现代化道路的实践探索出发,立基于中国自身的社会-历史现实。进一步说,这一社会-历史现实绝非经验式地直接指认某一经验材料为"客观"现实,就完成了对作为理论活动之基础和立脚点的现实的描述与把握。进入理论视野的现实,已经是理论化了的现实,这一现实是经历了一个"现实的理论化"的过程的"理论化的现实",因而,只有对这一"现实的理论化"过程的结构特点与运行逻辑有清晰的梳理和阐释,才能够为理论活动提供坚实的现实基础。这一过程是由对"现实的理论化"过程从经验主义向历史唯物主义的深化来具体完成的。这一点在整个人文社会领域的各个学科中均是前提性的工作,因为诸学科均要立足于现实,哪怕是以超脱现实的方式与现实发生关系,"现实的理论化"以及作为其"结果"的"理论化的现实",那个被理论化了的自身的社会-历史现实,作为一个活动整体,才是理论研究的完整起点。

从哲学社会科学体系的外在功能上说,中国式现代化理论的建构,立足于中国式现代化道路的实践探索,寻求一条超越既有的以寄生性-剥削性为本质的全球资本积累结构,构建起一个新式的,各国享有公平和平等的生存与发展权利的人类命运共同体,其外在功能包含着国家发展与世界发展的辩证统一。这是国家发展对中国式现代化理论建构的现实要求,同时具有推动世界社会主义发展的意义。正如中国式现代化推动世界社会主义发展,探索人类文明新形态的功能那般,探索中国式现代化理论的建构,同时是对世界社会主义理论的丰富与发展,是马克思主义理论的时代化的新的飞跃。

从哲学社会科学体系的内在发展上说,中国式现代化理论的建构,绝不是仅仅在原则层面上发生作用,当然,它也不是替代其他理论研究的具体工作,而是一种类似于学科间性的研究,是促使诸学科对自身所进行的理论活动形成前提预设、主体内涵、价值倾向的理论自觉的方法与途径,是一种在诸理论建构活动的前提处从事对诸前提预设、价值倾向的反思与批判,从而推动诸学科的进一步发展,并整合诸学科为中国特色哲学社会科学体系,以此为中国式现代化道路实践提供理论支援,担负起理论介入实践并推动实践方式的调适、优化和创新这一本真功能的理论工作方式。在这个意义上,微观机制研究不能因为自身所谓的专业性而排斥或者是豁免对理论前提的批判性反思。宏观结构研究也不能因为自身作为一种宏观结构的研究,就可以忽视微观机制,或者随意"捕获"一系列的微观机制,并以之为"证据"来说明自身的"合理性"。宏观结构研究同样需要对自身的理论前提给出前提预设的澄清和适用界限的划定。

因此,中国式现代化理论建构是一项只要诸学科的理论活动存在,这一理论的前提批判工作就必然存在,贯穿于理论活动全程的前提性和基础性工作。它不是虚悬起来的建构,而是必然发生并贯穿于诸理论活动始终的一项整体性的思考。也只有在这个意义上,渠敬东教授所提出的那种能够对变局时代给出整体思考,对诸多脱离常规的事件给出理论式的严肃思考和系统说明的,能够发挥理论参与、范导实践活动,调适、优化甚至创新实践方式的本真功能的理论,正是在诸学科中贯彻唯物史观具体化,在历史唯物主义视域中推动的中国式现代化理论建构。也唯有在这一工作中,我们才能切实地将中国式现代化理论建构内在于中国特色哲学社会科学体系的形成与发展之中,实现两者的内在统一。

第六章 结语:"请循其本"

一、实践是人的存在方式

实践不是人的主观意欲,而是人的生存状态,在这个意义上说,实践就是人的存在方式,是人区别于其他动物的本性。

人的实践活动是以人在世界的某个具体生存场景之中的生存为前提和展开场域的。人,本就是世界的一部分。因而,人的实践活动,包括那些宣称自己是以世界为对象,进而以自身为主体地将自己与世界视为判若二分的对象性活动,也是以"人生在世"的形态为基础的,与世界的二分是以在世界之中为前提而拟制出来的二分。

人在实践活动中将自身与世界区分开来。在生存实践活动中,人把自己变为主体,世界变为客体;具体到观察活动中,人以自身为观察者而将世界视为被观察者,正是在将此种观察者误认为是站在世界之外的"客观的""价值无涉的"观察者的活动中,人才会视觉中心主义地将世界变为被人所观察的,矗立在人对面的对象。因而,人们对于永恒性理论(对世界观察与分析所获得的)的追求,有着实践活动本身的活动特点上的诱因。

人以自身的生存实践活动,在世界之中求生存和谋发展。人的生存实践具体表现为,通过改造人所处生存世界的现实状态,以便让该生存世界转变为更适合人生存的形态而存在(从石器到铁器的工具优化如此,从渔猎到农耕的生产生活方式的变化亦如此),这是一个不断推动自在的存在转为属人的存在的活动过程。(转变的是人的存在作为生存世界的基本条件逐渐有了自在的存在的特征,而后再次被转化,人类历史以此来不断向前。)人基于自身的生存实践活动需要,在实践中产生某个目的,需通过外部世界的条件来达成这一目的。世界从自然而然的世界,变为属人的世界的逻辑,其核心在于目的。围绕着目的,自在自然上,由此就附着了一层价值的排序。自在自然中本无高低优劣的诸要素,由于其与人的生存实践活动的具体目的之间的关系有所不同,从而对人来说也就呈现出具有生存情境下的不同的价值状态。正因为人们的具体的生存实践状况不同,不管这种不同是空间上的,如地理要素造成的不同,还是时间上的生产力发展状况不同而引致的不同,它们都会造成人的具体生存境遇下的实践活动目的不同。而这一目的不同,带来的是诸多自在自然的诸要素的价值评价系统不同,这种不同体现在,价值排序系统在构造的过程中所依凭的价值聚焦点和价值计算方式的差异,会表现为人们在价值观上的差异。

人与动物的生存方式不同的核心在于人的实践活动的合目的性与合规律性相统一的特殊结构:动物只能顺应世界而生存,世界对动物来说是给定的先在条件。角马在某个地区生存,是因为该地区有着符合角马生存习性的自然条件。而一旦该地区的环境发生变化,自然条件不再符合角马的生存习性,其结果就是:角马需要通过迁徙的方式,去寻找新的适应角马生存的环境以便继续存在下去。否则,角马要么通过突变的方式适应这个已经变化了的自然条件,即所谓自然选择;要么就因为没有适合的生存条件而灭绝。而人则不同,人通过自己的实践活动去改变现有生存条件,让生存条件以符合人生存需求的形态而存在。因而,当我们说通过实践活动将自在运行着的世界转变为属人的世界的时候,这意味着:人根据自己的生存目的来审视世界,并且按照自己的生存目的与世界打交道。因此,绝不存在超出人的目光的所谓"神的目光",所谓"价值无涉"的脱离人的生存实践维度的对世界的"客观"的理解。但这一目的也绝非简单的人的纯粹主观的想法。目的的实现依赖于时空等自然条件的限制,要实现目的,人就要去认识并利用自然世界的规律。目的的产生,同样不是纯粹主观的。某个社群主流的目的总是与文化传统相关,而该文化传统的形成,必然与其生存实践所处的自然条件相关。

从这两点看,目的是主客观辩证统一的产物,准确地说,目的是以实践活动的主客观辩证统一为基础的。① 而目的本身也是历史性的,是历史性发展的产物。在人类社会形成初期,人类的实践活动的目的总是直接牵连着对生存环境的改善。对于石器的使用,对石器的打磨与优化,总是与特定的能够改善生存环境的功用的实现直接相关。在这个意义上说,人的自由而全面发展,不是有别于优化人的生存环境的"另一个"目的,而是优化人的生存环境的最终形态。因而,它不是虚悬于未来的某个特定的生存样态,而是一个人类在自身的实践活动的特定活动形态的支配下的,历史性的生存

---

① 这是本书以文化哲学为切入点来整体性地思考理论活动的前提、形态、结构与运行逻辑,并以此为中国式现代化理论建构提供清晰的理论前提和价值根据的原因所在。

实践活动在不断推进的方向。因而,每个历史时期可能会出现不同的观点,对这些观点的判断绝不是"都一样""没有对错高低"的历史虚无主义和价值虚无主义式地和稀泥,历史大势、历史的前进方向就存在于对人、对自身的自由而全面发展的生存状态的追求之中。因而,站在历史大势一边,站在人民群众一边,归根到底就是站在了人的自由而全面发展一边,站在人类解放事业一边。

二、认识世界是人的生存实践本性的内在环节,因而是必然的

将世界改造为适合人生存的状态,首先要对要被改造的对象,也就是我们正身处其中的世界,即我们的生存环境,及其运行规律有所了解,生存实践活动的本性就内在地蕴含着要去认识世界的必然性要求。因而,认识世界,也不仅仅是人的主观意欲,认识世界是由人的实践的生存本性所决定的。只不过,它具体表现为个人意欲对世界做出认识,或者说,它是以个人在自己意欲的驱动下要去认识世界的方式具体实现的。

认识表现为去理解客观世界运行的规律。而由于在此认识活动的初始和认识活动的全程中,人都已然是身处生存实践将之分裂后的"人生在世"状态中,人与世界的主客二分关系是在认识活动的初始处就被作为认识的初始状态而存在的。(人是主体,世界是客体;人是观察者,世界是观察对象。)因而,人就有了一种自己是在世界之外"客观中立"地观察世界的错觉,又认为自身对世界"客观中立"的观察得出的就是世界固有的纯粹的"客观规律",从而又产生了一个经久不灭的成见:人能够通过自己的认识,找到这个世界上永恒不变、永恒有效的"客观规律"体系。故而,认识活动在一个历史时期内总是表现为一种新的认识通过批判曾经的认识成果并非永恒不变且永恒有效,来强调自己的认识成果的永恒不变和永恒有效。从而认识的历史,就成了满是观念"尸体"的战场。在这个意义上,所谓的思想史或哲学史,也只能是材料的堆砌。而"哲学就是哲学史",则意味着人类思想历程有了自身的内在发展规律可循。对这一内在发展规律的说明,也就是作为整体的人类思想的贯通。历史绝不是过往材料的堆砌,而是还包含着立基于当下的某种对过去材料的整理方式,以及在此整理方式下的对历史的系统性和整体性理解。

要真正找到人类认识历程的内在发展规律,只能从作为人的认识活动之基础的人的生存实践的内在发展规律着手。人的生存实践的历史性表现在人类改造世界的能力的发展,以及在人类改造世界的能力的发展历程中人与人之间关系的变化上,即生产力与生产关系。缺乏对历史性的生存实践的基始性作用的理论自觉，人的认识活动就只能表现为单纯膨胀的意欲追求永恒的知识的僭妄，以及由思想逻辑的宰制着世界的理性的迷狂。现今那种认为认识活动及其成果是独立-独力衍化的成见背后，是精神劳动与物质劳动分工后，在进一步不断细化的分工中，某些分属精神劳动分工细化后的产物的学科实体建制的独断叙事罢了。认识活动同样是历史性的，它导源于并立基于认识主体本身的历史性，认识主体一旦遗忘了自身的历史性，认识活动就会陷入经验主义唯我论的泥淖。

三、人的生存实践条件的变化，是认识变化的根源

认识的变化根源于生存实践之条件的变化，人们怎样生存，人们就怎样认识。认识的目的内在于实践之中。

认识表现为对人、事、物，即对自身生存境遇的规律性把握。并以此规律为生存实践提供指导，以便实践在顺应生存境遇之客观规律的基础上，达成实践的目的。因而，认识活动无论以何种形态出现，其内核都在于理解和把握人的实践活动所要面对的世界。又因为作为认识主体的具体的人，他就是生活在这个世界之中的，因而认识呈现出这样一种样态：身处世界之中，来认识世界。身处世界之中，意味着认识主体来自世界，受世界的具体状况影响。也就是说，人的认识活动，是在作为前提而存在的人与世界之间的关系的基础上展开的。这意味着，第一，一个人对世界的理解，总是以潜在的自身与世界之间的关系为前提的，区别只在于他去认识世界时，对自身的这一生存论前提是否有所觉察。第二，由于人的生存实践活动对世界的改造，生活世界必然表现为历史性的变化。这就意味着作为认识世界之前提的人与世界关系也是历史性的。要形成对自身生存论前提的觉察，就必然是历史性地不断进行的。因而这一前提，在具体历史时期中是确定的，在人类历史发展中又是不断变化的。

> 但是，亚里士多德没有能从价值形式本身看出，在商品价值形式中，一切劳动都表现为等同的人类劳动，因而是同等意义的劳动，这是因为希腊社会是建立在奴隶劳动的基础上的，因而是以人们之间以及他们的劳动力之间的不平等为自然基础的。价值表现的秘密，即一切劳动由于而且只是由于都是一般人类劳动而具有的等同性和同等意义，只有在人类平等概念已经成为国民的牢固的成见的时候，才能揭示出来。而这只有在这样的社会里才有可能，在那里，商品形式成为劳动产品的一般形式，从而人们彼此作为商品占有者的关系成为占统治地

位的社会关系。亚里士多德在商品的价值表现中发现了等同关系,正是在这里闪耀出他的天才的光辉。只是他所处的社会的历史限制,使他不能发现这种等同关系"实际上"是什么。①

实践的目的,同样与认识相关。一个身处特定历史时代的人,在特定的生产条件之下,会对自身所处的世界以及该世界与自身之间的关系,形成特定的理解与把握,这一理解与把握,决定着一个人在该特定生存境遇中要通过实践活动取得对生存境遇的何种改善和优化。也就是说,身处具体的历史性的生存境遇中的个人,他的实践目的的形成有赖于其在该历史性的生存境遇中的认识水平和认识内容,这一认识水平和认识内容,规定着该历史性的实践主体对于何为改善、何为优化等问题的判断,进而影响着实践主体的具体行为选择。这是认识与实践之间关系的复杂性所在,也是认识活动能否实现自身参与实践并推动实践活动方式上的调适、优化与创新的本真功能的重点、难点和关键点所在。

综上,作为认识活动的主要活动方式和认识成果的表现形式——理论,它内在于实践,是作为人的本性的生存实践活动的自身区分。即回到本书开篇导言中所论,理论得以展开,这是由作为人的本性的生存实践活动的合目的性与合规律性的统一这一结构所决定的,理论活动对自身在这一结构运行中的位置、角色、功能等的反思,是知识生产在主体自觉的前提下,"思入时代深处",发挥其本真功能:将生存实践对象化为理论自身的"意志的"和"意识的"对象,从而推动实践活动方式的调适、优化与创新。

---

① 《马克思恩格斯文集(第五卷)》,人民出版社,2009年,第75页。

主要参考文献

一、著作

[1] 马克思恩格斯选集(1—4)[M].北京：人民出版社,2012.

[2] 马克思恩格斯文集(1—10)[M].北京：人民出版社,2009.

[3] 列宁选集(1—4)[M].北京：人民出版社,2012.

[4] 毛泽东选集(1—4)[M].北京：人民出版社,1991.

[5] 邓小平文选(1—3)[M].北京：人民出版社,1994.

[6] 马克思主义研究资料(第1卷)[M].北京：中央编译出版社,2014.

[7] 习近平谈治国理政(第一卷)[M].北京：外文出版社,2018.

[8] 习近平谈治国理政(第二卷)[M].北京：外文出版社,2017.

[9] 习近平谈治国理政(第三卷)[M].北京：外文出版社,2020.

[10] 习近平谈治国理政(第四卷)[M].北京：外文出版社,2022.

[11] 习近平著作选读(第一卷)[M].北京：人民出版社,2023.

[12] 习近平著作选读(第二卷)[M].北京：人民出版社,2023.

[13] 陈嘉映.价值的理由[M].上海：上海文艺出版社,2021.

[14] 陈学明等主编.20世纪马克思主义发展史(第四卷)：20世纪上半期马克思主义在西方国家的发展[M].北京：中国人民大学出版社,2020.

[15] 陈学明等主编.20世纪马克思主义发展史(第七卷)：20世纪下半期马克思主义在西方国家的发展[M].北京：中国人民大学出版社,2021.

[16] 程巍.泰坦尼克号上的"中国佬"[M].桂林：漓江出版社,2013.

[17] 丁建弘.德国通史[M].上海：上海社会科学院出版社,2019.

[18] 高清海.哲学与主体自我意识[M].北京：北京师范大学出版社,2017.

[19] 高瑞泉等.20世纪中国社会思潮研究[M].北京：经济科学出版社,2019.

[20] 顾海良编著.20世纪马克思主义发展史(第一卷)：20世纪马克思主义发展史概论[M].北京：中国人民大学出版社,2020.

[21] 何萍.20世纪马克思主义哲学：东方与西方[M].北京：人民出版社，2012.

[22] 何萍.马克思主义哲学与文化哲学[M].武汉：武汉大学出版社，2002.

[23] 贺麟.五十年来的中国哲学[M].上海：上海人民出版社，2019.

[24] 胡适.胡适经典文存[M].上海：上海大学出版社，2004.

[25] 姜义华.现代性：中国重撰[M].北京：北京师范大学出版社，2008.

[26] 金冲及.二十世纪中国史纲修订版（第一卷）[M].北京：生活·读书·新知三联书店，2021.

[27] 李培林.社会学与中国社会巨变[M].北京：社会科学文献出版社，2020.

[28] 梁治平.礼教与法律：法律移植时代的文化冲突[M].桂林：广西师范大学出版社，2015.

[29] 刘守刚.国家的财政面向[M].上海：上海远东出版社，2022.

[30] 马拥军.世界历史性存在：马克思主义方法论及其当代意义[M].北京：人民出版社，2022.

[31] 钱乘旦总主编.世界现代化历程（1—10卷）[M].南京：江苏人民出版社，2015.

[32] 渠敬东.缺席与断裂：有关失范的社会学研究[M].北京：商务印书馆，2017.

[33] 桑兵、关晓红主编.近代中国的知识与制度转型：分科的学史与历史[M].上海：上海人民出版社，2021.

[34] 桑兵、关晓红主编.近代中国的知识与制度转型："教"与"育"的古今中外[M].上海：上海人民出版社，2020.

[35] 桑兵、关晓红主编.近代中国的知识与制度转型：解释一词即作一部文化史[M].上海：上海人民出版社，2021.

[36] 桑兵、关晓红主编.近代中国的知识与制度转型：近代国字号事物的命运[M].上海：上海人民出版社，2020.

[37] 桑兵、关晓红主编.近代中国的知识与制度转型：近代学术的清学纠结[M].上海：上海人民出版社，2020.

[38] 桑兵、关晓红主编.近代中国的知识与制度转型：章程条文与社会常情[M].上海：上海人民出版社，2021.

[39] 孙承叔.资本与历史唯物主义：《资本论》及其手稿的当代解读[M].上海：上海人民出版社，2017.

[40] 孙来斌等主编.20世纪马克思主义发展史（第二卷）：19世纪末至十月

革命前马克思主义的发展[M].北京：中国人民大学出版社,2019.
[41] 孙正聿.辩证法研究[M].北京：北京师范大学出版社,2020.
[42] 孙正聿.理论思维的前提批判[M].北京：北京师范大学出版社,2017.
[43] 孙正聿.马克思主义哲学智慧[M].北京：现代出版社,2016.
[44] 孙正聿.用理论照亮现实：马克思主义哲学中国化的理论思维、研究范式和实践智慧[M].长春：吉林大学出版社,2021.
[45] 孙正聿.哲学观研究[M].北京：北京师范大学出版社,2020.
[46] 唐正东.从斯密到马克思[M].南京：江苏人民出版社,2009.
[47] 唐正东.资本的附魅及其哲学解构[M].南京：江苏人民出版社,2013.
[48] 王南湜.马克思主义哲学中国化的历程及其规律研究[M].北京：北京师范大学出版社,2012.
[49] 文一.科学革命的密码——枪炮、战争与西方崛起之谜[M].上海：东方出版中心,2021.
[50] 吴文藻.论社会学中国化[M].北京：商务印书馆,2010.
[51] 吴晓明.超感性世界的神话学及其末路：马克思存在论革命的当代阐释[M].北京：中国人民大学出版社,2011.
[52] 吴晓明.论中国学术的自我主张[M].上海：复旦大学出版社,2016.
[53] 夏燮.中西纪事[M].北京：中华书局,2020.
[54] 许金秋.19世纪至20世纪初俄国政治现代化理论与进程研究[M].北京：社会科学文献出版社,2018.
[55] 杨耕.东方的崛起：关于中国式现代化的哲学反思[M].北京：北京师范大学出版社,2009.
[56] 杨天宏.中国的近代转型与传统制约[M].成都：四川人民出版社,2021.
[57] 仰海峰.符号之镜：早期鲍德里亚思想的文本学解读[M].北京：北京师范大学出版社,2018.
[58] 衣俊卿编.社会历史理论的微观视域(上、下)[M].北京：中央编译出版社,2011.
[59] 衣俊卿等.20世纪新马克思主义[M].北京：中央编译出版社,2012.
[60] 衣俊卿.文化哲学——理论理性和实践理性交汇处的文化批判[M].昆明：云南人民出版社,2005.
[61] 衣俊卿.现代性的维度[M].北京：中央编译出版社,2011.
[62] 俞良早等著.20世纪马克思主义发展史(第三卷)：十月革命至20世纪50年代初马克思主义在苏联的发展[M].北京：中国人民大学出版社,2019.

[63] 张建华.帝国风暴：大变革前夜的俄罗斯[M].北京：北京大学出版社，2016.

[64] 张建华.俄国史(修订版)[M].北京：人民出版社，2022.

[65] 张祥龙.儒家哲学史讲演录(一)：孔子的现象学阐释九讲[M].北京：商务印书馆，2019.

[66] 张一兵.回到马克思[M].南京：江苏人民出版社，2020.

[67] 周凡.后马克思主义导论[M].北京：中央编译出版社，2010.

[68] 邹诗鹏编.哲学视野中的民族与中华民族共同体研究[M].北京：中国社会科学出版社，2023.

[69] 〔奥〕阿尔弗雷德·舒茨.社会世界的意义构成[M].游淙祺译.北京：商务印书馆，2012.

[70] 〔澳〕杰弗里·布莱内.帆与锚：澳大利亚简史[M].鲁伊译.桂林：广西师范大学出版社，2021.

[71] 〔波兰〕弗洛里安·兹纳涅茨基.知识人的社会角色[M].郏斌祥译.北京：译林出版社，2022.

[72] 〔德〕黑格尔.精神现象学[M].贺麟、王玖兴译.北京：商务印书馆，1979.

[73] 〔德〕卡尔·曼海姆.保守主义：知识社会学论稿[M].李朝晖、牟建军译.北京：译林出版社，2022.

[74] 〔德〕罗莎·卢森堡.资本积累论[M].北京：商务印书馆，2021.

[75] 〔德〕马克斯·韦伯.民族国家与经济政策[M].甘阳选编.北京：生活·读书·新知三联书店，2018.

[76] 〔德〕乌尔里希·贝克.风险社会：新的现代性之路[M].张文杰、何闻博译.北京：译林出版社，2018.

[77] 〔俄〕鲍维金·瓦列里·伊万诺维奇.第一次世界大战前夕的俄国金融资本[M].张广翔、刘真颜译.北京：社会科学文献出版社，2022.

[78] 〔法〕米歇尔·福柯.生命政治的诞生[M].莫伟民、赵伟译.上海：上海人民出版社，2018.

[79] 〔法〕米歇尔·福柯.知识考古学[M].董树宝译.北京：生活·读书·新知三联书店，2021.

[80] 〔法〕米歇尔·福柯.知识意志讲稿[M].张亘译.上海：上海人民出版社，2021.

[81] 〔法〕朱利安·班达.知识分子的背叛[M].佘碧平译.上海：上海人民出版社，2017.

[82]〔荷〕伊恩·布鲁玛.创造日本(1853—1964)[M].倪韬译.成都:四川人民出版社,2018.

[83]〔美〕艾伦·索卡尔、〔比〕让·布里克蒙.时髦的空话:后现代知识分子对科学的滥用[M].蔡佩君译.杭州:浙江大学出版社,2021.

[84]〔美〕查尔斯·蒂利.强制、资本和欧洲国家(公元990—1992年)[M].魏洪钟译.上海:上海人民出版社,2021.

[85]〔美〕理查德·奥尔森.社会科学的兴起:1642—1792[M].王凯宁译.北京:科学出版社,2018.

[86]〔美〕罗伯特·K.默顿.社会理论和社会结构[M].唐少杰、齐心等译.北京:译林出版社,2015.

[87]〔美〕施万克.六人:泰坦尼克号上的中国幸存者[M].丘序译.北京:中信出版集团,2022.

[88]〔美〕史蒂夫·富勒.科学、科技和社会[M].姚雅欣译.北京:中央编译出版社,2021.

[89]〔美〕唐纳德·基恩.明治天皇(1852—1912)[M].曾小楚、武秋玉译.上海:上海三联书店,2018.

[90]〔美〕托马斯·库恩.科学革命的结构[M].金吾伦、胡新和译.北京:北京大学出版社,2012.

[91]〔日〕浜野洁、井奥成彦等.日本经济史:1600—2015[M].彭曦等译.南京:南京大学出版社,2018.

[92]〔乌拉圭〕爱德华多·加莱亚诺.拉丁美洲被切开的血管[M].王玫等译.南京:南京大学出版社,2018.

[93]〔意〕安东尼奥·葛兰西.狱中札记[M].曹雷雨等译.开封:河南大学出版社,2016.

[94]〔意〕尼科洛·马基雅维利.君主论[M].潘汉典译.北京:商务印书馆,1985.

[95]〔英〕J.L.奥斯丁.如何以言行事[M].杨玉成、赵京超译.北京:商务印书馆,2013.

[96]〔英〕艾瑞克·霍布斯鲍姆.帝国的年代:1875—1914[M].贾士蘅等译.北京:中信出版社,2017.

[97]〔英〕艾瑞克·霍布斯鲍姆.革命的年代:1789—1848[M].王章辉等译.北京:中信出版社,2017.

[98]〔英〕艾瑞克·霍布斯鲍姆.极端的年代:1914—1991[M].郑明萱等译.北京:中信出版社,2017.

[99]〔英〕艾瑞克·霍布斯鲍姆.民族与民族主义[M].上海：上海人民出版社,2020.

[100]〔英〕艾瑞克·霍布斯鲍姆.资本的年代：1848—1875[M].张晓华等译.北京：中信出版社,2017.

[101]〔英〕安东尼·吉登斯.现代性的后果[M].田禾译.北京：译林出版社,2022.

[102]〔英〕恩斯特·拉克劳、查特尔·墨菲.领导权与社会主义的策略[M].尹树广等译.哈尔滨：黑龙江人民出版社,2003.

[103]〔英〕恩斯特·拉克劳.我们时代革命的新反思[M].孔明安、刘振怡译.哈尔滨：黑龙江人民出版社,2006.

[104]〔英〕马尔萨斯.人口原理[M].朱泱,等译.北京：商务印书馆,1992.

[105]〔英〕齐格蒙特·鲍曼.流动的现代性[M].欧阳景根译.北京：中国人民大学出版社,2018.

[106]〔英〕维特根斯坦.论文化与价值[M].楼巍译.上海：上海人民出版社,2019.

二、论文

[1]白钢.真理·道义·文明：中国式现代化的三大制高点[J].吉林大学社会科学学报,2022(6).

[2]陈金龙、李丹.中国式现代化的叙事方式[J].学术研究,2022(11).

[3]陈培永.中国式现代化的拓展与马克思主义现代化理论的创新发展[J].求索,2022(5).

[4]陈锡喜.把握中国式现代化新道路对人类文明新形态贡献的方法论研究[J].思想理论教育导刊,2022(3).

[5]陈亚军.站在常识的大地上——哲学与常识关系刍议[J].哲学分析,2020(3).

[6]董树斌.中国式现代化进程中的全过程人民民主[J].当代世界与社会主义,2022(6).

[7]顾海良.中国式现代化的战略擘画和理论体系升华[J].马克思主义理论学科研究,2023(3).

[8]韩庆祥.论中国式现代化的逻辑[J].政治学研究,2022(6).

[9]韩喜平、郝婧智.中国式现代化：人类实现现代化的新选择[J].社会科学家,2023(1).

[10]韩喜平、王晓兵.观念运行的计算单位——民主观念从群体、个体到类

[J].江海学刊,2020(2).

[11] 郝立新.中国式现代化与促进人的全面发展[J].思想理论教育导刊,2023(4).

[12] 贺来.中国式现代化的实践智慧品格[J].哲学研究,2022(12).

[13] 江怡.对当代科学的哲学反思与未来哲学的期望[J].社会科学战线,2021(7).

[14] 蓝江.从剩余价值、剩余快感到剩余数据——数字资本主义时代的辩证逻辑[J].南京社会科学,2023(1).

[15] 蓝江.数字焦土和剩余数据——数字资本主义社会中现代人的生存[J].求索,2023(1).

[16] 李佃来.中国式现代化与当代中国政治哲学建构[J].求索,2023(3).

[17] 李培林.中国式现代化和新发展社会学[J].中国社会科学,2021(12).

[18] 李冉.历史的合流与合流的历史:以中国式现代化全面推进中华民族伟大复兴的历史省思[J].社会科学,2023(4).

[19] 欧阳康.中国式现代化视域中的国家制度和国家治理现代化[J].中国社会科学,2023(4).

[20] 庞立生.大历史观与中国式现代化的三重意蕴[J].思想理论教育,2022(12).

[21] 渠敬东.传染的社会与恐惧的人[J].清华社会科学,2020(1).

[22] 渠敬东.中国社会科学的人文性[J].开放时代,2021(1).

[23] 任平.论中国式现代化的辩证法——"道路之新"的矛盾体系与出场逻辑[J].吉林大学社会科学学报,2022(6).

[24] 孙利天.纯粹理论生活的理想[J].吉林大学社会科学学报,2000(6).

[25] 孙正聿.从大历史观看中国式现代化[J].哲学研究,2022(1).

[26] 孙正聿.当代中国哲学的主体性与原创性[J].中国社会科学,2022(3).

[27] 孙正聿.构建当代中国马克思主义哲学学术体系[J].哲学研究,2019(4).

[28] 唐正东.历史特殊性与唯物史观的具体化路径——从普殊同对马克思批判理论的再阐释谈起[J].学术研究,2022(1).

[29] 唐正东.唯物史观具体化:马克思的探索及其意义[J].四川大学学报(哲学社会科学版),2022(3).

[30] 田鹏颖、谭言.中国式现代化是解决社会主要矛盾的时代选择[J].河南师范大学学报(哲学社会科学版),2023(3).

[31] 王晓兵.反思认识活动中的价值生成——基于实践哲学与哲学实践的辩证统一[J].理论界,2023(3).

[32] 王晓兵.问题导向逻辑下新文科体系的构建原则——以彩礼现象的三重维度及其统一为例[J].新文科教育研究,2021(4).

[33] 王晓兵.学科壁垒的微观权力运作机制及其突破路径——唯物史观具体化视域下的学科发展问题[J].太原学院学报,2023(3).

[34] 王晓兵.学科建制化的逻辑及其前提批判——新文科建设中的马克思主义理论领航[J].山东大学学报(哲学社会科学版),2022(5).

[35] 王晓兵.增长-发展理论的方法论再审视——基于恩格斯对马尔萨斯人口理论的前提批判[J].前沿,2022(5).

[36] 王晓兵.作为思维方式的"解释"与"改变"在观念构造中的差异[J].知与行,2023(2).

[37] 王学典.东方历史文化传统与中国式现代化路径的选择[J].济南大学学报(社会科学版),2023(3).

[38] 魏传光."中国式现代化观"的理论创新[J].暨南学报(哲学社会科学版),2022(11).

[39] 吴晓明.从社会现实的观点把握中国社会的性质与变迁[J].哲学研究,2017(10).

[40] 吴晓明.论阐释的客观性[J].哲学研究,2016(5).

[41] 吴晓明.世界历史与中国式现代化[J].学习与探索,2022(9).

[42] 吴忠民.论中国式现代化的张力及整合[J].马克思主义与现实,2021(5).

[43] 项久雨.中国式现代化的文化叙事[J].武汉大学学报(哲学社会科学版),2023(2).

[44] 辛向阳.中国式现代化推进中华民族伟大复兴的路径[J].教学与研究,2022(10).

[45] 颜晓峰.中国式现代化的范畴定位[J].教学与研究,2022(10).

[46] 杨洪源.从坚持胸怀天下看中国式现代化的根本遵循[J].东北师大学报(哲学社会科学版),2023(3).

[47] 应星.社会学的历史视角与中国式现代化[J].中国社会科学,2022(3).

[48] 袁祖社.中国式现代化与人类文明新形态创造[J].社会科学辑刊,2023(3).

[49] 臧峰宇.马克思的现代性思想与中国式现代化的实践逻辑[J].中国社会科学,2022(7).

[50] 张庆熊.寻求"说明"与"理解"的整合:论近200年来社会科学哲学的发展线索[J].探索与争鸣,2012(11).

[51] 张双利.重思马克思的市民社会理论[J].学术月刊,2020(9).

[52] 张双利.论《共产党宣言》对资本主义的批判[J].探索与争鸣,2018(5).

[53] 张双利.再论《共产党宣言》的当代意义[J].探索与争鸣,2020(8).
[54] 邹广文.以文化自信自强铸就中国文化新辉煌[J].求索,2023(2).
[55] 邹诗鹏.马克思的社会历史辩证法与社会科学研究的方法论自觉[J].华中科技大学学报(社会科学版),2022(2).
[56] 邹诗鹏.马克思主义社会理论的学科意义分析[J].社会科学,2023(2).
[57] 邹诗鹏.试论民族的层次及其样态:基于人们共同体的发展逻辑[J].学术月刊,2022(10).

后　　记

　　本书所聚焦议题的最初思考，源于我的个人际遇。几年前，当我动念转行专门从事学术研究，计划以一名理论工作者的身份生活时，产生了以下问题：

　　理论研究，或者说知识生产活动，对从事这项工作的人来说到底意味着什么？个体如何在这一活动中安顿生命的意义？它与社会生活中其他的组成部分之间的关系是什么，或者说它承担的社会功能是什么？知识生产活动中个体的生命意义安顿与知识生产活动的社会功能的实现，两者内在一致。因为人是社会中的人，我是"我们中的我"，人的个体生命意义的安顿，总是在社会、共同体、"我们"中才能得到落实。在疑问的开头，我没有明确的答案。我想，如果你不投入其中，只是站在外面描述，就不可能实现内在运行结构意义上的澄清。我是在仍对上述疑问本身还很模糊的状况下，投入理论工作活动中，一边修正提问方式，一边试着对提出的问题给出阶段性的澄清。在这一修正提问方式和给出阶段性澄清的过程中，作为问题的一个重要面向，我开始思考如何建构中国式现代化理论，中国式现代化理论与中国式现代化实践的关系是什么，中国式现代化理论如何立基于中国自己的社会-历史现实之上。

　　本书经历了较长时间的酝酿和思考，但从动笔到初稿的完成，只花了不到一年半。那段时间，我几乎每天泡在图书馆里，从开馆到闭馆，能这样心无旁骛地完成这本书，要感谢在这段时间里给予我无私支持的家人和朋友，没有他们的付出，本书很难如此迅速地完成。与初稿的写作相反，本书的修改过程旷日持久，几乎完全是在备课、上课的间隙，以及通勤路上反复琢磨和调整中完成的。那段时间里，出于我个人的原因，通勤时间每周都会超过16个小时，有时是地铁、高铁加网约车，有时是地铁、轮渡加网约车，本书就是在高铁、轮渡、网约车还有错开早晚高峰的地铁上最终成稿的。

　　在本书构思和写作的过程中，我多次向师友求教，得到了许多无私的帮助。恩师韩喜平教授从选题到具体的论述展开等方面对我指点颇多，师恩似海,唯有努力方才不辜负恩师教诲。学院陈联俊书记在百忙中审阅了本书初稿并提出了许多宝贵意见,这大都体现在了现有书稿中。学术研究有它枯燥而又艰涩的一面,家人的相守扶持,师长的提携点拨,学友的切磋砥砺,是耐得住烦、定得住神、安得下心的根基与底气。学术研究又是幸福和快乐的,思考本身就能带来持久的愉悦和内心的充盈感,"学而时习之,不亦说乎? 有朋自远方来,不亦乐乎?"为学交友,是人之根本,古人不欺我。这本书里包含着我对知识生产以及自身作为知识生产主体的思考,我怀着最深的理论真诚把它呈现出来,但毕竟学识有限,文中难免有错漏或不当之处,还请诸位同道批评指正。

王晓兵

2024 年 9 月